나는
대한민국이
아프다

나는
대한민국이
아프다

신성대 지음

동 문 선

나는
대한민국이
아프다

초판 발행   2017년 8월 15일

지 은 이   신성대

발 행 처   東文選

제10-64호, 1978년 12월 16일 등록

서울 종로구 인사동길 40

전   화   02-737-2795

팩   스   02-723-4518

이 메 일   dmspub@hanmail.net

ISBN 978-89-8038-694-9 03380

정가 18,000원

"지금이야말로 어리석음과 도덕의 혼동을 고발해야 할 때이다."

에마뉘엘 레비나스

나는 대한민국이 아프다

민(民)이 격(格)을 묻다

"인간은 더 이상 스스로의 주인이 아니다. 자신이 하는 행동의 진실한 동기도 모르고, 자기 자신도 잘 알지 못하기 때문이다. 내면에서 일어나는 양심적 판단도 기실 착각에 불과하다. 있는 그대로의 인간과 그 인간에 대해 알고 있는 지식 사이에는 차이가 있다."

— 알랭 핑켈크로트

　글로벌 무대에서 활동하며 나름 성공을 거둔 한국인들이 늘 하는 말이 있습니다. "오직 실력만이 살 길이다!"라고. 그러면서 자신이 외국인들과 경쟁하기 위해서 얼마나 피눈물나는 노력을 기울였는지를 토로하며, 한국의 젊은이들도 얼마든지 국제 무대에서 성공할 수 있노라고 격려합니다. 말이 격려이지, 뒤집어보면 '이 정도로 고생하지 않고서는 절대 나처럼 성공할 수 없어!'라고 겁주는 것이나 다름없다 하겠습니다. 과연 그럴까요? '실력'만이 '능력'의 전부일까요? '노력'만이 실력의 전부일까요?

　'유리천장(Glass Ceiling)'이란, 1979년 〈월스트리트저널〉에서 직장 내 여성 승진의 어려움을 다루면서 처음으로 등장한 용어입니다. '눈에 보이지는 않지만 결코 깨뜨릴 수 없는 장벽'이라는 비판적인 표현으로, 투명한 천장이라 직접 부딪히기 전까지는 있는 줄 모른다는 의미까지 포함하고 있지요. 2016년 미국 대선전에서 패배한 힐러리 클린턴도 승복 연설에서 이 용어를 언급한 바 있습니다.

이따금 열정적인 한국인들이 글로벌 무대에 깜짝 등장하지만, 대부분 반짝하다가 소리소문 없이 사라지고 맙니다. 천재적인 재능을 지니고서도 글로벌 주류 사회에 들지 못하고 머지않아 국내로 쫓기듯 들어옵니다. 일본인·중국인·인도인들은 이 천장을 뚫고 올라가는데, 한국인들은 왜 못해낼까요? 불행히도 한국인들은 이 유리천장의 존재조차 알지 못합니다. 원인을 모르니 대책 또한 있을 리 없지요. 그 천장에 부딪히고 나서도 그저 문화적 차이, 혹은 인종차별이겠거니 하고 쉽게 체념해 버립니다.

◢ 도약이냐, 추락이냐?

2015년 9월 30일, 스위스 세계경제포럼(WEF)은 140개국을 상대로 한 금융시장 성숙도 조사에서 한국이 87위로 우간다(81위)보다 뒤처진다고 발표했습니다. 이 설문 조사에 한국에서는 100명이 응하였는데, 주로 외국계 기업의 최고경영자나 금융회사의 간부들이 그 대상이었습니다. 이에 한국 금융위원회는 "조사 방식이 설문 조사 위주여서 설득력이 떨어진다"며, "만족도 조사의 성격이 높지, 국가 간 경쟁력 비교 잣대로 보기엔 무리가 있다"며 불만을 토로하고 무시해 버렸습니다. 대부분의 국민들 생각도 마찬가지였겠지요.

그러던 차 10월 10일 페루 리마 컨벤션센터에서 열린 세계은행(WB) 개발위원회에 참석한 당시 최경환 부총리 겸 기획재정부 장관이, 한국 금융계 인사들을 모아 놓고 만찬 건배사로 "우간다를!" "이기자!" 하고 외쳤다 하여 뒷말들이 많았더랬습니다. 만약 우간다 사람들이 이 이야기를 전해들었다면 어떤 표정을 지었을까요?

세계경제포럼의 이같은 발표가 유독 이번만이 아닙니다. 이전부터도 한국의 순위가 그랬습니다. 그럼에도 한국 금융인들은 그때마다 매번 무시해 왔지요. 왜 그렇게 나왔는지 깊이 성찰해 보지 않았으니 매번 똑같은 결과가 나오는 것이겠습니다. 아무려면 세계경제포럼이 심심풀이로 그런 조사를 했겠습니까?

'만족도'라 하든 '성숙도'라 하든 그건 곧 신뢰이고, 신뢰가 곧 금융업의 출발점이자 경쟁력이라는 기본조차 망각하고 있으니, 우리가 그토록 오매불망하던 고부가가치 서비스 산업의 글로벌화는 요원한 일이겠습니다. 단정적으로 말해서, 한국 금융인들의 글로벌 비즈니스 소통 매너 수준이 우간다에도 미치지 못한다는 겁니다. 그게 세계인들의 시각입니다. 자존심에 죽고 사는 한국인들이 이런 결과에 수긍할 리가 없으니 처방인들 순순히 받아들일 리가 없지요. 그러니 아무래도 우간다를 이기기는 어려울 것 같습니다.

▌ 대한민국은 실패했다

일본은 1987년에 1인당 국민소득 2만 달러를 넘은 뒤, 5년 만에 3만 달러를 돌파했습니다. 한국은 1994년에 1인당 국민소득 1만 달러를 넘어선 뒤 12년 만인 2006년 2만 달러를 돌파했지만, 10년째 3만 달러 턱밑에서 맴돌고 있습니다. 2016년엔 2만 7천5백 달러, 세계 경제의 침체로 인해 당분간 이마저도 유지하기가 쉽지 않을 듯합니다. 대부분의 선진국들이 2만 달러를 넘어 3만 달러까지는 5년 정도밖에 걸리지 않았음에 비하면 참으로 답답한 누릇이지요.

우리는 왜 3만 달러를 넘어서지 못할까요? 좀 늦어지고는 있지만 언젠가는 3만 달러를 넘어설 수 있을까요? 혹여 여기서 주저앉거나 추락하는 건 아닐까요?

어느 나라든 땀, 즉 성실히 일하면 1인당 국민소득 1만 달러는 달성할 수 있다고 합니다. 우리가 그토록 자랑해 마지않는 '한강의 기적'은 바로 이를 두고 한 말이겠습니다. 2만 달러는 기술 없이는 불가능하다고 합니다. 해서 열심히 기술 습득을 했습니다. 그렇지만 3만 달러는? 문화가 받쳐 주지 않으면 어렵다 합니다. '아, 문화라면 우리도 5천년 역사만큼이나 찬란하지 않은가?'라고 말하겠지만, 바로 그 문화의 현재성이 문제입니다. 구체적으로 3만 달러는 에티켓이, 4만 달러는 매너가, 5만 달러는 품격이 없으면 불가능합니다. 에티켓의 나라 일본이 좀처럼 4만 달러를 넘어서지 못하는 것도 그 때문이라 할 수 있습니다. 많은 전문가들이 한국도 하루빨리 고부가가치 산업으로 전환해야 한다고 이구동성으로 역설하지만, 그게 말처럼 쉬운 일이겠습니까? 뼈를 깎는 체질 개선 작업 없이는 공염불입니다.

파스칼 브뤼크네르는 "번영은 일단 자리를 잡으면 그 자체로 이상(理想)이 되어 버린다. 해서 그것을 유지하고 확대시키느라 우리는 그의 천한 종이 된다"고 하였지만, 번영의 한복판에서 우리는 여전히 결핍과 빈곤에 시달리고 있습니다. 지난 반세기 동안 누려 온 고도 성장의 '흥겹고 경박한 축제'에 대해, 부(富)의 의미에 대해 단 한번도 진지하게 반성적 성찰을 해본 적이 없습니다.

인간성에서 벗어난 미친 자들이 도처에서 활개를 치고 있지만 속수무책입니다. 일찍이 카를 야스퍼스가 말한 '한계상황(grenzsi-tuation)'이 바로 작금의 대한민국이 처한 위기와 같은 상황을 두고

한 말이 아닐까 싶습니다. 분명한 건 대한민국이 선진국으로 들어설 준비를 못했다는 사실입니다. 그런 게 있는 줄도, 그게 왜 필요한 줄도 몰랐습니다. 한때 한국보다 훨씬 앞섰던 중남미와 아시아의 여러 나라들이 선진국 문턱을 넘어서지 못하고 몰락한 것도 그 때문입니다. 글로벌 비즈니스 매너를 통한 품격 경영! 글로벌 무대에서의 즉각적인 소통 매너·예절·규범을 재창조하지 않으면 이 상황에서 벗어날 수 없습니다. 지금 당장 이 다소 '불편한 지혜'를 소화하지 못하면 아무리 공부를 더하고 일을 더해도 3만 달러를 넘어서기 어렵고, 설령 넘어선다 한들 결코 행복하지 못할 것입니다. 왜냐하면 매너는 행복의 기술이기 때문입니다.

필자가 그윽한 고담준론이 아닌 이 왕초보적 담론을 고집하는 건 '우표수집가의 열정'도, '변태적인 긍지'도 아닙니다. 형식주의를 반대하는, 글로벌 매너에 낯선 이들로부터 위선적 내지는 또 다른 사대주의 신봉자라고 비난받을 수 있음을 모르는 바도 아닙니다. 그렇다 해도 시각과 생각이 다를 뿐 다 각자 방식대로의 애국애족일 것입니다. 멱살잡이하고 있을 때가 아닙니다. '도덕 의식' 없는 풍요는 영혼의 파멸일 뿐, 이 우울한 구렁에서 더 이상 우물쭈물하다간 다시 역사의 비정함에 몸서리치게 될 것입니다. 분명한 사실은 우리 사회가 지금 당장 매너를, 관습을, 도덕을 재무장하지 않으면 안 되는 사회학적 주기에 들어섰다는 것입니다.

가치(價値)의 기준은 귀천(貴賤)

기존의 일반화된 학설이나 상식, 또는 전통적 관례를 따르지 않았다고 해서 그것들을 폄훼하거나 부정하는 건 아닙니다. 서푼어치 지식으로 공리공론 경쟁에 끼어들 염치도 없습니다. 철학자 바츨라 빅크는 "틀린 답을 발견하기 위해서는 창조적인 머리가 필요치 않지만, 틀린 문제를 발견하기 위해서는 창조적인 머리가 필요하다"고 했습니다. 역사를 철학할, 익숙한 모든 것들을 뒤집어볼 준비가 되어 있지 않은 독자들에겐 더없이 발칙하고 위험한 발상일 수밖에 없겠으나, 기실 이 거북한 제목의 책을 집어든 분이라면 누구나 어느 정도는 이미 혁명가라 할 수 있습니다. 비록 작은 뒤집기에 불과하지만 문명의 과정을 바꾸는 데 일조할 긴 여행에 동참할 준비가 되어 있으리라고 믿습니다.

진실로 무서운 건 가난이 아니라 천(賤)함입니다. 가난과 천함 중 어느것이 더 극복하기 어려운지는 작금의 한국 사회가 잘 보여 주고 있는 바입니다. 존경받지 못하는 부자들과 그 패밀리들, 그리고 높은 자들. 그들의 천박함이 얼마나 무서운지는 박근혜-최태민-최순실 사건 하나만으로도 여실히 증명하고 남는다 하겠습니다. 고작 그딴 갑질하려고 그렇게 재물을 모으고, 권력을 탐했단 말입니까? 다 가지고도 왜 존경받고 우아하게 살지 못한단 말입니까? 한국보다 저개발국인 동남아 여러 나라들 중 한국만큼 천박한 나라가 어디 또 있습니까? 부귀영화(富貴榮華)? 영화란 부(富)와 귀(貴)를 함께하지 않으면 오지 않습니다. 부천영욕(富賤榮辱)! 대한민국은 진즉이 귀(貴)를 잃었습니다. 부유해지면 절로 귀해질 줄 알았는데, 그게 아니었던 겁니다.

어떤 대한민국인이고 싶습니까?

프랑스 역사학자 쥘 미슐레는 "나는 프랑스가 아프다!(J'ai mai

a la France!)"라고 했습니다. 나는 대한민국이 아픕니다. 시간이 많지 않습니다. 친절하지 않은, 단정적이고 거두절미한 건방체 글투가 거슬리겠지만 제발이지 달을 가리키는 손을 보지 말고 달을 봐주기를 바랍니다.

01

다소 불편한 세상 뒤집어보기

"두려운 것은 낯선 것이 아니라 익숙한 것이다."
– 니코스 카잔차키스

근래에 한국인이 올림픽이며 미국 LPGA에서 우승을 하거나, 세계적인 영화제에서 수상하는 일이 드물지 않게 되었다. 그때마다 한국인들은 국위를 선양했다며 아낌없는 박수를 보낸다. 크지 않은 나라에서 정말 대단한 일임에 틀림없다. 그러나 선진국 진입을 눈앞에 둔 시점에서 국제대회에서의 한국인의 쾌거가 마냥 달갑지마는 않다고 주장했다간 자칫 몰매를 맞지나 않을까?

2015년 10월 21일, 폴란드 바르샤바에서 열린 〈제17회 국제 쇼팽 피아노 콩쿠르〉에서 한국의 조성진이 영광의 1위를 차지했다. 그리고 23일에는 콩쿠르협회가 본선 1·2·3차와 최종 결선에 오른 참가자들의 채점표를 공개하였다.

한데 프랑스 출신의 심사위원 필리프 앙트르몽이 조성진에게 10점 만점에 최저점인 1점을 매긴 사실이 밝혀지면서 (한국에서만) 일대 논란이 일었다. 앙트르몽은 결선에 앞서 본선 2차와 3차에서도 조성진에게 다음 라운드 진출이 불가하다는 뜻의 'no'를 연달아 줬었다. 그럼에도 불구하고 조성진이 1위를 하였으니 망정이지, 만약 2위라도 했다면 이 역시 제소하겠다며 법석을 떨었을는지도 모를 일이다.

　조성진이 강력한 우승 후보라는 것을 결코 모르지 않았을 터임에도 불구하고 그같이 극단적인 채점을 한 이유는 무엇일까? 이를 두고 앙트르몽이 조성진의 스승인 미셸 베로프와 불편한 관계이기 때문이라거나, 그의 쇼팽 해석이 자신의 해석과 달라 이에 대한 반감의 표시로 1점을 부여했다는 뒷말도 나왔지만 그건 너무 궁색한 추측이라 하겠다.

　채점표가 공개된다는 사실을 알면서도, 자칫 평생 동안 쌓아 온 자신의 명예를 실추시킬 수 있는 위험을 감수하고서도 조성진에게 1점을 줬다는 것은 연주 실력이나 음악적 해석을 떠나 인격적으로 절대 인정할 수 없다는 단호함이겠다. 그것이 조성진 개인에 대한 감정 때문인지, 한국인 전체에 대한 편견 때문인지는 알 수 없지만, 아마도 그는 한국인이 그 무대에 서는 것 자체를 모욕으로 여긴 듯하다. 하여 어떻게 해서든 조성진을 떨어뜨려야 한다는 나름의 의무감에서 보란 듯이 1점 처리를 한 것은 아닐까?

　음악 콩쿠르 무대에서만은 한국인이 단연 세계 1등이다. 1974년 한국인으로선 처음으로 정명훈이 차이코프스키 콩쿠르에서 수상한 이래로 지금까지 차이코프스키·쇼팽·퀸 엘리자베스 등 세계적인 음악 콩쿠르에서 70여 명의 한국 연주자들이 우승을 했다. 사정이 이러하니 심사 과정에서 텃세를 피하기도 어려웠을 것이다. 각종 콩쿠르를 휩쓸었던 임동혁·임동민 형제에 대한 수차례의 편파 판정이 그 대표적인 예가 되겠다. 급기야 2003년엔 임동혁이 퀸 엘리자베스 콩쿠르에서 3위에 그치자 2등 수상자의 자질을 문제삼아 수상을 거부한 사건도 있었다. 결국 두 형제는 '2005 쇼팽 콩쿠르' 심사 결과 2위 없는 공동 3위에 선정되자 더 이상 콩쿠르에 나가지 않겠노라고 공언하기까지 했다.

이러한 일이 단순히 텃세일까? 동양인에 대한 차별일까?

인터넷 유튜브에는 북한 교예단 어린이들의 가히 천재적인 연주 동영상들이 올라오는데, 흡사 서커스를 보는 것 같아서 감동보다는 소름이 끼칠 정도다. 어쩌면 앙트르몽 역시 조성진을 북한 어린이들처럼 일찍부터 기계적으로 훈련된, 인격적으로 미성숙한 연주자로 오해하고 있을는지도 모르겠다. 그리하여 자신의 채점에 한국인들이야 펄쩍 뛰겠지만, 그가 속한 영역의 대다수 사람들은 내심 동감하리라는 확신을 갖고 있지나 않았을까?

지금도 한국의 젊은이들이 세계적인 클래식 음악 콩쿠르에서 자주 입상하고 있고, 채점의 뒷맛이 영 개운치 못한 경우도 더러 있다. 이는 상당수의 선진국 상류층 사람들이 유독 콩쿠르에 목숨을 거는 한국 연주자들을 문명인으로 인정하기 싫어한다는 사실을 보여준 사례로 볼 수도 있다.

어렸을 적부터 모든 걸 성적으로만 경쟁하고 평가해 온 한국인들에겐 납득하기 어려운 지극히 언짢은 일이지만, 이게 현실이다. 아무튼 앙트르몽의 판단이 옳았는지는 그리 머지않은 장래에 증명될 것이다. 조성진이 그 음악적 재능을 발판으로 선진문명 사회의 상류층 사교 무대에 어떻게 데뷔하고 대접받는지를 보면 알 수 있는 일이다. 만약 그가 국제 무대에서 외로운 반짝 스타로 끝난다면, 또 다른 콩쿠르를 전전하다가 국내 무대에 안주한다면 앙트르몽이 왜 그에게 1점을 주었는지 이해할 수 있을 디이다.

▟ 이유 없는 왕따는 없다

2016년 2월 26일 실시되는 FIFA 차기 회장 선거에 나설 예정이었던 정몽준 명예회장이, 2015년 11월 8일 스위스 취리히에 있는 FIFA 윤리위원회로부터 자격 정지 6년에 10만 스위스프랑(약 2억 원 상당)의 벌금까지 부과하는 징계를 받았다.

처분이 공개되자 정회장은 "조사 비협조, 윤리적 태도와 같은 애매한 이유로 6년의 자격 정지 제재를 가한 건 형평성을 잃은 것"이라면서 스포츠중재재판소(CAS)에 항소할 것을 계획함과 동시에, 스위스 취리히 지방법원에 FIFA 윤리위원회가 내린 징계 중단을 요청했다. 그러자 법원은 "윤리위원회가 절차상 문제를 범하지 않았으며, 개인의 권리를 침해하지도 않았다"며 기각했었다. 결국 정회장이 "이번 선거에는 나가지 못하지만, 후보가 아닌 축구를 사랑하는 사람으로서 FIFA에 대한 고언을 더 많이 할 것"이라고 밝혔으나 다 헛소리에 지나지 않는 푸념일 뿐이다.

그 나이에 자격 정지 6년이면 사실상 끝이다. 그러니까 제발 그만두고 나가 달라는 거나 다름없다. 혹여 조사 비협조? 윤리적 태도? 그 '애매한 이유'가 혹 매너 없음은 아닐까? '고언'은 곧 조직에 대한 배신일 수도 있음을 모르는 한국적 순진한 발상이다. 짐작컨대 한국식 정치 투쟁하듯 조직의 부정적인 면을 떠벌린 데 대한 징벌일 것이다. 자고로 모든 윤리위원회란 그 조직의 보호가 첫번째이고, 조직 내 불만 세력을 걸러내는 게 두번째 목적이다. 회원들의 기강을 다스리는 건 맨 나중이다.

▌우승 순간 자신의 장래를 망치는 한국 스포츠 스타들

세계의 모든 운동 선수들에게 올림픽 금메달은 삶의 목표이다. 한데 그 다음은? 어떻게 살 것인지에 대한 고민이 한국 선수들에겐 없다. 웬 참견? 이렇게 이야기해도 그게 무슨 말인지 이해를 못한다.

2014 소치올림픽에서 김연아 선수는 은메달을 목에 걸었었다. 그런데 어리석게도 한국빙상연맹은 그 판정에 불만을 품고 제소를 하였다. 당연히 기각이다. 제소 이유에 소트니코바가 경기 시연 직후 심판석에 달려가 러시아 심판과 포옹을 한 것까지 지적했다가 "그건 매너일 뿐!"이라는 단호한 핀잔까지 받았다. 말 그대로 개망신이었지만, 그걸 망신으로 이해할 체육계 인사가 있을까? 천민 근성에서 나온 한국식 한풀이라 해두자.

하지만 문제는 거기서 끝나는 게 아니라는 데 있다. 스포츠맨십도 없는, 승복할 줄 모르는, 매너 없는, 매너도 모르는 피겨의 여왕? 그 때문에 김연아는 기껏 쌓아 온 글로벌 명성에 스스로 먹칠을 하고, 또 장래까지 망쳐 버렸다. (본인은 이 주장에 동의하지 않겠지만.) 과연 '품격(인격)보다 메달을 더 중시하는' 그녀의 소망대로 나중에 국제빙상연맹 이사나 IOC위원이 되고자 할 때, 그들이 호의적으로 받아들여 줄까? 나아가 이후 다른 한국 선수들을 채점할 때 한국인에 대한 부정적인 선입견이 작동되지 않을 거라고 장담할 수 있을까? 그때 만약 김연아가 소트니코바의 손을 들어주고 포옹했다면, 그녀의 미래는 물론 한국 스포츠의 위상도 많이 달라졌을 것이다.

노벨상이 문(文)의 축제라면, 올림픽은 무(武)의 제전이다. 노벨상위원회가 지성의 사교 클럽이라면, IOC는 야성의 사교 클럽이다.

스포츠를 빙자한 세계 최상급 사교 클럽 가운데 하나인 것이다. 선수위원이 아니라 집행위원이어야 진정한 IOC위원이라 할 수 있다. 박사 학위나 금메달 순으로 집행위원이 되는 것 아니다. 그곳은 미모나 경기 실력이 아니라 글로벌 매너와 품격으로 승부하는 곳이다.

김연아가 우상으로 삼았던 미국의 미셸 콴은 후진타오 주석이 미국 국빈 방문했을 때 백악관 만찬 헤드테이블에 앉았었다. 글로벌 매너가 갖춰져 있어 상류층 인사들과 사교하는 데 걸림이 없기 때문이다. 소통 교감 지향적 외국어 소양과 고품격 테이블 매너, 그리고 한국 선수들 모두가 그렇듯 겉옷 정장 상의를 부자연스럽게만 느끼는 등, 발달장애 미성년자 마인드의 극복 없이는 본선 데뷔가 불가능하다.

올림픽 금메달은 글로벌 상류층 이너 서클에 들어가는 디딤돌이다. 쉽게 말해서 그들과 함께 스포츠를 즐길 수 있는, 나아가 그들의 파티에 초대될 수 있는 자격증을 얻었다고 생각하면 된다. 한데 글로벌 매너가 갖춰져 있지 않으면? 춤출 줄 모르는 신데렐라! 아무 소용없는 유리구두! 금메달 열두 개를 목에 걸고 간들 꿰다 놓은 보릿자루에게 춤추자고 손 내밀 신사는 없다.

아무튼 한국인으로서는 다시 나오기 쉽지 않은 불세출의 스타가 드넓은 세계 무대를 마다하고 국내에 안주하려는 것 같아 안타깝다. 진짜 비즈니스는 정상에서부터 시작이라는 사실을 인식하지 못했거나, 꿈이 크지 않았거나, 그마저 실현시킬 솔루션도 없기 때문이겠다.

◢ 스포츠는 신사들의 오락

국제기능올림픽대회와 마찬가지로 LPGA에서도 박세리 이후 한국의 낭자들끼리 우승을 다툰 지 오래되었다. 하지만 그 가운데 누구도 미국 상류층 인사들로부터 라운딩 제의를 받거나, 그들의 파티에 초청받았다는 소식이 없다. 하여 몇 푼의 우승 상금과 국내 기업의 약소한 후원비에 흡족해한다. 그리고 운이 좋으면(외모가 받쳐 주면) 국내 광고 모델료 조금 더 챙길 수 있다.

　　엄격하게 따지자면 '체육'과 '스포츠'는 그 의미가 같지 않다. 스포츠는 본디 신사들의 오락이다. 그 어떤 스포츠도 신사가 즐기면 오락이지만, 하인에겐 노동이다. 하인들이 체육이나 스포츠 경기에 목을 매는 이유는 딱 한 가지! 보상 때문이다. 하지만 신사는 재미와 성취욕에 만족한다. 승마와 경마의 차이를 이해하면 되겠다. 그러니 주인이 하인과 더불어 골프를 칠 순 없는 일, 함께 놀고 식사할 일이 없다는 말이다.

　　당연히 오락이란 친구끼리의 소통 도구이다. 세계적인 스포츠 스타는 세계의 신사들과 함께 즐길 수 있는 자격을 얻는 것이다. 그리하여 상류층과 친구가 되면, 살아가면서 겪게 되는 어지간한 어려움은 해결되기 마련이다. 그런 걸 행운이라 한다.

　　물론 금메달을 목에 건다고 해서 누구나 신사가 되고, 그들과 친구가 될 수 있는 건 아니다. 안타깝게도 미국에서 활동중인 한국의 골퍼들 중 우승 세리머니 하나 제대로 할 줄 아는 선수가 없다. 우승 순간 맥주·맹물 세리머니 추태를 본 오피니언 리더들은, 그 선수에 대한 기대를 그 순간에 접고서 고개를 돌려 버린다. 다른 한국 운동 선수들과 마찬가지로 글로벌 매너 빵점인 것이다. 글로벌 중상류층의 시각에서 보면, 한국 선수들은 평양 교예단 어린이들처럼 그저 골프 벌레 내지는 골프 로봇일 따름이다. 그 덕분인지 미국 골프 시장이 점점 죽어가고 있다. 안타깝게도 우승 상금 외에는 별로 수익을 거두지 못하고, 글로벌 광고 모델이며 골프 관련 사업권 등을 다 놓쳐 버리고 만다. 고작 알뜰살뜰 아껴 모은 우승 상금 몇 푼 들고 고국으로 돌아갈 때 사람들의 기억 속에서도 함께 지워져 버린다. 신데렐라로 등극하려다 무수리로 끝난 것이다.

해외 조기 유학 붐이 일어난 이래 많은 한국의 유학생들이 하버드나 스탠퍼드 등 미국의 일류대학에 진학을 하고 있지만, 제때에 제대로 졸업하는 학생이 다른 동남아 유학생들보다 현저히 떨어진다. 그 대학에 입학하기 위해 죽기 살기로 공부한 결과 이미 진이 다 빠져 버린 때문이다. 생의 목표가 일류대학 입학까지였던 것이다. 목표에 도달했으니 그 다음은? 절로 행복한 인생이 열리는 줄 알았던 거다. 진짜 공부가 이제부터 시작이란 사실을 알 리 없었을뿐더러 설령 뒤늦게나마 알았다 해도 다시 시작할 열정이 남아 있지 않다. 간신히 졸업을 해도 글로벌 주류 사회에 들지 못하고, 스펙용 졸업장 한 장 들고 한국으로 쫓겨 들어오고 만다.

▌밥맛없는 한국인들?

음식만큼 선입견 혹은 편견이 심한 것도 없겠다. 한식의 세계화가 어려운, 심지어 불가능한 이유는 맛이나 조리법의 문제가 아니라 비즈니스 소통 도구로써 적합하지 않기 때문이다. 테이블 매너 부재로 토할 것만 같은 한국의 '먹방'. 아직도 못 먹어서 환장한 민족? 완전 '몬도가네' 수준이다. 바야흐로 한국인들이 '돈 버는 행복'을 넘어 '먹는 행복'을 깨닫기 시작한 것 같다. 글로벌 비즈니스 매너를 알 리 없는 셰프들이 아무리 애를 써봤자 헛일. 강요해서 될 일도 아니다. 한국인들의 매너가 선진국 수준이 되면 한국인에게 호감이 가고, 한국이 좋으면 아무리 입맛이 달라도 세계인들이 즐겨 찾기 마련이다.

〈2015 베니스비엔날레, 밀라노엑스포〉에 예상되는 많은 관광객을 위해, 2013년 베니스 문과대학에서 밀라노 등 5개 도시의 서비스관광업 종사자들을 대상으로 설문 조사를 행한 적이 있다. 한데 부끄럽게도 '가장 꺼려지는 관광객들' 1위는 중국인과 한국인이었다. '공공 기물 파손'과 '식사 후의 자리가 가장 더럽다'는 식사 예절에 대한 지적이 부연설명으로 따랐다. 반면에 '가장 호감 가는 관광객들' 1위는 일본인이 차지했으며, '가장 가보고 싶은 나라' 역시 일본이 1위를 차지했다.

출장 · 관광 · 세미나 · 연수 등으로 수많은 한국인들이 줄지어 해외로 나간다. 그런데 가는 곳마다에서 크고 작은 분탕질을 쳐놓아 다음에 그곳으로 여행 가는 한국인들을 당황스럽게 만들기 일쑤이다. 입구에 한국인은 받지 않는다고 써붙이는 호텔이나 식당이 있는가 하면, 어떤 도시엔 한글로 음주 운전을 경고하는 푯말을 달아 놓은 거리도 있고, 한국인 출입을 금하는 박물관도 생겨났다. 돈을 쓰고서도 제대로 사람 대접 못 받는 것이다.

또 심심찮게 한국 영화가 각종 국제(유럽)영화제에서 입상을 하지만, 그 작품들 중 유럽의 극장에서 상영되어 호응을 얻었다는 소식은 아직 한번도 없다. 작품성과 흥행은 별개? 천만에! 작품성과 연기는 입상감이지만, 감독이나 배우들의 매너는(현실에서건 작품 속에서건) 완전 하인격이기 때문이다. 한국의 배우나 감독들은 수상을 위해 무대에 오르는 순간 바로 아웃이다. 여우주연상? 신데렐라 탄생? 아뿔싸, 하녀격! 여기저기에 대고 굽신거리느라 똑바로 서 있지조차 못한다. 그 순간 심사위원들도 자신들의 실수에 '아차!' 하였을 것이다. 함께 춤추자고 손을 내미는 신사가 있을 리 없다. 스폰서로 나서길 기다리던 세계 굴지의 화장품 · 패션 · 보석 · 시계 · 잡지 · 광고계 관계자들의 실망스런 탄성이 터져나온다. 결국 글로벌 상류 사교계로부터 초청장 한 장 받지 못하고 마는 것이다.

한류의 주역인 드라마 역시 후진국들에서는 인기이지만, 선진국 안방에서는 감히 방영할 수가 없는 것도 같은 연유다. 그들의 기준에서 보면 모조리 짝퉁이다. 그럼에도 굳이 자신들의 영화제에 한국 영화를 끌어들이는 것은, 유럽 영화 산업이 시들해져 미국 할리우드 일변도의 잔치를 열어주기가 민망해서 아시아 영화를 구색으로 끼워넣기하는 것이다. 명색이 국제영화제이니 말이다. 그마저도 요즘은 중국 영화, 중국 배우들이 국제영화제에서 아시아를 대표하고 있다.

글로벌 매너 없인 노벨상도 없다

아무튼 한국의 부자들은 차치하고 정치인 · 학자 · 유학생 · 비즈니스맨은 물론 일반인들이 여간해서 외국인들과 친구가 못 되는 이유는 대부분 이런 글로벌 무매너 때문이다.

굳이 친구까지는 아니더라도 비즈니스를 위한 기본적인 글로벌 인적 네트워크조차 구축이 안 되는 이유겠다. 오죽했으면 한국인을 노벨상 후보로 추천하고 싶어도 누구를 누구에게서 추천받아야 할지 모르겠다고 푸념할 정도겠는가. 최고의 연구 업적을 내기만 하면 가만히 있어도 노벨상위원회가 동방박사들처럼 한국까지 찾아와 머리를 조아릴 것이라 생각하는 순진무구한(?) 한국인들. 한국이 아직 실력이 모자라서 노벨상을 못 받는 줄로만 알고, 재단을 만들어 노벨상 수상을 돕겠다고 큰소리치는 재벌 회장님. 노벨상이 올림픽 금메달처럼 일등만 되면 누구든 따낼 수 있는 것으로 착각한 데서 나온 발상이겠다.

노벨상위원회(노벨재단, 스웨덴 한림원, 노벨상추천위원회, 역대 수상자들)가 세계 최상류 사교 클럽임을, 스웨덴 왕가가 왜 글로벌 사교계의 중심 역할을 하는지를 아는 한국인이 몇이나 될까? 이 세계 최고 지성들의 인적 네트워크를 통한 고급 지식과 정보의 공유! 그것이 바로 스웨덴의 국력이다. 노벨상 수여는 이 사교 클럽의 신입회원을 뽑는 절차이고, 수상식은 이들의 환영 파티다.

2004년 아테네올림픽에서 금메달을 딴 태권도의 문대성 선수는 표절 논문으로 박사 학위를 취득하여 대학교수, 국제올림픽위원회(IOC) 위원이 되었다가 급기야 국회의원 배지까지 달았었다. 더욱 어이없는 일은 표절이 아니라고 박박 우기던 그가 이미 해당 대학에서 표절이라고 확인해 줬음에도 불구하고 버젓이 각종 직책을 맡아 활동을 끝까지 계속했다는 사실이다. 그런가 하면 2015년 11월 24일, 미국천문학회의 국제학술지인 《천체물리학저널》에 실렸던 한국의 '천재소년' 송유근의 논문이 게재 철회를 당해 국제적인 망신을 있었디.

논문 표절, 논문 대필, 해외 유명 대학 학력 위조 및 가짜 학위,

심지어 현직 교수들의 저서 표지갈이까지! 2005년, 황우석 교수의 줄기세포 논문 조작 사건으로 세계적인 망신을 당하였지만 한국 학계의 연구 부정 추문은 그칠 줄 모른다. 글로벌 매너는 고사하고 학자적 양심까지 오염된 이런 나라 학자의 논문을 싣거나, 자신이 속한 학회에 끌어들였다가 자칫 더불어 개망신 안 당한다고 어찌 장담할 수 있겠는가? 그러니 언감생심! 노벨상 후보 추천은 고사하고, 한국인의 연구 업적이나 발표 논문이라면 일단 의심부터 하고 볼 수밖에 없게 되었다. 그러므로 한국인에게 노벨상은 백년하청(百年河淸), 그림의 떡이겠다.

제발이지 노벨상이 그렇게 소원이면 먼저 대학을 공부만 하도록 내버려두라. 이 시간, 정치권에 빌붙어 있는 교수들을 즉시 학교로 돌려보내야 한다. 교수공화국이면 망국(亡國)이다. 대한민국이 망하지 않으려면, 이 폴리페서들부터 통제해야 한다. 이들이야말로 진짜 어용이다. 개도국 시절에는 그나마 어용도 나름의 역할을 훌륭히 해내었지만, 선도 국가를 지향하는 단계에선 함량 미달에다 불순물로 오염된 촉매제에 지나지 않는다. 킹메이커 혹은 들러리? 성공하면 맨입에 장관자리 하나? 문고리 십상시? '싱크탱크'가 아니라 '싱크 찌꺼기'들이다. 벼슬을 하면서 힘이 남으면 학문을 하고, 학문을 하고도 힘이 남으면 벼슬을 한다(仕而優則學 學而優則仕)? 그래서 그 남는 힘으로 허구한 날 당파질이던가? 선비의 나라 조선이 그래서 그토록 위대했던가? 노벨상은 제자리에서 분수 지키며 제 할 일만 하는 미련둥이에게 주는 상이다.

◢ 스스로 혁명할 수 없는 민족

혁명이나 유신은 구체제의 전복 혹은 단절을 통한 신체제로의 전환이다.

인류사에 그 유례가 없는 '문화대혁명'을 통해 중국은 누천년 동안 이어져 온 전통을 일시에 파괴하고, 구시대와 단절했다. 끔찍한 문화 파괴였지만 의외의 부산물도 없지 않았다. 바로 전통적인 된장통 가치관, 라이프 스타일, 예절, 관습, 매너, 사고방식을 일시에 내다 버리고 새로운 길을 모색했다는 것이다. 비록 일시적인 암흑기를 거쳤지만, 덕분에 절대후진국 중국은 '모든 인민은 동등하다'는 철학을 공유해 새로운 것을 받아들이고 창조하는 데 옛것의 걸림이 없는 개혁 기반을 다질 수 있었다. 지금 중국은 그 관성으로 빠르게 글로벌화하고 있으며, 그 옛날 로마 공화정과 흡사한 정치 형태를 갖추어 번영을 구가하고 있다.

만약 문화대혁명이 없었다면 오늘의 중국이 과연 그 질긴 타성, 된장통 질곡을 깰 수 있었을까? 분명코 불가능했을 것이다. 아마도 이집트 등 다른 고대 문명 발상지처럼 전통이라는 구습의 늪에서 허우적거리고 있을 것이다. 파괴가 곧 창조라는 문명의 속성을 보여준 대표적인 사례라 하겠다.

이보다 앞서 일본은 메이지 유신을 통해 전시대의 유습을 버리고 근대화했다.

반면에 한국은 다행이라기엔 좀 어색한 표현이지만 외세 덕분에 내부적 갈등 없이 군주제가 폐지되고, 서양 문물을 피강제적으로 수용하면서 구체제와 단절했다. 그리고 해방 후 군사혁명과 새마을운동을 통해 경제 성장노 이룩하고, 민주주의도 정착시켰다. 그렇지만 자의반 타의반 몇 차례 단계적으로 진행된 까닭에 한국인 스스로 유신(혹은 혁명)을 인식하지 못하거나 인정하기를 꺼린다. 굴욕의 역사에 대한 콤플렉스 때문에 유사 이래 가장 철저하게 썩었던 구체제에 대해 반성적 성찰은커녕 오히려 연민을 갖는 등, 가치관의 혼란을 겪고 있다. 만약 우리 스스로 주인이 되어 구체제를 부수었다면, 그 결과가 좋든 나쁘든 누구를 원망하거나 변명하지 않았을 터이다. 결국 못난이 콤플렉스와 피해 의식·패배주의에 사로잡혀 잘못된 것은 무조건 남(외세)의 탓으로 돌리는가 하면, 매사에 핑계대고 억울해하며 떼쓰는 하인 근성이 몸에 배어 버렸다. 하여 이제는 주인 의식이 뭔지조차 모른다.

◢ 언제까지 '일본놈'인가?

유럽 근현대 역사가 축적해 온 개인의 자유와 의지의 존중을 내용으로 하는 진정한 민주주의의 소중한 경험을 갖지 못한 때문인지, 아직도 많은 한국인들은 압제에 의해 습관화된 '각자가 자기만을 위하는' 이기주의자적 생존 방식에서 벗어나지 못하고 있다. 그리하여 개인적 특수성을 개선·개발하려는 노력을 헛된 것으로 치부하고, 그 대신 민중의 거대한 물결 속에 잠겨들기를 선호하며, 개개인의 정체성 확보보다는 집단의 안락한 품속에 안기려는 경향이 강하다. 해방된 지 70년이 지나고 있지만 여전히 4강국에 둘러싸여 있어서인지 제국주의의 오만함에 대한 두려움을 떨치지 못하고, 순수성에 대한 병적인 집착과 외부 문화에 의한 오염에 대한 강박관념이 한국 문화 정체성의 기저에 깔려 있다.

하여 해방 후 지금까지 한민족이 일본에 대해 가져온 온갖 편견은 정당한 것으로 용인되어졌다. 친일(親日)이면 무조건 매국이고, 반일(反日)이면 심지어 범법조차도 애국인 양 용서되었다. 역사학에서는 이런 국가적인 도그마를 '유용한 편견'이라 부른다지만, 문제는 이런 편견이 지나쳐 개개인이 뻔뻔해지고 극단적인 도발 행위로까지 이어지는가 하면 정치적 선동 수단으로 이용당하기도 하고, 그 몽매성이 집단 이성으로 변질되어 국민들을 더욱 본받도록 부추기고 증폭된다는 점이다.

지나간 시대에 대한 역사적 접근은 기존의 편견에 대한 전복 작업으로의 대체 없이는 무의미한 작업일 수도 있다. 비록 많이 늦었지만 이쯤에 이르러 우리가 그같은 편견에 길들여져 있지는 않은지, 너무 익숙하게 받아들이고 있는 사실에 대해 경계심을 가지고 살펴볼 필요가 있다. 그러기 위해 민족사관이니 식민사관이니 하는 굴레를 털어 버리고 제기 가능한 모든 주장과 의문을 자유로이 다 펼쳐 놓고, 그것에 대해 논의하고 설파할 담론의 장이 열렸으면 한다. 가깝게는 일본 식민 지배의 트라우마를, 멀리로는 중국 중심의 세계관을 넘어서기 위해 그렇게라도 상상력을 확장시키는 것이 유용하겠다. 이런 속쓰린 과정을 거치지 않고서는 한국인들이 자신감을 되찾기는 진정 쉽지 않을 것이기에 말이다.

질시인가, 멸시인가?

88올림픽 이후 한국은 본격적으로 대중소비 시대를 열었고, 내친 김에 96년에는 OECD회원국에까지 가입했다. 한마디로 기고만장의 시대였다. 당시 서구 사회에선 한국이 너무 일찍 샴페인을 터뜨렸다며 충고도 해주었지만, 못살던 나라가 갑자기 잘살게 되니 저들이 배가 아파서 하는 소리이겠거니 하여 들은 척도 안했다. 우리도 이제 선진국 문턱에 한 발을 올려놓았으니 웬만한 선진국들을 뒤로 밀어내는 건 시간 문제라고 자신했었다.

그러다가 고작 1년 만에 외환 위기. 허나 그마저도 선진국들의 시기와 텃세 때문이라 치부하며 금모으기 등, 특유의 순발력으로 극복해냈다. 그러자 더욱 기고만장해진 한국인들은 본격적으로 위스키며 레드 와인을 부어 마시기 시작했다. '이젠 우리도 선진국민! 아무렴 우리도 이제 우아하게 즐겨 보자!'며 웰빙 시대, 명품 시대를 활짝 열었다.

그렇지만 재물이든 권력이든 복지든 그것을 담을 그릇이 되는 사람에겐 당연한 행운이겠지만 그렇지 못한 이에겐 재앙이 될 수밖에 없는 일. 갑자기 복권에 당첨되었거나, 막대한 유산을 물려받았거나, 일확천금의 수익을 잡은 이들 중 많은 이들이 오히려 패가망신하는 경우도 기실 미처 그걸 감당할 능력을 지니지 못한 때문일 것이다. 아무튼 개인 국민소득 2만 7천 달러는 우리가 흘린 땀에 비해 보잘것없고 욕심에 차진 않지만, 기실 대부분의 한국인들에겐 분(매너)에 넘치는 것일 수도 있다. 해서 급격하게, 소득 수준에 비례해서 한국 사회가 타락하고 있는 건 아닐까?

지금 이 나라는 살인·성추행·자살·왕(王)질·쩐(錢)질·갑(甲)질·을(乙)질·완장(腕章)질로 아수라장이다. 머슴이 갑자기 주인 노릇을 하게 되자 그간 억눌렸던 천민 근성이 터져나온 것이겠다. 머슴의 눈에는 그런 게 주인 행세인 것이다. '인간 존엄'이며 '자기 존중'에 대한 각성을 해본 적도 없고, 또 그걸 확보하기 위해 처절하게 투쟁하며 피를 흘린 적도 없기 때문이다. 이는 당연히 그들 일부 망나니들만의 문제가 아니다. 한국 사람이라면 누구든 갑(甲)의 위치에 오르면 언제든 그 값을 할 개연성을 지니고 있다는 게 더 끔찍한 일이다.

세계 10위 안에 드는 무역대국이면서 왜 소득은 이 정도밖에 안 되는지? 왜 행복하지 못한지? 왜 희망의 지표가 보이지 않는지? 왜 가진 자들이 더 타락하는지? 기술 일등을 하고서도 왜 일류가 못 되는지? 딱히 외부적인 장애나 위협이 없음에도 불구하고 '혼돈'이라고 표현할 수밖에 없을 만큼 한국 사회 스스로 타락하고 붕괴해 가고 있다. 여기저기에서 "이렇게 사는 게 아닌데…!"라는 탄식이 터져나오지만, 딱히 똑부러진 원인도 대책도 내놓지 못하고 있다. 하여 이쯤에서 한번 돌이켜 생각해 보니 지난날 선진국 사람들이 왜 우리더러 샴페인을 너무 일찍 터뜨렸다고 했는지 이해할 수 있을 것도 같다.

폐허에서 일으킨 한강의 기적? 수만의 젊은 용사들이 월남전에 용병으로 나가 피와 고철을 맞바꿔 오고, 파독 광부들과 간호사들, 타국의 배에서 일생을 다 보낸 송출 선원들, 오대양을 누비며 참치를 쫓아다닌 원양어선 선원들이 벌어다 준 달러로 공장을 짓고, 다시 열사의 사막 중동에서 노무자들이 땀과 오일을 맞바꿔 와 공장을 돌리고 차를 굴려 누천년을 이어 온 배고픔을 면하게 되었다. 아무렴 어렵고 힘들 때에야 "우리도 한번 잘살아 보자!"며 국가와 민족을 위해서 헌신하는 건 당연지사일 수 있다. 하지만 진정으로 그 민족이 훌륭한지는 풍요로울 때라야 알 수 있다. 그 근본과 한계가 그제야 드러나기 때문이다.

대한민국은 진즉에 방향을 잃었다.

천신만고 끝에 땅을 뚫고 나무에 기어 올라왔지만 금선탈각(金蟬脫殼)으로 날아오르지 못하고 머뭇머뭇, 바닥으로 굴러떨어질 위기에 처해 있다. 배부름에 취해 언젠가는 스스로 날아올라야 한다는 사실을 망각해 버린 것이다. 하여 폭풍우가 몰려 오고 있건만 언덕에선 서로 먼저 기어오르려는 무리들이 뒤엉켜 몸싸움에 여념이 없고, 저 아래 골짜기엔 일자리를 잃은, 아니 일자리를 가져 본 적조차 없는, 이미 잉여인간으로 분류된 수많은 청년들이 '금수저' '흙수저' 타령에 '헬조선' '탈조선'을 외치며 아우성치고 있다.

경제가 어려운 건 대한민국만의 문제가 아니다. 개도국도 아닌 다음에야 박정희가 다시 살아난다 해도 별수없다. 지금 국민들이 불안해하고 지도층을 신뢰하지 못하는 것은 눈앞에 닥친 경제적인 어려움 때문만이 아니다. 오히려 사회적 역동성을 끌어낼 '새로운 세계'를 향한 비전의 부재와 '위기의 터널 끝에 보이는 한 줄기 빛'과 같은 미래에 대한 계획의 결핍이다.

◤ 기고만장의 시대가 가고

지금 우리는 분명 새로운 문명의 단계로 접어들고 있다.

당연히 우리의 지도자들이 급격하게 변해야만 하고 정리 해고, 수명의 연장, 출생률 저하, 경기 침체, 부와 일자리 분배, 가치관의 변화, 북핵 등등, 온갖 변화들에 적응해야만 하는 상황에 처해 있다. 하지만 언제부턴가 이 나라 지도자들은 다른 나라 지도자들보다 덜 지혜롭고, 덜 정직하고, 용기를 덜 가진 것처럼 국민들에게 인식되어 왔다. 이기적인데다가 몰염치하기까지 하여, 그들의 도덕성은 차치하고 이제는 그 인간성마저 의심받고 있다. 세월호 침몰 이후 완전히 방향 감각을 상실한 정부. 무사안일, 복지부동, 허구한 날 진흙탕 정쟁. 시민들은 현 정치지도자들의 능력에 대해 회의를 느끼다 못해 이제는 아예 그들의 존재 양식에 회의를 가지기 시작했다.

최순실 사태―박근혜 대통령 탄핵으로 이어진 한국 정치의 위기는 정치인에 대한 신뢰의 위기이다. 그리고 그것은 리더십의 위기이다. 시민들은 더 이상 정치적·경제적·문화적 권력의 자리에 앉아 있는 지도층 엘리트를 신뢰하지 않는다. 우리 사회의 변동을 구현하기 위한 합의를 이끌 수 있는 역량이 터무니없이 부족하다는 사실을 원없이 확인했기 때문이다. 비생산적이다 못해 아예 불필요한 집단으로 인식되고 있는 그들이 우리의 미래에 대한 열쇠를 지녀야 하는지에 대해서도 지극히 회의적이다.

그들에게선 이미 그 흔한 역동성마저 찾아보기 어렵다. 창조·혁신·복지·행복·대박? 그들이 매일같이 읊어대는 구호들은 집단적 불만을 진정시키는 데 알맞은, 그저 순간의 허전함을 메우는 푸성귀에 지나지 않는 것들이다. 위기의 문제에 대해 해결책을 제시하는 것이 아니라 집단적 고뇌를 완화시켜 주는 진통제에 지나지 않는다. 자신들의 무능과 실패를 가리기 위한 연막일 뿐이다.

투표에 의해 선출되거나, 제도에 의해 임명되는 지위만으로는 충분치가 않다. 개산도해(開山倒海)! 시민들은 이제 여야 간의 상호교대를 촉구하는 것이 아니라 전혀 다른 모습, 다른 성격을 지닌 지도자층으로의 완전한 교체를 꿈꾼다. 진정한 변화를 이끌기 위해 새로운 모습을 지닌, 국민적 신뢰와 사회적 공감을 역동화시킬 수 있는 능력을 갖춘 혁명가적인 엘리트의 출현을 갈망하고 있다. '땀'의 한계를 뛰어넘어 '품격 사회'로 이끌어 갈 '큰바위 얼굴'을 말이다.

02

공부벌레, 일벌레들이 한국을 망친다

"나는 천하게 생각하는 모든 것을 부르주아라 부른다."
– 귀스타브 플로베르

대부분의 한국 고위공직자나 기관장들이 현직에 있을 때 과연 얼마나 일을 잘했는지는 모르겠으나, 퇴직 후에도 '전(前)'자를 달고 다니며 그 직책이 주는 경외감을 누리면서 호가호위(?)하고 있음을 부인하긴 어려울 것이다. 한국인들만큼 '전'자를 챙기는 민족도 드물다고 한다. 그렇지만 그들 가운데 누구도 그 '전'자에 일말의 책임이 따른다는 사실을 알지 못하는 듯싶다. 비록 전직이지만 그 격에 맞는 처신은 제대로 하지 못하면서, 계속 '전'자를 붙여 '전관예우' 대접을 받으려는 것은 아무래도 염치없어 보인다.

2015년 12월 1일, 아무개 전 한국은행 총재가 은퇴 후 1년간 모교인 펜실베이니아대에서 강의를 하다가 귀국하여 월간 《신동아》와 인터뷰를 가졌다. 그곳에서 경영대학원생과 정치학과 학생을 대상으로 한 강의의 주제는, '한강의 기적'을 이룬 한국의 저력과 향후 한국 경제에 대한 도전과 전망이었다고 한다.

강의는 한번노 쉽다고 생각한 적이 없다. 나 자신이 수강생이라는 생각으로 강의했다. 내 지식과 경험을 정리해 보는 느낌이라고 할까. 추

수감사절, 크리스마스, 새해 첫날을 포함해 하루도 빠짐없이 연구실에서 강의 준비를 했다. 아내는 미국에 온 지 3주 만에 서울로 돌아갔다. 그날 이후 사람도 거의 안 만나고 스님처럼 지냈다. 밥도 혼자 해먹었다. 내가 지낸 학교 기숙사 벽이 흰색인데, 매일 그 흰 벽을 마주하고 밥을 먹었다. 성철 스님의 면벽 수행, 일주일에 몇 번은 의도적으로 흰 벽을 마주하고 혼자 식사한다는 로마 교황이 생각났다. 그래서 외로울 때는 '교황식 식사'라며 스스로를 위로했다. 컴퓨터엔 한글 자판도, 한국 포털 서비스도 없었다. 한인 슈퍼 가서 혼자 장보고 음식 만들고 먹고 잤다."

(중략)

개인적인 얘기로 인터뷰를 마무리하자. 청와대 경제수석, 대학 총장, 한국개발연구원(KDI) 원장, 중앙은행 총재, 경제협력개발기구(OECD) 대사 등 경력도 화려하고, 바둑 1급에 골프와 테니스도 수준급이다. 정운찬 전 총리, 장승우 전 해양수산부 장관과 함께 '경기고 3대 천재'로 불린다. 누구 덕인가? 조상 묏자리 덕인가?

나도 궁금하다. (웃음) 말씀하신 자리들은 대부분 인사권자와 일면식이 없는 상황에서 발탁됐다. 수주작처(隨主作處: 어느곳에서든 주인의 마음으로 최선을 다한다)의 자세라고나 할까. 좌고우면하지 않고 맡겨진 일만 했다. 그래서 '독일병정', 일만 하는 '곰바우'란 별명이 늘 따라다녔다. 너무 일만 한다고 해서 '곰바우'가 아니라 '곰바위'(우스개 영어이지만 not bear stone but bear rock)란 말까지 들었다. 일은 정말 원없이 해봤다. OECD 가입을 위해 프랑스 파리에 2년 있었는데, 귀국 사흘 전에야 루브르박물관을 처음 가봤다. 개선문, 에펠탑도 못 보고 왔다. 경기고 3대 천재? 언론의 과찬이다. 그냥 주어진 자리에서 최선을 다해 살았다. 너무 맹숭맹숭한 대답인가. (웃음)

(《신동아》, 2016년 1월호 '신년 인터뷰'에서 발췌)

그러고서 "철밥통, 벌거벗은 임금님이 한국 경제의 발목을 잡았다"고 했다. 강의 평가에 대해 "쑥스럽지만 10개 항목에 걸쳐 대부분 매우 좋은 평가를 받았다. 무기명 평가였는데, 객관적으로 인정받은 것 같아 기분이 좋다"며 미국 방문교수 생활에 대해 자랑스럽게 여기는 듯해 보였다. 대부분의 독자들 역시 그렇게 느꼈을 것이다. 아무튼 화려한 경력에도 불구하고 소박하게 생활하며 '맡겨진 일' '주어진 자리'에 충실한 것을 두고 누가 무어라 하겠는가?

한데 이를 글로벌 주류 오피니언들의 시각에서 보자면 안타깝다 못해 한심한 생각이 먼저 든다. 그깟 강의가 뭐라고 도 닦듯이 강의 준비? 강의 점수 잘 나오면 교수 채용이라도 해준다던가? 세계은행 총재나 노벨경제학상 후보 추천이라도 해준다던가? 새삼스럽게 경제학 원론을 강의해 달라던가? 그저 한국은행 총재로서의 실전 경험담 정도면 충분할 것이었다.

▌정작으로 중요한 것은 인적 네트워크

명색이 전 한국은행 총재가 허구한 날 저녁식사를 숙소에서 홀로 해결하다니! 너무 어이가 없어 목구멍이 다 막힐 노릇이다. 그렇게 친구가 없었나? 그것도 모교에서! 그 지극히 귀중한 기회, 미국의 유수 경제 브레인들과의 네트워크를 대폭 확장할 수 있는 다시없는 기회를 외면하고, 혼자 골방 자취 생활로 세월을 보내다니!

그 정도의 경력이면 마땅히 전·현직 국제백악관금융정책담당 보좌관이며, 브루킹스연구소·랜드연구소·국제전략연구소·미연방 준비위원회 고위직원들, 또 뉴욕 월가의 증권투자금융회사 고위직원들, 〈뉴욕타임스〉 및 〈파이낸셜타임즈〉 경제담당 대기자들, S&P·무디스·리치 등 국가신용도평가전문기관 고위임직원들과 함께 식사하였어야 했다. 하다못해 같은 학교 유명 교수들이나 자신과 같은 방문 교수들과의 식사 기회를 만들어 환담을 나누고, 친교를 맺어 한국의 경제 상황을 이해시키고 글로벌 고급정보를 공유하였어야 했다. 학교도 분명 그런 목적에서 그에게 강의 기회를 주었을 것이다. 혹여 공직에 있을 때 너무 청렴해서 그들에게 식사 한 끼 대접할 여력이 없을 만큼 가난했던가? 퇴직금과 연금이 만만치 않았을 텐데도! 그런 일에 왜 내 돈을 쓴단 말인가?

역시나 또 다른 천재로 불리던 서울대 출신의 아무개 전 총리는, 미국에서 7년간 조교수 봉급의 호시절을 보내는 동안 단 한번도 같은 연구동에 있는 노벨경제학상 수상 교수들을 정규 레스토랑에 초대해 본 적이 없었다고 한다. 누군가가 적잖이 받은 봉급으로 무얼 했느냐고 물었더니, 알뜰살뜰 모았다가 방학 때마다 가족들과 디즈니랜드·옐로스톤공원 등을 관광했노라고 자랑스레 말하더란다.

◤ 젊은이들 밥그릇 차고 다니는 한국의 리더들

객원연구원에 불과한 나에게도 책상이 하나 배당되었다. 비밀번호를 하나 주더니 복사기에 그 번호를 누르면 마음대로 복사할 수 있고, 공짜라고 하였다. 완전히 별세계에 온 것 같았다. 그날부터 바로 옆에 있는 법률도서관·중앙도서관·신학도서관 등을 다니며 하루에도 몇십 권씩 복사를 해댔다. 낮에는 사람들이 오가니 아예 저녁에 출근하여 밤새 복사를 하고, 오전 내내 잠을 자는 올빼미 생활을 했다. 드디어 너무 많은 분량을 복사한다고 느꼈는지 법대 당국에서 1인당 월 2천 장까지만 공짜, 나머지는 장당 2센트는 내도록 조치하였다. 나 때문에 새로운 규칙이 생겼을 것이다. 그래도 썼다.

대권후보로까지 거론되던 아무개 시장의 미국 유학 시절 고백담이다. 그로 인해 명예롭게 유지되어 왔던 하버드도서관의 무료복사 규정이 유료로 바뀐 것을 무슨 영웅담처럼 자랑하고 있다. 대학 공동체의 양심인 '아너 코드(Honor Code)' 하나가 폐기된 것이다. 유학 시절 힘들게 공부했다는 것을 강조하기 위해 한 말일 테지만, 기실 부끄럽기 짝이 없는 어글리 매너다. 그리고 그는 헌책 사모으는 데 돈을 다 쓰는 바람에 어쩌다 다른 사람들이 데리고 가준 적 외에는 스스로 식당다운 식당엘 가본 적이 없노라고 했다.

어쨌든 이런 일이 어디 이 몇 사람들뿐이었겠는가?

그땐 다 그랬다. 거의 대부분의 한국 유학생들이 가난해서, 또는 공부에 전념한다는 핑계로 정작 글로벌 오피니언으로서 배워야 할 기본기들을 배우지 못하고 왔다. 유학을 하고서도 도무지 세계관이 열리지 못하는 이유가 여기에 있다. 대한제국 때 신사유람단으로 다녀온 조선의 샌님들이 그러하였듯이.

대권 경쟁에서 고배를 마신 한국 정치인들이 곧잘 외국으로 나가 자숙하는 척하는 게 이 나라의 전통처럼 관례화되었다. 한데 재미없게도 그들 가운데 누구도 그 나라의 유력 인사들과 식사하며 교제를 나누었다는 소문을 들어 본 적이 없다. 아무 대학 기숙사 같은 곳에 숨어 시내다시피 히다가 때가 되면 슬그머니 돌아와 정치판을 어슬렁거린다. 핫도그나 햄버거·샌드위치로 더 이상 못 버틸

지경에 이르면 슬그머니 들어오는 것이다. 한국인으로서는 불세출의 인물인 반기문 전 유엔사무총장, 과연 그는 어떤 말년을 보낼지 자못 궁금하다.

우물 안에서는 그토록 기고만장하던 한국의 엘리트들이 밖에만 나가면 쪽을 못 편다. 국가를 위해 자신의 글로벌적 경륜을 보태려야 보탤 것도 없는, 일을 하지 않을수록 오히려 인기가 올라가는 빈 깡통들. 혹시나 국가의 위상에 무임승차하여 대한민국이 피땀으로 쌓고 다져 온 거대한 역량을 마치 제 능력인 양 휘두르고 누려 보겠다는 양체들. 한국인들은 몰라도 눈 밝은 세계인들은 그 속내를 빤히 들여다보고 있다. 하여 한류 스타만도 관심을 안 두는 게다. 제발이지 외유든 유배든 선진국으로 가서 글로벌 주류 오피니언 리더들과 먹고 놀다라도 왔으면 좋으련마는!

◤ 글로벌 소통 매너 문맹국, 대한민국

이처럼 그동안 유학을 다녀온 수많은 선배들이 유학중 단 한번도 동료 가정의 식사 초대를 받거나 정규 레스토랑에서 식사한 적이 없을 만큼 현지인들과 잘 어울리지 못했다. 혹여 식사 초대를 받았다 하더라도 어글리 매너가 들통나는 바람에 두 번 다시 초대받지 못할 만큼 좋지 않은 이미지를 남겨 놓기 예사다. 뭐, 어차피 그곳에 눌러살 것도 아닌데 아무려면 어떠랴? 때문에 오늘의 한국 젊은이들이 유학을 가서도 지레 무시당하거나 모멸스런 대접밖에 못 받고 오는 것이다. 그러다 보니 유학 생활이란 원래 그렇게 하는 것인 양으로 굳어져 버렸다.

해서 유학을 다녀온 사람이나 안 다녀온 사람이나 서양인들과 오찬이든 만찬이든 함께하는 것을 두려워하기는 마찬가지! 유학파들조차도 해외 업무나 세미나를 마치자마자 바쁘다는 핑계로 따로 놀다가 훌훌 귀국해 버린다. 그들과의 식사에서 매너와 식담(食談) 등에 자신이 없기 때문이다. 게다가 가족이나 높은 분들을 위한 선물 챙기기에 바빠 제 돈으로 밥 한 끼 사기가 아까운 것이다. 그러니 인적 네트워크가 구축될 리 없다. 어느 나라 사람이나 자기 돈 아끼는 쫀쫀이를 좋아할 리 없다. 결국 마땅히 한국에 돌아와야 할 많은 우호적 정보와 기회, 그로 인해 파생될 이익을 놓치고 마는 것이다.

밖에 나가 밥도 한 끼 제대로 얻어먹을 줄도, 살 줄도, 놀 줄도 모르는 한국의 지도자들. 그들의 개망신으로 인한 코리아 디스카운트가 결과적으로 미래에 그 판에 나가 먹고 살아야 하는 젊은이들의 밥그릇을 걷어차고 있다. 당사자들조차 밥 못 얻어먹는 원인을 모르니 후배들에게 제대로 가르쳐 줄 리 만무하다. 그러니 그 잘난 (?) 선배들이 '개판' 쳐 놓은 그곳으로 오늘도 수많은 기러기들이 줄지어 날아 오고가는 게다. 그것도 모르고 뼛골 빠지게 벌어 유학비 보내는 기러기 아빠들에겐 미안한 이야기이지만, 이게 한국의 현실, 있는 그대로다!

▐ 벼슬이 아무리 높아도 배우지 않으면 품격 안 나와!

높은 자리에 오르면 품격이 저절로 생기는 걸까? 해외 유학했다고, 외국어 몇 개쯤 한다고 품격이 자동적으로 따라올까? 특히 한국 사회에서 엘리트 그룹에 속하는 의사·판검사·교수 등, 전문직 종사자들의 글로벌 매너 수준이 더 형편없음은 주지의 사실이다. 공부 외에는 한눈 한번 판 적이 없는 덕분에 그 자리에까지 올라간 범생들. 자기 성찰이라곤 단 한번도 해본 적이 없는, 선민(善民) 의식에 가득 찬 선민(選民)들. 문제는 이들 스스로는 자신들의 품격이 웬만큼은 되는 줄로 착각하고 있다는 점이다. 상대적으로 안정되고 권위를 인정받는 직업이나 지위에 올라 해외 출장이나 외국인들과의 접촉이 빈번한 그들이기에 자신이 그만한 수준의 매너를 갖춘 줄로 착각하고 있는 것이다. 대통령·총리·장관·국회의원 등, 고위공직자들 역시 똑같이 자기 기만 내지는 교만에 빠져 있다. 돈에 따르는 서비스, 직분에 따른 형식적인 의전과 응대를 자신의 품격 때문인 줄로 오해하고 있는 것이다.

품격은커녕 교섭 문화의 기본기조차 전혀 갖추지 못한, 고작 폭탄주 제조법에 유치 개그 건배사가 무슨 대단한 무기라도 되는 양 밖에까지 들고 나가 코리아 디스카운트시키고 돌아온다. 일이 제대로 풀려 나갈 리가 없다. 어차피 그가 아니어도 누군가가 맡아야 하는 일, 왜 일이 차일피일 늦어지고, 그로 인해 손해가 얼마나 나는지, 마땅히 돌아와야 할 이익이 얼마나 깎여 나갔는지, 그게 매너와 무슨 상관이 있는지에 대한 인식조차도 없다.

참고로 대개의 한국 유학생 및 관료·공관장·교수들은 정규 런천·디너 경험이 전무한 실정이다. 대사관이나 학회 등에서 주최하는 파티에서 공짜 음식 주워먹은 경험이 대부분이다. 이런 스탠딩 리셉션에서는 '포크앤나이프'가 아닌 '핑거푸드', 즉 오드블만 주워먹으며 명함 교환이 고작이다. 설사 그렇다 한들 한국인들은 그런 기회마저도 비즈니스 런천이나 디너로 발전시키지 못한다. 왜냐하면 자기 돈 지출하기가 아까운데다가 그런 런천 · 디너를 주재해 본 경험이 없기 때문이다. 게다가 이런 인사들은 공통적으로 현지에 가면 불고기 등 한국 음식을 먹어주는 것이 마치 애국적 행위인 양 자위하며, 그러지 않은 한국인들에게 핀잔을 주기까지 한다. 실은 현지 사람들과 고급 레스토랑에서 식사할 자신이 없음을 그런 식으로 변명하는 것이다.

주재원들 또한 본국에서 오는 높으신 양반들의 골프 접대 및 여행 가이드 하는 게 고작이다. 틈날 때마다 가족들 관광시켜 주고, 높으신 양반들 선물 사다가 바치는 일에 경비 다 써버리고 정작 자기를 업그레이드시켜 선진 오피니언 리더들과 친구가 되는 일, 즉 글로벌 인적네트워크 구축에는 나몰라라 해왔다. 해외 파견 근무가 인사결정권자의 관심에서 멀어져 승진에 불리해질까봐 하루빨리 돌아갈 궁리만 하니 그런 것들이 눈에 들어올 리가 없을 테다. 국내에서는 그토록 연줄과 백을 잡으려 안달을 하면서도 글로벌 무대에서의 인적 네트워크는 등한시하고 있다. 해외 근무를 잠시 귀양 갔다 오는 정도로 여기는 것이다.

◢ 쫓기듯 돌아오는 한국의 젊은이들

물론 글로벌 따위엔 관심도 없고 그냥 우리 식대로 살겠다고 하면 어쩔 수 없는 노릇이지만, 우리 식이라고 해서 모두가 똑같으리라는 생각은 오산이다. 품격의 차이는 세계 어느 민족, 어느 문화권, 어느 시대나 반드시 있어 왔다. 한국 역시 반상의 구별이 없어진 지 오래지만 품격에서는 희미하게나마 구별이 없지 않았고, 어느덧 사회가 안정을 대물림하면서 상류층 매너가 차츰 형성되어 가고 있다.

흔히들 함께하기 싫은 사람을 두고서 '밥맛없는'이라는 표현을 쓴다. 당연히 그런 사람과는 친구는 고사하고 함께 일하고 싶지도 않을 것이다. 그런데 한국은 이미 선진국 초입에 들어서 있으므로 싫든 좋든 세계인들과 친구가 되어야 한다. 이에 가장 큰 장애물이 바로 한국인의 밥맛없는 테이블 매너다. 만약 세계의 지도자들이 한국의 대통령을 '밥맛없는 사람'으로 여긴다면? 국무총리·장관·대사를 매너 없는 유학생 정도로 여긴다면? 위급시에 걸려오는 전화를 성의 있게 받아줄 수 있을까? 오히려 마침 잘되었다며 도와주는 척하면서 자국의 이익을 한껏 챙기고, 혼 좀 나봐라며 딴전 피우고 한 바퀴 돌리고 싶은 것이 인지상정일 것이니 그 피해는 당연히 국민들의 몫이다.

그까짓 게 뭐 그리 대수라고! 밥 한 끼 먹는 데 뭐가 그렇게 복잡해! 글로벌 비즈니스 본선 무대에서 치열한 전투를 치러 보지 않은 사람은 그렇게 말할 수 있다. 하지만 이미 그런 매너에 익숙한 사람에게 무매너 식사는 곧바로 역겨움을 유발시킨다. 식탁이 공공의 영역이란 인식조차 없는, 글로벌 매너를 모르는 사람은 그런 기분을 도무지 이해할 수가 없을뿐더러 그저 불편스럽기만 할 테다. 그러나 '밥맛없는' 비즈니스 파트너와 친구로서 함께 성장하고 싶은 생각이 들까? 일의 순서와 공사(公私)를 구분하지 못하는 약점을 이용해서 바가지나 씌워 하루빨리 무대 밖으로 차낼 궁리부터 하게 되지는 않을까?

문제는 정작 21세기, 현대에 와서다.

수많은 한국의 젊은이들이 해외로 공부를 하러 나가지만, 이들이 목적하는 바는 영어 혹은 현지어 습득과 학위 취득이다. 간혹 봉사나 특별한 기술을 익히기 위한 유학도 있다. 하지만 모두가 거기까지다. 그 목적한 바를 이루게 되면 도망치듯 한국으로 되돌아온다. 유학한 현지에서 자리를 잡고, 그들과 더불어 살아가는 이들은 소수에 지나지 않는다. 한국인을 넘어 세계인으로 살아갈 용기도 능력도 없는 것이다. 세계를 경영하러 나간 게 아니라, 한국에서 행세하기 위한 영문 증(證)이 필요했던 거다.

대부분의 한국 유학생들이 현지의 주류 사회에 동참하지 못하고 외톨이가 되거나, 한국 유학생들끼리만 어울려 놀다가 겨우 공부를 마친다. 설령 그곳에서 실력을 인정받아 학교나 연구소 등에 취직을 했다 하더라도 그다지 오래 버티지 못하고, 스펙쌓기만 끝나면 좋은 자리를 찾아 국내로 들어온다. 반대로, 국내에서 공부해 어렵게 국제기구나 외국 회사에 취직했다 하더라도 대개들 얼마 못 견디고 돌아와 버린다.

외국 생활이 적성에 안 맞는다고들 하지만, 실은 본인도 그 원인을 잘 모르는 경우가 거의 대부분이다. 원인을 알면 고쳤을 테지만, 그걸 모르니 고치지도 못하고 맥없이 쫓겨 들어오는 것이다. 스펙으로 보면 그들에게 결코 뒤지지 않을뿐더러 오히려 우수함에도 불구하고 자신에 대한 박대가 동양인에 대한 차별이라고 지레짐작해 버리는 것이다. 과연 그럴까?

아니다. 모두 무지, 혹은 변명일 뿐이다. 진짜 이유는 현지인들과 융화되지 못한 까닭이다. 유학중에 학교 공부만 했을 뿐 적극적으로 그들의 문화를 이해하고 적응, 융합하려는 노력을 하지 않았기 때문이다. 그 중에서도 특히 식사 문화, 곧 테이블 매너에 대한 무지가 가장 큰 원인이다. 퇴근 후의 회식이나 파티에서 자기만 왕 따시킨다면 오백 프로 이 때문이라 보면 틀림없다. 고작 '좌빵 우물, 좌포크 우나이프' 정도의 상식 아닌 상식을 식탁 매너의 전부인 줄로 여기고 건너갔으니, 밥 한 끼 못 얻어먹고 쫓겨나는 건 당연한 업보일 테다.

한국 학생들이 가장 많이 가는 미국만 하더라도 유학 온 학생일 때에는 싸가지가 있건 없건 무조건 환영이다. 어차피 학비 보태주고 마치면 돌아갈, 장기 관광객이나 마찬가지이니 그 정도는 모른 척하는 것이다. 그렇지만 사회인으로서 올 때에는 철저하게 배타적이다. 이런저런 조건이나 자격을 요구하지만, 근본적으로는 모두 소통 능력에 대한 검증이라 하겠다.

▌선진 매너를 배우려면
밥값 · 와인값으로 자기 돈 꽤 든다

빠듯한 형편으로 유학을 온 학생이나 교수들이 자기 돈 들여가며 매너를 배운다는 것은 실로 꿈도 못 꿀 일이다. 어쩌면 그런게 있는지조차도 모를 것이다. 그들의 문화에 익숙해지려면 그들과 어울려 먹고 놀아야 한다. 혹여 넉넉한 형편이라 해도 공부할 시간마저 모자라는 유학생으로선 쉬운 일이 아니다. 주재원이나 공관원들이라 해도 사정은 매한가지다. 자기 돈 써가며 그들과 식사와 와인을 즐기면서, 그것도 중상류층과 어울려 친구가 되어야 품격 있는 매너를 배울 수 있기 때문이다.

덕분에 성공한 한국인들조차 글로벌 사회에서 상급 대접을 받았는지 못 받았는지를 자신도 잘 모르는 경우가 다반사다. 서양인들은 상대방의 무매너를 개인의 약점으로 여기기 때문에 굳이 지적해 주지 않는다. 고학력의 한국인일수록 설령 자신의 무매너를 알았다고 해도 자존심 때문에 도무지 물어서 배우려 들지 않는다. 불치하문(不恥下問)이라 하였다. 모르면 물어서라도 배워야 한다. 그리고 자녀들을 해외 조기유학이나 어학연수 보내기 전에 글로벌 매너, 특히 테이블 매너 정도는 반드시 가르쳐서 보내야 제대로 배우고, 또 그 이상을 배워 올 수 있다.

또한 제 돈으로 정품격 식사자리의 호스트(호스티스)를 해봐야 고품격 주인장 매너를 습득할 수 있다. 그러니 현실적으로 한국의 부유층 자제들부터 선도적으로 이러한 고품격 매너를 배울 수밖에 없다는 말이 된다. 그렇지만 부유층 자제라 할지라도 똑같이 가난한 집 자녀들과 같은 학교에 다녀야 한다는 막무가내 평등 논리가 득세하는 한국에선 실상 아무리 돈이 많아도 글로벌 고품격 매너를 구현할 수 있는 리더십 교육이 쉽지 않다. 이는 결국 우리 모두의 손해인 것이다. 이젠 그러한 평준화 사고를 버려야 할 때가 되었다. 적어도 상위 1%는 그런 고급한 교육을 받아 국가를 이끌어 줘야 한다. 그들 덕분에 나머지 국민들이 편하게 사는 거다. 그걸 시샘하는 건 너 못살고 나 못살자는 논리밖에 안 된다. 장학재단들도 이제는 공부 잘하는 젊은이만 인재인 줄 알고 쥐꼬리 등록금 한 번 대주고 생색낼 것이 아니라, 제대로 지원해서 단 한 명이라도 글로벌 인재를 키워내는 데 진력을 쏟았으면 싶다. 반기문 유엔 사무총장이나 김용 세계은행 총재가 공부만 잘해서 그 지리에 오른 것이 아니다.

마오쩌둥과 호치민

▟ 글로벌 소사이어티에서 피드백 못 받는
한국의 엘리트들

마오쩌둥[毛澤東]을 제외한 저우언라이[周恩來] · 덩샤오핑[鄧小平] 등, 중국 공산당을 창당한 주요 멤버들 대부분은 유럽 유학생들이었다. 말이 유학이지 실은 망명이었다. 또 프랑스 여객선의 보조요리사로 유럽에 건너갔던 베트남의 호치민[胡志明]도 영국과 프랑스 등지에서 공부를 하였고, 한때는 모스크바 국제학교를 다니기도 했었다. 참고로 러시아의 매너는 프랑스와 거의 같다고 보면 되고, 중국과 북한은 절반의 프랑스쯤으로 여기면 된다.

그러니까 이들은 망명지에서 세계의 혁명가들과 교류하며 국제 감각을 익히고 돌아와, 마침내 외세로부터 조국을 구해내고 혁명을 완수하였던 것이다. 그에 비해 한국의 지식인들은 독재정권에 저항해 해외로 유학을 떠났으나, 대부분 고소득 직업을 가질 수 있는 졸업장 내지는 자격증을 취득해서 돌아오는 것으로 만족했다. 심지어 어떤 이는 '파리의 택시운전사'가 되어 돌아왔다. 유일하게 세계적 혁명가들의 반열에 올릴 만한 이승만 대통령은 장기집권하였다는 이유로 조국의 역사에서조차 버림을 받았다.

남미를 비롯한 전 세계 독재자들이나 중동의 왕가 자녀들이 많이 다니는 동유럽권 국제학교도 있다. 북한의 김정은 역시 13세부터 17세까지 프랑스를 경유해 스위스 베른 근교의 한 작은 공립학교를 다녔었고, 김정남의 아들 김한솔도 지난 2011년 유럽의 보스니아에 있는 국제학교 유나이티드 월드칼리지 모스타르 분교(UWCiM)에 입학해 2013년 5월에 졸업을 하였고, 다시금 프랑스의 명문 파리정치대학(Sciences Po)을 나온 바 있다.

한국에서는 과학고, 서울대, 미국의 하버드대나 스탠퍼드대만 나오면 최고인 줄 알지만, 글로벌 상류층에서는 그런 대학에 그다지 연연해하지 않는다. 이미 가질 것 다 가졌는데도 공부에 올인하는 건 바보 같은 짓이기 때문이다. 유럽에는 세계 최상류층 자제들이 다니는 명문 사립학교 내지는 국제학교들이 많이 있는데, 대부분 기숙학교다. 세계의 지도자급 인사나 부호들의 자녀들은 일찌감치 이들 국제학교에서 상류층 교육을 받으며, 저들끼리의 글로벌 인적 네트워크를 만들어 나간다. 하여 자연스레 열린 세계관을 가지게 되는 것이다.

한국의 많은 부유층 사세들이 미국으로 유학을 가는데, 상당수가 현지인들로부터 소외 내지는 격리된 생활을 하고 있다. 해서 그

중 일부는 방탕한 생활로 접어들어 인생을 망치기도 한다. 미국에 유학중이거나 유학한 바 있는 한국 부유층 자제들의 마약 복용 사건은 이젠 뉴스거리도 되지 않을 만큼 흔한 일이 되었다. 그밖에도 중산층 자녀들의 조기유학, 그뒤를 따라 기러기 아빠의 자녀들이 줄을 잇고 있다. 그런데 대부분이 미국 등 영어권이다. 유럽 명문학교에 비하면 미국의 학교들이 아무래도 교육의 질이나 환경, 무엇보다 품격이 떨어지는 편인데도 말이다.

공부 열심히 해서 겨우 졸업장 받아 오는 것이 유학의 목적어서는 곤란하다. 신기술을 배워 자격증을 따오는 것만이 능사가 아니다. 너도나도 챙겨 온 비슷하거나 똑같은 스펙으로 국내에서 또다시 경쟁하려는가? 세상을 움직이는 글로벌 오피니언 리더들과 친구가 되어, 그들과 고급 정보를 공유하며 동반 성장하고자 함이 목적이어야 한다. 그런 게 진짜 인적 네트워크다.

그동안 한국에선 공부(시험)가 출세의 가장 빠른 길이었다. 솔직히 가장 쉬운 방법이기도 하였다. 하지만 이제 곧 그 허상이 깨어질 것이다. 스펙의 시대가 끝나고 소통·교섭·매너와 품격의 시대, 전인적 인격의 시대가 열리고 있다. 대화·협상·계약 등, 현대의 모든 비즈니스는 테이블에서 이루어진다. 비즈니스 세계에서는 테이블이 곧 전장(戰場)이다. 식사며 마작·카드놀이와 마찬가지로 공부 역시 테이블 게임의 한 종목일 뿐이다.

다른 나라 지도자들과 달리, 이 나라에서 벼슬 좀 하였다는 이들의 대부분은 퇴임 후에 밖으로 나갈 일이 관광 빼놓고는 거의 없다. 그동안 수없이 많은 세계의 지도자들과 오피니언 리더들을 만나고 함께 일을 하였음에도 불구하고 그들 중 누구도 퇴임한 한국

관리를 거들떠보지 않는다. 재임중 직분 때문에 업무상 만나 어쩔 수 없이 악수하고 식사했을 뿐, 개인적인 친분을 전혀 쌓지 못했기 때문이다. 오히려 그 업무적인 만남에서 이미 그의 사람 됨됨이가 파악당한 바람에 두 번 다시 아는 척하지 못하는 것이다. 하여 제 놀던 우물 안에서 남은 생을 전관예우 대접이나 받으며, 또 결혼식 주례나 각종 행사의 축사 들러리로 소일하다가 마감한다. 짝퉁들이 다! 밖에 나가 놀 줄 알아야 진짜 엘리트다!

개화기에 한국인 최초의 남감리교 신자로서 미국에 유학했던 윤치호 선생은, 학업을 마치고 1893년 봄 귀국하기에 이르러 그동안 틈틈이 강연을 다니며 모은 돈 전부를 남감리교 학교인 에모리 대학의 킨들러 총장에게 편지와 함께 보냈다. "제가 모은 돈 2백 달러를 보내오니, 이 돈을 기초로 해서 조선에도 기독교학교를 세워 제가 받은 교육과 같은 교육을 우리 동포들이 받을 수 있게 해주십시오." 이에 감동한 남감리교 선교회에서 모금운동이 전개되고, 한국에 선교사를 파견하게 된다. 그리하여 최초의 감리교회가 한국에 세워지는데, 그게 바로 광화문 세종문화회관 부근에 있는 종교교회(宗橋敎會)다. 당시 종교라는 다리가 근처에 있어서 그렇게 이름 붙여졌는데, 이후 지금까지 한국 감리교의 모교회(母敎會) 역할을 해오고 있다. 진실로 주인 의식이란 이런 것이다. 이처럼 훌륭한 글로벌 모델을 두고도 후인들은 왜 배우지 못하는지 참으로 안타깝기만 하다.

03

사대를 하더라도 당당해야!

"그렇지만 여전한 사실은 우리를 부르면서 동시에 밀어붙이는 저속한 것에 대한, 어떤 심연에 대한 미망이 존재한다는 것이다. 평준화시켜 버리는 평범성과 완곡하게 만드는 감성성과는 반대로 저속성에 상처를 주고 충격을 주려는 의지, 하급한 것 · 더러운 것 · 천한 것의 힘을 보여주려는 의지가 있다. 물론 저속성에는 육체에 대해 퍼부은 저주를 육체에 유리하게 되돌리고 저급한 것들을 통해 고급한 것을 모욕하며, 환상이 자유롭게 발휘되도록 하고, 그러한 모욕을 달콤하게 즐기는 에로틱한 관례가 있다. 온전한 저속미학이 있고, 일반적으로 인정된 어리석음을 그 자체로 되돌려 주기 위해 악취미를 이용하고 남용하는 바보 같고 심술궂은 교양이 온전히 존재한다."
– 파스칼 브뤼크네르

삼겹살과 속담은 뒤집어야 맛이다. 암탉이 울어서 집구석이 망하는가? 아니면, 집구석이 망하려니 암탉이 운다는 말인가? 청(淸)이나 조선 모두 말기에 여자들이 설쳤고, 결국 나라는 망하고 말았다. 만약 그때 암탉이 울지 않았더라면 나라가 망하지 않았을까? 아니다. 나라가 망해 가는데, 수탉이 제구실을 못하니 암탉이라도 나서서 운 것이다. 그러니까 암탉이 울 때쯤이면 집안꼴이 이미 다됐다는 것이다.

세계사 연대표를 보면 고대 국가들은 대개 수천 년씩 유지되기도 하였으나, 현대로 내려올수록 점점 단축되어 왔다. 문명 발전의 속도와 왕조의 수명이 서로 반비례해 온 것이다. 고대에 왕(王)은 곧

신(神), 또는 신의 대리인으로 받들어졌기 때문에 감히 누가 그를 밀어내고 스스로 왕이라 칭할 수 없었다. 그러나 인간의 인지가 발달하여 누구든 가장 힘센 자가 왕이 될 수 있다는 것을 알게 되면서부터는 끊임없이 왕권 다툼이 일어나게 되고, 그에 따라 왕조의 수명도 점점 짧아져 갔다.

우리나라 역사를 보면 신라 1천 년, 고려 5백 년, 조선 5백 년으로 다른 나라에 비해 상대적으로 길다. 매우 안정된 상태를 유지해 왔다고 볼 수 있다. 다시 말해, 세계사에서 보기 드문 깔끔한(?) 역사라 할 수 있다. 그런데 그 중 조선 5백 년은 길어도 너무 길었던 것 같다. 고려가 신라의 절반이었으면, 조선은 고려의 절반쯤에서 끝났어야 했다. 임진왜란, 아니면 병자호란 그즈음에 끝났어야 했다. 더 썩기 전에 밭을 한번 갈아엎었어야 했다는 말이다.

대개 외침이나 역성은 왕조가 쇠락해 힘이 없을 때 일어난다. 태조 이성계가 조선을 세운 지 2백 년이 지날 무렵에 이르러서는 구조적으로 썩기 시작했다. 그것은 왕조가 무능해서라기보다는 역사의 진행 과정에서 생기는 당연한 귀결이라고 할 수 있다. 고려 왕조 역시 차츰 부패해져 스스로는 개혁이 불가능하였기 때문에 필연적으로 역성혁명을 불러왔었다.

▟ 썩어도 너무 썩은 조선

고금을 막론하고 새로운 왕조는 전 왕조와 다른 이념과 정책 방향성을 지닐 수밖에 없는 일. 조선 역시 대외개방형인 원(元)과 달리 쇄국형인 명(明)을 따랐다. 청(淸)이 들어섰어도 조선은 그 기조를 바꾸지 않았다. 그리고 불교 대신 유학(儒學)을 내세우고, 사병을 혁파하여 강력한 중앙집권적 왕조를 건설하였다. 항상 그러하듯 전대 왕족과 권력자들의 모든 것을 빼앗아 혁명에 동참한 공신들에게 벼슬과 봉록을 나누어 준다. 그리하여 초기 1,2백 년 정도는 그럭저럭 갈등 없이 잘 유지된다. 그러나 그후부터는 어쩔 수 없이 내부적으로 갈등이 싹터 치유할 수 없는 상황으로 치닫게 되는 것이다.

왕족과 개국공신을 비롯한 소위 양반들이 대를 이어가면서 자손들을 번창시켜 그 수를 늘려 나간다. 평민들보다 불어나는 속도가 몇 배나 빠르다. 이 양반들은 굶어죽는 한이 있어도 농(農)·공(工)·상(商)에 종사할 수 없다. 반드시 벼슬을 해야 먹고 살 수 있다. 벼슬을 못하면 일평생 글만 읽으며 손가락 빨다가 죽어야 한다. 머리에 쓴 것도 없고 가진 것도 없으니 살아서는 백수(白首, 白手)요, 죽어서는 학생부군(學生府君)이다. 개화기 일본의 하급 무사들이 무사로서의 체면을 버리고 상업에 종사하여 앞다투어 서양 문물을 받아들인 것과는 대조적이다.

대개 어느 왕조든 한 2백 년가량 태평성대로 흐르다 보면 이 양반들에게 나누어 줄 벼슬과 재물이 점점 모자라게 되는 것은 필연적이다. 개국공신의 자손이라 해도 예전의 봉록만으로는 넉넉할 수가 없다. 결국 자리다툼이 일어날 수밖에 없다. 그것이 조선 중기에서부터 시작된 분당, 즉 당파 싸움이다. 어떻게든, 무슨 꼬투리를 잡아서든 상대를 끄집어내리거나 역적으로 몰아서 삼족을 멸해야 자기 집안이 먹고 살 수가 있는 것이다. 누가 조그만 벼슬이라도 차지할라치면 사돈의 팔촌까지 모여들어 그 덕을 보며 얻어먹고 살아야 한다. 그러자니 서 푼어치도 안 되는 감투 하나를 가지고라도 백성들을 쥐어짜야 한다.

벼슬은 한정되어 있고, 양반은 끝없이 늘어나니 나중엔 서얼 차별 제도를 두지 않을 수 없다. 그럼에도 불구하고 그 양반에 비해 몇십 배 빨리 늘어나야 할 평민의 숫자는 오히려 줄어들고 있으니, 개국 초기의 안정된 피라미드형 사회 계급 구조가 점점 불안정한 형태로 변모해 간다. 견디다 못한 백성들이 들고일어나면서 왕조는 드디어 종점에 다다르게 된다.

전쟁을 무서워한 사대부의 나라. 모자란 것이 있으면 이웃나라에 쳐들어가 강탈하거나 영토를 늘려 문제를 해결할 생각은 못하고, 그저 저들끼리 허구한 날 멱살잡이 상투잡이로 날을 지샌 것이다.

현대의 민주자본주의 역시 내부적으로는 그러한 사이클을 갖고 있다. 고대에는 몇천 년 혹은 몇백 년 걸리는 왕조의 사이클이 현대에는 10년 미만의 정권 사이클로 바뀌었지만, 기본 구성은 별반 다르지 않다. 제조업을 바탕으로 한 초기 산업자본주의가 점점 서비스자본주의로 발달하면서 머리 잘 굴리는 선비층(화이트칼라)만 잘살게 되고, 온몸으로 땀 흘리는 평민층(블루칼라)은 자칫 인간으로서의 존재 가치조차 지키기 힘들어지고 있다.

이미 상당수의 문명국가들이 번영의 종반부로 접어들고 있는 것도 그 때문이다. 신생 자본주의국가(인건비가 싼)는 이제 막 시작 단계이지만, 이들은 예전의 다른 국가들에 비해 필름이 훨씬 빨리 돌아갈 것이다. 빨리빨리 좋아하는 한국보다 더 빠르게 모든 것을 경험하게 될 것이다. 결국 자본주의는 금세기의 절반도 못 넘겨 혼돈의 시대를 맞고 말 것이다.

✔ 정도전이 설계한 사대부(士大夫)의 나라?

　말머리를 돌려 다시 조선으로 가보자. 그러면 조선은 어떻게 해서 5백 년 동안이나 지속되었는가? 그건 바로 기다려도 기다려도 영웅이 나타나지 않아서이다. 중간에 몇몇 도적(?)이 나와 난을 일으켜 보았으나 그저 먼지만 조금 일으키다가 주저앉고 말았다. 조선은 처음부터 영웅이 태어날 수 없도록 설계되어 있었기 때문이다.

　의협(義俠)은 무력으로 금법을 범하기 쉽고, 은사(隱士)는 번잡한 인간 세상을 간파하고 무정부주의의 길을 걷는 것으로 흐르며, 영웅(英雄)은 결국 자기를 표현하고 강한 힘을 드러내야 하기 때문에 전제왕권과 저촉될 수밖에 없다. 고려의 왕건이나 조선의 이성계와 마찬가지로 무릇 역성혁명이란 무인(武人)들의 것이다. 세계사 어디에도 선비가 세운 왕조는 없다. 간혹 망할 때쯤에 이르면 선비가 세상을 바꿔 보겠다고 나서 보지만 중국의 쑨원(孫文)이나 고려말의 신돈(辛旽), 구한말의 김옥균(金玉均)처럼 개혁만 부르짖다가 용두사미로 끝나고 만다.

　닭의 모가지를 비트는 것만으로는 혁명이 되지 못한다. 단칼에 닭의 모가지를 잘라 버려야 한다. 태조 이성계는 누구보다 이 점을 잘 알고 있었다. 그래서 사병을 혁파하고, 유학(儒學)을 통치 이념으로 삼아 문(文)을 숭상하고 무(武)를 철저하게 억눌렀다. 불교를 누르고, 유학을 종교처럼 신앙하게 만든 것이다. 이 유교(儒教)가 바로 조선의 카스트제도인 것이다.

　딱 한번 가장 적절한 시기에 영웅 비슷한 영웅이 등장한 적이 있다. 바로 이순신 장군이다. 그러나 그는 마지막 순간에 말타기를 거부하고서 홀연히 떠나가 버렸다. 그 역시 무장(武將)임에도 불구하고 유교를 신앙하는 선비에 지나지 않았다. 충절(忠節)을 꺾을 만큼 큰 뜻을 품지 못했던 것이다. 해서 매를 맞고서도 싸우러 나간 것일 테다.

✔ '등신장군' 이순신?

만약 임진왜란을 계기로 조선에서 역성이 일어났다면 새 왕조는 분명 이전과 다른 새로운 이념과 통치체계를 세웠을 것이 틀림없으니, 한반도는 물론 동북아의 역사는 전혀 다른 방향으로 전개되었을 것이다. 새로운 제도와 문물을 받아들여 아시아의 르네상스가 한반도에서 일어났을지도 모른다.

불행히도 조선에서는 다시는 영웅이 나타나지 않았다. 아무리 썩은 왕조라 하더라도 누가 밀어뜨리지 않으면 그냥 지속되는 법. 결국 왜놈들이 피 한 방울 안 흘리고 거저 집어삼키게 된 것이다. 핍박받던 평민들은 낫과 괭이로 외세에 맞서다 죽어가고, 구식 군대의 무인들은 무리지어 의병을 일으켜서 싸우다 죽어갔지만, 5백 년 동안 이 땅의 주인이었던 사대부 선비들은 나라를 팔아먹거나 고작하여 몇몇 사람들의 자결로 절개를 증명하는 것 이외에는 달리할 일이 없었던 것이다.

대한민국의 건국일을 두고 이러쿵저러쿵 말들이 많지만, 여하튼 요즘은 정권이 망하는 데 5년밖에 걸리지 않는다. 5년마다 새 정권이 탄생하는데, 그 흥망의 사이클이 조선 5백 년의 그것과 결코 다르지 않다. 남북, 동서, 좌우, 노소, 친박 비박, 가박 진박, 배신 등신, 온누리 새누리 헌누리, 더민주 덜민주, 친노 비노…, 역성을 위한 분당의 세포 분열 속도가 빨라지고 있다. 암탉이 울면 정말 나라가 망할까? 수탉이 운다고…? 이러다가…? 이렇게 썩을 바엔 차라리…? 병아리, 메추라기들까지 나서서 자기가 나라를 구할 적임자란다.

◤ 노비는 주인의 눈치만 살피면 된다

고려 말, 무신정권의 몰락과 삼별초의 '박멸'로 인해 한민족의 상무 정신은 완전히 뿌리가 뽑혀 나가고 말았다. 이후 왕조는 철저히 원(元)나라의 눈치보기로 그 명맥을 간신히 이어갔다. 그러한 세월이 너무 오랜 탓인지 그만 눈치보기와 굽신대기가 뼛속까지 배어들어, 이 민족은 다시는 허리를 곧추세우고 고개를 바로 들지 못하는 아름다운(?) 전통을 이어오고 있다.

유학을 국시로 삼고 철저하게 사대(事大)를 표방했던 조선 5백 년은 아예 한민족의 DNA까지 바꿔 놓았다. 일제 36년간은 친일 경쟁을 벌이더니, 해방 후에는 친미 일색으로 치열하게 경쟁해 왔다. 그러다 사드(THAAD) 배치의 갈등으로 한 세기 동안 숨죽여 있던 중화 사대 근성이 터져나오기 시작했다. 그나마 해방과 더불어 외쳐온 '자주'니 '독립'이니 하는 구호 덕분에 한동안 우리 스스로가 주인이 된 듯한 우쭐한 착각(?)에서 억눌러 놓았던 천민 종복 근성이 도진 것이다.

종복(從僕)은 원천적으로 예속되지 못하면 안정된 삶이 불가능할뿐더러 심리적으로도 불안해서 견디질 못한다. 마치 동물원에서 사육된 짐승을 야생에 풀어 놓으면 오도가도 못하는 것처럼. 한국 정치가 문민 정부에 들어서면서 가신 정치·패거리 정치·머슴 정치로 흐르는 것도 그 때문이고, 젊은이들이 대기업이나 공무원을 선호하는 것도 그러한 노비 근성 때문이라 하겠다. 하여 정당 정치가 사당(私黨) 정치로 변질되고, 가신 정치가 다시 내시 정치로 흐르는 것도 그 때문이다. 같은 당 안에서도 친(親)·반(反)으로 갈라져 편 가르기하느라 날밤을 샌다. 모조리 노가, 이가, 박가, 문가, 안가, 홍가…네 노비들이다. 그렇게 마름이나 아전자리 하나 차지하고 있다가, 주인이 정권을 잡으면 문고리 십상시에 들 수 있기 때문일 테다. 운 좋으면 주인의 빈자리를 차지할 수도 있다. 떼지어 사는 동물들이 그렇듯 무조건 제일 큰 무리에 붙으려고 앞다퉈 몰려간다. 그러나 노비들이 공(公)을 알까? 공(公)과 사(私)를 구분할 줄 알까? 친(親)이든 반(反)이든 그런 수식이 붙는 그 순간 그는 사인(私人)이다. 그 집 노비다.

하인은 전략적 사고니 통찰력이니 하는 것이 없다.

필요도 없고, 요구하지도 않는다. 오직 주인의 눈치만 보면 된다. 호가호위하지만 책임도 의무도 없다. 결정은 주인의 몫이니 잘잘못도 모두 주인의 몫이다. 자신의 주제나 능력에 상관없이 주인이 시키는 대로만 하면 된다. 의견은 가질 수 있지만, 의지는 절대 금물! 절대 복종은 노비의 절대 미덕! 그래야 충직하다는 소릴 듣고 귀염을 받는다. 감히 주동적으로 행동했다간 그 즉시 반역자 내지는 배신자로 찍혀 추방된다. 그러니 법대로! 시키는 대로! 기껏해야 매뉴얼 사회밖에 안 된다.

작금 한국에서도 수평적 사고, 수평적 사회, 수평적 조직이 화두가 되고 있지만 원천적으로 구호에 그칠 수밖에 없다. 계급에 의한 눈치 사회, 위만 바라보는 수직 사회가 될 수밖에 없는 이유, 기업이 전문성 위주로 경영되지 못하고 관리 위주로 경영될 수밖에 없는 이유, 소프트웨어보다 하드웨어에 강한 이유, 창의·창조 대신 모방·표절과 짝퉁이 근절되지 않는 이유, 문화가 경제 성장과 더불어 고급해지기는커녕 오히려 천박해지는 이유… 이 모든 것들의 저변에는 노비 근성이 그 깊이를 알 수 없는 펄처럼 켜켜이 깔려 있다.

▟ 다시 사대(事大)의 나라로

유학(儒學)은 처음부터 군자를 위한 학문이었다.

유가(儒家)에서 소인은 '사람'이 아니다. 그러므로 수평적 사고니, 인간존엄이니 하는 정신이 있을 턱이 없다. 1%의 군자가 될 때까지 맹목적으로 수직적 조직 문화에 순응하는 과정을 거쳐야 하기 때문에 하인 근성이 몸에 배일 수밖에 없다. 나머지 99%는 누구 말마따나 모두 개돼지인가? 한국에선 그 1%도 근본이 미천하기는 마찬가지 아닌가? 한국 사회가 아랫물 윗물 할 것 없이 혼탁한 원인이 거기에 있다. 전복과 압축의 고도성장을 거치면서 저속한 천민문화가 사회의 상층부까지 오염시켜 버린 것이다.

대통령이나 기관장의 면전에서 고개 똑바로 세우고 "그게 아니고요…!" 했다가는 바로 아웃이다. 그렇게 주인 눈 밖에 나 버림받은 '배신자'조차도 주인집 대문 밖 처마 밑을 벗어나지 못하는 이유 또한 그 때문이다. 어리석은 조선의 선비들은 그걸 지조·절개·충절·의리인 줄 알고, 귀양을 가면서도 임을 향한 일편단심가를 지어

읊는다. 하여 오매불망 주인님 마음이 돌아서길 기다리며, 임 계신 곳을 바라보고 주야장창 엎드린다. 그게 진정한 조선 선비의 절개이다. 머슴이나 노비는 주인의 빛과 그늘 아래에서만 그 존재의 의미를 지닐 수 있기 때문이다.

한국은 현대화 과정에서 스스로 혁명을 통해 봉건지주제며 서얼 차별, 노비제도, 반상 구별 등의 구습을 혁파하지 못했다. 외세에 의해 어영부영 개혁을 받아들였다. 인간존엄에 대한 확고한 성찰이 없는 상태에서 이루어졌다는 말이다. 공화국·민주주의·자유·평등·자본주의에 대한 참뜻과 소중함을 제대로 알지를 못한다. 껍질만 민주주의이지, 그 속은 구시대적인 잔재가 그대로 들어차 있어 천민자본주의화되어 가고 있는 것이다. 하여 여전히 벼슬·감투·완장에 집착하고, 갑질을 일삼는 것이겠다. 공부에 죽기살기로 매달리는 것도 실은 재벌이나 정권의 노비 혹은 문고리가 되고자 함일 테다. 삼성을 욕하면서도 삼성에 취업하길 갈망한다.

항일투쟁과 한국전쟁을 통해 체득한 개인의 독립(주체) 의식이 점점 희미해지고, 그저 큰 기와집 처마 밑에 한자리 얻어 일신의 안녕을 기탁하려는 노비 근성·사대 근성이 4대강 녹조처럼 번져 나가고 있다. 피를 다 간다 한들 7백 년 동안 흘러온 이 된장독 천민 근성을 씻어낼 수 있을까? 그렇지만 처음부터 사대 천민족속은 아니었으니 정신 바짝 차리고 시작하면 극복하지 못할 일도 아니다.

사대(事大)를 무작정 나무라는 말이 아니다. 다만 주인장으로서 주인 의식을 가지고 사대를 했느냐, 아니면 종복 근성으로 맹목적인 사대를 했느냐를 만문하는 것이다. 이 자기 주동적인 의식만 잃지 않는다면 언젠가는 작은 나라도 세계를 호령할 기회가 온다는 말이다. 자주 독립! 자세 독립! 우선 허리 펴고 고개부터 바로세워 보자! 현기증이 나더라도 죽기로 버텨 보자!

▟ Tip 궁색한 애국, 친일·반일·반미 주먹질?

얄미운 일본인, 어리석은 한국인!

2016년 일본 정부로부터 10억 엔을 받아 생존 위안부 할머니들에게 나누어 주고, 그것이 곧 그들이 잘못을 인정한 증거라고 주장하던 윤병세 한국 외교부장관! 거의 저능아 수준의 자기 통빡으로 한 나라의 외교를 담당했으니 나라꼴이 이 모양인 것이다. 과연 일본인들도 그 논리에 수긍할까? 세계인들은? 한국 정부가 나서서 밀린 화대(花代)를 대신 받아 줬노라고 이야기할 것이다. 1엔을 받았더라도 그것은 화대에 다름 아니다. 한강에 코 처박을 일이다.

세계에서 유일하게 일본을 마음놓고 무시해도 되는 민족? 그런 굴욕을 자초하고서도 일본대사관·영사관 앞에다 소녀상을 세워두고 항의 시위를 계속하고 있다. 이는 어쨌든 국내법은 물론 국제예양에도 저촉되는 행위이다. 아무려면 반일(反日)인데 어때? 내 땅에 내가 동상 세우는 데 무슨 상관? 그러나 아무리 옳은 일이라 해도 절차적 정당성을 확보하지 못하고선 세계인들의 공감과 지지를 얻기 어렵다. 그 결과 세계인들은 일본의 과거 만행보다 약속을 지키지 않는 막무가내 한국을 더 기억하지 않을까? 달리 세련된 대책을 강구해 당당하게 일러야 한다.

누구를 위한 소녀상인가? 일본 정부의 사과만 받으면, 그 모든 것이 없었던 일이 되는가? 그래서 잊고 싶은가? 아니면 지우고 싶은가? 애써 잊고자 하는 일본인들에게 기억을 강요하려면, 억지 사과라도 받아내어야 한다? 그렇게 해서 받아낸 일본의 반성이 무슨 의미가 있으랴? 일본이 사과를 하고 나면 두고두고 기억해서 다시는 그런 짓을 안할 거다?

역사가 기억하기 위한 것이라면, 그 기억은 누구의 기억이어야 하는가? 당연히 우리의 역사는 우리가 기억해야 마땅한 일이다. 그렇다면 예의 소녀상을 일본대사관이나 영사관을 마주하고 앉힐 일이 아니라 우리를 바라보도록 앉혀야 한다. 3·1절 및 광복절 기념식 단상에 생존해 계신 위안부 할머니들과 함께 소녀상을 앉혀야 한다. 그분들 모두가 돌아가신 다음에도 말이다. 다시는 그런 비참한 꼴을 당하지 않겠노라고, 다시는 비겁하지 않겠노라고 우리가 각오를 다질 일이다.

세계인들이 마음놓고 조롱해도 될 만큼 대한민국의 품격이 진창이다. 작금에 이르러 한국 사회의 근간이 한꺼번에, 그것도 제풀에 와르르 무너지는 원인은 어디에 있을까? 혹여 이 모습이 우리의 본색, 그러니까 조선 선비의 본색은 아닐까? 그 많은 친일파 지식인들은 원래 조선의 선비가 아니었던가? 일제강점기를 통해 깐깐하고 엄격하게 배웠던 1,2세대가 가면서 그 일본 정신, 즉 무사도 정신이 사라지는 바람에 오늘에 이르러 이렇듯 허망하게 무너지고 있는 건 아닌지? 속되게 표현해서 그 '엽전' 근성이 되살아난 것은 아닐까? 배부른 노비, 혹은 완장 찬 천민? 지금 우리의 모습이 아닐까? 그 일본 정신을 조선 선비의 실학 정신인 줄로 착각하고 살지는 않았는지? 일제 가라데[空手道]를 태권도로 이름만 바꿔 삼국시대 때부터 내려오던 우리 고유의 무술인 양 자랑스러워하듯이 말이다.

내친 김에 만약 일본에 유학하였던 수많은 청년들이 없었다면, 해방 전후 한국 문학예술계의 기라성 같은 인물들이 그만한 업적을 이뤄냈을까? 일본 육군사관학교를 나온 군인들이 친일파라는 딱지 때문에 남쪽에 남아 있었기에 망정이지, 그들이 진즉에 월북해 버렸더라면 김일성의 남침을 막아낼 수 있었을까? 분명 미군이나 유엔군이 도착하기도 전에 전쟁은 끝나고 말았을 것이다. 호치민이나 마오쩌둥이 군사력이 우세해서 전쟁을 승리로 이끌었던가? 고기도 먹어 본 놈이 먹는다고, 전쟁도 싸워 본 놈이 싸울 줄 안다. 월남전의 경험마저 이미 희미해져 버린 대한민국의 국군에 실전에서 피비린내를 맡고 눈에 쌍심지를 켤 장수가 몇이나 있을까?

내친 김에 좀 더,《친일인명사전》까지 만들어 역사의 죄인으로 낙인찍는 일이 마치 대단히 애국적인 일인 양, 잃어버린 양심을 되찾은 양, 역사를 정화시킨 양, 친미파들이 못해낸 의로운 일을 해낸 양 의기양양해하는 사람들이 많다. 그런데 그들 중에서 친일 지식인들의 고민을 그들의 입장에서 한번이라도 생각해 본 이가 있을까?

친일파의 대부분은 그 시대의 진정한 엘리트들이었다.

목숨 걸고 독립 투쟁에 나서지 않는 한, 일제에 비협조·불복을 고집하는 것은 솔직히 어려운 일이 아니다. 달리 할 일도 없다면 말이다. 저만 고생하면 된다. 하지만 능력 있는 지식인(지성인)이라면 다른 누구보다도 이 민족의 장래에 대한 고민을 하지 않았을 리 없다. 결코 일신의 영달만을 위해서 친일하지는 않았을 것이라는 말이다. 누구보다도 합리적인 사고를 가진 이들이었다. 하여 차라리 적극적으로 협조해서 차별받지 않고 살아갈 길을 모색했을 터이다. 해서 젊은이들더러 피를 바칠 것을 요구한 것이리라. 그래야 당당하게 차별 없는 국민으로 대접해 줄 것을 요구할 수 있었을 테니 말이다. 가령 오늘날 미국으로 이민 간 젊은이들이 군(軍)에 입대하면 시민권이 자동적으로 주어지듯이. 아무튼 당시 상황에서 일본이 그렇게 허무하게 항복할 줄을, 그리고 해방될 줄을 누가 짐작이나 했겠는가? 독립지사들을 폄훼하거나, 그 공적을 조금이라도 가볍게 여기려는 얘기가 아니다. 친일 지식인 모두가 저 혼자 잘살자고 민족을 팔아먹지는 않았을 거란 말이다. 하여 굳이 친일 인사를 단죄하려면 충일(忠日)·친일(親日)·역일(役日)로 구분했으면 싶다. 그리고 그 충일의 제일 앞줄에 세워야 할 사람들이 바로 나라를 갖다 바치고 일본 귀족이 된, 부끄럼을 모르는 이씨 왕가 일족들이다.

당(唐)의 개방 정책이 아니었으면 삼국 통일이 가능했겠는가? 반도를 합병할 당(唐)의 야욕을 역이용할 줄 알았던 신라인들의 지혜와 배짱은 어디서 나왔을까? 김춘추라는 천재적인 한 인간의 머리에서 나왔을까? 개방이 곧 글로벌화! 신라가 3국을 통일할 수 있었던 것은 글로벌화에 가장 앞섰기 때문이었다. 고려말-조선초에 한반도의 문화가 비약적으로 발달하고, 또 뛰어난 인재들이 배출되었던 것도 몽골(元)제국의 글로벌화 정책에 편승한 덕분에 세계의 문물이 고려로 쏟아져 들어온 때문이었다. 세계와 소통하는 바람에 여러 민족의 언어와 문자에 대한 지식이 축적되어 조선초 한자의 글로벌 표준 음운부호, 즉 몽골의 파스타문자를 이용한 한글 창제가 가능했다.

신라는 낭(唐)으로 수많은 유학생들을 보냈고, 고려의 왕자들은 비록 인질이었지만 당시 세계 문명의 최고 중심 도시로 유학을 한 셈인데다가 왕비까지 원(元)의 공주를 받아들였으니, 고려는 그 어느 나라보다도 글로벌 선진문명국이었던 셈이다. 이후 조선이 명 (明)의 쇄국정책을 따르는 바람에 반도는 그 역동성을 잃고 말았다. 그러다가 일제 때는 일본 유학생, 해방 후에는 미국 유학생들에 의 해, 그리고 월남전 파병을 계기로 바깥 세상에 눈뜨게 되어 오늘의 번영을 맞게 된 것이다.

베트남의 호치민은 전쟁중에도 꾸준히 유학생들을 선발하여 통일 후를 대비했었다. 국비 지원이라지만 겨우 편도 비행기삯에 인 민복 한 벌, 그리고 조국 통일을 위해 목숨 걸고 싸우고 있는 동료 들을 생각해 죽을 각오로 공부하고 돌아와 전쟁이 끝난 조국을 세 계에서 가장 아름다운 나라로 건설해 달라고 당부하는 호치민의 편 지 한 통이 그 전부였다. 그는 또 통일 후엔 친미·자본주의 세력에 대해 보복하지 말고, 그들을 품으라는 유언을 남겼다.

윤치호 선생이 남긴 영문 일기가 요즈음 번역이 되어, 당시 상 황을 절절히 전하고 있다. 왕조가 얼마나 부패하고, 사대부 관료들 이 얼마나 무능하고 무책임했는지 낯이 뜨거워 페이지를 넘기기가 무섭다. 오늘의 가치 기준으로 지난 역사를 재단하고 단죄하는 것 이 과연 그토록 당당한 일인지를 이쯤에서 한번 짚고 넘어갔으면 하는 생각에서 발칙한 상상을 해보았다. 자고로 영웅과 인재는 별 개다. 인재는 한풀이식 오기나 애국심으로 기르는 것이 아니다. 경 계를 넘어서는, 시대와 세계를 통관(洞貫)하는 성찰 없이는 대한민 국이 진정한 선진 주류 사회로 도약할 수 없기에 하는 말이다. 큰 지혜는 거기서 나온다. 푸닥거리는 이제 그만하고, 미래를 준비하자.

04

격(格)이 부서지면 품(品)도 무너진다!

"우리가 남의 평가에 민감한 것은 우리 안에 존재하는 노예 근성 때문이다. 고대 노
예제 사회에서 노예는 자기 자신을 주체적으로 평가하지 못했다. 노예를 평가할 수
있는 사람은 어디까지나 주인뿐이기 때문이다. 노예는 주인이 잘했다고 칭찬하면 기
뻐하고, 못했다고 지적하면 슬퍼한다."
— 프리드리히 니체

이 땅의 옛 민초들은 양반집 도련님에게조차 감히 고개를 들어
쳐다볼 수가 없었다. 지금 세상이라고 해서 그 관습이 다 사라졌을
까? 조선시대 어전회의와 지금의 청와대 국무회의며 비서관회의가
크게 다르지 않아 보이는 것도 그 때문일 것이다. 아무렴 등 굽은
반도에서는 등 굽은 새우만 난다던가?

글로벌 매너란 글로벌 마인드로 세상을 보는 시야와 상대방
에 대한 인식, 그리고 당당히 대우받기 포함 전인적 소통 능력, 협
상 능력을 키우는 것이다. 한데 눈도 제대로 못 뜨고서야 소통은 고
사하고 온전한 인격체로서 인정받기조차 힘들게 되었다. 악수를 할
때, 건배를 할 때, 그리고 대화를 할 때 한국인들은 상대와 눈맞춤
을 하지 못한다. 글로벌 비즈니스 매너에서 보자면 한국은 예나 지
금이나 봉건국가인 게다.

◢ 눈맞춤이 곧 소통이다!

아기가 태어나 눈을 뜨게 되면, 엄마와 '눈맞춤'을 하려고 애를 쓴다. 소통 본능이다. 그런데 유독 한국의 아이들만은 자라면서 차츰차츰 어른의 눈길을 피하려 든다. 눈 내리깔기! 어린이집을 다니면서부터 배운 '배꼽인사' 때문이다. 이는 봉건적 관습이 강요된 인사법으로 인간존엄성 측면에서 보자면 매우 심각한 일이 아닐 수 없다.

한국의 어린이들은 이렇게 그 의미도 모른 채 어른(선생)들이 시키는 대로 무작정 허리와 고개를 숙여 절을 해 버릇한다. 그리고 그렇게 하는 것이 어른들로부터 귀여움을 받는 행동이라는 걸 터득하게 되어 강아지처럼 순순히 길들여져 간다. 그 바람에 점점 어른들과의 눈맞춤을 피하게 되는 것이다. 예절을 가르친다면서 아이를 일찌감치 하인으로 만들어 버린 셈이다. 독립적 인격체로 자라나게 해줄 자기 존중의 뿌리가 통째로 뽑혀나가 버린 게다. 이후 주인(주체, 주동) 의식을 가지고 살아가는 일이 원천적으로 불가능해진 것이다.

아이가 자폐인지 아닌지는 먼저 눈맞춤을 피하는지 여부로 진단할 수 있다. 일본과 한국에 '자폐아'가 많은 이유가 어쩌면 여기에 그 한 원인이 있지 않을까 싶다. 나중에 교육을 통해 눈맞춤 소통 매너를 배운다 하더라도 이미 사고와 행동이 따라 주지를 않는다. 해외로 유학을 가서도 교수들이나 현지인들과 눈맞춤하는 데 족히 2년이 이상 걸린다.

어린놈이 감히 어른한테 눈을 똑바로 떠? 심지어 교실에서 눈길을 맞받았다는 연유로 학생의 뺨을 때린 교사가 고소를 당해 유죄 판결을 받은 적도 있다. 한국의 아이들은 이렇게 세상에는 강자

중국을 방문한 이명박 대통령. 후진타오 국가주석의 눈을 보지 못하고 손을 보고서 악수하는 바람에 굴욕적인 장면을 연출하였다. [연합뉴스]

와 약자, 부모와 자식, 스승과 제자, 어른과 아이, 선배와 후배, 상관과 부하, 주인과 하인, 흔한 말로 갑(甲)과 을(乙)이 존재하는 것으로 인식하게 된다. 인격은 동등하다는 인식을 하지 못한다. 한국인이 소통 매너가 부족한 원인이 여기에 있다. 수평적 사고 자체가 원천적으로 불가능하기 때문이다.

상체를 숙이는 각도에 따라 갑과 을의 수직 관계, 그리고 그 층차를 확인하는 의례인 것이다. 그러다 보니 한국인들의 인사 양태를 보면 그야말로 천태만상이다. 그러면서도 말로는 '평등'과 '공평'을 주장하고 있으니 아이러니가 아닐 수 없다. 한국인이라면 누구나 자신의 위치가 낮을 때에는 평등을 주장하고, 자신이 우월할 경우에는 가차없이 갑질을 해대는 이중성을 지닌다. 사회 생활의 시작을 을(乙)로서 을질(배꼽인사)로 하였으니, 갑(甲)이 되면 갑질을 하는 게 당연한 일인 것이다. "내가 부모(선배)를 공경히 받들었으니, 나도 자식(후배)에게 그런 대접을 요구하는 게 뭔 잘못이냐?"는 된장독 근성이 팽배한 때문이다. 그러니 아무리 혁신이니 개혁이니 외쳐 봐야 공염불로 끝나고 마는 것이다. 자세(매너)를 바꾸지 못하면, 생각도 절대 바꾸지 못한다.

◢ 글로벌 무대에서 공손은 곧 하인 모드

절(拜)이란, 본래 아랫사람이 윗사람에게 바치는 공경과 감사의 표시였다. 공경과 충성을 바칠 터이니 계속해서 거두어 달라는 뜻인 것이다.

유교에서의 공손은 기본적으로 천신(天神)과 조상신(祖上神)을 받드는 데 있다. 그 제례의 법도를 민간에 퍼뜨려 사회질서를 바로 세우고자 했던 이가 바로 공자(孔子)다. 그리하여 하늘은 제 마음껏 고개 들어 우러러볼 수 있지만, 인간 사회의 계급 앞에서는 함부로 고개를 들어 바라다볼 수 없게 되었다. 그게 봉건 사회다.

공손은 곧 복종! 많은 동물들이 그러하듯 그 표시로써 눈을 내리깔고, 고개를 숙여 상대보다 자세를 낮추는 것이다. 현대적 의미의 동등한 인격체로서의 소통법이 아니다. 그런데도 이 땅에선 아직도 눈을 제대로 못 뜨는 이들이 너무 많다. 대통령이나 회장님 앞에서 눈을 바라보며 이야기할 수 있는 사람이 몇이나 되겠는가? 이렇듯 권력 앞에서는 내시가 되고, 금력 앞에서는 노비가 되기를 서슴지 않는 것은, 일찍부터 잘못 배워 버릇한 이 하인 매너 때문이랄 수 있다. 노비들에겐 그게 편하다.

사실 한국인들의 하녀형 배꼽인사와 굽신배는, 1979년 서울의 소공동에서 개점한 롯데백화점이 일본에서 수입해 온 것이다. 그 이전까지 한국의 가게 점원들은 손님에게 그처럼 인사할 줄 몰랐었다. 문제는 이 배꼽인사가 서비스업의 경계를 넘어 사회관계망 전반에 무차별적으로 퍼져 나가 일반화 내지는 보편화되었다는 데 있다.

▛ 한국은 아직 봉건시대에 살고 있다

우리는 자신을 낮추어 상대를 높이는 공손 혹은 겸손을 유교적 예법이 가진 최고의 미덕인 양 자랑해 왔다. 그리고 어른이나 높은 사람을 만나면 무조건 굽히고 존대해야 한다고도 배웠다. 하여 예절이란 곧 공손한 태도를 드러내는 법이라고 일컬어도 될 정도다.

그렇지만 공손은 위선일 수도 있고, 겸손을 가장한 것일 수도 있다. 공자의 시대가 그러하였듯이 난세를 살아가는 처세의 지혜(꾀)이기도 하다. 개인이 자신의 주인이 될 수 없었던 봉건시대에는 권위에 맹목적으로 복종하는 것만이 안명(安命)을 보장해 주었으니까. 그러나 지금 같은 세상에서 지나친 공손은 오히려 가식으로 의심받을 수 있다. 때문에 서양에선 봉건시대가 끝나면서 의례 등에 극히 일부의 흔적이 남아 있긴 하지만 일상에선 그러한 굽신 예절이 소멸된 지 오래다.

'공손(politeness)'과는 약간 다른 의미이지만, 일상에서 거의 같이 쓰이는 용어가 '겸손(humility)'이다. 하지만 서구 문명의 큰 축 가운데 하나인 헬레니즘에서 '겸손'은 '비굴(humiliation)'과 동의어였다. 당시의 그리스인들은 으뜸이 되는 일에 매우 열정적이어서 자기 표현을 중요시했고, 다른 사람과 비교해서 뛰어나기를 열망했었다. 그들에게 '겸손'은 삶의 낙오자들에게서나 발견되는 혐오스런 특징이었을 뿐이다. 그 시민 정신이 중세에는 기사도, 오늘날에는 젠틀맨십으로 이어져 오고 있는 것이다.

물론 매너(에티켓, 예절)교육이란 것도 원칙적으로는 가식과 위선에서 시작한다. 교양 있는 척, 지혜로운 척, 착한 척, 의로운 척, 경건한 척하기 위해 의도적으로 행동거지를 가다듬는 거다. 그렇지만 그 위선은 실천을 통해 머잖아 진정성을 지니게 된다. 그러기 위해선 반드시 삶의 중간중간에 자기 점검(Self-monitering)이 있어야 한다. 서구의 지성인들이 해골을 책상에 올려두고 '메멘토 모리(Memento mori, 죽음을 기억하라)'를 되뇌며 끊임없이 자신을 경계하고 성찰해 왔던 것도 그 때문일 것이다. 한데 많은 한국인들이 이를 무시하거나 간과해 버린다. 하여 출세를 하게 되면 원래부터 자신이 그만한 자질을 가지고 태어난, 잘난 위인인 줄로 착각하는 것이다. 그렇게 자기 성찰 없이 살다 보니 주제 파악을 못하고 어느 순간 실수를 저지르고 마는 거다. 당연히 소명 의식도 없어 웬만큼 이루고 나면 거기서 멈춰 버린다.

'겸손'의 반대말은 '건방짐'이 아니라 '당당함'이다. 그러니 우리 세대부터 예절을 구성하는 기본적인 요소가 '겸손'이라는 고정관념을 버려야 한다. 혹자는 겸손하면서도 얼마든지 당당할 수 있지 않느냐고 항변하고 싶을 테지만, 현실적으로 겸손하면서 비굴하기는 쉬워도 당당하긴 지극히 어렵다. 게다가 그 당당함조차 갑질로 변질되기 일쑤다.

◤ "어른을 공경하라!" 대신 "사람을 공경하라!"로 바뀌어야

근현대에 우리는 스스로 봉건시대의 막을 내리고 계몽의 시대를 연 적이 없다. 하여 개인주의, 자기 존중, 주인 의식, 인격 존중, 인간존엄, 생명 존중에 대해 처절하게 성찰해 본 적도 없다. 그냥 우리보다 먼저 개화한 서구적 개념이려니 하고 도덕 필기시험 보듯 건성으로 받아들였다. 인격 형성의 치명적인 문제점을 안고 있는 전통예절에 관하여도 우리는 아예 인식조차 없다. 유학(유교)의 영역을 신성불가침으로 여겨 누천년을 오로지 공자님 높이기 경쟁만 일삼아 왔던 것이다.

사람이 사람을 바로 쳐다보면 불경죄? 한국인들의 눈맞춤 기피는 글로벌 비즈니스 소통 매너 학습에 있어서 최대 장애 요소다. 이 버릇을 고치지 못하고서 우물 밖으로 나가면 모조리 하인격이다. 반드시 고쳐야 한다. 이것 하나만 고쳐도 "한국인이 달라졌어요!"라는 소리를 들을 것이다. '시류가 바뀌면, 그때 따라가면 되지 뭐!' 하는 나태함은 하인의 마인드다. 예전의 대한민국이 아니다. 후진국 시절의 하인 매너로는 글로벌 본선무대에 올라설 수 없다. 메이드 인코리아가 제값을 받으려면 적극적으로 고치고 배워 나가야 한다. 그것이 주인 의식을 회복하는 길이다.

자고로 성인이 사람을 차별하는 법은 없었다. 공손(겸손)이 그토록 소중한 미덕으로 우리끼리 지켜야겠다면 현재와 같은 갑을(甲乙) 인사법부터 고쳐야 한다. 그러니까 공손하려면 모두에게 똑같이 공손해야 한다는 말이다. 가령 일본인들은 상하 직분에 관계없이 상

동일본 대지진 이재민을 찾아 위로하는 일왕 부처.

호 똑같은 각도로 굽혀 차별이 없다. 자기보다 높거나 우월한 사람에게는 깊숙이 숙이고, 자기보다 낮거나 나어린 사람에겐 고개 끄덕이며 시늉만 하는 한국식 인사법은 비민주적이고 비인격적이다. 정히 절(拜) 인사법을 고집하려면 상대방이 누구든 그 굽히는 각도가 일관되고 동등하게, 움츠리거나 목을 빼지 말고 당당하고 정중해야 한다. 고치기 어려우면 그냥 버리고 글로벌 인사법으로 대체하자는 말이다. 한복을 아무리 개량했어도 일상복이 되지 못하지 않았는가?

감사 역시 마찬가지다. 눈으로, 말로 표현해야 한다. 허리나 고개를 숙여 감사해하는 건 "다음에도 잘 좀 봐주세요!" 하는 하인 매너로 하루빨리 고쳐야 한다. 다른 나라에선 종업원이 팁을 받거나, 거지가 동냥을 받아도 그냥 "댕큐!"라고만 한다.

기실 전통적인 동양사상에는 개인주의 내지는 인간존엄성 확보에 대한 개념이 없어 '자존심(自尊心)'의 의미조차 제대로 안다고 할 수가 없다. 체면이나 위신·염치 정도를 자존심인 줄 안다. 자존심이란 '자기 존중심'이다. 더 구체적으로는 '자기가 자기를 존중하는 것'이다. 그런데 한국인들은 자존심을 '남이 자기를 존중해 주는 것'으로 잘못 인식하고 있다.

하여 남이 자기를 무시하거나 비판하면 자존심이 상했다며 감정적으로 반발한다. 요즘은 그 증상이 너무 심해 사소하게는 운전중 끼어들거나 경적을 울렸다며 보복 운전을 하거나 끝까지 쫓아가 폭행하는가 하면, 크게는 운동 경기에다 국가적 자존심을 걸기도 한다. 심지어는 자신의 연정을 받아주지 않거나 호의를 거절했다며 해코지를 마다하지 않는다. 평소 관습적 억눌림에서 오는 반발심이 그런 엉뚱한 일에 변태적으로 폭발하는 것일 테다.

흔히 '너 자신을 알라!' '참 나를 찾아라!' '밖에서 찾지 말고, 네 안에서 찾아라!' 등등 고매한 숙제들이 수없이 많이 전해져 온다. 그런데 나를 알고, 나를 찾았다고 하자! 그래서 어쩌란 말인가? 무얼 더 깨치고, 그래서 또 어쩌란 말인가?

굽신배로 전통을 자랑하고 로컬 매너로 인정받을 수는 있겠으나, 대한민국이 수퍼갑이 아닌 이상 글로벌 무대에서 존중받고 그 값(부가가치)을 받아내기란 불가하다. 한약이 밖에 나가면 건강보조식품 이상으로 취급받지 못하듯이.

바른 자세를 유지하고, 정장을 차려입고, 남이 보든 안 보든 교통신호를 지키고, 나쁜 습관을 고치고, 거짓말을 하지 않고, 건강에 좋지 않은 음식이나 술·담배 등을 삼가는 것 등, 이 모두가 '자기 존중'이다. 매너는 자기 존중의 기술이다. 자기 존중도 모르는 사람이 남을 존중하고 배려할 줄 알까? 바른 생각과 행동으로 상대방을 존중해 주고, 또한 그런 신사에게서 자기도 존중받고자 하는 것이다.

자기를 존중할 줄 모르는 천한 사람의 무례에 발끈하는 건 주인장 매너가 아니다. 굴욕이나 창피당한 것을 자존심 구겼다고 하는 건 자존심의 본뜻을 모르고 하는 소리다. 자존심은 남이 나를 무시하거나 존중해 주지 않는다고 해서 상하는 것이 아니다. 자기가 자신을 무례하게 대하거나 속일 때 상하는 것이다. 때문에 상대방이 천박하게 나올수록 더 '공경하면서 멀리'하는 것이 신사(양반)의 매너다.

천상천하유아독존(天上天下唯我獨尊)! 존재란 모름지기 존(尊)해야 귀(貴)한 것이다. 격(格)을 세워야 품(品)이 쌓인다. 비록 홀로 집에서 값싼 믹스 커피를 마시더라도 제대로 옷을 갖추어 입고 이왕 가장 우아한 찻잔으로 자기를 대접해 보라. 자기 존중이야말로 진정 행복의 출발점이다.

◢ Tip 리더는 자세로 말한다

정유년 설날, 육군참모총장이 논산 신병훈련소 식당에 들러 훈련병들에게 각을 잡아 식사하는 자세를 설명하는 사진이 언론에 보도된 바 있다. 그런데 과연 예의 그 참모총장인들 각을 잡아 식사하는 데 담긴 속뜻을 알고나 있을까? 아마도 대한민국 국군 중에서 그걸 설명할 수 있는 군인은 단 한 명도 없을 것이다.

흔히 사관학교 생도들은 식사 때 상체와 고개를 바로세우고, 숟가락을 수직으로 들어올린 다음 직각으로 꺾어 입으로 가져가도록 훈련받는다고 알려져 있다. 그렇게 숟가락질마저도 절도가 있어야 하는 것이 군인의 자세라고들 알고 있지만, 기실 천만의 말씀이다.

직각 식사법은 70여 년 전에 미군이 가르쳐 준 것으로, 지금까지 대한민국 사관학교와 군에서 지켜져 내려오고 있다. 미개한 나라 사람들에게 그 의미를 아무리 설명해도 못 알아들을 것 같으니까 거두절미하고 그렇게 가르친 것이다. 아무려면 숟가락질 절도가 군인 정신과 무슨 상관이 있으랴! 다만 상체를 숙여서 밥그릇이나 국그릇에 입을 갖다대지 못하게 하기 위해서였다.

'절도'가 아니라 '소통'이다.

건너편 상대와 마주 보면서 대화하고 소통하며 식사하라는 본디 목적을 설명해 주지 않았던 것이다. 어쩌면 설명해 주었을 수도 있겠지만, 한국인들이 그 의미를 이해하지 못해 그냥 잊어버리고 식불언(食不言)해 온 것은 아닐까? 하여 70여 년 동안 그 동작만 시키는 대로 하고 있는 것일는지도 모를 일이다.

《성경》의 〈사사기〉 제7장에 기드온의 '삼백 용사 이야기'가 나온다. 기드온이 그를 좇아온 백성들을 모두 모아 골짜기 반대편의 적과 대치하게 되었다. 그러자 여호와께서 싸움을 두려워하는 자들은 돌려보내게 하시고, 남은 일만 명 모두를 강가로 데려가 물을 마시게 하였다. 그 가운데 개처럼 엎드려 물을 마신 자와 무릎을 꿇고 물을 마신 자들을 가려 돌려보내고 나니 남은 자가 삼백 명이었다. 여호와께서는 그 삼백의 용사들에게 한밤중에 습격할 것을 명하였적고, 마침내 승리를 거두었다.

그들은 물을 마시기 위해 머리를 숙이지도, 또 무릎을 꿇지도 않고 쪼그려앉되 허리를 세운 바른 자세로 손바닥으로 물을 떠서 입에 갖다대어 핥아먹었다. 시야가 확보되니 물을 마시면서도 눈길은 강 건너편의 적을 주시하고 있었던 것이다. 그래서 고개를 숙이지 않았던 거다.

바른 자세여야 상대방은 물론 식당(전장) 전체를 조망하고 소통하며 통솔하는 리더십이 길러진다는 말이다. 악수나 건배가 그렇듯, 심지어 민주주의조차 우리는 그동안 뜻도 모르고, 멋도 모르고, 맛도 모른 채 껍데기만 가지고 시늉을 내었던 것이다.

바른 자세는 인격과 짐승격을 구분하는 척도다.

영화 〈정글북〉을 보면, 가뭄이 들었을 때 정글의 모든 동물들이 '평화의 바위'가 있는 곳으로 와서 물을 마신다. 그런데 놀랍게도 '인간의 아이' 모글리는 그 동물들과 같은 모양새로 물을 마시지 않고, 도구를 사용해서 물을 마신다. 그러자 늑대 무리의 지도자 아킬라가 "늑대답지 않다!"고 경고하는 장면이 나온다. 손과 도구를 사용할 줄 아는 존재. 인간이 여타 동물들과 명확히 구별되는 행동이다.

외국 영화들을 보면 이따금씩 오지를 여행하는 사람들이 계곡 물을 마시는 장면이 나온다. 이때 원주민 하인들과 짐꾼들은 엎드려 입을 대고 마시지만, 주인공과 서양 신사들은 손으로 물을 떠서 마신다. 이 장면을 대부분의 한국 관객들은 대수롭지 않게 보아넘겼을 것이다. 입을 갖다대고 마시면 바가지도 필요 없을 테고, 옷도 안 버리고 편할 텐데! 그러다 보니 한국 영화에서는 주인 하인 할 것 없이 똑같이 엎드려 직접 입을 갖다대고 마신다.

물 마시는 동작, 에티오피아 어린이. [National Geographic]

또 운동장에서 놀다가 목이 말라 수도꼭지를 틀어 물을 마시는 장면에서도 한국의 어른이나 어린이들은 수도꼭지에 고개를 돌려 입을 갖다대고 물을 마신다. 바로 이런 사소한 장면 하나가 영화의 품격을 망치는 줄을 감독은 물론 관객들 누구도 알지 못한다. 무심코 지나가는 그 영화 한 장면에서 외국인들은 한국을 아직도 미개한 나라로 인식해 버린다. 그러니 엄청난 제작비를 들여 꽤 잘 만들었다고 자부하는 영화임에도 불구하고 선진국에선 아무도 안 사가는 것이다. 짝퉁인 것이다.

약수터나 옹달샘 등지에서 물을 마시려고 할 때, 혹시라도 컵이나 바가지 등이 놓여 있지 않다면 어떻게 해야 할까? 큼직한 나뭇잎을 따서 우그리면 훌륭한 도구가 된다. 그마저도 없으면 물을 손으로 떠서 입으로 가져간다. 엎드려서 입을 들이대고 마시는 건 동물과 다를 바 없는 행동이므로. 운동장 수도꼭지에서도 입을 갖다대는 대신에 두 손으로 받아 마시는 습관을 들여야 한다.

말(馬) 한 마리 때문에 한 정권이 무너져 버렸다.

같은 기마(騎馬)면서도 승마(乘馬)는 올림픽 경기 종목이지만, 경마(競馬)는 일반 스포츠에도 들지 않는다. 승마는 기사(騎士)의 전통으로 귀족(지휘관)의 스포츠이지만, 경마는 하인들이 말을 달리고 귀족들이 돈을 거는 노름으로 제1차 세계대전 후 전쟁에 필요한 말의 사육 재원을 모으기 위해 만든 사행성 게임이다.

승마는 기수의 바른 자세와 말을 다루는 능력을 시험하는 스포츠이지만, 경마는 하인들이 말 등에 엎드려 속도를 겨루는 게임인 것이다. 지휘관은 그렇게 빨리 달릴 일이 거의 없다. 높은 곳에 올라앉아 전장 전체를 살피며 부대를 통솔해야 하기 때문이다. 하인과 졸병들은 돌격대로서, 말을 달려 적의 선봉을 짓밟고 진을 흐트러뜨려야 한다. 해서 무작정 빨리 달려야 했다. 고대 동양에서도 육예(禮·樂·射·御·書·數)를 귀족 자제들의 필수 교육과목으로 삼았는데, 어(御)가 곧 말과 수레를 다루는 기술이다.

어쨌든 승마는 부자가 아니면 즐길 수가 없다. 그러다 보니 한국에서는 그 몇 명 안 되는 부잣집 아들딸들이 곧 국가대표 선수다. 저들끼리 차례로 우승 메달을 나눠 가진다. 때로는 혼자 출전해서 우승을 독차지하기도 한다. 근자에 함께 승마를 했다는 최순실의 딸과 재벌집 금수저 아들의 갑질로 나라의 품격, 승마의 품격이 말이 아니게 추락했다. 승마의 본뜻을 제대로 알고나 말을 탔더라면 훌륭한 신사숙녀가 되었을 텐데…. 그렇게 거금을 들여 귀족놀이를 가르쳐도 그 근본은 어찌할 수 없는 모양이다. 신사도(紳士道), 페어플레이 대신 야바위 갑질을 가르친 셈이다.

리더는 자세부터가 다르다. 바른 자세가 바른 인격을 만든다.

옛 선비들이 지켜 온 인물 평가 기준, 곧 신언서판(身言書判)의 첫 단추는 신(身), 바른 자세이다. 특히 상체는 인격 그 자체다. 해서 허리를 구부리거나 고개를 숙이는 글로벌 매너는 없다. 아무리 신분이 높은 사람 앞이라도 다리를 꺾어 자세를 낮출지언정 상체를 굽히는 법은 없다. 오직 신 앞에서만 굽히고 엎드릴 뿐이다. 스스로 바로서지도 못하면서 사회가 바로서고 나라가 바로서길 바랄 수야 없지 않은가?

예전에 한국마사회 운영권을 두고 농림수산부와 문화체육부가 힘겨루기를 한 적이 있었다. 첫 단추를 잘못 꿰었지만 그 논의도 본질을 놓쳤다. 마사회는 국방부에서 관할하는 것이 합당한 일이다. 경마 수익금을 모두 국방에 사용해야 한다.

05

신념은 '태도적 가치'에서 나온다

"진정한 사치는 자기 자신의 삶을 창조하는 것이고, 자신의 운명을 지배하는 것이다.
이는 주인장으로서의 태도적 가치를 지닌 자만이 누릴 수 있는 특권이다."
– 파스칼 브뤼크네르

2013년 10월 19일, 영국의 한 경
매장에서 낡은 바이올린 하나가 90만
파운드(한화로 15억 5천만 원)에 낙찰
되었다. 1912년 타이태닉호 침몰 당시
의 밴드 리더 월리스 하틀리가 사용했
던 것으로, 그와 7명의 악단은 타이태
닉호의 마지막 순간까지 장장 3시간
동안 음악을 연주하다가 1,510여 명
의 승객과 함께 죽음을 맞이했다.

또 스위스의 억만장자 레오틴 오
바는 타이태닉호의 운명이 결정되자
구명조끼 대신 턱시도로 갈아입고서
아내와 하인들이 무사히 구명보트에 오른 것을 확인한 후, "우리는
가장 어울리는 예복을 입고 신사로서 죽을 것이다"라는 말을 남기
고 배의 운명과 함께했다. 그밖에도 많은 선원과 승객들이 참혹한

비극 속에서도 자신의 직분에 맞게 인간존엄성을 구현한 미담들이 끝없이 회자되고 있다.

제2차 세계대전 때 나치에 끌려가 모진 고초를 겪어야 했던 유대인 의사 빅토르 에밀 프랑클은, 인간이 추구하는 삶의 가치를 '창조적 가치(creative value)'와 '경험적 가치(experiential value)' '태도적 가치(attitudinal value)'로 분류하였다.

2014년 1월 2일 신년사에서 삼성그룹 이건희 회장은 "지난 20년간 양에서 질로 대전환을 이루었듯이 이제부터는 질을 넘어 제품과 서비스, 사업의 품격과 가치를 높여 나가자"고 역설한 바 있다.

이렇듯 수년 전부터 한국 사회에서도 '가치'란 단어가 글로벌 비즈니스계의 화두로 회자되기 시작하더니, 근자엔 '가치 추구'니 '가치 경영'이니 하는 말들이 자주 언급되고 있다. 하지만 대부분 그 의미에 대한 분명한 인식과 성찰 없이 그저 막연히 선진국의 글로벌 성공기업들을 따라 읊조리는 듯한 인상이다. 그동안 상투적으로 내걸던 '윤리경영' '도덕경영'을 새로운 명칭으로 바꾼 것에 지나지 않거나, 새로운 상품이나 판매기법 개발을 독려하기 위한 '창조적 가치'로 이해한 것이리라.

이 '가치(value)'를 글로벌 비즈니스 매너적 시각으로 달리 해석하자면, 우선 '경험적 가치'와 '태도적 가치'로 대별할 수 있겠다. '경험적 가치'는 또 다른 말로 하면 계산적 가치, 즉 유불리(有不利)에 따른 '제 수준의 통빡에 맞춘' 소위 합리적인 가치가 될 터이다. 대개 기회주의자들이 추구하는 가치다. 그에 비해 '태도적 가치'는 인간존엄성 및 자신과 자신이 속한 공동체의 정체성에 기준을 둔 가치라 할 수 있다.

비즈니스 무대에선 이 두 개념을 분명히 하지 않으면 반드시 낭패를 보게 마련이다. 이익을 추구할 땐 '경험적 가치'를 중시해야 하고, 인간존엄성과 정체성을 추구해야 할 땐 반드시 '태도적 가치'를 따라야 한다는 말이다.

한국인들은 자기 비하에 익숙해서 정작 자신의 좋은 문화를 잊고 있거나 별것 아닌 것으로 여긴다. 그러다가 서양 선진국에서 누가 떠들어 주면 그제야 그게 무슨 대단한 것인 양 새삼스레 호들갑을 떤다. 근자의 '가치'에 대한 맹목적 따라읊기 역시 마찬가지 현상을 보이고 있다 하겠다.

▰ '도(道)'란 '태도적 가치' 추구의 동양적 표현

사실 '태도적 가치'란 한국인들이 그토록 입에 달고 다니는 '도(道)'에 다름 아니다. '도를 닦는다'는 것은 어떤 가치를 추구한다는 것으로 '태도적 가치 추구'라 하겠다. 그러니까 '도(道)'란 '태도적 가치' 추구의 동양적 표현인 게다. 하여 도덕(道德)이란 곧 '덕(virtue)'의 추구를 뜻하는 말이다. 아무튼 도(道)를 닦든 '태도적 가치'를 추구하든 자신의 포지션(본분)부터 정확히 인식하는 데서 시작해야 중간에 갈팡질팡 엉뚱한 길로 빠지지 않는다.

더없이 감정에 충실한 많은 한국인들은 이 '경험적 가치'와 '태도적 가치'를 잘 구분하지 못한다. 호불호(好不好)에 따른 '기호(嗜好)'를 자신의 '태도적 가치'인 양 오해하고 있기도 한다. 똥고집에 불과한 지조 혹은 절개가 곧 가치인 줄 아는 것이다. 이념 또한 유행이자 수단일 뿐 가치가 될 순 없다. 이념 추구란 곧 이념에 종속

당했다는 의미다. 양심 또한 그때그때 사람마다 다를 수 있어 보편적 가치라 할 수 없다. 그럼에도 한국인들은 그런 걸 가치라고 우기며 지성인 혹은 지사인 양한다. 유교적 선비 정신 때문이다.

이처럼 가치에 대한 개념이 모호하다 보니 자신의 분수도 모르고 무조건적 맹종이 마치 훌륭한 일인 양 착각하는 것이다. 한국 짝퉁 보수 진보의 '닥치고 반대'가 거기서 나온다. 철이 안 들었고, 또 안 들 것이라는 말이다. 영웅적 투사가 되고자 하다가 결국 양의 탈을 쓴 등신 늑대가 되고 마는 것도 그 때문이다.

이 '경험적 가치'와 '태도적 가치'를 혼동하는, 아니 인식조차 못하는 대표적인 집단이 이 나라에선 정치인들이다. 다운계약서 · 위장 전입 · 논문 표절에도 사퇴하지 않고 뻔뻔스레 고개를 세우는 것은 버티면 살더라는 '경험적 가치'에 매달리는 것이겠고, 막무가내 정권 퇴진운동이 정의구현인 줄로 착각하고 막말도 서슴지 않는 극소수 종교인들은 '기호적 가치'라는 가치 아닌 가치, 헛것을 따르는 것이겠다. 또 침몰하는 배에 수백 명의 어린 학생들을 버리고 저먼저 살자고 도망쳐 나온 '세월호' 구원파 선장은, 그들을 살리려다간 자칫 제가 죽을지도 모른다는 경험적 가치를 따른 것일 테다. 법정과 감옥을 들락거리는 한국의 일부 재벌 오너들은 '태도적 가치'에 대해 생각해 본 적조차 없을 것이다. 제 포지션에 대한 인식이 있을 리 만무하니 말이다.

상유십이(尙有十二) 순신불사(舜臣不死)! 이순신 장군이 그렇게 매를 맞고도 고작 13척의 배를 이끌고 다시 싸우러 나간 것은 '태도적 가치'를 따랐기 때문이다. '경험적 가치'를 따랐다면 도무지 승산이 없을 테니 내팽개치고 도망쳤어야 마땅하다. '기호적 가치'를

따랐다면 너 죽고 나 죽자며 들고일
어나 선조부터 처단하였을 테니, 아
무렴 그랬다면 조선은 그때 무너지
고 새로운 왕조가 탄생했을 것이다.

▶ 신사의 본분 '태도적 가치'

1950년 6월 25일, 한국전쟁이
발발하자 UN 안전보장이사회는 유

랄프 몽클라르 중장

엔연합군을 한국에 파견하기로 결정했다. 프랑스 역시 유엔군의 파
견이 결정되었지만 한국에 파병할 여력이 없었다. 당시 프랑스는 인
도차이나 · 알제리 등지에서의 식민지 전쟁으로 병력 보충에 어려움
이 많아 고작 12명의 시찰단만 한국에 파견하기로 결정했다.

이 결정에 반기를 든 한 사람이 있었다. 바로 랄프 몽클라르
(Ralph Monclar, 1892~1964) 중장이다. 부족한 병력을 채우기 위해
몽클라르 장군은 직접 전국을 순회하며 모병(募兵)에 나서 1,300여
명을 모았다. 그런데 생각지도 못한 문제가 발생했다. 막스 르젠 국
방차관이 "미국의 대대는 육군 중령이 지휘하는데, 중장인 당신이
대대장을 맡는다는 건 말이 안 된다"며 반대했기 때문이다. 이에 몽
클라르 장군은 중장 계급장을 떼고 중령의 신분으로 한국 전쟁에
참전해, 경기도 양평의 지평리 전투에서 탄환이 떨어져 총검으로 싸
우기까지 하면서 파죽지세로 내려오던 중공군을 물리쳐 승리로 이
끌었다. 만삭의 부인과 아들을 두고 한국에 왔을 때, 그의 나이 58
세였다. 프랑스 신사가 죽음을 두려워하지 않고 지키고자 한 것은

무엇이었던가?

전투에서 선봉에 선다는 건 군인에게는 더없이 영광된 일! 진정한 용사는 유불리에 상관없이 패하거나 죽을 수밖에 없는, 세상의 경험 법칙상 1%의 가능성조차 없는 전투임에도 불구하고 의연히 나가 싸우는 것이다. 이순신에게 13척마저도 없었다면? 뗏목이라도 엮어 타고 나가 싸웠을 것이다. 그게 군인의 본분이다. 스파르타 레오니다스 왕의 3백 용사도 페르시아의 10만 대군에 맞서 그렇게 싸웠고, 기드온의 3백 용사도 강변의 모래와 같이 많은 적군들과 그렇게 싸웠다.

일본 유학중 사람을 구하기 위해 전차가 달려오는 선로에 뛰어든 고(故) 이수현 군도 예의 '태도적 가치'를 따른 것이다. 역사상 수많은 강호 협객, 제도권 무사, 기사, 민간의 자원봉사 열사, 지사들이 그렇게 목숨을 바쳤던 것도 '태도적 가치'를 추구했기 때문이다. 소크라테스도 그래서 기꺼이 죽음을 받아들였다. 인간존엄성을 지키기 위함이다. 설마 이토 히로부미[伊藤博文] 한 명만 제거하면 일본이 한반도에서 물러날 거라고 생각했을까? 위국헌신군인본분(爲國獻身軍人本分)! 안중근은 그래서 의연했다.

▌ '피데스 세르반다(fides servánda)'

신의는 지켜져야 한다!

영국과 독일의 제1차 세계대전이 한창일 무렵 프랑스에 주둔해 있던 로비트 캠블 부대는 후퇴중 붙잡혀 독일 마그데부르크 포로수용소에 수감되었다. 그 부대의 대대장이었던 로버트는 탈출을 우려

한 삼엄한 감시하에 2년 동안의 포로 생활을 하고 있었다.

그러던 어느 날, 로버트를 석방하라는 빌헬름 2세의 명령이 하달되었다. 전쟁중 적국의 포로를 풀어주는 것은 전례가 없는 일! 이유는 로버트가 쓴 한 장의 편지 때문이었다. 어머니가 위독한 상황이라는 소식을 들은 로버트가 자신을 풀어주면 영국에 돌아가 어머니의 임종을 지키고, 독일로 다시 돌아오겠노라고 빌헬름 2세에게 간청했던 것이다.

결국 로버트는 영국으로 건너가 어머니의 임종을 지켰으며, 빌헬름 2세와의 약속을 지키기 위해 1916년 독일 마그데부르크로 돌아가 수용소 생활을 계속하다가 종전 후에야 석방되었다.

적과도 지켜야 할 신의(fides cum hoste servánda)! 포로와 황제 간의 서신을 통한 소통 매너! 경청과 신뢰, 그리고 약속 이행! 문명 사회 신사들의 약속에 대한 태도적 가치를 잘 보여준 사례라 할 수 있다.

그렇다면 빌헬름 2세는 무얼 믿고 로버트를 석방시켰을까? 편지의 내용이 절절해서? 효심에 감동해서? 적국에 연락해서 사실 여부를 확인하고? 아닐 것이다. 신사(紳士)란 곧 信士(신사)! 신사가 신사를 알아보는 법! 편지글의 품격을 보고서 그가 신사임을 알아보는 것은 그리 어려운 일이 아니다.

가치란 덕(德)에 다름 아니다.

덕(virtue)이라 하든 가치(value)라 하든 행(行)하지 않으면 의미를 지니지 못한다. 따라서 '태도적 가치'는 도덕적 가치이자 책임의 가치라고도 할 수 있다. 무덕(武德)이야말로 '태도적 가치'의 전형이라 하겠다. 조선의 선비처럼 사군자 그려 걸어두고 그 정신을 본받았으면 하는 것처럼 실천하면 좋고 안해도 그만인 그런 것이 아니다.

물론 무덕이라고 해서 무인만의 가치는 아니다. 옛말에 "문(文) 속에 무(武)가 있고, 무(武) 속에 문(文)이 있다"고 했다. 한국의 지식인들이 '행동하는 지성'이고자 한다면, 차제에 '사적(私的) 우물 안 세계관'에서 벗어나 인류 선진문명권의 태도 가치적 공적(公的) 어젠더 무대로 올라서야 할 것이다.

▌신념은 '태도적 가치'에서 나온다

인류는 역사를 통해 '경험적 가치'를 축적해 왔으며, 철학으로 '태도적 가치'를 확립코자 노력해 왔다. 그리고 예술을 통해 '창조적 가치'를 추구해 왔다. 과학은 축적된 경험과 기술을 바탕으로 끊임없이 진보해 왔다. 그런 면에서 보면 인간존엄성 확보를 위한 숱한 경험과 기술이 축적된 선진 매너 또한 과학이라 할 수 있다.

가치 없는 품격(品格)도 없다. 그리고 '태도적 가치' 없인 '창조적 가치'도 없다. 진정한 리더란 '창조적 가치'를 구현해낼 수 있는 자를 두고 이르는 말이다. 이순신 장군의 진짜 차별적 경쟁력은 '창조적 가치'에서 나왔다. 그리고 '태도적 가치'나 '창조적 가치'는 '주인 의식'에서 나온다. 이순신처럼 1%도 안 되는 가능성에도 나아가 싸우는 게 바로 '군인 정신'이자 '주인 의식'이다. 조선의 선비가 신사가 될 수 없었던 원인이 바로 이 '태도적 가치'의 부재 때문이다.

한국 사회 곳곳이 썩어내려 낭패스럽기 짝이 없다. 정계·경제계·언론계·교육계·법조계… 심지어 의료계까지, 분야를 가리지 않고 성공한 리더급 인사들의 성추행이며 청탁·갑질이 봇물처럼 터져나오고 있다. 학자가 학자답지 못하고, 선생이 선생답지 못하고, 판검사가 판검사답지 못하고, 언론이 언론답지 못하고, 부자가 부자답지 못하고, 어른이 어른답지 못하고, 교수가 교수답지 못하고, 의사가 의사답지 못하고, 신사가 신사답지 못하고, 스포츠맨이 스포츠맨답지 못한 사회. 말 그대로 아수라장이다. 고작 그딴 짓이나 하려고 죽도록 공부해서 출세했던가? 그렇게 땀 흘려 얻은 그 직위와 명예가 고작 그 따위 저속한 변태짓과 바꿀 만큼 하찮은 것이었나? 자신이 택한 직업과 학문에 충실하지 못하고 끊임없이 정치판을 기웃거리는 교수들, 법조인들, 언론인들. 부정이나 청탁·유혹에 쉬이 넘어가는 것은 '자기 완성적 삶'이나 '태도적 가치'에 대한 인식의 부재에서 빚어진 불행이리라.

신사는 자기 존중을 위해 살지만 하인은 자기의 생존에 천착한다. 하인에게 대의(大義)나 공(公)에 대한 태도적 가치를 기대할 수 없는 것도, 명예에 대한 존경심이 없는 것도 이 때문이다. 하인에겐 공사(公私)를 구분하는 능력이나 경험이 없다. 당연히 공공(公共)에 대한 책임 의식도 희박하다.

태도적 가치 추구란 또한 건강한 정체성의 확립이다. 그리하여 자신의 정체성과 그에 따른 선택이 우리의 삶을 결정하는 것이지 점수나 스펙 등 계량적 결과의 수집이 삶의 목표나 척도가 될 수는 없음에 대한 인식이 공유될 때에야 비로소 성숙한 사회로 진입할 수 있다.

'태도적 가치'는 매너로 표현되고, 품격으로 완성된다.

태도를 바꾸면 생각도 바뀐다. 그 어떤 거창하고 심오한 철학이나 사상도 '태도적 가치'에 기반하지 않으면 신념이 되질 못한다. 혹여 '가치에 대한 확신'이 아닌 호불호에 따른 개인적인 고집과 편견을 신념이라 여겨 붙들고 살지는 않았는지, 이쯤에서 자신의 삶의 태도를 한번 되돌아보았으면 싶다. 자신의 분수에 맞는, 남을 대하는, 세상을 바라보는 '가치 있는 태도'에 대해 좀 더 고민했으면 한다. 인간존엄성 확보를 위한 태도적 가치를!

◢ Tip 인정사정(人情事情)은 미덕이 아니다

한국을 처음 방문한 외국인인지 아닌지는 에스컬레이터 타는 모습을 보면 금방 알 수가 있다. 뒤에서 걸어오는 사람들 때문에 당황해서 어쩔 줄 몰라 하면 그는 분명 이제 막 입국한 사람이다. '이상한 나라 꼬레아' 체험은 여기서부터 시작된다. 대한민국 디스카운트는 이런 시시한(?) 데서부터 시작된다.

한 줄이냐, 두 줄이냐?

요즈음 한국에선 두 줄짜리 에스컬레이터 위에서 걸어가야겠으니 비켜 달라는 사람과 두 줄을 고집하는 이용객이 에스컬레이터 위에서 시시비비까지 벌이는 광경이 자주 눈에 띈다. 성질 급한데다 인심 좋은 국민성이 만들어낸 진풍경이다. 양보는 미덕! 2002년부터 에스컬레이터 한줄서기 운동을 벌였다. 그러다가 사고율이 높아지자 2007년부터는 서울 지하철을 중심으로 두줄서기 캠페인이 진행되었다. 하지만 이미 습관화된 한줄서기가 쉽사리 고쳐질 리 만무, 결국 논란만 일으키다가 2015년 두줄서기 운동이 폐지되고 말았다.

국민안전처와 승강기안전관리원에서는 시민들의 눈치나 보아가며 '걷거나 뛰지 말고 서서 이용합시다'라는 권고만 되뇌이고 있는 실정이다. 세계에서 가장 가방끈이 긴 민족이 이 따위 시시한 일 하나도 결말을 못 내고 있으니, 아무튼 참으로 피곤한 민족이다. 중국에서도 멋모르고 따라 했다가 지금의 한국처럼 한줄서기에 대한 비판이 고조되고 있다 한다.

애초에 에스컬레이터는 걸어가도록 만들지 않았다.

에스컬레이터든 엘리베이터든 만든 목적이 있을 것이다. 공장용이 아닌 다음에야 작업의 능률을 위해 만든 것은 아닐 터, 백화점이나 공항에서 먼저 도입한 건 상류층 고객에 대한 서비스 차원이다. 당연히 '배려'와 '존중'을 기반으로 하고 있다. 따라서 이 이기의 사용법은 당연히 '매너'란 관점에서 논의되어야 할 것이다. 한국인들의 에스컬레이터 줄서기 논란에서는 바로 이 '매너'란 잣대가 빠져 있다. 고객을 배려하기 위해 만든 시설이라면 당연히 이용자들도 그에 맞게 이용하는 것이 마땅하다.

그러니까 논쟁의 원 핵심 주제가 '제3의 불특정 상대방(들)에 대한 존중'이어야 한다는 말이다. 누구든 자신의 사소한(때로는 중대하다 할지라도) 이익을 위해 다른 불특정인들을 불편(때로는 위험)하게 할 권한이 없다는 것이다. 영화에서처럼 에스컬레이터 승객들을 밀치고 추격전을 벌여야 할 만큼 공공의 이익이 절대절명의 위기에 처한 순간이 아니라면 말이다.

한줄서기 때문에 동행인이 나란히 서지 못하고 아래위에 따로 서야 한다는 건 유쾌한 일이 아니다. 특히 부모를 따라 나온 어린이라면 당연히 부모의 손을 잡고 나란히 서서 가는 게 가장 안전하다. 추월하려는 사람 때문에 움직이는 에스컬레이터에서 무거운 가방을 옮기거나 선 위치를 바꾸는 건 위험천만한 일이 아닐 수 없다. 이런 빨리빨리 습관이 무리하게 계단을 뛰어 내려가거나 다이빙 승차로 이어지고 있는 것이다. 덕분에 다음, 다음 전철…의 수많은 시민들까지 연쇄적으로 피해(불이익)를 보거나 위험에 노출되는 게다.

이런 사소한 정도의 묵인이 쌓이면 적폐가 되고, 그것들이 다시 우연한 시기에 태양계 행성처럼 직렬로 연결될 때는 그 각 요소로서는 상상조차 할 수 없는 어마어마한 사고로 증폭될 수 있다. 대부분의 대형 사고가 그렇듯 '세월호' 침몰도 그렇게 일어난 것이다. 무리한 구조 변경, 과적, 항로 변경, 당직자의 미숙, 심한 조류, 선장의 부도덕, 미숙한 대처… 등등. 하필 그날, 그때, 그 배, 그 학생들, 그리고 이상한 신앙을 가진 선원들…, 그 원인들 중 어느 하나만이라도 정상 작동하거나, 그 여럿의 우연 아닌 우연 중 단 하나만이라도 어긋났더라면 분명 그날도 다른 날들처럼 무사히 그냥 지나갔을 것을!

혼자 사는 세상이 아니다.

보이는 것만이 다가 아니다. 이처럼 한 개인의 사소한 방임이나 방기, 혹은 이기심이 불특정 개인 혹은 다수에게 치명적인 위험을 초래시킬 수 있다. 타인에 대한 배려심·존중심이 없는 사회가 얼마나 위험한지를 인식하지 못하면 이런 한맺히는 사고는 끊이지 않는다. 에스컬레이터에서 걸어가 줄일 만큼의 시간(그래 본들 수십 초, 수 분)이 모자라 지각하거나 이번 전철을 놓칠 것 같으면 그냥 지각하는 것이 마땅하다.

고작 그 정도의 시시한 이익을 위해 불특정 다수인을 밀쳐 한

쪽으로 몰아서게 하는 것이나, 시시콜콜한 인정사정으로 안전을 양보하는 것이나 모두 정상적인 시민정신이 못된다. 한국인들의 디테일하지 못한 이런 대충대충 습관은 언제든 또 '세월호' 같은 사건을 불러올 수 있다. 그리하여 그 모든 참사에는 꼭 인재(人災)라는 한스러운 꼬리표가 붙는다.

뉴욕 등, 외국의 대도시 공원에는 경보나 조깅을 즐기는 시민들이 많다. 그런 곳을 산책할 때에는 사뭇 한국과 다른 경험을 하게 된다. 좁고 외진 길에서 마주치는 사람들끼리는 눈방긋 미소를 살짝 교환하는가 하면, 조깅을 하는 사람들조차도 다른 사람을 추월할 때에는 영화에서처럼 살짝 돌아보면서 계면쩍은 미소나 제스처를 던지고 간다. 마치 추월하게 되어 미안해 죽겠다는 듯이! 반대로 한국에서는 누군가를 추월할 때면 오히려 고개를 더 빳빳이 세우고 속도를 높여 '쌩!' 하니 지나간다.

우리 것이 좋은 것이여? 우리 습관이 좋은 것이여?

에스컬레이터에서건, 전철 안에서건, 계단에서건 남을 추월해서 지나가는 건 무례를 넘어 사고를 유발할 위험스런 행동이자 타인에 대한 공격적 행위이다. 에스컬레이터는 계단이 아니다. 한 줄이든 두 줄이든 서서 이용하는 것이 맞다. 아무렴 이 나라에서 시시비비가 딱히 결론 나던 적이 있던가? 심지어 시민들을 상대로 선호도 조사까지 벌이기도 했다. 그게 선호도(습관)로 판단할 일이던가? 공공(公共) 의식 부재로 피곤을 자초하는 일이다.

공공의 규칙은 정해진 대로, 바뀌면 바뀐 대로 따르면 그만이다. 더 이상 괜한 논쟁하지 말고 선진국 시민들이 하는 대로 따라 하면 된다. 어차피 에스컬레이터 문화가 그쪽이 더 오래이니 말이다.

바쁜 사람 이해해 주는 것이 에티켓? 모든 게 미비했던 후진국 시절엔 그런 것도 미덕이었다. 하지만 인정사정은 공(公)이 아니라 사(私)다. 그게 관례가 되면 적폐가 된다. 인정사정 없었으면 '세월호' '최순실' 사건도 일어나지 않았고, 대통령 탄핵도 없었다. 양보라고 다 미덕이 아니다. 에스컬레이터는 '존중'이다. 존중이 싫으면 이용하지 마라! '빨리빨리'는 하인 문화다. 짐작컨대 에스컬레이터에서 걷는 사람은 그 근본이 천민일 가능성이 높다.

매너(Manners)는 디테일(Details)이다.

세상을 어떤 지도자 한 명이 바꾸던 시대는 한참 지났다. 시스템으로 굴러가는 세상이다. 그 시스템은 인정사정으로 굴러가는 게 아니다. 인정사정 보고 뽑은 지도자에 미련 가져 봐야 헛일이다. 시민 스스로 사소한 것부터 고치고 다듬어 나가는 '주인장 의식' 없이는 누굴 뽑아도 세상 안 변한다. "한국은 아직 민도가 낮아서…!"라고 자조하며 고개 돌리는 방관자적 태도는 주인장 매너가 아니다. 이 후진적 마인드를 버리지 못하면 선진 사회로 영영 못 올라간다. 한국 문화는 지금보다 무한히 더 디테일해져야 한다. 그래야 깊어지고 넓어진다. 품격이 경쟁력이다.

06

주먹질·삿대질이
부끄러운 줄 모르는 한국인들

"저속성은 돈과 한통속을 이루고 있다. 다시 말해 그것은 타고나지 못한 우아함·계급·존경을 돈으로 사고 싶은 유혹과 한통속을 이루고 있는 것이다. 이 점에서 신흥부자라는 인물은 상징적이다. 소유의 문법을 존재의 문법으로 전환시키려는 시도에서 그는 필요 이상의 노력을 하고, 그러다 보니 자신의 태생을 잊게 하고픈 순간에 그것을 드러내고 만다. 그가 무엇을 하고 무엇을 말하든 간에, 그에게는 훌륭한 가문 출신들이 가지고 있는 돈단무심(頓斷無心)과 적절한 주변성, 여유로움이 없다. 너무도 잘 재단된 의복을 입고, 긴장이 풀린 듯 속여서 말을 하는 가운데 그는 언제나 부자연스런 모습을 하고 있다. 그리하여 비장한 노력에도 불구하고 그가 그토록 빠져나오고자 하는 어둠 속으로 그를 다시 던져 버린다."

－ 파스칼 브뤼크네르

허구한 날 떼거리 주먹질에 삿대질까지! 노비국의 숙명인가? 스스로 해방되지도 못했고, 스스로 나라를 지키지도 못했던 민족의 수치심에 대한 변태적 반발인가? 세계인들에게 우린 평화를 사랑하는 백의민족이어서 맨주먹으로 싸울 수밖에 없었노라 변명하고, 또 증명이라도 하고 싶은가? 한데 왜 주먹질은 무리를 지었을 때에만 하는가?

요즈음 결혼식 풍경을 보면 참으로 가관(?)이 아닐 수 없다. 엄숙함은 간데없고, 온통 아마추어들의 삼류 오락쇼를 방불케 한다. 어느 결혼식에서 혼례가 끝나고 기념 사진 촬영을 할 때였다. 신랑

신부의 친구들끼리 사진 촬영을 하는 모양인 듯하였는데, 사진사가 주먹을 쥐어 달라고 요청하자 일제히 주먹을 내지르며 희희낙락해 대는 모습이라니, 그만 어이가 없어 고개를 돌리고 나온 적이 있다.

▶ 크리에이티브 코리아?
주먹질의 뿌리는 노예 근성!

언젠가 필자의 글을 본 어느 독일 거주 여성 재외동포의 이야기다. 그동안 자주 한국을 오가며 동포 모임을 이끌면서 온갖 행사를 가졌는데, 그때마다 일제히 주먹질 기념 촬영을 해왔었다고 한다. 필자의 지적을 받고서야 미심쩍은 생각이 들어 독일인 남편에게 어떻게 생각하느냐고 물었더니, 그 남편 왈, 자기는 필자의 주장이 옳다고 여긴다 했다. 그런데 당신도 나와 같이 행사에 참가하고 그때마다 사진을 찍지 않았느냐고 하자, 예의 남편은 그렇지만 자기는 한번도 주먹을 쥐지 않았다고 하더란다.

왜 그런 자리에서 주먹을 쥐어야 하는지, 본인은 그 이유를 찾지 못했기에 그냥 바로 서 있었을 뿐이란다. 결혼한 지 30년이 지나는 동안 왜 그 이야기를 해주지 않았느냐고 했더니, "당신네 나라의 관습인 줄 알았다. 한국의 관습을 존중은 하지만, 동조는 할 수 없었다"고 해서 그 부인이 엄청 충격을 받았었다고 했다.

2016년 8월 4일, 브라질 리우데자네이루 올림픽 선수촌 한국선수단 숙소를 찾은 반기문 유엔사무총장이 선수들과 기념 촬영을 했다. 아니나 다를까, 주먹질이 빠질소냐! 신문에는 '모두 파이팅!'이란 제목을 붙였다. 그런데 '모두'가 아니다. 함께 선 두 명의 서양 신

모두 파이팅! 반기문 유엔사무총장이 브라질 리우데자네이루 올림픽 선수촌 내 한국 선수단의 숙소를 방문해 기념 촬영을 하고 있다. 2016년 8월 5일. [연합뉴스]

사는 주먹을 쥐지 않았다. 분명 앞서 언급한 그 독일인 남편과 같은 생각을 가졌으리라. 그리고 속으론 '주먹질하며 기념 촬영을 하다니, 별꼴이네!'라며 어이없어했을 것이다.

개념이 없으면 주먹질도 한류(韓流)!

이 나라에서 매일같이 온갖 행사가 벌어지고, 그때마다 기념사진을 찍는데 모조리 주먹질이다. 이젠 도무지 그냥 못 찍는다. 바로 선 자세로 찍으면 마치 양념 빠진 생선찌개를 먹는 것 같은 기분인가 보다. 여성 연예인은 물론 여성 대통령조차도 가는 곳마다에서 '김치~!'에 주먹질 기념 사진이다. 아무리 풍습(風習)이란 게 부지불식간에 형성된다지만, 이 주먹질을 한민족의 시속(時俗)으로 받아들이기엔 영 거북살스럽다.

언제부터 이 땅에 주먹질이 유통되기 시작했을까? 먼저 주먹질 하는 나라부터 살펴보자! 일본, 북한, 그리고 한국이다. 일본은 정계와 노동계에서 '투쟁'을 외칠 때 주먹질로 선동한다. 군국주의의 유습일 터이다. "천황 폐하를 위해 목숨을 바치자!"면서 주먹을 뻗쳤을 것이다. 다만 한국과는 달리 주먹을 쥐고 팔을 앞으로 쭉 뻗는 모양새다. 그렇지만 일본에선 명확하게 '투쟁'의 용도로만 사용할 뿐 우리처럼 아무 때나 기념으로 주먹질·팔뚝질하지는 않는다.

그 다음은 북한이다. 사실 남한의 주먹질은 북한에서 내려온 것이라 할 수 있다. 미제국주의 타도, 적화통일의 전의를 불태울 때 주먹을 세워 구호를 외쳤다. 남한은 민주화투쟁과 노동투쟁 때 이걸 배워 왔다. 냉전시대에는 주먹이 낫이나 망치와 함께 곧 공산당 노동당의 상징과 같은 이미지였기 때문에 감히 흉내낼 생각조차 하지 못했다. 전두환 정권 때부터 데모 현장에 등장하여 〈님을 향한 행진곡〉 등 투쟁 가요의 박자에 맞추다 보니 지금과 같은 주먹질로 정형화되었다.

이 "쳐부수자!" "싸우자!" "때려부수자!" "쟁취하자!" "물러나라!"가 어느덧 생활 속으로 파고들어 "이기자!" "파이팅!" "할 수 있다!" "잘해 보자!"로 순화되면서, 투쟁과는 아무 상관없는 행사의 기념 사진에까지 진출했다. 그러니까 모이기만 하면 '단합'을 강조하면서 주먹질을 해대는 것이다. 당연히 그 앞에는 '도망가지 말고 다같이'가 생략되어 있다. 자고로 혼자서 싸우는 노예는 없기 때문이다.

✓ '주먹질'은 '파이팅'의 콩글리시?

'투쟁'과 '파이팅'은 그 의미가 똑같다 할 수 없다. 주먹으로 하는 '파이팅'은 그저 '힘내자' '해냈어!' 정도의 의미뿐이다. 그마저도 손바닥을 겹쳐 모아쥐거나 하이파이브를 하는 걸로 대신하는 경우가 많다. 분명한 것은 전 세계 어느 민족도 우리처럼 주먹질·팔뚝질로 '파이팅!'을 나타내지 않는다는 사실이다. 심지어 반정부 투쟁, 노동쟁의 등 어떤 시위에서도 주먹질을 하진 않는다. 왜? 주먹질은 '욕질'이기 때문이다. "엿먹어!" "감자먹어!"로 가운데손가락 세우는 것과 같은 것이다. 이는 자기 존엄을 포기했을 때에나 하는 짓이다.

지난 정부에서 '다이내믹 코리아'를 내세웠었는데, 그 또한 실은 난센스였다. 사전적으로야 '역동적인'이 되겠지만, 정서적으로 서구인들은 '다이내믹'하면 '갱스터'를 먼저 떠올린다. 그러니까 '다이내믹'이나 '주먹질 파이팅'이나 다 영어로 치면 콩글리시인 셈이다. 현장 경험 없는 전문가(교수)들에게 시키면 이런 결과가 나온다. 주변 외국인들에게 한번만 물어봐도 될 것을! 창조적 아이디어는 언제나 현장에서 나오지 책상머리에서 나오지 않는다.

이 주먹질이 다이내믹한 한국인의 정서와 궁합이 맞아떨어진 것이겠다. 마치 '치맥'처럼! 이같이 은유적이고 상징적인 행위에 대한 민족마다의 인식 코드가 다르거나, 심지어 반대일 경우도 적지 않다. 그렇지만 전통적인 것도 아닌 천박한 주먹질을 아무 생각 없이 배워 따라 한다는 건 가뜩이나 주체성 부족한 한민족 근성의 단면을 보여주는 사례라 하겠다. 결론적으로 주먹질은 제 얼굴에 침

뱉기다! 우리끼리 아무리 '파이팅!'이라 우겨도 세계인들은 결코 동의하지 않는다. 누구도 주먹질을 귀엽게 봐주지 않는다. '남다름'을 한국인들만의 '루틴(Routine)'인 양 마냥 자랑스러워할 순 없다는 말이다.

◤ 삿대질이 주인장질?

그런가 하면 한국인들 중에는 밥을 먹다가도 무심코 젓가락으로 상대를 가리키며 말을 하는 사람들이 드물지 않다. 이는 식사중 포크나 나이프를 들고 상대방을 향해 눈을 찌르듯 흔드는 것과 같이 공격적인 행위로 보여 큰 무례다. 또 회의석상에서 볼펜 등 필기구를 가지고 상대를 가리키거나 흔드는 이들도 있는데, 한국 외교관들도 일부 외국 고위관리와의 자리에서조차 그럴 가능성이 적지 않고, 교수 출신들 가운데 그런 버릇을 가진 이가 꽤 많다. 서구인들과의 비즈니스 협상 테이블에서라면 완전 자살 행위이다. 반드시 도구를 내려놓고 말해야 한다.

노태우 정부 시절, 당시 한국 외무부 정무차관보로서 한소 수교를 위해 뛰었던 이정빈(李廷彬) 전 외교통상부장관의 회고에서 나온 에피소드다. 1990년, 그는 당시 미하일 고르바초프 소련 대통령의 외교고문으로 있던 아나톨리 도브리닌을 한국으로 초청하는 일을 맡았었고, 그해 6월 샌프란시스코로 건너가 한소 정상회담을 성사시키기 위한 막후 교섭 과정에서 생긴 일이다.

◤ "외교의 '외'자도 모르는 놈들이…"

나는 도브리닌에게 "대소 지원 문제는 내가 확답할 수 없는 문제이니, 노재봉(盧在鳳) 대통령 비서실장과 만나 논의해 보라"고 했다. 노재봉 실장도 내게 자신과 도브리닌의 만남을 주선하라고 했다. 그런데 도브리닌은 노실장과의 만남을 한마디로 거절했다. "나는 그 사람과 안 만날 겁니다. 그런 무례한 사람과는 만나지 않겠습니다." '이건 또 무슨 일인가' 싶어 가슴이 철렁했다. "왜 무슨 일이 있었습니까?" "지난번 한국에서 만났을 때 그가 내게 삿대질(Finger-point)을 했어요. 정말 불쾌했습니다. 모멸감을 느꼈어요."

교수 출신인 노재봉 실장은 어떤 일을 설명할 때, 손가락을 세우고 지적하듯이 말하는 습관이 있었다. 그게 도브리닌의 눈에는 삿대질로 비친 모양이다. 서양 사람들은 삿대질을 커다란 인격모독으로 받아들인다. 구미(歐美)의 외교무대에서 평생을 보낸 외교 거물인 도브리닌으로서는 노실장을 더없이 무례한 사람으로 여겼을 것이다. 한 시간 반가량이나 설득하다가 내 방으로 돌아왔더니, 노실장의 비서가 전화를 걸어왔다.

"큰일났습니다. 실장이 '도브리닌에게 가서 약속을 잡으라고 했더니, 하라는 약속은 않고, 자기가 뭘 한다고 한 시간 반씩이나 얘기하고 있느냐'고 노발대발하다가 조금 전에 잠자리에 들었습니다." 큰일이다 싶었다. 정상회담을 하려면 두 사람의 만남이 이루어져야 했다. 나는 밤 11시 40분에 도브리닌에게 전화를 걸었다. 그는 자다가 일어나서 전화를 받았다. 나는 "당신이 노실장을 만나주지 않으면 내 목이 달아나게 생겼다"면서, "내일 새벽 5시도 좋고 6시도 좋다. 10분이 됐건, 20분이 됐건, 노실장을 좀 만나 달라"고 간곡히 부탁했다.

도브리닌은 같은 직업외교관 출신으로서 내 고충을 이해한 것 같았다. 다음날 새벽 5시 반에 두 사람이 만났고, 그 다음날인 6월 4일 샌프

란시스코 페어먼트호텔에서 노태우 대통령과 고르바초프 소련 대통령은 최초의 양국정상회담을 갖고, 한소 관계 정상화 등에 합의했다. 그해 9월 30일, 한소 수교를 맺었다. …한번은 외무부 출입기자들과 이야기를 나누면서 "외교의 '외'자도 모르는 놈들이 외교를 망치고 있다"고 불만을 토로했다가 청와대로부터 조사를 받은 적이 있다.'

(《월간조선》, 2015년 9월호에서 발췌)

"매너의 '매'자도 모르는 놈들이…"

아니나 다를까, 2016년 9월 국회 대정부질문에서 고성과 삿대질이 난무했다. 국민의당 아무개 의원의 손가락질 사진이 온 매스컴을 도배했다. 그 사진을 본 외국인들은 아찔했을 것이다. 대한민국의 품격 수준인지, 국회의원 그 한 사람의 품격 수준인지는 알 수 없으나, 아무튼 대한민국 선량들이 '국캐의원'이란 소리를 들어도 할 말이 없는 장면이라 하겠다. 차라리 총이나 칼을 들고 결투를 하든지! 그게 아니면 헛소리를 하든 말든 달이 개 보듯 초연하면 될 것을! 총체적인 문제는 그때 찍혀진 직간접 간여 다른 의원들까지 거의 모두 그 의원의 손가락질 모드로 통일하여 왈가왈부 대응하고 있었다는 사실!

그런가 하면 일반 민초 한국인들조차 식당에서 종업원, 고급호텔에서 웨이터를 부를 때 손가락을 들고 큰 소리로 "어이!" 하는데, 이에 습관화된 한국인들은 대수로이 여기지 않지만 외국인들은 기겁을 한다. 만약 그때 외국인과 함께였다면 다시는 그와 식사 약속 잡기 어려울 것이다. 웨이터가 지나가거나 눈길을 줄 때까지 기다

필리핀의 두테르테 대통령과 인도네시아의 조코 위도도 대통령. [인터넷 캡처]

려야 하며, 급할 때에만 잠자코 손바닥을 들어서 불러야 한다.

✒ "무지무능하거든 저급하지나 말아야지…"

지체가 좀 높다는 한국인들 중에는 아랫사람을 턱이나 손가락 하나로 부리려 드는 이가 많다. 기실 턱질·손가락질도 갑질이다. 특히 손가락질은 사람을 물격 내지는 짐승격 취급하는 인격모독 행위로서, 어떤 경우에든 절대 금물이다. 손가락은 지휘봉이 아니다. 정히 누군가를 가리켜야 한다면 손가락 전체를 바로 펴서, 그러니까 손바닥을 사용할 일이다. 역시나 점잖은 모임에서 손으로 사람을 밀치거나, 소맷자락이나 어깻죽지를 잡아당기는 행위는 큰 무례에 속한다. 사람은 짐승과 달리 눈빛과 언어로 소통한다.

손가락질은 기념 사진의 단골 메뉴 '파이팅' 주먹질과 더불어 국격을 떨어트리는 저질 매너로 한국인이 시급히 버려야 할 악습 가운데 하나다. 팔짱을 끼거나 턱을 괴는 것도 때와 장소를 가려야 하지만, 아예 처음부터 습관을 들이지 않는 것이 좋다. 아무려면 인격과 물격도 구분할 줄 모르면서 선량질인가? 막말, 삿대질, 멱살잡이도 의원의 특권인가? 아이들이 보고 배울까 두렵다. 이왕 '인성교육진흥법'을 만들었으니 국회의원들부터 우선적으로 인성 교육 좀 받았으면 싶다! 금배지 떼고 매너 교육부터! 일자리 늘려 줄 것이라 기대도 않으니, 제발이지 같은 한국인인 걸 부끄럽게 하지나 말았으면…!

◢ 'Why?'가 없는 민족은 노예민족

민중(民衆)이란 말은 피지배 계급으로서의 일반 대중을 일컫는다. 동물의 세계에서 힘이 약한 종일수록 무리를 크게 이룬다. 떼짓기 · 부화뇌동은 지배 계급이 되지 못하는 평민 · 하인 · 노예의 근성일 수밖에 없다. 그같은 민중 심리를 잘 이용한 것이 바로 나치즘 · 파시즘이다. 그리고 그것에서부터 파생되는 게 냄비 근성 · 선동 · 표리부동 등일 테다. 더하여 그것이 썩으면 모방 · 표절 · 무책임 · 책임 회피 · 핑계대기 · 무사안일 · 현실 안주 · 님비 근성 · 연고주의 · 이기주의가 곰팡이처럼 꽃을 피우는 것이다. 방부제 없는 사회란 곧 'Why?'가 없는 사회를 말한다.

하인에겐 'Why?'가 없다. 그럴 필요도 없고, 책임도 없고, 감히 그래서도 안 되는 것이다. 'Why?'는 주인만의 권한이자 책임이기 때문이다. 해서 '철학이 없다'는 건 바로 '노예'와 동의어라 할 수 있다. 그들에겐 복종의 의무밖에 없기 때문이다. 당연히 '창조' '창의' '모험' '선도'는 주인의 몫이자 능력이다. 그러니 주인장 의식을 못 가진 민족은 모방과 표절에 열심일 수밖에 없다. 그렇게 해서는 먹고 사는 것 이상의 것을 꿈꾸지 못한다. 동물농장 북한이 이 시대에 존속할 수 있는 이유, 한국이 선도적인 국가로 발돋움하지 못하는 이유도 분명 이 때문일 것이다.

주인은 무리짓지 않는다.

하인들과 섞여서 주먹질하지 못한다. 카메라맨이 요구한다 해서 주먹을 쥐면 주인이 아니다. 선동질에 넘어가는 걸 부끄럽게 생각한다. 그렇지만 스스로에게 'Why?' 하고 물어서 논리가 성립되면 혼자서라도 나선다. 왜? 주인이기 때문에! 리더이기 때문에! 주체성이 강한 민족, 철학이 있는 민족은 사소한 것을 받아들일지라도 습관적으로 먼저 'Why?' '내가 왜 이걸 해야 하지?' 하고 자문한다. 그게 안 되면 제아무리 지식인입네, 투사입네 해도 모두 노예일 뿐이다. 맹목적 추종을 근사한 말로 '문화 사대'라고 한다.

말로는 '세계화' '글로벌'을 외치며 남들 즐기는 건 다 따라 하면서, '글로벌 매너'를 이야기하면 유독 "우리가 왜 서양 것을 따라 해야 해?" "서구사대주의!"라며 매도하려 드는 경향이 있는데, 기실 그 근저에는 '귀차니즘'이라는 노예 근성이 도사리고 있다 하겠다. 게다가 남들까지 따라 하지 못하게 훼방 놓으려는 저급한 근성까지! 왜냐하면 떼를 짓는 짐승은 언제나 큰 무리 쪽으로 붙으려는 타성이 있어, 누군가가 이탈하여 자신이 속한 무리가 적어지는 것을 두려워하기 때문이다.

▗ 주먹질 하나만 고쳐도 선진시민!

　주인 의식 부재! 한국 사회의 가장 큰 병폐임을 부정할 사람은 없을 것이다. 뻑하면 감방을 들락거려 회사 이미지에 먹칠하는 오너들. 그러고서 직원들더러 주인 의식을 가지라고 한다. 주인도 모르는 주인 의식을 어떻게? 존경스럽지 않은 주인을 어떻게 존경하란 말인가? 그러니까 주인을 잘 모시는 게 주인 의식인 줄로 착각하고 하는 소리인가? 존경과 복종, 책임과 충성이 헷갈리는 모양이다.

　공무원? 일 더한다고 돈 더 주는 것도 아닌데, 내가 왜? 창조? 혁신? 그걸 왜 우리가 해야 해? 그런 건 주인인 사장이나 대통령이 해야지? 그게 민중 의식이다. 하인 방식의 'Why?'다. 그들에게 있어서 'Why?'는 'No!'에 다름 아니다. 보상이 없는 일엔 절대 나서지 않는다. 물론 그 보상은 순전히 노동력에 대한 대가다. 그러다가 분에 넘치는 걸 가지게 되면 그때부터 갑질이다. 하인의 세계관에선 갑질이 곧 주인 행세인 줄 아니까. 등기부등본에 제 이름 하나 올라가거나 완장 하나 차게 되면 어김없이 헛트림을 하고, 주인 흉내내기부터 한다. 을질로 살아온 삶에 대한 한풀이다. 그러니 작금의 한국 사회가 타락하는 것은 필연이라 하겠다.

　하인 문화에는 '부족함'에서 오는 '조급함' '조잡함' '천박함'이 진하게 묻어나온다. 한국인들의 특성인 빨리빨리, 대충대충, 좋은 게 좋지, 질보다 양, 얼렁뚱땅, 부화뇌동, 막무가내… 실은 모두 하인 근성이다.

▟ Tip 막무가내 콩글리시와 미쳐 돌아가는 한국 사회

도로 표지판, 지하철 안내, 관광지나 문화재의 영문 소개글이 엉터리인 것은 어제오늘의 일이 아니지만, 그 정도는 애교로 봐주고 넘어갈 수도 있다. 하지만 세계를 상대로 한국을 알리는 국가적인 행사 구호까지 엉터리라면 문제가 참 심각해진다. '허튼짓'하기 전에 한국에 와 있는 외국인들에게 물어보기라도 할 것을…!

It's you, PyeongChang

세계인을 평창으로 초대한다며 평창동계올림픽조직위원회가 내건 슬로건이다. 아마도 'You are PyeongChang'이란 맥락인 듯한데, 과연 영어권 세계인들이 이 문구를 "오, 예!" 하고 감동, 동의할까?

아무래도 조직위원회의 바람대로 받아들여지지는 않을 것 같다. "너, 평창?" "무슨 소리? 내가 왜? 한국 너 돌았니?"라며 반사적인 역반응을 보일 것이 분명하다. 내가 네 물건이냐? 누구 맘대로? 허락도 안 받고, 교감 과정도 없이 불쑥 관계 설정을 해놓고 일방적으로 선언을 해? 싸가지 없게시리! 참으로 무모한 발상에 무례한 표현이다.

'I am XX' 경우를 단순 변형('I'를 'You'로)해서 될 일이 결코 아니다!

'I'는 자기 소관이니 무슨 짓을 해도 상관없지만, 'You'는 자기 마음대로 말할 게 아니다. 즉 함부로 말할(씨부릴) 대상이 아니다. 제

집 강아지가 아니라는 말이다. 따라서 'It's you, PyeongChang'은 한국(인)이 전혀 문명(인)이 아니라 원시미개(인)에 가깝다는 방증이다! 한글이라 해도 '당신'을 함부로 쓸 일이 아니다.

　대안적 영어 문구로 'Would you be with PyeongChang?'이 되겠다. 영국식 고급한 수동태로 세계인들이 '어, 한국 제법인데!'라고 할 것이다.

I.SEOUL.U

나와 너의 서울

나와 너 사이에 서울이 있음을, 서로 공존하는 서울을 의미
열정과 여유를 상징하는 붉은색과 푸른색의 '닷(dot)'으로 표현
SEOUL의 'O'에 한글 자모 '이응'을 결합, 세계적이면서 대한민국의 대표 도시임을 상징

I.SEOUL.U

"널 세월시켜 버리겠어!" "널 쓸어 버리겠어!" "널 팔아 버리겠어!" "아유, 서울이 무서워유!" www.I.seoul.u 서울시청이나 서울 관광청 ID? …외계어?

우물 안 개구리들의 심심풀이 방귀놀이 황당 시츄에이션? 세계

인들을 웃겨 보고 싶어 환장한 민족? 상대를 아랑곳하지 않고 저 혼자 추는 지랄춤? 자신 없으면, 아니면 말지! 왜 사서 망신을 사려고 저렇게 안달을 하는지 참으로 안타깝다. 정말이지 한국인들은 여러모로 참 피곤한 민족인 것 같다.

다른 나라들도 하니까, 우리도? 'Be Berlin'이나 'I Amsterdam' 그리고 '& Tokyo'는 영어적으로 추상 개념의 기능적 표현이 작동하나, 서울시의 영어식 구호들은 모두 영어가 아니고 알파벳으로 장난치는 억지 콩글리시!

Seoullo 7017

서울역 고가 보행길의 이름이다. 로고는 웃는 얼굴을 연상시키는 곡선형으로 디자인했단다. 길을 나타내는 '로(ro)'의 영어 표기에서 'r'을 'l'로 바꿔 두 개의 소문자 'l'을 걷고 있는 사람의 발 모양으로 형상화해 차량길이 사람길로 변화하는 모습을 보여준다고 하지만, 외국인이라면 당연히 발이나 다리와 관련 있는 무슨 상품명인 줄 알 것이다.

설마 'Seoul'이 원래 순수 우리말이 아니라 서양인들이 지어준 이름일까? 한글을 창제한 위대한 민족답게 알파벳을 이용한 새로운 언어체계를 세계 최초로 창안한 겐가? 게다가 'SINCE 7017'은 또 뭔지? 7017년? 글자대로라면 미래에서 온 Seoullo? 외국인이라면 분명 '1017'이나 '2017'의 오타인 줄 알 것이다.

수최측은 '한국인이 엉어 알파벳을 사용하여 만든 새 영어식 한국어'라는 시각이라지만, 외국인들은 당연히 '영어 구호'로 보고 있기 때문에 이해와 소통의 출발점부터 완전히 다르다. 그러니까 또 우리끼리! 콩글리시 마스터베이션! 한국인의 막무가내 자주파적 세계관이 빚은 글로벌 넌센스 개그라 하겠다. 우리 글자도 아닌데 아무렴 어때? 무지한 건지, 뻔뻔한 건지? 여기저기 정신없는 영어 안내판이나 간판만 봐도 지금 한국인들의 정신 건강(mental health)이 정상적이지 않음을 알 수 있겠다.

필자가 어렸을 적에 서울로 중학교 시험을 치러 올라왔었다. 입학하자마자 처음 영어를 배우게 되었는데, 영어는 알파벳만 외우면 다 되는 줄 알았다가 망신 톡톡히 당하고 엄청 큰 충격을 먹었다. 영어는 우리말과 같은 표음문자라나 뭐라나. 그러니까 영어란 '아메리카-America'하듯이 '학교-hakkyo' '간다-ganda'로 하면 되는 줄 알았다. 까짓 거, 진짜로 너무 쉬웠다. 그렇게 쓱싹 숙제를 해갔다가… 으-흐흐(오-마이 갓)!

아무튼 그때나 지금이나 나는 영어가 아프다! 나는 서울이 아프다! 나는 평창이 아프다!

07

대한민국에서 '정치'란 '갑질'인가?

"우리는 사람들에게 신사가 되도록 가르친다. 그러한 가르침이 없다면 신사가 될 수 있는 사람은 별로 없다. 당신의 아들이 어렸을 때 손에 닿는 모든 것을 갖도록 내버려두어 보라. 열다섯 살이 되면 대로에서 도둑질을 할 것이다. 거짓말을 했다고 그를 칭찬해 보라. 그는 틀림없이 방탕해질 것이다. 우리는 인간들에게 덕성과 종교, 모든 것을 가르친다."

– 볼테르

중국의 시진핑[習近平] 국가주석은 평소 가장 존경하는 인물로 자신의 부친을 내세우기를 주저하지 않는다고 한다. 혁명가였던 예의 시중쉰[習仲勳]에게는 자녀가 여럿 있다. 결혼 전 이미 세 명의 아이를 두었다는 소문이 있으며, 정식으로 혼인한 치신[齊心, 1926년생~생존]과는 2녀2남을 둔 것으로 알려져 있다.

첫째딸은 1949년 연안 교아구(橋兒溝)에서 태어났다 하여 '차오차오[橋橋]'라 이름지었고, 둘째딸은 서안에서 태어났다 하여 '안안[安安]'이라 이름지었다. 다음으로 큰아들은 북경(예전엔 北平이라고 불렀다) 근처에서 태어났다 하여 '진핑[近平]'이라 이름지었고, 작은아들은 북경으로부터 먼 곳에서 태어났다 하여 '위안핑[遠平]'이라 이름지었다.

시중쉰 서기는 이 아이들을 무척이나 사랑하였지만 절대 버릇없이 키우지 않았다. 그는 공무가 없는 날이면 아이들을 데리고서

시진핑과 시위안핑, 그리고 시중쉰

공원에 나가거나 거리 구경에 나서곤 하였는데, 언제나처럼 돈을 지니고 다니지 아니하였다. 장난감을 사지 못한 아이들이 토라질라치면 그는 참을성 있게 달래기만 할 뿐, 절대로 다른 사람들이 대신 사주거나 선물을 주는 등의 행위를 하지 못하도록 철저히 경계했다. 대신 서점을 둘러볼 때에는 여러 종류의 책을 사주었다. 그러면 마치 책에 주린 아이들처럼 손에서 책을 놓을 줄 몰랐다고 한다.

아이들의 옷이며 신발·양말 등은 차례로 릴레이하듯 이어졌다. 큰아이가 입다가 해진 옷은 기워서 다시 나어린 동생들이 입었다. 차오차오가 입었던 옷과 양말·신발 등이 남동생인 진핑과 위안핑에게까지 이어졌던 것이다. 누나의 꽃무늬천 신발을 물려받아 신어야 했던 진핑이 혹여 친구들이 놀리지나 않을까 싶어 신으려 하지 않자 시중쉰이 먹물로 꽃무늬 신발을 까맣게 칠하여 주기까지 했었다. 더하여 어려서부터 독립적이며 검약하는 습관을 길러주기 위해 네 아이들을 팔일학교 기숙사에서 생활하다가 주말에 한 번 집으로 돌아오도록 했다.

그런데 시중쉰의 두 딸은 아버지의 성을 따르지 아니하였다. 두 딸의 이름이라면 마땅히 '시차오차오' '시안안'이어야 함에도 불구하고 '치차오차오' '치안안'이다. 시중쉰 서기는 아이들을 특별하게 교육시키지 않았다. 큰딸인 차오차오는 초등학교 졸업 후 집에서 한 정거장 거리밖에 되지 않은 하북의 북경중학에 합격하였으나 친구들과 자유로이 어울릴 수 있도록 학교에서 기숙하게 했다. 또래 친구들과 함께 먹고 자고 공부하도록 하여 평범한 사람들의 모습을 잃지 않도록 했던 것이다. 학교의 숙식 환경은 지극히 열악했다. 학교 식당의 밥은 잡곡이 70%였다.

당시 시중쉰 서기는 국무원 부총리직을 맡고 있었기 때문에 그 이름이 늘 신문에 올랐다. '시'성이 드물었기에 사람들이 부총리의 딸일는지도 모른다는 연상을 하기가 쉬웠다. 시중쉰 서기는 학교 선생님과 학생들이 딸의 신분을 파악하지나 않을까 하여 딸에게 엄마의 성을 붙여주고, 가정 성분 역시 '혁명간부'에서 '직원'으로 바꿨다. 이렇게 지어진 '치차오차오(齊橋橋)'라는 이름을 지금까지 쓰고 있다. 둘째딸도 '치안안(齊安安)'이다.(《시중쉰, 서북국에서 보낸 나날들》에서)

▚ 빗나간 자식 사랑에 인생 망가진 금수저들

한국인의 자식 사랑은 유별나다 못해 거의 맹목적이다. 하여 자식의 이름을 지을 때부터 무척이나 공을 들인다. 아이의 사주를 보고서 좋은 이름을 지어준다는 철학관을 찾는 부모들도 꽤 많다. 이름을 예쁘게 지으려 며칠씩 고민하는 이들도 있다. 이처럼 이름에다 부모의 바람(실은 욕심)을 잔뜩 바른다. 이름만 놓고 본다면 대한민국 아이들은 대부분 금수저라 하겠다. 그렇지만 우리네 옛어른들은 귀한 자식일수록 '개똥이' '쇠똥이' 식으로 천한 아호를 붙여주어 지나침을 경계했었다.

아무튼 그 이름대로 훌륭하게 커주기만 한다면야 그깟 극성쯤 뭔 대수겠는가? 문민정부에 들어서면서부터 우리나라의 성공한 정치인 내지는 기업인들이 귀히 키운 자식들로 인해 말 그대로 개망신당하는 일이 끝없이 이어지고 있다. 요즘은 그냥 평범한 집안에서도 온갖 불상한 일들이 벌어진다. 유교적 관습에선 천륜은 죽어도 끊을 수 없으니, 살아서건 죽어서건 자식의 추태는 고스란히 부모의 책임이 된다.

자식들 때문에 재임중 망신을 당한 고(故) 김영삼 전 대통령과 김대중 전 대통령. 지어준 이름만큼 현명하지도 넉넉하지도 못했다. 그외에도 제 아들과 다퉜다 해서 부하들을 부려 상대편 아이를 잡아다 팬 재벌 오너. "너, 내려!" 땅콩회항시킨 딸 덕분에 개망신 톡톡히 당한 항공사 회장. …이 작은 나라가 도무지 심심치 않은 데에는 이 '귀하디 귀한' 금수저들의 공이 적지않다. 그런가 하면 반대로 당선을 눈앞에 둔 아버지의 부도덕함을 만천하에 고발해서 기어이 낙마시킨 어느 정치인의 버림받은 딸도 있었다.

◤ 구원파! 영세교!
사이비, 야바위가 판치는 영성공화국

대한민국에서 종교는 신성불가침한 치외법권적 영역이다. 종교에 대해서 지나치게 관대하고 온정적이고 경외하는 경향이 강하다. 하여 야바위꾼들이 독창적인(실은 대부분 기성종교에 기생하다가 주술 내지는 방술적인 요소를 버무려 만든) 신앙을 만들어 영업하기 딱 좋은 생태계가 만들어졌다.

주먹 세계가 그렇듯 야바위에는 밑천이 거의 안 든다. 노느니 염불한다고… 한 달, 두 달, 일 년, 이 년… 이곳저곳 낚시를 던지다 보면 어쩌다 걸려드는 눈먼 고기가 있기 마련. 운 좋으면 대어가 걸려드는 수도 있다. 교주의 신묘한 능력 때문이 아니라, 목마른 인간이 제 발로 걸려드는 것이다.

하나같이 상식을 초월하는 얼토당토않은 해괴한 논리에 지나지 않지만, 그들이 노리는 건 정상인이 아니라 뭔가 모자라고 불안한 사람들이다. 가령 길거리에서 "도를 아십니까?"라고 호객 행위를 하는 건 곧 "당신 혹시 비정상이 아니십니까?"로 이해하면 된다.

세계사에서 많은 왕조들이 요망한 종교에 심취한 정신이상 왕들 때문에 망하였다.

박근혜 전 대통령은 부모를 비명횡사로 잃고, 1979년 청와대에서 나온 이래 정계에 입문할 때까지 상당 기간을 그의 정신적 구세주인 최태민 목사의 가족들과 한식구처럼 지냈다는 소문이 있다. 이 업계의 생태에 대해 조금이라도 아는 사람이거나 가족 중 누군가를 그들에게 빼앗겨 본 사람이라면, 그들이 용케 걸려든 '황금붕어' 새끼를 어떻게 길들이고 가지고 놀았을지 능히 짐작할 것이다. 속아서든 원해서든 일단 삼킨 낚싯바늘은 줄이 끊어져도 뱉을 수가 없음을 잘 알 것이다. 사이비 신앙의 특징은 주술적인 요소가 지나치게 강해 이성을 마비시킨다는 점이다. 그런 다음 그것을 반복적으로 자기 세뇌시켜 강박증 수준으로 굳힌다. 그렇게 되면 절대 세상을 바로 볼 수가 없다. 하여 대개는 야바위를 당하고도 그 사실을 인지하지 못하거나 인정하지 않으려 더욱 집착한다.

알려진 바대로라면 최태민 목사의 행적은 전형적인 사이비로 종교를 빙자한 야바위라 할 수 있겠다. 하여 박근혜의 정치적인 고비 때마다 주머니 송곳처럼 불거져 나와 난감하게 만들었지만, 박근혜의 믿음은 확고했다. 국민들도 그깟 개인사를 굳이 정치와 연관지으려 하지 않았다.

설마하는 의구심을 누르고 고(故) 박정희 전 대통령에 대한 미련 아닌 미련, 부채 아닌 부채를 갚는 셈치고 그를 지지해 줘 한(恨)이나 풀라고 대통령으로 만들어 줬다. 그런데 아니나 다를까? 결국 그 핏줄보다 질긴 인연의 고리 때문에 가뜩이나 무능하다는 평판에 오물까지 끼었고 말았다. 그에겐 피를 나눈 형제보다 최씨 일가가 더 소중했던 모양이다. 최씨 일가의 입장에선 자기네들이야말로 진정한 패밀리이자 킹메이커라고 생각했을 것이니 당연히 그만한 보상을 누리고 싶었겠다.

그러나 근본이 천한 출신들이 진정 고귀함을 알 리가 없을 터, 그들의 저속성은 돈이나 권력과 언제나 한통속을 이룬다. 그간에 최순실 모녀가 저지른 막장 갑질이 하나씩 하나씩 양파처럼 까발려졌다. 낮말은 새가 듣고, 밤말은 쥐가 듣는다고 하더니, 정말 무서운 세상이다. 대통령의 연설문까지 미리 받아 보고 수정하는 등, 국사 전반에 닥치는 대로 간여했다는 정황까지 드러나고 있으니 최씨를 가히 '갑질의 왕'이라 부를 만하겠다.

고작 여기까지가 이 민족의 한계?

세상에는 돈 많은 사람들이 있고, 돈 자체인 사람들이 있으며, 명문 혈통의 후예들이 있는가 하면 교육과 교양, 세월의 기품, 매너와 세련미가 결핍된 옹색한 자들이 언제나 있게 마련이다. 신흥부자가 크나큰 희생을 치르고 배우는 것은, 부자라고 해서 기품이 있는 것은 아니라는 점과 돈이 많다고 해서 반드시 상류층에 속하는 것이 아니라는 사실이다. 그는 다만 성공한 개인일 뿐이고, 그것이 전부임에도 불구하고 상류층 사람들로부터 인정을 받고자 안달복달하는 것이다. 타고나지 못한 우아함·계급·존경을 명품 사듯 갖고 싶은 유혹에 조심성 없이 성급하게 빠져들다 엎어지곤 한다는 말이다.

왜 최씨는 딸의 승마와 이화여대에 그토록 집착했을까?

자신들의 출신에 베일을 씌워 가리기 위해 결코 되지 못할 상류층의 취미라도 모방코자 한 것이겠다. 교양과 세월이 주는 귀족스런 기품을 딸을 통해 획득코자 한 것이겠다. 열등한 자에서 우월한 자의 지위로 급상승할 때 저지르는 서투름이겠다. 상류층과 특권층을 동일한 것으로 착각한 무지에서겠다. 아무리 그렇다 한들 맙소사! 그 분에 넘치는 막강한 금력과 권력으로 더없이 귀한 제 자식에게 가르친다는 게 고작 갑질이라니! 지혜가 모자라면 용감하지나 말지!

국민들 가슴에 '세월호' 때부터 쌓이고 쌓인 억장이 한꺼번에 다 터져나왔다. 탄핵에 특검까지, 그렇다 한들 박근혜 대통령과 최씨 일가의 비밀한 관계는 빙산의 일각밖에 드러나지 않았을 것이다. "누구라도 재단 관련 불법을 저질렀다면 처벌받아야 한다"고 말하였지만, 침도 마르기 전에 그 말에 자신이 찔리고 말았다. 믿는 도끼에 발등 찍힌다는 말이 딱 그 격이다.

◢ 국사가 소꿉놀음이던가?

고 노무현 전 대통령은 '봉하대군', 이명박 전 대통령은 '만사형통' 형님 때문에 망신을 당하더니, 박대통령은 그 이름만큼 '순실(順實?)'치 못한 '패밀리' 때문에 망신살 다 뻗쳤다. 결국 이번 사건의 본질도 '세월호' 유병언 목사 도피 사건이나, '찌라시' 사건처럼 국민들 진 다 빼놓고 흐지부지하고 말겠지?

위에서는 갑질, 아래에서는 떼쓰기! 대한민국에서 정치란 곧 갑질이고, 권력이란 갑질할 수 있는 힘이다. 그리고 민주주의란 떼쓰기이다. 갑질과 떼쓰기, 그 뿌리는 공히 천민 근성이다. 조선이 망할 때가 이러했을 것 같다는 탄식이 여기저기서 터져나오고 있다.

아무렴 용이 개천에서 놀면 새우의 조롱을 받고, 호랑이도 평지에 가면 개에게 속는다지만 해도 너무했다. 야바위 교주? 빙의? 영적 부부? 십상시? 누님? 언니? 동생? 도깨비들이 북 치고 장구 치면 허깨비 대통령은 그 장단에 춤을 추고! 국사가 소꿉놀음이던가? 이보다 부끄러울 순 없다.

'최순실 사건'으로 박근혜 대통령이 국민 앞에 두 차례나 사과를 하였다. 처음엔 상당수의 국민들도 박근혜 대통령이 크게 반성하고, 최태민의 망령을 떨쳐 버릴 것으로 기대했었다. 그러나 사과와 반성은 별개, 자기의 믿음(신앙)을 반성하는 인간은 세상에 없다. 그랬다면 예수도 없었을 것이다. 성인도 자기 부정은 못한다. 해서 제 풀에 떨어져 나가는 귀신은 세상에 없는 것이다. 박근혜는 죽을 때까지 절대 변하지 않을 것이다.

최태민·최순실 패밀리들은 끊임없이 이름을 바꿔 왔다고 한다. 야바위꾼들의 상투적인 습성이다. 국호를 대한제국으로 바꿨다고 제국이 되던가? 인성교육진흥법 만들었다고 인성이 바뀌던가? 헌법 개정한다고 나라꼴이 바뀔까? 이참에 아예 국호까지 바꿔 버릴까? 그렇게 해서라도 나라가 바로선다면야 4년마다 간판을 못 바꿔 달까? 다 무능·무책임을 가리기 위한 핑계다. 청탁금지법인 '김영란법'이 맹위를 떨치고 있지만 갑질에는 별무소용이다. 아무래도 개헌에 앞서 갑질금지법으로 '최순실법'부터 제정해야 할 듯하다.

▚ 사교(邪敎)라고? 차라리 용서받지 않겠다?

폭풍우 앞에 선장 잃은 배처럼 나라가 혼돈의 소용돌이에 빨려 들어가고 있다. 선무당이 사람 잡는다더니! 세상을 너무 모르는 데다가 공(公)과 사(私)를 구별도 못하는 주인과 세상을 너무 우습게 아는 주변머리 철부지들의 제웅놀이 불장난에 초가삼간 다 태우고 말았다. 그렇지만 분노는 최악의 해결책! 백만, 천만 촛불로 에워싸서 고함지른다고 물러날 박대통령이 아니다. 사퇴 역시 상식 사회, 성숙 사회로 가는 디딤돌이 될 수도 있었건마는…! 그랬다면 최소한의 자존심과 품격은 건졌을 텐데, 안타깝게도 이미 때를 놓쳤다.

원칙 고수와 고집이 다르듯 사과와 반성은 별개. 사건이 불거지자 박대통령은 사회 각계 원로들을 청와대로 초청해 오찬을 함께하며 정국 해법을 듣는 자리에서, 자신과 관련된 사교(邪敎) 소문과 관련해 "제가 사교를 믿는다는 얘기까지 있더군요"라고 말했다 한다. 짐작컨대 '봉분 없는 무덤' 청기와집 주인은 자신을 최태민의 신봉자가 아니라 계승자로 여기고 있는 듯하다. 분명 최씨 일족들이 그렇게 주문을 걸었을 것이다. 그래야만 그간의 인과관계에 대한 설명이 가능해진다. 아뿔싸! 그런 그들을 싸잡아 '사이비' 운운 낙인을 찍었으니! 차라리 죽었으면 죽었지 '사이비'로는 못 물러난다. 신앙에 대한 자기 부정은 죽음보다 더한 치욕! '사이비'란 사이비가 가장 듣기 싫어하는 말. 인간이든 짐승이든 결국 막장으로 몰리면 악밖에 안 남는다.

▌대통령의 갑질로 창조경제 문화융성?
연기만 피우다 밥솥 엎어!

지난날 '세월호' 구원파 선장은 저만 구원받겠다고 도망치는 바람에 침몰하는 배에 수백 명의 어린 학생들을 가둬 놓고 수장시 켰다. 미숙하다 못해 어리석기까지 한 영세파 왕초보 선장은 4년 만에 '한국호'를 난파 지경으로 만들어 놓았다. 폭풍우가 몰려오고 선상 폭동까지 일어나는데도 끝까지 자기가 키를 쥐고 갈 데까지 가겠단다. 눈 감고 귀 막고, 나무자비 조화불! 영세불사의 영험함을 증명해 보이고야 말겠단 듯이.

　　이 와중에 터져나오는 웃음을 못 참는 인간들도 있었다. 누가 하늘은 스스로 돕는 자를 돕는다고 했던가? 입 다물고 팔짱 끼고 앉아만 있어도 주가가 절로 올라가는 것을! 참새가 방앗간을 그냥 지나랴! 차기를 노리는 야권 대권주자들이 퇴진 시위에 앞줄서기 경쟁을 벌였다. 기실 사건에 아무런 기여한 바도 없으면서, 다 된 밥에 숟가락 밀어넣듯 슬그머니 앞줄에 앉아 공을 가로채려는 것이다. 그 맛에 정치하는 인간들로 수준이 고작 거기까지였다. 그러나 그거야말로 청와대가 바라던 바, 국민과 직접 맞장 뜨는 것보다 이 해관계 뒤얽힌 대권주자들이 훨씬 만만한 상대, 풀죽어 있던 골수 지지자들에게 반격의 빌미를 제공한 꼴이 되었다.

　　결과적으로 오히려 대통령의 퇴로를 완전히 차단시킨 형국, 밀고 당기는 복잡한 구도로 장기전이 되고 말았다. 그래 본들 한번 꺾인 나무가 바로서는 법 없고, 꽃은 하루에 두 번 피우지 못한다. 이 지경에 법대로? 그렇다면 도덕은? 국격은? 결국은 지리멸렬 코리아! 세상의 비웃음거리를 자초하고 말았다. 갑자기 모든 것이 아득해지고, 두 팔의 기운이 쭉 빠져나간다.

　　급변하는 세계의 조류에서 밀려나 혹독하고 구차스런 긴 겨울을 보냈지만 춘래불사춘(春來不似春)! 과연 누가 그를 붙들고 흔드는가? 무엇이 저들을 이토록 용감 무치하게 만드는가? 왜 이 나라 정치는 맨날 삼류일까? 그렇다고 정치만 삼류일까? 오늘의 '분노의 촛불'이 내일은 '지혜의 촛불'로 타오를 수 있을까?

◤ 천민의 세계관에선 정치란 곧 갑질!

박대통령이 그토록 강조하던 '원칙'과 '신뢰' 중 하나만이라도 건졌어야 했다. '근혜(槿惠)'는 박정희의 바람이 담긴 이름. 염치라도 붙들었어야 했다. 해서 대통령 스스로 남은 임기, '슬픈 특권'에 대해 깊은 고민 좀 하였어야 했다. 고 박정희 전 대통령의 불행은 끝을 단호하게 맺지 못한 것이었다. 버리는 것이 지키는 것이다. 끝까지 지키려다가 결국 다 잃고 말았다. 억지로 덮고 버티다가 결국 "그 아버지가 일으켜 세운 나라, 그 딸이 망쳤다!"란 역사의 심판을 피할 수 없게 되었다.

역사의 관성이란 게 이래서 무섭다.

사물은 반드시 스스로 먼저 썩고 난 후에야 벌레가 꼬이는 법이라지만, 천하의 알뜰한 인재들을 다 마다하고 어쩌면 그렇듯 지지리도 용렬한 머슴들만 끌어다 모았을까? 그만큼 사람을 보는 안목이 뒤틀려 있음이겠다. 문제는 언제나 사람, 그 가운데서도 지도자, 최고지도자의 '태도적 가치'다. 일찍이 루소가 말한 것처럼 '세상의 기준에 따른 진실'과 '자신의 기준에 따른 성실성'을 구분 못하고, '거짓된 가치'를 좇는 '이름값'도 '자릿값'도 못하는 저급한 정치인들이 나라를 벼랑 끝으로 몰아가고 있다.

그런다 한들 이 다음엔 또 어떤 도깨비가 나와 춤을 출지 걱정이다. 문민정부 탄생 이래 줄곧 대통령에 대한 평가는 후임 대통령이 결정해 왔다 해도 과언이 아니다. 또다시 구관이 명관이면? 대한민국은 진짜 끝이다. 하지만 불행히도 눈을 씻고 봐도 다음 '깜'이 보이질 않는다. 진흙으로 만든 개는 밤을 지킬 수 없고, 기와로 만든 닭은 아침을 담당할 수 없다고 했다. 축구 감독처럼 대통령을 밖에서 모셔 오면 이 질긴 된장독 근성을 끊어낼 수 있으려나?

사건이 터지자 박근혜 대통령의 사과에도 불구하고 지지율이 최악이었다. 그 옛날 80%를 넘겼던 지지율이었다. 물론 그것은 박정희의 것이었다. 그걸 다 까먹었다. 그 딸이 대통령이 되지 않았더라면 지금쯤 능히 역사에서 당당하게 평가받았을 것이다. 지난날 조국 근대화를 위해 함께 땀흘려 왔던 어른들, 육여사가 부끄럽고, 박정희가 부끄러워 하늘 보기 민망해할 것 같다. 박정희 생전에 "내 무덤에 침을 뱉어라!" 했지만, 설마 자신의 딸이 오물을 끼얹을 줄은! 아무튼 어머니 아버지가 비명횡사한 그곳, 사당지기 4년. 그만큼 했으면 되었다. 국민은 대통령을 훤히 알고 있는데, 대통령은 왜 저토록 국민을 모른단 말인가? 제발이지 그쯤에서라도 다 접고 자연인으로 돌아가 조용한 곳에서 여생을 보내면 좋았으련마는! 진짜 가족에게로 돌아갔으면 좋았으련마는!

결국 2017년 3월 10일 11시, 대통령 파면! 아무렴, 이 또한 지나가리니! 그렇게 또 속고 산다. 한 시대를 떠나보낸다. 이번 일로 많은 이들이 박정희를 버리고, 또 많은 이들이 박정희를 아파했다. 우리는 그렇게 역사를 지우며 산다. 그나저나 우리는 언제쯤이면 '도덕적 부가가치'에 눈뜨게 될까?

⚡Tip 야성이냐, 지성이냐?

간혹 철모르는 개나리가 엄동설한에 꽃을 피우듯 2017년 대선이 그렇게 시작되었다. 호우지시절(好雨知時節)! 潛龍(잠룡), 暫龍(잠룡), 雜龍(잡룡), 이무기, 듣보잡 피라미 미꾸라지들까지 우중등천(雨中登天)해 보겠다고 폴짝폴짝 자맥질을 하고 나섰다. 이참에 역대 대선 리그에 나섰던 후보들 간의 대결 구도를 한 번 살펴보자.

박정희-윤보선, 박정희-김대중, 노태우-김영삼-김대중-김종필, 김영삼-김대중, 김대중-이회창, 노무현-정몽준, 노무현-이회창, 이명박-박근혜, 이명박-정동영, 문재인-안철수, 박근혜-문재인, 트럼프-힐러리, 문재인-안철수.

알다시피 앞쪽의 후보가 이겼다. 뭐, 이기고 지는 데에는 여러 가지 원인이 있겠지만 가만히 살펴보면 전체적으로 일관되이 적용되는 공통된 요소가 하나 보인다. 바로 야성(野性)이다. 물론 야당(野黨)·여당(與黨) 할 때의 그 야성을 말하는 게 아니다. 무지스럽게 용감한, 때론 야만스런 그런 성질, 달리 말하면 가방끈과 혀가 짧아 보이는 그런 것이다. 해서 "대선에선 서울대가 절대 상고를 못 이기지 말입니다"란 징크스가 생겨난 것이다.

북구와 같은 선진문명국에서의 선거전은 설득전이지만, 그외의 대부분의 나라는 선동전이다. 한국 같은 후진국(?)은 당연히 선동전이다. 심지어 지난번 미국 대선도 그러했다. 논리와 지성과 경륜으로 설득에 나섰던 힐러리 클린턴이 야성과 무데뽀로 선동질을 해대는 트럼프에게 지고 말았다. 그만큼 미국도 아직은 선진문명국 수준에 이르지 못했다는 방증인 게다.

당연지사, 한국에선 야성이 강한 쪽이 언제나 이겨 왔다.

야성은 선동하려 들고, 지성은 설득하려 든다. 이성보다는 감성에 호소해서 감정을 유발시키는 쪽이 유리하다는 얘기다. 해서 설득보다는 선동에 능한 자가 이긴다. 쉽게 말해 목소리 큰 자가 이긴다는 말이다. 더 쉽게 말하면 무식하게 뻥튀기고, 내지르고, 우기는 놈이 장땡이란 말이다.

설득(설명)은 귀담아듣고 짱구를 굴려 판단을 해야 하지만, 한국인들은 그런 걸 생리적으로 싫어한다. 주관식보다는 객관식 식민지 노예 교육에 길들여진 탓이다. 게다가 설득에 넘어가면 한국인들은 졌다고 생각하고, 속으로 기분 나빠 한다. 조선 샌님 근성이 원래 그렇다. 저보다 잘난 놈이 잘되는 것을 이유 없이 거북해하는 그런 근성 말이다. 지역 감정 조장도 손쉬운 선동질이다.

그러나 선동에 넘어가면 동조-동참했다고 여겨 동질감을 느낀다. 해서 편갈라 떼짓기·떼싸움을 즐긴다. 그리고 이왕이면 큰 무리 쪽으로 붙어야 생존에 유리할 거라고 여긴다. 집단 생활을 하는 짐승들이 본능적으로 그렇듯이 말이다. 대의(大義)나 태도적 가치, 혹은 합리적인 자기 판단을 따르는 것이 아니라 유불리(有不利)·호불호(好不好)를 따르는 거다. 선거가 무슨 경마 게임도 아닌데, 자기 한 표가 사표(死票)가 될까봐 이길 가능성이 높은 후보를 찍는다? 그게 어디 제정신인가? 자기 주동 의식이 부재하기 때문이다. 자기가 자기를 신뢰하지 못하는 진정한 의미에서의 배신으로 기권보다 못난 짓이다. 그런 걸 종복적 민중 근성이라 하겠다. 그래서 대한민국이 아직도 천민민주주의·천민자본주의를 못 벗어나고 있는 것이다.

자신의 신념과 애국심·능력·공약 등을 논리적으로 잘 설득하는 후보가 겉으로는 점수를 많이 따는 것 같지만, 인간이란 게 이율배반적이어서 감정적으로 내심 언짢아한다. 문명화된 인간에게 '논리'를 들이대면 '반론' 프로그램이 자동적으로 돌아가게 마련이다. 게다가 한국인들은 꼰대처럼 자기를 가르치려 드는 걸 매우 싫어한다. 지배만 받던 천민 콤플렉스다. 민중은 무의식중에 자신을 을(乙)의 위치에 둔다. 하여 상대의 주장이나 설명을 자신에 대한 가르침이나 지적으로 받아들이는 것이다. 물론 본인들은 그게 자존심 혹은 주체성인 줄로 착각하고 펄쩍 뛰겠지만.

보나마나, 찍으나마나…. 부화뇌동 잘하고 선동에 잘 넘어가는 유권자들, 그동안 뽑은 후보들이 과연 얼마나 국민들을 만족시켰을까? 만약 그때 반대쪽 후보를 선택했더라면 좀 더 나았을까? 글쎄? 그렇다 한들 이번, 다음, 또 다음 대선에서도 같은 선택을 할 것이다. 똑똑한 후보보다 덜 똑똑한, 그래서 나와 왠지 가까운 듯한 그런 야성이 강한(순수한? 실은 무식하고 무책임한) 후보에 호감을 갖는다. 왠지 그런 후보가 자신과 같은 부류의 처지를 더 잘 이해해 줄 것 같으므로. 그러다 보니 반대쪽 후보가 괜히 미워진다. 그 '왠지'가 사람 잡고, '괜히'가 나라도 잡지만, 아무튼 선거철만 되면 손가락이 '썸'을 탄다.

합리적인 성향의 선진국민들은 호불호를 떠나 가장 똑똑한 후보를 지도자로 뽑는다. 그래야 모든 걸 맡겨 놓고 자기 삶에 열중할 수 있으니까. 그에 비해 순수를 좋아하는 백의민족 한국인들은 서민적이고 순박한(어리석고 무능할 수도 있는) 지도자를 찾는다. 아무튼 이 나라에서 당장 '깜'이 되는, 지성과 야성을 두루 갖춘, 매너와 교양으로 품격을 갖춘 후보를 기대하는 건 언감생심이지만, 돌이켜 보면 그때 만약 그 후보를 선택했더라면 오늘날 대한민국이 이 모양 이 꼴까지는 되지 않았을 것 같은 후회가 남는 인물도 있음직하다. 안타깝게도 몇 번이나 그런 기회를 놓쳤었다. 어차피 다 지나간 이야기이지만…. 그랬더라면 최소한의 국격은 지키지 않았을까 하는 아쉬움이 남는다. 시간이 지나면서 많은 유권자들은 대통령에게 속았다고 한탄하지만, 실은 자기를 속이고 자신에게 속은 게 아닌지?

아무튼 작금의 한국에서 선동질을 할 줄 모르는 정치인은 절대 최고지도자에 못 오른다. 그런 인물은 지자체단체장이나 여의도 닭장 안에서 닭싸움에나 열중할 일이다. 박원순 서울시장이나 반기문 전 유엔사무총장이 대선 출마를 포기할 수밖에 없었던 것도 야성이 부족한, 선동이 먹히지 않는 이미지 때문이겠다. 안철수와 같이 촉매제의 한계를 뛰어넘지 못하는 정치인들도 마찬가지다. 숫기가 모자란다는 말이다. 전반적으로 한국 사회가 야성의 상실 시대를 맞고 있다. 그렇다고 지성의 시대도 아니다. 한마디로 '어설픈 야만', 즉 '야바위'의 시대다. 해서 모조리 어설픈 후보들밖에 없는 것이다.

주동 의식이 곧 주인 의식. 주인장 마인드, 주인장 매너를 지닌 사람은 절대 선동에 넘어가지 않는다. 머슴들의 선동에 넘어가는 주인은 주인이 아니다. 양반도, 선비도, 신사도 아니다. 모조리 머슴들이다. 무식을 순진함으로, 호불호(好不好)를 이성적 판단으로 착각하는 무지함. 그걸 우리는 천박함이라 부른다. 촛불 들고, 태극기 들고 광장으로 나간다고 '민주(民主)' 아니다. 선동질에 몰려나온다고 '행동하는 지성'이라 하지 않는다. 그런 건 민노주의(民奴主義)

이지, 민주주의(民主主義)가 아니다.

그렇지만 '곧 죽어도 할 말은 한다!'라고 하지 않던가? 이기고 지는 것은 후보 당사자나 당원들의 문제이지 일반 유권자라면 당락의 가능성과 상관없이 그저 소신대로 한 표 행사하는 것으로 그치고, 뒷말 없이 결과에 승복하는 것이 성숙한 민주시민이다. 신분증에 앞서 주인장으로서의 '태도적 가치'부터 챙기고 투표장에 갈 일이다.

08

한국 사회의 재선충, 흰개미떼들

"사람들은 생각하기보다는 복종한다. 종교적 어리석음, 부르주아적 어리석음, 혁명적 어리석음, 이 모든 것에 같은 도식이 적용된다. 쉽게 믿는 정신이 비판 정신보다 우위에 서는 것이다. 사람들은 이성을 작동시키기는커녕 이론의 여지가 없는 계시 앞에 엎드린다. 믿음이란 바로 해석하지 않고 듣는 것이다."
– 알랭 핑켈크로트

"예술은 사기다!"라고 백남준은 말하였다. 그만큼 예술은 야바위가 끼어들 소지가 많다는 말일 터이다. 어찌 생각해 보면, 인간이 저지르는 모든 문화적 행위가 정도의 차이는 있을지언정 그 속성에선 모두 사기라고 할 수도 있다. 인류 최고의 야바위를 꼽는다면 당연히 종교와 정치일 것이다.

중세 이후 이 나라가 자국의 운명을 스스로 결정해 본 적이 없어서인지, 민중들은 항상 세파에 떠밀리며 살아가는 자신의 삶을 불안히 여겨 각종 신앙과 방술에 무턱대고 의지하려는 경향이 강하다. 그러한 심리가 도교의 신선사상과 결합하여 조선 말기, 그리고 일제강점기에 온갖 무속종교들이 번성해 왔다. 이능화 선생께서 《백교회통》과 《조선무속고》에 그 실상들을 잘 정리해 놓으셨다. 근자에도 오대양사건·승리재단·구원파·영세교 등등, 잊어버릴 만하면 해괴한 종교집단들이 벌인 얼토당토않은 사건들로 세상이 시끄러웠다.

'세월호' 침몰과 '찌라시' '최순실' 사건이 터졌을 때, 국민들 모두가 어이없다는 반응이었다. "어떻게 그럴 수가…?" "지금이 어느 때인데…?" 상상에서조차도 있을 법하지 않은 일들에 어찌 아니 당황스러울까마는 문제는 이런 일들이 상식의 잣대로는 도무지 이해가 되지 않는다는 것이다. 하여 그때마다 국민들이 답답해하지만 변죽만 울리다가 흐지부지 덮어 버리고 만다. 사이비 종교를 도구로 삼은 야바위 세계를 모르고서는 죽었다 깨어나도 이들 사건의 본질을 이해할 수가 없다. 그리고 그러한 일은 계속해서 되풀이된다.

◤ 사이비 · 야바위 문화가 판치는 다이나믹 코리아!

야바위란 속임수로 돈을 따는 노름을 말한다. 도구는 팽이 · 엽전 · 골패 · 주사위 · 장기 · 화투 등등 가리지 않는다. 목적은 단 하나, 상대방 주머니의 돈을 내 주머니로 옮겨 오는 것이다. 단순히 기술만 동원되는 것이 아니다. 바람잡이 등 온갖 속임수를 다 동원한다. 주먹으로 협박해서 갈취하지 않았으니 털리고도 항의를 못하지만, 기실 모두 불법이다. 해서 음지에서 자라는데, 세상이 혼란스럽고 피폐할수록 더욱 번성한다. 그러니까 구한말과 일제 시기를 거쳐 번성하다가 한국전쟁 이후 최고조를 이루었다. 때문에 무속이나 유사종교가 창궐하는 시기와 맞물린다.

60년대까지만 해도 이 나라엔 일자리다운 일자리가 없었다. 해서 도시의 빈촌이나 골방마다 하릴없는 건달 · 천민 · 양아치 · 부랑아들이 무더기로 몰려 청춘을 썩혔더랬다. 그들 중 상당수가 야바위 놀음이나 야바위꾼 노릇을 해본 경험을 가지고 있다. 또 장터에서는 차력사들이 눈속임 괴력 시범을 보이며 가짜 약을 팔았었다. 도둑질이나 소매치기·주먹질에 자신 없는 가난하고 배고픈 이들은 그렇게라도 해서 먹고 살아야 했었다.

일자리며 물자·제도 등 모든 것이 부족하고 미비하던 미개국 시절이라 이처럼 도둑질·사기·야바위가 성행을 하였지만, 법이 그곳까지 고루 미치지 못하였다. 하여 음습한 곳에선 온갖 야바위들이 곰팡이처럼 피었다 지기를 반복했다. 6,70년대에는 월남·중동 특수와 더불어서 춤바람과 사기계가 사회적으로 심각한 문제가 되기도 했다. 해서 멀쩡한 집안이 하루아침에 알거지가 되거나, 야반도주하는 일이 비일비재했다.

70년대 초까지만 해도 서울의 종로나 명동 뒷골목, 남산이나 장충단 등 공원이나 유원지에는 그런 야바위꾼들이 옹기종기 모여들 있었다. 그러다 새마을운동과 함께 경제가 살아나면서 이런 풍경들이 차츰 사라져 갔다. 오늘날에는 도박은 법적으로 허가받은 카지노로 흡수되고, 건강과 힐링을 상품으로 내건 사이비 수련단체, 금융 사기, 보험 사기, 분양 사기, 해킹, 보이스피싱 등등 직업적인 신종 사기가 범람하고 있다.

◢ 영성의 시대

처음 시작하는 야바위는 동네 골목에서 지나가는 행인들을 그 대상으로 한다. 물론 한탕하고 나면 얼른 자리를 떠서 다른 곳으로 옮긴다. 동네 건달이나 형사(그들을 뜯어먹는 가짜 형사도 많았다)들에게 잘못 걸리면 다 토해내어야 하기 때문이다. 그보다 야바위꾼도 빈주머니여서 혹여 손님이 따게 되면 실랑이가 벌어지는데, 이 땐 삼십육계다. 산통(算筒)이 깨어지면 일단 튀고 보는 것도 이들의 생존 장기. 잠시 잠수함 타고 있다가 낯선 곳에서 이름·상호 바꿔 달고 다시 영업한다.

아무튼 이 야바위꾼들이 일찍부터 눈여겨보던 업종이 있었으니, 바로 종교(실은 헌금)였다. 선교사들이 처음 이 땅에 복음을 전할 때에만 해도 감히 그쪽으로 눈돌릴 생각일랑은 없었다. 왜냐하면 부자 나라 사람들이 이 못사는 나라에 와서 끊임없이 봉사하고 희생하는 걸 보고서 따라 할 바보는 없었으니까. 그런데 차츰 사정이 달라지기 시작했다.

적어도 교회에 들어가면 굶어죽지는 않겠구나, 잘하면 미국으로 건너갈 수도 있겠구나, 미국에서 공부도 하고 박사나 목사가 되어 돌아오면 한국에서 출세도 하는구나 등등. 게다가 나라가 차츰 안정되자 이 영성 사업이 밑천 안 들이고 재산도 모으고, 존경받고, 또 출세도 할 수 있는 좋은 도구가 된다는 것을 깨치기 시작했다. 그 무엇보다 헌금이라는 성스러운 행위를 거쳐 방부 처리된 돈을 앉아서, 그것도 감사하게 내 주머니로 옮겨 올 수 있으니 이보다 더 매력적인 야바위가 어디 있으랴!

거룩한 성직자! 종교의 자유란 곧 종교를 빙자한 갈취의 자유! 자신을 지켜주는 부적으로는 법(法)만한 것이 세상에 다시 있을까? 하여 많은 야바위꾼들이 먹고 살기 위해 교회를 찾아 십자가 앞에 무릎을 꿇기 시작했는데, 그 중에서 구라(말빨)가 되는 이들은 성직자 흉내내기를 부끄러워하지 않았다. 종파를 가리지 않고, 돌팔이 성직자들이 그렇게 경쟁적으로 양산되기 시작했다.

하지만 근본이 야바위 출신인지라 이들 대부분은 본능적으로 종교를 갈취의 수단으로 여겨 길거리 약장수와 비슷한 형태로 복음을 팔아먹었다. 어차피 주류에선 백안시당할 수밖에 없으니 처음부터 변방의 소외 지역으로 파고들었다. 그곳에서 자리잡은 다음엔 영업망을 넓히기 위해 온갖 사설 신학교를 세우고, 목사증을 남발하여 세력을 형성한 다음 서서히 중앙 무대로 진출하였다.

그러기 위해서 전통 기독교적인 방법 외에 주술적이고 무속적인, 심지어 불교적이고 유교적이고 도교적인 기복신앙적 요소를 받아들이길 마다하지 않았으며, 성경까지도 제멋대로 해석하여 새로운 종파를 만들고, 마침내는 창업 교주 노릇까지 서슴지 않았다. 근본이 천민들이라 체면 따위는 문제가 되지 않았던 것이다. 한국 기독교의 상당 부분이 짬뽕교·유사기독교로 끊임없이 분화하는 원인이 여기에 있다.

▰ 꿩 먹고 알 먹고

그렇게 해서 얼마만큼 교세가 확장되면 본격적으로 큰돈벌이에 나선다. 헌금만으로는 성에 차지 않는 것이다. 그리하여 건강식품이며 생활용품, 또 복을 준다는 각종 신앙 징표들을 만들어 바가지 씌워 팔아먹고, 공장을 짓고 기업체를 차려 신도들의 노동력과 임금을 노골적으로 갈취하기 시작한다. 그런 다음 헌사받은 땅에다 헌금으로 거창한 궁전을 짓고, 넘치는 돈으로 부동산 사모으기에 나선다. 본격적으로 꿈에 그리던 자기들(실은 자기만)의 왕국을 건설하기 시작한다.

노비적으로 살아온 대개의 한국인들의 심저에는 진흙펄 같은 한이 깔려 있다. 그것은 돈벼락과 벼슬에 대한 한이다. 천한 노비들에겐 죽기 전에 주인질(갑질) 한번 원없이 해보는 것이 소원이다. 이승에서 갑질의 갑질인 왕질 한번 해볼 수 있다면, 죽어서 지옥에 간다 해도 마다하지 않으리라. 하지만 아무나 왕이 될 순 없는 노릇! 그렇지만 잘 살펴보니 영 불가능한 것만도 아니었다.

자기만의 왕국을 건설하면 그 안에서 죽을 때까지, 대를 이어 왕 놀음을 할 수 있지 않은가. 해서 성공한 야바위 교주들이 주변의 땅들을 거침없이 사들여 자기만의 왕국, 현대판 소도(蘇塗)를 만들고 있는 것이다. 그곳에선 자기가 왕이자 하나님, 하늘님인 것이다. 실제 이런 일이 한국에서는 가능하고, 이미 많은 꾼들이 성공을 거두었다. 한국 재벌의 제왕적 행태도 그 본질은 이와 별반 다르지 않다.

게다가 교주 자신의 근본이 야바위인데다가 주변 심복들 역시 야바위꾼들이다. 비밀이 많은데다가 의심조차 많으니 남을 믿지 못한다. 북한의 권력체제처럼 서로를 감시하며 공생한다. 신을 믿는 척하는 인간들이 설마 인간을 믿으랴? 해서 재물에 집착한다. 지폐나 예금조차 온전히 믿지 못하기 때문에 황금과 땅에 집착한다. 그들의 비밀 아지트에 황금이 그득한 것도 그 때문이다.

다행히도 이 판에서는 학벌도 가문도 따지지 않는다. 심지어 전과자들도 문제삼지 않는다. 조폭 두목도 회개만 하면 집사도 되고, 목사도 된다. 모든 것이 신의 이름으로 용서되고, 신분을 세탁할 수 있는 곳이다. 야생의 정글과 다름없는 세계다. 오직 입빨 하나로 승부를 겨루는 곳이다. 인왕산에서, 계룡산에서, 지리산에서 도를 닦았다고 하지만 기실은 모조리 장바닥에서 야바위로 닦은 실력들이

다. 사생결단 악다구니 근성에 후안무치는 최고의 밑천, 입심, 순발력, 임기응변, 학습 능력은 제도권 출신들의 추종을 불허한다.

물론 모두가 성공가도를 달리지는 못한다. 그렇지만 절대 굶어 죽지는 않는다. 어떻게 해서든 먹고는 산다. 달리 생각해 보면, 이들 사이비 종교집단에 빠진 신자들은 오히려 일반인들보다도 더 여리고 순수하고 단순하다. 해서 쉽게 빠져들고, 맹목적으로 순종한다. 설령 나중에 가서 사이비 야바위 집단임을 눈치챘다 하더라도 그동안 가진 걸 다 갖다 바치는 바람에 달리 오갈 데가 없다. 해서 맨몸으로 봉사하며 의탁하는 수밖에. 자기 부정 대신에 자기 합리화에 더 열중하게 되는 것이다. 하나님의 노예가 아니라 야바위꾼의 노예가 되었음을 인정하지 않는다. 결국 그 왕국이란 동물의 왕국이 아니라 동물농장, 다시 말해 인간농장인 것이다.

▌절대왕국의 건설

그렇듯 절대왕국을 건설하고 나면 이젠 누구도 손대지 못한다. 민주국가에서 대통령이야 어차피 반쪽짜리일 수밖에 없다. 비록 작은 영지에 불과하지만, 그들의 왕국에서는 단 한 명의 반대자도 없다. 그리고 신자의 수만큼 투표권이 있어 모든 정치인들이 그 가짜 왕 앞에 줄지어 머리를 조아릴 수밖에 없다. 여러 비빈을 거느리며, 많은 자손을 남기기도 한다. 왕국 안에선 자신의 말이 곧 법이다.

그런 그들이 가장 두려워하는 건 법이나 제도가 아니라 주먹이다. 왜냐하면 어차피 같은 장바닥에서 시작한 것이어서 조폭들이 그들의 본색과 약점을 가장 잘 알고 있고, 제아무리 사람을 홀리는 재주를 익혔더라도 이들 조폭들에겐 통하지 않기 때문이다. 실제로 깡패 출신 종교지도자도 상당수다. 성공한 야바위 종교인들을 뒤에서 협박하고, 때로는 협조해서 뜯어내는 게 조폭이다. 결국 같은 먹이사슬을 이루고 있다고 볼 수 있다.

당연히 종교인 행세를 하려면 일정 부분은 베풀어야 한다. 그걸 이들은 '보험든다'고 한다. 그들이 마지막까지 쥘 수 없는 것이 제도권 권력이 아닌가? 어차피 야바위 영성 사업이니, 이런저런 사고들이 터지게 마련이다. 게다가 조폭을 잡는 게 검사가 아닌가? 해서 검사다. 꾼들을 잡아 감방에 보내다가 오히려 "형님!" "동생!"으로 엮이는 검사들이 있게 마련이다. 그런 다음 "우리가 남이가?" 악어와 악어새가 되어 그들의 뒤를 봐주는 한통속이 된다. 정치인들도 해가 지면 뒷문으로 들락거린다. 잔칫집 음식은 배탈나는 수가 있지만, 잿밥은 아무리 먹어도 탈이 나지 않기 때문이다. 기자나 공무원들의 깐죽거림은 쌈짓돈 정도의 촌지면 능히 입막음된다.

대신 교수·기자·배우·스타 등 유명인이 걸려들면 잘 관리해서 홍보용으로 이용해 먹는다. 운 좋으면 재벌 사모님이나 박근혜와 같은 왕건이를 건질 때도 있다. 사회적으로 이름이 알려진 인사들이 세상 물정을 잘 알고 있을 것 같지만 실은 그 반대이다. 가방끈 길이만큼 자기 분야는 잘 알지만, 나머지는 오히려 일반인들보다 훨씬 더 무지하다. 직업상 스트레스가 많은 지식인들도 꽤나 잘 걸려드는 편이다.

▰ 희망의 새시대, 영성공화국

그렇다 한들 사이비냐 야바위냐를 규정할 수 있는 기준이 있을 리 없다. 본인들이 끝까지 우기면 사이비가 아니다. 한데 그즈음에서 사이비로 계속 남느냐, 아니면 제대로 된 종교로 승격되느냐 하는 갈림길에 들어선다. 교세가 확장되고 신앙 체계와 조직을 갖추고 난 다음, 지난날의 야바위 근성을 버리고 변신을 하느냐 못하느냐에 따라 달라진다.

정통석인 기성종교는 누천년을 내려오면서 경험적 지혜가 많이 축적되어 있어 절제와 자기 관리에 능하지만, 신흥종교는 그게 어렵다. 대개는 천민 출신들이라 식탐이 주체할 수 없을 만큼 강하다. 게다가 신자의 숫자가 많지 않아 십일조만으로는 가족의 생계가 어렵다. 해서 일단 걸리면 절대 놓치는 법이 없다. 피라미든 용가리든 수단 방법 가리지 않고 뼈까지 다 발라먹는다. 철저한 야생의 세계다. 이 버릇을 좀체 버리지 못하는 바람에 결국은 배탈이 나는 것이다.

비록 시작은 야바위였으나 그 중에는 자기 성찰과 노력을 통해 진정한 종교인이 되는 예도 있는데 이는 극히 드문 경우이고, 대부분 성공하고 나면 자신의 근본을 잊어버린다. 자기 최면에 걸려 진짜 자기에게 성령이 있는 것처럼 착각하는데, 거기서부터 천민 졸부 근성이 폭발하기 시작해 성추행·갑질·왕질을 일삼다가 패가망신하는 수순을 밟는다.

◢ "나무자비 조화불!"

영세교 최태민 목사의 행적을 보면 야바위적 삶을 산 한국인의 전형이라 일컬을 만하다. 이북에서 내려와 먹고 살기 위해서 할 짓 못할 짓 안해 본 것이 없을 정도로 치열하게 살아왔던 것 같다. 주변 사람들의 증언에 의하면, 그는 사람을 홀리는 영력이 대단해서 박근혜 대통령이 걸려들었다고들 하는데, 실은 다 헛소리다. 그랬다면 진즉에 많은 사람을 홀려 가난을 면하였어야 했다. 삼류 야바위꾼에 지나지 않는다.

거의 하이에나처럼 주린 배로 살아온 그에게 구중궁궐에서 자라 세상 물정 모르는데다가 갑작스레 모친을 비명횡사로 잃은 바람에 심한 트라우마를 겪고 있는 상태의 인간을 홀리는 것은 식은 죽먹기이다. 교주의 신묘한 능력 때문이 아니라, 목마른 인간이 스스로 걸려드는 것이다. 어미 잃은 어린 영양! 당시의 박근혜 정도면 개가 풀 뜯어먹는 소리로 주문을 해도 말려들게 마련이다. 어머니를 지켜주지 못한 아버지 박정희에 대한 원망과 불신이 최태민에 대한 맹목적 신뢰로 이어진 것이다.

사이비 신앙의 특징은 숙명론·인과론·예언·방언·종말론·전생론 등 방술적이고 주술적인 요소가 지나치게 강해 이성을 마비시킨다는 점이다. 당장에 닥친 불행의 원인을 파악해서 그 방안을 제시한다는데, 기실 어느 누구든 케이스 바이 케이스로 갖다붙이면 무언가가 그럴싸하게 맞아 들어가는 것이 있게 마련이다. 그런 다음 그것을 반복적으로 확신·세뇌시키면 콘크리트보다 강한 강박증으로 굳어진다.

그렇게 되면 절대 세상을 바로 볼 수가 없다. 진리를 찾는다지만 실은 진리와는 영영 결별하고 만다. 세상의 있는 그대로가 진리임을 절대 인정하지 않는다. 영생? 살아생전에 구원? 세상사가 모두 다 필연적이고 숙명적인 인과가 있는데, 선택된 자신들의 눈에는 그게 다 보인다고 확신한다. 대중들은 무지해서 모를 뿐이란다. 우기기는 야바위의 기본! 당연히 남의 말은 안 듣는다.

▟ 천민 근성과 식탐

문제는 최태민 목사가 사이비라 하더라도 일말의 종교적인 신념이 있있다면 박근혜라는 대어를 낚은 후 그럴싸한 종교적 체계를 갖추었을 텐데, 철저하게 야바위로 살다 갔다는 것이다. 그리고 그걸 자식들에게 되물림시켰다. 박근혜의 재산을 빼돌리고, 그의 권세를 이용해 다른 부자들의 주머니를 턴 것까지는 야바위꾼으로서의 분수(영업 범위)를 넘었다고 할 수 없으나, 간이 커지다 보니 그만 판을 너무 키워 제도권으로 넘어가 버렸다.

솔직히 사이비냐 아니냐의 기준이 모호하듯, 야바위 역시 어디까지가 야바위고 어디부터가 비즈니스인지는 구분하기 쉽지 않다. 골목에서야 지나는 행인의 주머니를 터는 정도이지만, 넓게 보면 나라를 놓고 벌이는 정치 게임도 야바위와 다를 바 없기 때문이다. 결국 2대에 걸쳐 박근혜 대통령 만들기에 공을 들여 성공을 했으니 그야말로 야바위 세계의 신화를 일궜다고 할 수 있다.

최씨 일가의 입장에선 자기네들이야말로 진정한 킹메이커라고 생각하였을 것이다. 넋나간 어린 양 하나 데려다가 온 식구들이 매달려 알뜰살뜰 보살펴 대통령까지 만들었으니 그만한 보상은 당연지사. 그랬으면 제 식구들 먹을 것이나 가만가만 잘 챙겼으면 좋았을 것을! 야바위 근성을 못 버리고 흡사 가을 고구마밭에 몰려온 멧돼지떼처럼 이 동네 저 동네 밭을 마구 헤집고 다니다가 그만 총을 맞고 만 것이다. 부자 삼대 어렵다지만 야바위는 이대도 쉽지 않다.

▌도깨비 나라! 허깨비 나라!

도깨비 장단에 허깨비 대통령과 꼭두각시 십상시들이 춤을 추고, 얼쑤 대한민국이다! 세계사에서 많은 왕조들이 그 말기에 이르러 요망한 종교에 심취한 정신이상 왕들 때문에 망조가 들었다. 그렇다 한들 21세기 광명천지에 그런 일이 이 땅에서 일어날 줄을 누가 상상이나 했겠는가? 겉으로 보기엔 멀쩡한 대한민국이 이처럼 속으로 곪아 썩은 데에는 사이비들의 역할이 적지않다. 그게 최순실의 육갑질로 터진 것이다.

돌이켜보니 박근혜 정권은 '윤창중'으로 스타일 구기더니, '세월호'로 뒤집어지고, '최순실'로 망해 버렸다. 도대체 박근혜 정권이 무슨 아름다운 일 하나라도 한 게 있을까 싶어 되짚어보아도 영 떠오르는 게 없다. '문화융성' '창조경영' 등 최씨 일가의 삐끼용 푸닥거리 외에는 뭣 하나 제대로 해놓은 것이 없다. '세월호' 트라우마 때문인지 침몰해 가는 조선이나 해운에는 눈길도 주지 않았다.

그렇다면 왜 이토록 사이비 종교들의 혹세무민 야바위 행위에 대해 거대한 기성종교들이 적극적으로 나서서 말리지 않는 것일까? 야바위 세계에는 한 가지 불문율이 있다. 남이야 뭘 하든 영업 행위에 대해 서로 방해하지 않는다는 것이다. 각자 열심히 해서 성공하면 그만이지, 굳이 남의 생업에 왈가왈부할 필요가 없다는 거다. 오히려 누군가가 성공하면 부러워하고, 그 기법을 배우려 든다. 헐뜯고 싸워 봐야 서로의 치부만 드러나 득될 게 없기 때문이다. 그 점에서는 기성종교도 마찬가지다. 석가님이나 예수님의 시각에서 보면, 지금의 절이나 교회에서 하는 종교 행위도 저들 야바위와 크게 다르지 않기 때문이다. 해서 고작 '이단'이라며 경계를 긋는 선에서 그친다. 정치와 야바위의 다른 점이라면 이런 것일 테다.

▮ "바보야, 이건 품격의 문제야!"

그간 언론에 알려진 최순실의 행적은 가히 엽기적이다. 가령 대

통령에 취임하고서부터 박근혜에게 해입힌 옷이 그러했다. 자신은
물론 제 딸에게는 명품이란 명품은 다 입히면서 물정 모르는 바보
공주에겐 동대문에서 대충 만든 싸구려 옷을 해입혔다. 메이커 옷
은 정가가 있으니까. 아무튼 그때마다 "오늘은 동쪽에서 귀인이 찾
아오니 붉은색이…!" 어쩌고저쩌고 주문을 걸고 바가지를 씌웠을
것이다. 아무것도 모르는 대통령은 벌거벗은 임금님처럼 그런 걸레
같은 선무당 패션으로 부끄러운 줄도 모르고 세계를 돌아다녔다.

가끔 언론에 가족을 잃은 지적장애인들을 데려다가 농장이나
염전 같은 곳에서 노예처럼 부리고 짐승만도 못한 취급을 해서 국
민들의 분노를 사는 사건들이 들추어지곤 하는데, 최태민 일가의 행
태 또한 이와 크게 다르지 않았다 할 것이다. 대를 이어가며 박근혜
의 재산을 야금야금 다 갈취하고서는 푸닥거리 끝나면 태워 버릴
제웅(짚으로 만든 사람 모양의 물건)에나 입힐 만큼 허접한 옷들을 대
충 만들어 입혀 허깨비 꼭두각시로 가지고 놀았다. 정말 영혼이란
게 있어서 육영수 여사가 이 꼴을 내려다본다면 피눈물을 쏟고 있
을 터이다.

그러나 어차피 엎어진 계란판! 억지로 주워담으려 했다가는 옷
까지 다 버리고 말 것이다.

사이비에는 품격이 없다. 박근혜 대통령은 처음부터 품격과는
거리가 멀었다. 최씨 일가의 야바위에 놀아나 천박함만 배워 왔기 때
문일 터였다. 그래도 국민이 뽑은 대통령. 무능은 참아줄 수 있고,
실수는 덮어줄 수 있다. 그러나 천박함은 용서하고 말고 할 성질의
것이 아니다. 최순실이 그런 줄 몰랐다고? 억울하다고? 아니다. 옳
고 그름을 떠나 이건 품격의 문제다. 자존심의 문제다. 정직하게 품

격 있게 살고픈 시민들을 너무 맥빠지게 했다. 잘살게 해주지는 못할망정 부끄럽게 하지는 말았어야 했다.

▸ 천박함을 경멸하라!

근래에 강산의 소나무들이 재선충으로 다 말라 죽어가고, 귀중한 목조 문화재들은 흰개미떼들에 의해 기둥 속이 텅비어 주저앉아 가고 있다. 작금 우리 사회 역시 전례없는 도덕적 위기를 맞고 있다. 어디 이번의 최순실 사건뿐이랴! 기성 거대 종교집단 역시 이런 사이비 야바위와 전혀 무관하다고 할 수 없을 것이다. 21세기 과학정신문명의 시대에 종교가 끝없이 부유해지는 나라가 있다니! 그러니까 정도의 차이일 뿐이지 돈을 긁어내는 기술에서는 매한가지란 말이다.

한국 사회 전반에 이러한 사이비들이 장마철 곰팡이처럼 시커멓게 깔려 있다. 논문 표절, 승부 조작, 청탁, 회계 부정, 담합…. 종교계는 물론 교육계·언론계·법조계·정계·재계·문화예술계·체육계·연예계·의료계 등에 사이비들이 활개를 치고, 온갖 갑질과 편법과 꼼수가 난무한다. 한국 문화의 몰염치와 저속성과 천박성은 이 야바위 근성에서 나온다. 하여 사회 곳곳에서 양화가 악화에 구축되어 가는 비정상적인 행태가 일상화된 지 오래되었다. 우리 사회의 어두운 한구석을 흐르는 이 야바위 문화를 말소하지 않고서는 결코 선진 사회로 진입하지 못할 것이다.

지난날 같은 장바닥에서 시작한 조폭 문화는 그동안 쉼없이 솎아내어 이제는 거의 없어져 가고 있다. 한데 이 야바위 문화는 오히려 종양처럼 깊고 넓게 퍼져나가 한국 사회를 주저앉히고 있다. 그 서슬 퍼렇던 전두환 정권의 삼청교육대도 이들을 어쩌지 못했다. 조폭은 법으로 다스릴 수 있지만, 성자의 망토를 두른 사이비나 야바위는 시민들의 각성 이외에는 달리 방법이 없다. 품격 사회! 주변을 깨끗이 하는 수밖에 없다.

관례를 바꾸는 것이 지금 꼭 필요하다.

살아가면서 누구나 크고작은 역경과 유혹을 경험한다. 삶의 도전에 직면했을 때 어떤 사람들은 이러한 도전과 비극에 압도되고, 또 어떤 사람들은 침착함과 자신감을 되찾아 앞으로 나아간다. 사회 역시 마찬가지다. 이번 사건을 반면교사로 삼아 한국 사회가 '탄력성(resilience)' 있는 성숙 사회로 거듭나기를! 혼돈의 시간을 보낸 후 건강한 기능으로 되돌아가기를! 하여 우리 민주주의에 새로운 도약을 불어넣을 기회가 되기를 간절히 빈다.

✒Tip 이단과 사이비가 판치는 야바위공화국

'세월호' 침몰로 인해 구원파의 지도자인 전 세모그룹 유병언 회장의 어이없는 치부 행각이 적나라하게 드러나면서, 예전의 '오대양 사건'이 다시 기억됐었다. 당시 흐지부지한 수사가 결국은 사이비의 재건을 방조하고, '세월호' 침몰의 먼 원인이 되었다고 할 수 있겠다.

한국에서는 그동안 잊어버릴 만하면 이단 혹은 사이비 종교집단에 의한 어이없는 사고 아닌 사건으로 그때마다 사람들을 당황하게 만들었다. 비단 종교집단뿐 아니라 각종 수련단체들도 혹세무민으로 갈취와 갖은 파렴치한 야바위짓을 저질러 왔다. 물론 그들은 결코 자신들이 이단이나 사이비가 아니라고 극구 부인한다.

그 어떤 종교든 수련단체든 사이비냐 아니냐는 이기적인가 이타적인가를 기준으로 판단하면 거의 틀림이 없다. 이기적이라면 당연히 배타적일 수밖에 없는 일. 자신들만 구원받고 복받는다는 철석 같은 믿음. 한국의 수없이 많은 이단 혹은 사이비 종교단체들이 바로 이 단순무지한 민족의 이기심을 자극해서 시민들을 유혹하여 맹신도 혹은 광신도로 만든다. 자비니 봉사니 희생이니 하는 종교의 사회적 역할은 처음부터 없다.

인간의 이기심! 모든 사기(詐欺)가 그렇듯 사이비의 기본 영업 코드다. 불신지옥! 멀쩡한 불특정 대중들을 상대로 무작정 저주를 퍼붓고 있는 셈이다. 오직 자신들만 구원받을 수 있다는 믿음이 있기에 그들은 그 어떤 불합리한 조건에서도 노예보다 더 충성스럽게 일한다. 꿩 먹고 알 먹고 털까지! 야바위꾼들에겐 이보다 더 좋은 사업거리가 없다 하겠다. 하여 이 나라에선 이런 야바위꾼들에 의한 종교를 빙자한 사업이 번창하고, 그에 얽힌 사기와 사건들이 끊이지 않고 일어나는 것이다.

올바른 종교의 종교인들은 그저 '그분'의 말씀 전달자로서의 역할만 한다. 그런데 이단이나 사이비는 자신이 '그분'에게서 전권을 위임받은 구원자라고 주장하며, 남의 인생을 제 입맛대로 좌지우지한다. 하여 경전을 제 입맛대로 해석하는가 하면, 심판의 날이 오면 '그분'을 믿는, 실은 자신을 따르는 자들만 구원받게 해주겠노라고 혹세무민하는 것이다. 그리고 어차피 구원받을 것이니 네가 가진 재산을 나한테 맡기라고 꼬드기는 것이다. 그러고는 헌금으로 기부받았다고 하면 그만이다. 양의 탈을 쓴 하이에나들이다.

일단 걸려들면 절대 빠져나오지 못한다. 결국 돈과 재산 다 털리는 것은 물론 영혼까지 빼앗기고 나면, 그 테두리를 벗어난 독립적인 삶은 불가능해진다. 오히려 앵벌이짓조차 신이 자기를 믿고 공덕을 쌓을 기회를 준 것이라 여겨 오히려 감사해한다. 그래야 연명할 수 있기 때문이다. 착취를 당하고도 교주 우상화에 더욱 열을 올리는 이단과 사이비가 판치는 사회. 북한과 다를 바 없는 동물농장인 셈이다. 북한이 단일 동물농장이면 남한엔 군소 동물농장들의 집합체라 하겠다. 스스로는 주인되기가 두려워 어디든 무리에 종속되기를 갈구한다.

인간이란 동물의 묘한 능력 가운데 한 가지가 바로 자기 위안 혹은 자기 최면이다. 그리고 가장 어려운 게 자기 부정이다. 미친 사람이 스스로 미쳤다고 하면 이상하지 않은가? 결국은 자기 존중 아닌 자기 기만에 빠져 맹목적 강박증만 남기고 영혼을 교주(야바위꾼)에게 저당잡힌다.

종교의 자유를 빙자한 이들의 행각은 언젠가는 곪아터져 사고를 치게 마련이지만 그도 그때뿐이다. 그 어떤 법이나 제도로도 이들의 뿌리까지 제거하지는 못한다. 법의 심판도 그들에겐 박해라고 하면 그뿐이다. 조폭보다 더 무섭고, 더 질기다. 감히 영업 방해를 했다간 언론이든 학자든 정치인이든 보복이 무서워 입도 벙긋 못한다. 아무리 밝혀도 조금 지나면 독버섯처럼 더 강하게 다시 피어난다. 종교단체들의 영리사업을 법으로 금지시키지 않는 한 이런 사고는 끊이지 않을 것이다. 정교(政敎)가 분리되어야 하듯 경교(經敎)

도 분리시켜야 한다는 말이다. 영리사업을 하는 종교집단은 일단 그 순수성을 의심할 필요가 있다.

그런데 왜 이런 독버섯이 유독 한국 땅에서 번창하는 걸까?

그건 한국의 잘못된 교육 때문이다. 철학이 없는 나라일수록 종교가 번성한다. 서구에선 140여 년 전 프리드리히 막스 뮐러가 종교학(Science of Religion)을 주창한 이래로 종교를 철학의 범주에서 가르치는 데 비해, 한국은 아직도 모든 것을 초월하는 신성불가침한 그 무엇으로 인식토록 가르친다. 하여 감히 상식이나 논리가 끼어들 여지를 없애 버렸다. 한국에는 신학이 있을 뿐 진정한 종교학은 없는 이유이기도 하다. 종교의 절대 무한 자유! 하여 이기심을 자극하는 온갖 미끼로 이단과 사교들이 활개를 치는 것이다.

흔히 한국인들은 유럽 선진국 사람들이 교회를 찾지 않는 것을 경제적으로 여유가 넘치고 사회가 안정되어 있기 때문에 그런다고 오해하고 있다. 그렇다고 그들의 신앙심이 한국인들보다 희박할 거라고 생각하면 오산이다. 교회를 가든 안 가든 믿음을 생활화하고 있기 때문에 굳이 교회를 가지 않는 것뿐이다.

그리고 한국에 전 세계의 종교·무술·수련법이 다 수입되어 공존하는 것을 두고 사람들은 그게 평화를 사랑하는 한국인들의 관용이자 문화적 포용력이라고 자랑하는 건 완전 착각이다. 그만큼 개인의 자기 중심, 사회의 구심축, 주체성, 주인 의식이 없다는 방증이다. 하여 정치적·이념적 성향까지도 자기 소신이 아닌 목회자나 스님들의 생각대로(명령대로) 따른다. 종교지도자들은 신자들을 자기 집 노비처럼 부리길 마다하지 않는다. 떼짓고 이기적이고 배타적이고 쪼개기 좋아하는 국민성. 당연히 그 뿌리는 사대 노예 근성이다.

무개념 사회다. '모난 돌이 정 맞는다'거나 '뭐는 피하는 게 상책이다'는 무책임으로 독버섯과 곰팡이가 피어나고 잡초가 무성해도 나 몰라라 했던 것이다.

하긴 이 나라를 좀먹게 하는 사이비가 어찌 이단 종교집단뿐이던가? 다운계약서, 논문 표절, 위장 전입 한 번 안해 본 정치인·관료가 드물고, 병역미필자가 요직을 다 차지하고 국가 최고지도자에 오를 수 있는 나라가 아닌가? 모피아·금피아에 이어 남대문 부실 시공으로 문화재피아, 엉터리 부품 납품한 원자력피아, 황제노역으로 향판피아, 전관예우 법피아, 세월호로 해수피아 등등 이제는 아예 관피아란 총체적인 조어까지 등장했다. 탐욕과 이기심, 몰상식과 몰염치! 유교적 서열 문화가 만든 적폐! 도망간 선장이나 마피아, 이탈리아나 한국이나 반도국가라 기질이 비슷한 모양이다. 한국인의 한(限)과 응어리는 이 노예 근성에서 나온 몰염치와 뻔뻔함, 안하무인, 적반하장, 갑질에 의한 상처라 하겠다.

보다 근본적인 원인을 한국의 유교적·봉건적 교육관에서 찾을 수 있겠다.

한국인은 어렸을 적부터 '어른에게 순종하라' '스승을 존경하라' '노인에겐 자리를 양보하라'고 강요 내지는 세뇌당한다. 그것도 '무조건'이다. 이성의 시대에 어울리지 않는 미덕이다. 게다가 이 '무조건 공경'에는 특권 아닌 특권에 무임승차하려는 염치없음이, 무조건적 평등을 누리려는 안일함이 밑바닥에 깔려 있다. 노인이라 해도 도무지 품격 없는 이가 없지 않고, 스승이라 해도 존경스럽기는커녕 남의 인생을 망쳐 놓는 이도 부지기수다. 아무렴 존경받을 만하면 어련히 알아서 공경할까. 이 '무조건 공경'이 '무조건 복종'이 되고, '맹목적'이 되는 것일 테다. 해서 관피아 · 사이비 · 이단이 곰팡이처럼 번져 나가고 나아가 동물농장이 생겨나는 것 아니겠는가. 강요와 복종을 거부하는 척하지만, 그렇다고 스스로는 아무 것도 하지 못한다. 해서 결국 집 나간 짐승처럼 도로 걸어 들어와 재갈을 물고, 멍에를 진다.

대한민국은 곰팡이나 독버섯이 자라기에 최적의 환경을 지닌 나라다.

한국인의 이 맹목성 · 강박증은 철학 교육 부재에서 기인한다. 그리고 이미 그런 이단이나 사이비에 물든 사람을 정신차리게 하는 건 예수님이나 석가님이 재림해도 불가능한 일이다. 종교의 자유를 인권보다 더 중시하는 민주국가에서는 그들을 보호는 할지언정 제지할 방법은 없다. 시민 각자가 성숙해지는 수밖에 없다. 하루빨리 초등학교에서부터 제대로 된 철학 및 종교학 교육을 시작해야 한다.

09

리더는 자신의 얼굴에 책임을 져야!

"사랑이 생겨나기 전에 아름다움은 간판으로서 필요하다. 다른 사람이 그 아름다움을 칭찬하는 것을 듣고, 사람들은 사랑하게 되기 때문이다."
– 스탕달

1972년, 우리나라에서 전 국민 '스마일운동'을 벌인 적이 있다. 친절 서비스에 눈뜨기 시작할 때였다. 학생들은 스마일 배지까지 달고 다녔었다. 자기는 안 웃으면서 남들더러 웃으라니 그런 운동이 성공할 리 없겠지만 지금도 일부 기업에서는 스마일운동을 하고 있다. 21세기에는 웃음이 건강에 좋다고 하여 웃음전도사까지 생겨났다. 하지만 그때뿐, 한국인들의 얼굴은 좀처럼 변하지 않았다. 오죽했으면 그랬을까만 억지웃음으로 행복할 수 있다는 발상이 더 우습다. 하여 천박하기 짝이 없는 천방지축 바보 개그프로들이 지금까지 그 억지 스마일운동을 이어오고 있다. 이는 심각한 한국 사회의 병리 현상이라 하겠다. 글로벌 비즈니스 무대에서 과장·허풍·너털웃음은 오히려 신뢰를 떨어뜨린다.

한국인의 습성 중 가장 나쁜 것이 바로 상대에 대한 인식이 없다는 점이다. 하여 배려심 부족은 한국인의 고질적인 병폐. 항상 자기 수준에서 세상을 바라보고 통빡을 굴린다. 그러고는 우물 안 세계관을 상대방, 심지어 외국인들에게까지 무차별적으로 적용시킨다. 자기를 존중할 줄 모르니 당연히 상대를 존중하는 법도 모른다. 한국인의 고질병인 막무가내 무매너 갑질도 예서부터 시작된다.

그러다 보니 자신이 상대로부터 존중을 받았는지 무시를 당했는지조차 깨닫지 못하는 경우가 비일비재하다. 문제는 이런 약점이 표정에 노출되면서, 서양인·중국인 비즈니스 고수들에게 간파당해 글로벌 무대에서 바로 어글리 코리언으로 비쳐지고 그에 응당한 푸대접을 받고 만다는 것이다. 메이드인코리아가 그렇게 디스카운트당해 세계 8위의 무역대국임에도 개인 국민소득이 3만 달러를 못 넘어서고 있는 원인이기도 하다.

▸ 글로벌 왕따 자초하는 한국인의 악습

한국인들은 김치 등 질긴 야채를 먹기 위해 어금니를 심하게 깨무는 바람에 턱뼈와 그 근육이 발달되었다. 요즘 아이들은 어려서부터 부드러운 음식을 먹어서인지 턱이 서구인을 닮아 점점 좁아지고 있는 추세다. 그럼에도 불구하고 한국인들이 글로벌 무대에서 사소한 버릇 때문에 첫인상을 구기는 경우가 많다. 그 중 긴장을 하게 되면 자기도 모르게 입과 주변 근육에 힘이 들어가는 버릇이다.

물론 본인은 전혀 인식하지 못하고 있어 고쳐야 한다는 생각조차 못하고 있다. 가령 한국을 대표하는 글로벌 최상급 오피니언인 반기문 유엔사무총장은 연설을 할 때나 회의중에 입을 오므리고 꽉 다무는 버릇을 지녔다. 대부분 사진들이 그런 모양새로 글로벌 일급 신사가 되지 못하는 미숙한 매너 내공을 노출하고 있는 것이다. 비단 반총장만이 아니라 거의 모든 한국인들이 그렇다. 이급이든 삼급이든 그나마 글로벌 무대에서 급에 들 만한 인물이 한국의 지도자들 가운데는 보이지 않기에 하는 말이다.

게다가 그런 걸 별로 대수롭게 여기지도 않을뿐더러 오히려 자기 의사를 표현하는 하나의 수단으로까지 여겨 제법 강단이 있는 사람처럼 보일 수 있노라고 자평하기조차 한다. 누구도 그 사소한 버릇 하나 때문에 한국인이 글로벌 무대에서 어글리 신사로 디스카운트되고 있는 줄 모른다.

글로벌 신사는 입 모양으로 감정을 표현하지 않는다.

◢ 악다물기의 글로벌 인식 코드는 미성숙 아동!

매우 오래전 우리의 조상도 동물이었다.

글로벌 매너의 인식 코드 기준은 인격체와 비인격체, 인격과 물격, 인격과 짐승격의 구별짓기다. 개과나 고양이과·원숭이과 등의 포유류 동물들은 울음소리와 함께 입의 모양새로 상대방에게 경고의 의사를 표시한다. 으르렁거림과 동시에 입술을 당겨올려 송곳니를 드러내는 것이다. 분명 인간도 유인원 시절에는 그랬을 것이다.

어쨌든 인격체는 언어와 눈으로 의사를 소통하고 교감하는 쪽으로 진화를 거듭해 왔다. 그러니까 사람다운 행위이냐, 짐승다운 행동이냐에 따라 그 매너의 귀하고 천함을 구별한다는 말이다. 가령 밥을 먹을 때 음식을 담은 그릇에 고개를 숙여 입을 가져가는 것은 짐승이요, 고개를 바로세운 상태에서 손이나 도구를 사용하여 음식을 입으로 가져오면 인격인 것이다.

가뜩이나 눈맞춤—눈방긋이 안 되는 한국인에게 입 악다물기는 치명적이다. 일반인은 물론이려니와 한국의 스타들 또한 이 비인격적으로 치부되는 습관 때문에 글로벌 무대에서 늘 왕따를 당하는 것이다. 올림픽 금메달리스트, LPGA 우승자들은 물론 국제적으로 꽤 이름난 유명 탤런트도 글로벌 광고 모델 하나 못 따내는 이유가 여기에 있다. 고작 아래(후진국)로만 흐르는 한류 덕분에 동남아 시장에서 싸구려 광고모델로 팔려나갈 뿐이다.

입술 삐죽? 새침데기? 우리끼리는 '귀여운데… 왜 그러지?'라고 하지만, 글로벌 기준에선 미성숙 아동으로 완전 자격 미달이다. 그 무엇을 하든 매너가 먼저다. 인격적 완성도가 매너로 표출되지 않으면 절대 본선 무대에 서지 못한다. 인격체끼리의 소통의 첫단추, 눈방긋 미소는 상대방에 대한 인식과 배려의 신호이다. 소통이 안 되는, 제멋에 겨운, 저 혼자 잘난 모델? 차라리 마네킹이 나을는지도 모를 일이다.

▶ 추악한 일본인, 그리고 한국인?

사실 입 악다물기는 한국인의 전통적인 습성이 아니다. 이는 할복자결이나 결투에서 각오를 다지던 일본 하급 사무라이들의 전형적인 입버릇이라 할 수 있다. 한국인들은 일제 식민시대에 일본 하급 정치인 내지는 상인들에게서 배웠을 것이다. 그렇지만 한참 철지난 야만적인 소통 매너! 글로벌 비즈니스 협상 테이블에서 입을 악다물고 무당이 악귀 쫓듯 눈을 부라린다고 해서 겁먹을 위인은 하나도 없다.

곤란할 때의 삐죽거리기 난감 모드도 상대방을 바로 쳐다보기가 면구스러울 때 그 눈길을 자신의 눈에서 다른 곳, 즉 입으로 돌려 난감함을 피하기 위한 무의식적인 행위이다. 그렇지만 아무런 실익 없이 어설픈 속내를 드러내어 이미지만 다 구기게 되는 셈이다. 심할 경우에는 혀를 내밀기까지 하는데, 그렇게 속내를 드러내 보이면 인심 좋은 한국인들처럼 사정 봐줄까? 천만의 말씀! 동정은커녕 오히려 상대방의 잔인한 폭력성을 유발시키는 못난이 모드다. 카드놀이에서 자기 패를 다 보여주는 것과 다를 바 없는 자살골이다.

▟ 잃어버린 미소, 내다버린 품격

간혹 한국을 찾은 해외 유명기업 오너 및 CEO들이 언론과 인터뷰하는 특집 기사를 볼 때마다 항상 부러움을 느끼는 게 바로 그들의 인상이다. 남다른 경영 능력은 둘째치고, 하나같이 온화하고 밝고 지혜로운 얼굴들을 하고 있다. 그렇다고 만만하게 함부로 대할 수 없는 포스가 가득, 빈틈이 엿보이질 않는다. 가식으로는 결코 연기할 수 없는 얼굴이다. 그런 신사를 상대로는 누구도 감히 헛소리로 유혹하거나 사기를 칠 생각을 못한다.

서구 선진 사회에선 위로 올라갈수록 더 친절하고, 더 매너 있고, 타인에 대한 배려심이 더 깊어진다. 보다 인격 존중적이고, 인간존엄성 확보를 위해 노력하기 때문이다. 그러지 않고는 절대 조직의 리더가 될 수 없다. 최고경영자의 얼굴이 곧 기업의 이미지! 어느 누구를 상대하더라도 비호감을 느끼지 않는 그런 젠틀한 매너와 인상이어야 하는 것이다.

그에 비해 한국인들은 성공을 할수록, 직급이 올라갈수록 얼굴이 점점 굳어진다. 회장이나 기관장이 되면 예외 없이 인상이 거의 노예 감독관 내지는 조폭 두목처럼 험악해진다. 살면서 단 한번도 마음놓고 웃어 본 적이 없는, 교양이라곤 털끝만큼도 있을 것 같지 않은, 편하게 마주 보며 이야기 나누고 싶은 얼굴이 아니다. 인상만 보자면 한국인들은 모두가 갑이고, 왕이고, '땅콩녀'이자 '순실'이다.

거기에다 재벌 오너란 사람들이 감방도 수시로 들락거린다. 그러니까 전과자 대기업 회장? 그런 인물들이 여차하면 대통령과 한 자리에서 사진을 찍는다. 선진문명 사회에선 있을 수 없는 일이다. 결국 우수한 기술로 훌륭한 상품을 만들어 놓고도 마지막 포장을 망치는 꼴이다. 그저 주먹 불끈 쥐고, 인상 쓰고서 매일같이 현장을 누비면 일류기업이 되는 줄로 착각하고 있다.

주주총회에 앞서 대주주들과 함께 카드놀이를 즐기고 있는 워런 버핏과 빌 게이츠. 주요 의제는 이때 대부분 추인해 버린다. [인터넷 캡처]

어떤 기업이 가치경영·품격경영을 추구하는 일류인지 아닌지는 최고경영자의 얼굴만 보고서도 능히 짐작할 수 있다. 한국 기업이 일등을 차지하고서도 일류가 되지 못하는 근본적인 이유가 여기에 있는 것이다. 글로벌 비즈니스 무대에서 대한민국의 유능한 협상가·신사·리더가 안 보인다고 한탄하는 것도 그 때문이다. 그러니 어렸을 적부터 카드놀이를 통해 포커페이스를 유지하는 습관을 길러야 한다. 도박이라고 무작정 질색할 일이 아니다. 천박한 개그프로나 전자게임보다 백배는 유익할 것이다.

◢ 미소는 인격이다!

'세월호' 침몰 이후 한국인들은 웃음을 잃었다. 패닉 상태에 빠진 한국인들을 격려코자 오바마 미국 대통령과 교황까지 방한했었다. 그때 교황께서 한국을 떠나며 "한국인들이 아직 품격은 잃지 않았다!"고 하셨다. 인간존엄성 확보는 글렀지만 품격만은 지키라는 당부를 에둘러 표현하신 것이다.

그런 대한민국의 품격이 대통령의 갑질과 최순실의 막장 육갑질로 아프리카 미개국 그 어떤 나라보다도 더 비참한 지경으로 떨어지고 말았다. 이젠 세상의 어느 누구도 한국·한국인을 위해 동정도 격려도 기도도 해주지 않는다. 대한민국이 이렇게 허허로운 때가 언제 또 있었던가? 이젠 글로벌 무대에 나가 마음놓고 웃을 염치조차 없게 되었다.

그렇지만 '한다면 하는 민족'이다! 어떻게 일으켜 세운 대한민국인가? 분노는 쉽다. 나라가 어지럽다고 미소까지 잃으면 진짜 망한다. 행운은 끝까지 미소를 잃지 않는 자의 것! 위기를 돌파할 수 있는 창조적 역발상과 순발력은 언제나 미소에서 나온다. 얼굴 한쪽이 떨어져 나가는 한이 있더라도 포커페이스를 유지해야 진정한 일류다!

역사는 길다. 멀리 보자!

이 후안무치도 어차피 선진문명 사회로 들어가기 위해 떨쳐내야 할 봉건적 악습 가운데 하나이다. 울지도 말고, 징징대지도 말고, 쫄지도 말자! 절망과 분노 사이에 분명 또 다른 길이 있다. 잃어버린 미소를 되찾는 날, 천년 전의 영광을 재현할 수 있을 것이다. 국가든 기업이든 개인이든 '품격경영'이 그 답이다.

▟Tip 글로벌 진품 '천년의 미소'

삼국시대 불교가 한반도에 전해진 후 세운 불상들이 많은 미소를 남겼는데, 그 가운데서도 경주 남산의 마애여래입상과 서산의 마애여래삼존상의 미소가 가히 일품이다. 특히 경주 영묘사 터에서 출토된 7세기 무렵의 신라시대 얼굴무늬 수막새는 부처가 아닌 신라인의 얼굴로 '천년의 미소'란 찬사가 결코 아깝지 않을 만큼 그 미소가 독보적이다. 개인적으로는 불국사·첨성대보다 더 가치 있는 문화유산으로 꼽고 싶다.

온화하고 넉넉하면서도 전혀 꾸밈이 없는 미소! 은근하면서도 여유롭고 자신민만히다. 상대를 편안하게 해준다. 분명 주인장의 미소다. 신라인의 정신이자 포용의 통일 정신이다. 염화시중(拈

경주 영묘사 터에서 출토된 7세기 무렵 신라시대 얼굴무늬 수막새.

華示衆)! 부처의 철학이며 긍정의 철학, 소통의 철학일 테다. 세상의 그 어떤 민족도 이러한 미소를 남기진 못했다. 삼국 중 가장 약체였던 나라 신라가 삼국을 통일한 비결 혹은 저력이 어쩌면 이 미소에 담겨 있지 않을까!

이런 삼국인들의 미소가 고려인들에게까지 이어지다가, 조선에 들어서자 유학자적 근엄함에 밀려남으로써 무표정·무뚝뚝함이 한국인 인상의 전형으로 자리잡았다. 그런 다음 일제 36년 동안의 노예적인 비굴함까지 더해져 세계에서 가장 불쾌하고 불친절하고 뻔뻔한, 소통이 어려운 오늘날의 한국인상으로 굳어진 것이다.

그리하여 서구인들이 보기엔 한국인·중국인·일본인을 거의 구별할 수 없다지만 자세히 보면 차이가 나는데 그게 바로 일본인들의 사무라이적 진지함, 한국인들의 유학자적 근엄함, 중국인들의 도교적 해학성이다. 그 구별의 주된 포인트가 바로 눈과 입 모양인 게다. 그런 한국인들의 얼굴이 요즘 절망과 한탄·분노까지 더해져 영 꼴이 아니게 되었다. 거대한 벽에 맞닥뜨려 일그러진 그런 얼굴이다.

10

압축성장 국가에서 표절은 관행인가?

"저속성에는 바보 같은 짓도 있다. 이것을 쫓아내기 위해서는 우선적으로 자신 안에 그것이 있음을 인정하고, 그것이 모호한 유혹을 하고 있음을 시인하며, 그것을 다른 사람에게 내뱉지 않도록 해야 한다. 또한 그것은 모방·가짜·야한 겉치레에 대한 우리의 성향을 나타낸다. 이 모든 것들은 진짜로 행세하면서 결국은 진짜를 변질시키게 되는 것이다."
– 파스칼 브뤼크네르

60년대, 필자가 초등학교에 다닐 무렵 만화를 꽤나 좋아했었다. 그러다가 77년 외항선 기관사로 취업하고부터는 일본에 자주 기항했었다. 그때 일본 책방에 들러 구경하다가 까무러치게 놀란 적이 있다. 세상에! 그동안 내가 보아온 그 많은 만화들이 죄다 일본 것들을 베낀 것이었다니! 정나미가 떨어져서 그후론 만화를 거들떠보지도 않았다. 얼마 전 한 중견 만화가와 이런 얘기를 나눴는데, 상황은 그때나 지금이나 그다지 달라지지 않았다고 한다.

두번째 충격은, 일본 가게에 들러 과자를 사는데 한국에서 사먹던 인기 제품과 똑같은 것들이 즐비해서 참 어이없고 씁쓸해했던 일이다. 당시는 지금과 달리 시중에 외제 수입상품이라곤 있을 수가 없던 시절이었다. 그리곤 한국에서와 똑같은 일본 방송 프로들! 나중에 출판하면서 받은 온갖 충격들! 특히 일본에서 보았던 아주 특별했던 책 제목과 똑같은 작품명으로 한국의 어느 신진작가가 모문학상을 수상했을 때 등등.

◤ 선진국민이 되기 위한 체질 개선작업?

2015년, 잘나가던 한국의 대표적인 여성작가의 작품 표절 논란이 메르스 소동을 뚫고 여론의 도마 위에 우뚝 올라섰다. 표절했다고 하는 문제의 원작을 알지도 못했다는 작가의 변명이 오히려 시민들을 더 화나게 만들었던 모양이다.

해당 작품에 대한 표절 의혹 제기가 이번이 처음도 아니고, 과거에도 같은 지적을 받아왔으나 유야무야 넘어간 일인데 이제 와서 다시 거론되다니! 아무렴 작가 당사자로선 속상하고 억울(?)한 구석도 없지 않겠다. 결국 여론에 밀려 사과 같지 않은 사과를 하긴 했지만, 이게 또 사람들을 더 열받게 하고 말았다.

하긴 이 나라에서 표절이 뭐 그리 대수로운 일이겠는가? 박사논문 표절로 국회의원 자격 논란을 일으켰던 국회의원은 해당 대학교에서 논문 표절로 확인되었지만 금배지를 떼지 않았다. 총리나 장관 후보 청문회에서의 논문 표절 의혹은 너무도 당연한 일인지라 뉴스거리조차 되지 못한 지 이미 오래다. 아무렴 '이 또한 지나가리니!(Hoc quoque transibit!)' 다음 사건이 터질 때까지만 버티면 된다? 대한민국에서 후안무치는 가장 강력한 생존전략이 아닌가?

어디 표절뿐이랴? 논문 대필은 일상사요, 교수들의 표지갈이 저서로 무더기 고발까지 당했다. 그나마 이 정도는 국내에서 우리끼리 망신주기로 그치지만, 해외에 나가서까지 나라 망신 다 시킨다는 것이 문제다.

기실 문화든 기술이든 모방 없이는 발전도 없음을 부정할 수 없다. '한강의 기적'도 들여다보면 그만큼 열심히 남의 기술을 베끼기한 덕분이다. 고도성장·압축성장한 나라치고 남의 기술을 훔치고 베끼지 않은 나라가 있던가? 문학·예술·철학·대중가요·방송·출판 등 문화 전반에서도 '창작' '창조'를 부르짖지만 솔직히 그건 구호일 뿐, 베끼기는 필수다. 누가 먼저 베끼느냐가 성공의 열쇠였다. 그리고 그걸 누구도 부끄러워하거나 나무라지 않았다. 아무렴 좋은 게 좋은 거니까!

▌짝퉁은 절대로 가질 수 없는 '품격'

문제는 작금의 대한민국이 더 이상 후진국도 개발도상국도 아니라는 데에 있다. 세계 10위권에 드는 무역대국이다. 선진국들의 경쟁 상대이자 세계적인 문제를 함께 고민하고 풀어나가야 할 동반자적 위치에 있다. 몰염치에 대해 과거와 같은 묵인 내지는 관용·무책임·무원칙·무매너가 더 이상 통하지 않는다. 선진문명 사회는 한국이 지난날의 후진적 타성을 벗어던지고, 그들과 소통할 수 있는 매너와 품격을 갖추기를 기다리고 있다.

우승했으니 물벼락이나 맞아라? LPGA·PGA·KPGA 할 것 없이 한국의 골퍼들은 샴페인 한 병 준비하지 못해 맨날 저질 맹물 세리머니를 벌인다. 다른 외국 선수들이 하는 걸 보면서도 제가 마시던 침 묻은 생수나 맥주를 끼얹는다. 그게 인격 모독행위인 줄을 인식조차 못한다. 가난해서일까? 못 배워서일까? 따라 할 건 제대로 못 따라 하면서, 해서는 안 될 것은 염치없이 흉내내는 바람에 대한민국을 오히려 초라하게 만든다.

2015년 6월 21일, 제주의 어느 컨트리클럽에서 열린 KPGA 투어 바이네르오픈대회에서 우승을 차지한 골퍼가 트로피를 들고 포즈를 취하는데, 하필 그린재킷을 입혔다. 미국 PGA 마스터스대회에서 우승했나? 국제적으로 골프대회 우승자에겐 그린재킷을 입히는 게 관행인가? 엄밀하게 얘기하자면 마스터스대회 우승자 외에 그린재킷을 입히는 건 표절, 상표권(혹은 저작권) 침해라 할 수 있다.

그런가 하면 머드 축제·토마토 축제 등등, 전국에서 벌어지는 축제들의 대부분도 해외 유명 축제를 베낀 것들이다. 심지어 유등 축제·나비 축제 등, 국내에서도 서로 베끼는 바람에 지자체 간에 실랑이가 그치질 않고 있다.

세계인들의 시각에선 한국 문화 전체가 짝퉁이다. 법적으로 문제될 것이 없다 해도 짝퉁임을 부인하기는 어렵겠다. 아무리 아니라고 우겨도 세계인들은 그렇게 본다. 이러고도 한국 상품이 제값 받을 수 있을까? 한국인들, 제대로 대접받을 수 있을까? 이왕 제대로 알고 제대로 베끼기라도 했으면 덜 부끄럽겠다. 명품은 기술로만 만드는 게 아니다.

◢ 글로벌 마인드와 된장독 마인드

그런가 하면 소문난 먹자골목들에도 '원조' 가게가 즐비하게 늘어서 있다. 지역마다 온갖 축제가 벌어지고 있지만 거의 대부분이 서로 베끼기하는 바람에 그게 그거다. TV채널마다 '먹방'이 도배질을 하고 있다. '맛있으면 그만!' '재미있으면 됐지!'라는 구시대적인 관대함이 넘쳐나고 있다. 그러니 넓게 보면 한국인이라면 너나할것 없이 표절 혹은 짝퉁에서 자유로울 사람이 없다. 알고도 모르는 척 동참했으니 미필적 공모자인 셈이다. 하여 누구든 운 나쁘게 걸리면 "왜 나만 갖고 그래!" 하며 주저앉아 앙탈을 부린다.

너무도 일상화되어 아무렇지도 않게 된 베끼기 타성과 그것을 묵인하는 관행들. '문화창조'를 외치기 전에 졸부 근성, 짝퉁 근성, 노예 근성에 대한 반성이 먼저다. 주인장으로 거듭나는 체질 개선 작업을 하지 않고선 절대 선진국 문턱 못 넘어선다. 한국이 잘나갈수록 그 꼴이 우스워지는 이유다.

이 크지 않은 대한민국에서 조금만 소문나면 터무니없는 책도 백만 권씩 팔려나간다. 선진대국에서조차 고작 몇만 부밖에 팔리지 않은 책들도 한국에선 일약 베스트셀러가 되는 일이 흔하다. 영화 역시 재미있다고 소문 좀 나면(실은 소문내면) 천만은 가볍게 돌파한다. 문화 편식이라고 대수롭게 넘어갈 수도 있겠으나 그 심리의 저변을 들여다보면 단순무지, 부화뇌동, 설득보다는 선동에 약한 전형적인 후진적 근성이 짙게 깔려 있음을 부정하기 어렵다.

◢ '표절 영웅'은 우리들의 자화상

이미 관행화되다시피 한 표절 사건뿐만 아니라 법조 비리, 학원 비리, 종교계·예능계 등등의 비리가 터질 때마다 빠지지 않고 되뇌이는 말이 '양심' 운운이었다. 양심에 맡긴 결과가 계속 이 모양 이 꼴이다 보니 요즘은 새삼스럽게 '인성'을 들먹인다. 역시나 별 생각 없이 그저 그럴듯한, 개념이 명확치 않은 대충 애매모호한 용어다. 양심은 개인의 감정적인 영역이어서 사회관계적이질 못하고, 객관적 평가 기준도 세울 수 없다. 게다가 인성은 인간의 본성이어서 누가 왈가왈부한다고 어찌할 수 있는 것이 아니다.

양심의 나라에 왜 양심적인 인물이 이렇게 드문가? 사실 양심에 맡긴다는 건 '네 마음대로 하라'는 사회적 방기다. 그래 놓고 사건이 불거지면 그제서야 벌떼같이 일어나 돌멩이를 던지는데, 이는 논리적으로도 맞지 않는 행동이다. 고양이에게 어물전을 맡겨 놓고 양심 운운하는 꼴이다. 그러니 먼저 이 된장독 상투어부터 추방해야겠다. 정확히 말하자면 인성이 아니라 인격이고, 인품이어야 한다. 양심이 아니라 품격에 맡길 일이다.

'양심'은 속이거나 위장할 수 있지만, '품격'은 감춰지지 않는다. 품격은 매너로 다듬어지고 표현된다. 선한 인성, 깨끗한 양심도 결국은 품격으로 드러나게 마련이다. 따라서 매너를 살피면 그 양심과 인성까지 훤히 들여다볼 수 있다.

중진국으로서의 한국은 진즉에 기어서 올라갈 수 있는 한계점에 도달했다. 뒹굴고 기어오르는 기술까지는 범용기술로서 모방이 가능하고, 선진국에서도 쉬이 기술 이전을 해준다. 왜냐하면 그래야 하청을 맡길 수 있기 때문이다. 하지만 나는 기술은 어림없다. 스스로 날아올라야 한다. 그나마 날개가 없으면, 허물을 벗지 못하면 보고도 못 따라 하고 가르쳐 줘도 못 날아오른다. 그 날개가 바로 매너다.

우리 속에 거지가 들어 있다!

품격 없이 국민소득민 올라가면 그만큼 더 타락하게 마련. 작금의 대한민국이 그 좋은 예가 되겠다. 비양심에 돌 던질 용기만큼 돌

맞을 용기도 있어야 한다. 뼈를 깎고 피를 가는 고통이 따르겠지만 피할 수도, 피해서도 안 되는 숙명이다. 때를 놓치면 나락(奈落)으로 굴러떨어질 것은 자명한 일, 머뭇거리면 죽는다.

◤ Tip 학문도 기댈 언덕이 있어야!

선진국에서의 출판사 역할은 한국인들이 생각하는 그것과 판이하게 다르다. 그저 베스트셀러 몇 종 펴내서 돈을 많이 벌면 괜찮은 출판사로 인정받기도 할 테지만, 그것만이 출판사 본연의 역할은 아니다. 단순히 작가나 학자의 창작물을 책으로 만들어 판매해주고, 그 수고비조로 영리를 챙기는 출판업자쯤으로 여기는 건 제대로 된 문화 인식이라 할 수 없다. 단언컨대 출판은 그 나라 문화의 척도이자 선도하는 일이다.

안 팔리는 책을 왜 자꾸 출판하느냐? 필자가 출판사를 운영하면서 가장 많이 들었던 질문이다. 아무려면 일부러 안 팔릴 만한 책만 골라서 출판할 바보가 있을까. 어쨌든 그 바람에 "동문선 출판사 사장은 재벌 2세"라는 소문까지 들려오곤 했었다.

책치고 귀하지 않은 책이 있으리오마는 모든 분야에는 텍스트가 될 만한 책이 있는데, 쉬운 말로 1차 저작물로 분류할 수 있겠다. 그러한 책들은 저자든 편집자든 펴내기도 힘들고, 그런 만큼 오히려 수요는 적다. 해서 대부분의 출판사들이 그 1차 저작물을 활용한 2차, 3차 저작물을 선호하게 마련이다. 가령 《조선왕조실록》을 국역하거나, 그에 대한 연구 논문은 몇몇 전공자나 연구기관 외에는 구비하지 않지만, 그 자료들을 활용한 온갖 교양서들은 독자층이 넓어 출판사들이 선호한다.

　필자의 출판사가 88년부터 본격적으로 인문학 텍스트들을 펴내기 시작했는데, 특히 중국의 학술서에 집중했었다. 처음엔 그저 잘 팔리지 않을까 싶은 화제의 책들을 번역해서 펴냈다. 모옌〔莫言〕의《붉은 수수밭〔紅高粱〕》과 중국의 젊은 지식인들이 제작한 다큐《하상(河殤)》이다.《붉은 수수밭》은 장이머우〔張藝謨〕감독이 영화화하여 베를린국제영화제에서 금곰상을 받는 바람에 국제적으로 화제가 됐었고,《하상》은 중국 CCTV에 방영되어 잠자는 중국인을 깨운 화제작으로 그 반향이 너무 커 당국에서 방영 금지시켰으나 홍콩에서 그 대본이 책으로 나왔었다.

　이어《중국예술정신》《神의 起源》《고문자학 첫걸음》《중국문화개론》《화하미학》《美의 歷程》《선종과 중국문화》《도교와 중국문화》《중국고대서사》《신화, 미술, 제사》《갑골학통론》《중국무협사》《詩論》《중국소학사》《중국서예미학》《중국역대서론》《道》《중국갑골학사》《중국고대사회》《용봉문화원류》《동북민족원류》《서법논총》《한어음운학강의》《중국언어학총론》《체육미학》《중국문자훈고학사전》《초문화사》《꿈의 철학》《중국문예심리학사》 등을 거의 미친 듯이 펴내었는데, 모두 그 분야에서 처음 소개되는 책들이어서 국내 학계에 신선한 바람을 불어넣었다.

　지금이야 시내 서점에 중국 책들이 넘쳐나지만, 당시에는 국교도 맺지 않았을 때라 원천적으로 중국(본토) 책들이 국내로 들어올 수가 없었다. 진공 교수들도 홍콩을 통해 몰래 구해서 숨겨 놓고 혼자만 보았었다. 정기적으로 관할경찰서 정보과 형사가 출판사를 사찰하던 시절이었으니, 공산국가의 책을 펴낸다는 건 감방 갈 각오를 하지 않으면 안 되는 일이었다. 내친 김에 인사동에다 최초로 중국원서점까지 열어 놓고, 이제나 잡으러 오려나 저제나 잡으러 오려나 노심초사해 가면서도 중국 학술서 펴내기를 멈추지 않았다. 그 때문인지 "동문선은 무서운(?) 국가기관이 뒤를 봐준다더라"는 소문도 돌았었다.

30대 초반의 한창 철없을 때라 무서움을 몰라서였기도 했겠지만, 그보다 7년 동안 외항선을 타고 세계를 돌아다녔던 까닭에 남보다 세상에 대해 조금 일찍 눈을 뜬 때문이었다. 냉전이 끝난 지가 언젠데 아직도 중국과의 학문적 교류를 못하고 있다는 사실에 분개해서 총대를 메겠다고 저지른 일이었다. 그러는 동안 1992년에 한중 국교가 맺어지고 인적 교류가 가능해지면서 위 저작들의 저자들 가운데 일부는 한국 학회에 초청을 받기도 하고, 또 교환교수로 왕래하면서 한중 학술 교류의 물꼬를 트게 되었다.

그러자 국내에 동양(중국)학 바람이 본격적으로 불었는데, 특히 일부 분야는 처음으로 학문을 시작하기에 이르렀다. 예를 들면 당시 한국의 모든 중어중문과에서 중국문학 이외의 전공교수가 없었다. 고전문학이냐 현대문학이냐만 다를 뿐이었다. 위의 책들을 펴낸 지 10년쯤 지나자 중문과 대학원 과정의 절반 정도가 문학 이외에 문자학·훈고학·음운학 등으로 다양해졌다.

서예 분야 역시 마찬가지였다. 그 전까지는 한국 서예에는 딱히 이론이랄 게 없었다. 그냥 글씨만 잘 그리면 그만이었다. 국전에서 대통령상을 받아도 그 작품이 왜 잘 쓴 글씨인지를 설명할 수 있는 사람이 아무도 없었다. 해서 중국의 서예 이론에 관한 저술들을 여러 권 국내에 번역 소개하였는데, 대부분 제작비도 못 건졌다. 그게 왜 필요한지에 대한 인식조차 없었으니 팔릴 리가 없었다. 어라? 책이 안 팔리는 데에 화가 나서 누가 이기나 보자며 오기로 계속해서 펴냈다. 그러자 역시 5년도 안 가서 서예 이론에 대해 글을 쓰는 국내 필자들이 생겨나기 시작했다. 물론 대부분 위의 번역본들을 베낀 글들이었지만, 어쨌든 그렇게라도 공부를 하면서 그 분야의 전공자들이 양성되었다.

그렇게 필자의 오기 아닌 오기 때문에 민속학 · 연극 · 영화 · 인류학 · 서양철학 등 여러 분야를 넘나들었는데, 그 중 한국에 미처 소개되지 않았거나 미흡한 분과가 있으면 뭔가 변화를 보일 때까지 집요하게 텍스트들을 연달아 소개하였다. 소위 '꼴통짓'을 한 거다. 누가 그렇게 하라고 시킨 건 아니지만, 그게 출판사가 해야 할 첫번째 임무라고 생각했다.

필자가 자랑 아닌 자랑을 이렇듯 구구히 늘어놓은 이유는, 작금의 한국 학계나 문화예술계에 만연한 표절 문제에 대한 책임에서 출판계가 무관할 수 없기에 말이다.

흔히들 순수한 의미에서 창조 · 창작은 없다고들 말한다. 아무렴 기댈 언덕이 없으면 누구든 간단한 소논문 한 편 쓰기 쉽지 않다. 솔직히 말해 베끼지 않으면 한 편도 못 쓴다. 그 '베끼기'를 점잖게 '인용'이란 표현으로 공유하는 것이다. 한국 대학은 너무 많고, 어떤 학과든 교수 또한 넘치고 넘친다. 다들 목구멍이 포도청이라 숙제로 논문을 써내야 하는데, 솔직히 남의 것(심지어 자기 것)을 베끼고 짜깁기하지 않고는 감당 못한다.

한국의 학계가 갈수록 표절의 늪에 빠져드는 건 출판사가 제

본연의 역할을 못한 것이 가장 큰 원인이다. 다른 선진국 출판사들처럼 세상의 하고많은 학문적 성과를 학계에 끊임없이 공급했더라면, 분명 지금과 같은 난장판은 벌어지지 않았을 거란 말이다. 무슨 말인가 하면 필자의 출판사가 중국학 분야에서 손을 뗀 지 20년 가까이 되어가는데, 그후 국내 출판사들이 펴낸 중국 책들 가운데 텍스트나 공구서가 될 만한 책들을 다 모아도 예전에 동문선에서 펴낸 만큼이 안 된다는 거다.

무슨 소리? 지금 중국 책이 얼마나 많이 나오고 있는데? 한데 그것들 대부분은 2차, 3차 저작물, 그러니까 교양서로 분류되는 것들이다. 일반 독자들에게야 풍부한 읽을거리가 되겠지만, 학계의 연구자들에겐 그다지 도움이 안 되는 책들이다. 결국 기존의 몇몇 텍스트를 닳고 닳아 걸레가 될 때까지 베끼고 또 베끼기를 반복하고 있는 것이다.

샘에서 물이 끊임없이 넘치도록 솟아난다면야 그 물이 썩을 걱정 또한 없을 테다. 하지만 그럴 만큼 한국이란 작은 나라의 문화수원은 깊고 넓지가 못하다. 이 작은 나라에서 어느 세월에 원천기술이며 기초학문을 융성시키겠는가? 그러니 어쩌랴? 밖에서 신선한 물을 계속 공급해 주는 수밖에! 그게 한국처럼 작은 나라의 주요 출판사가 해야 할 일이다. 필자의 출판사가 국내 저작물보다는 외국 저작물 번역에 치중한 것도 그 때문이다. 그런데 지금 그 일을 제대로 못해내고 있다. 한국 사회가 이토록 썩어가고, 문화창조니 문화융성이니 하는 구호가 공허하게 들리는 데에는 제 몫을 못해낸 출판사, 출판인들의 책임이 가장 크다.

어느 나라든 그 나라의 문화(문명) 수준을 알아보려면 백화점이나 쇼핑센터가 아니라 서점에 가보면 된다. 양주며 와인, 외제차, 명품 시계, 명품 백… 수입한다고 문화융성이 촉진되던가? 오히려 타락만 조장하지 않던가? 세계적인 석학들이 일생을 바쳐 연구한 저작물 한 권 국내에 번역 소개하는 데 유명 핸드백 하나만큼의 비용도 안 든다. 더없이 귀중한 저작물이지만 그런 1차 저작의 저작권료가 오히려 가장 싸다. 웬만한 양주 한 병 값이면 된다. 핸드백 1만 개 수입할 돈이면 세계적인 1차 저작 1만 권을 들여올 수 있다는 말이다.

전 세계의 1차 저작물들을 누구보다 먼저 들여다 번역해서 돌려보는 나라가 일본이다. 세계의 거의 모든 지식이 일본에 다 모여 있다고 보면 된다. 그게 일본의 자산이자 힘이다. 일생 동안 한번도 일본 밖을 나가 보지도 않은 순수 국내파가 노벨과학상을 수상할 수 있었던 것도 그 때문이다. 기금 모아 연구재단 만들고, 인재 발굴해서 장학금으로 공부시키면 우리도 언젠가는 일본처럼 노벨상 줄줄이 따낼 수 있을 거야! 헛소리!

솔직히 후진국 내지는 중진국 시절 유학은 學文(학문)이지 學問(학문)이 아니다. 그 나라 문화나 기술을 베낄 수 있는 능력(자격증?)을 획득한 것에 지나지 않는다 해도 과언이 아니다. 유학을 다녀와서 대학교수가 되어 혼자만 정보 입수해 전문가인 양 행세하는 것이 이제까지의 관행이었다. 사실 그 나라의 연구 실적을 내 나라에 빨리빨리 소개하는 게 유학인의 첫째 의무가 아닌가. 덩달아 출판인의 의무이기도 하고. 아무튼 나는 출판이 아프다. 책이 아프다. 안 팔리는 책들이 아프고, 아직 못 펴낸 수많은 책들이 아프다.

11

서비스 매너는 주인장 매너가 아니다

"하나의 생활방식이 중류 계급에 의해 채택되자마자 이것은 곧바로 상류 계급에 의해 버려진다. 따라서 저속성이 세계의 추잡함에 대항한 정신 건강상의 긍정적 요소로 작용하고, 진부한 표현들을 재투자해 놀라움과 낯섦의 새로운 원천을 끌어냄으로써 객설을 없애는 세척제로 작용할 때는 그것을 훌륭히 이용한다 할 것이다. 그러나 이 것은 파멸을 가져올 수 있는 함정이다. 민주주의의 이 '부정적 위대함'은 기회이자 저 주이다. 그것은 형태들과 운명들의 기동성을 보장해 주지만, 날림과 위조의 지배를 모 든 영역으로 확대시키기 때문이다. 그것에 대한 싸움은 끝이 없다."
– 파스칼 브뤼크네르

글로벌 비즈니스 매너를 알면 식당이나 리셉션장에서 장내를 한 차례 둘러보는 것만으로도 참석한 인물들의 품격이며 사회적 위치, 출신 배경까지 대충 스캔할 수 있다. 굳이 가까이에서 세세한 테이블 매너를 체크하지 않더라도 의자에 앉은 본새와 몸을 세운 자세만 보고서도 가능하다.

예전에 한 친구가 식사자리에서 자기도 근자에 와인 강습회에 나가 배웠노라며 와인을 직접 따랐다. 보아하니 웨이터에게서 배운 솜씨다. 실은 그 친구뿐만이 아니라, 한국인 99%가 와인 매너를 서비스업 종사자 출신 와인 전문가(소믈리에는 와인담당 웨이터)들에게서 배운 탓에 글로벌 비즈니스 본선 무대에 오르자마자 바로 아웃당하고 만다. (다시는 식사나 파티에 초대받지 못하고, 반대로 초대를 해도 상대방은 선약을 핑계로 거절한다.) 한번도 주인장 매너를 익힌 적도 없고 주인장 노릇을 해본 적도 없으니, 그걸 구별하는 안목은 고사하고 그에 대한 인식조차 없다.

웨이터는 서서 와인을 따른다!

주인장 매너와 서비스 매너! 신사와 웨이터! 같은 테이블에 앉을 리 없으니 당연히 친구가 될 수도 없고, 진실한 비즈니스 파트너 또한 될 수 없는 일이다. 웨이터가 귀한 신사들과 같은 테이블에 앉아 식사하며 와인을 따라 본 적이 없을 터이니, 와인병을 잡는 자세에서부터 금방 티가 난다. 이때 그 웨이터는 물론 그에게서 배운, 주인장 매너를 익힌 적 없는 짝퉁 신사는 그 차이를 눈치채지 못한다.

이 '대수롭지 않은' 매너가 한국의 모든 재벌 회장은 물론 대통령까지 오염시켜 글로벌 왕따로 만들어 놓은 것이다. 한국의 재벌 오너나 CEO, 전직 고위관료, 심지어 전직 대통령이 글로벌 사교 모임에 들어갈 수 없는 이유가 여기에 있다. 당장 제 돈으로 현지 유명 인사들과 식사 한번 하자고 해도 그들이 응하지 않는 이유조차 모른다. 공적인 식사라면 어쩔 수 없겠지만, 아무리 돈이 많다 해도 하인 출신과 마주 앉아 같이 식사한다는 게 즐거울 리 없기 때문이다.

◤"물건에 대해 주인장 의식을 가져야!"

지하철에서 주인장 폼으로 휴대전화를 들여다보는 사람이 건너편에 앉아 있을라치면 나도 모르게 다리를 모으고 긴장하게 된다. 대개의 한국인이라면 "아니 내 물건에 내가 주인이면 그만이지 무슨 '주인 의식'까지?" 하고 반발할 것이다. 하지만 글로벌 비즈니스 매너의 시각으로 보자면 한국인들에게서 주인 의식을 찾아보기

짝퉁 신사의 완전 어글리 와인 매너. 굽신 건배. [청와대]

란 극히 어렵다. 당연히 주인장 매너가 뭔지도 모른다. 모르니 물어서 배울 생각조차 못하고 매번 무시당한다.

앞에서 말한 와인 매너에서 주인장 매너인지 하인 매너인지는 그가 와인병(物格)을 완전하게 장악하고 있는지 그러지 못한지를 보고서 구별한다. 일상에서 음료수 병마개 따는 동작을 보고서도 알 수 있다. 이는 컴퓨터나 휴대전화 등 간단한 도구를 다룰 때에도 마찬가지다. 다음 사진의 휴대전화 광고모델처럼 바른 자세에서 물건을 다루는 것은 그가 평소에 주인장으로서 살아왔음을 보여주고 있다 하겠다.

많은 한국인들이 자라목을 하고 컴퓨터나 휴대전화에 머리를 갖다대는 것을 자연스런 자세로 받아들이며, 혹 목뼈가 비뚤어질 염려 때문에 자세를 바로세워야 한다고들 말하고 있다. 글로벌 신

삼성전자 휴대전화의 외국인 모델 몸자세도 오바마와 똑같아! 외국인 모델이 똑바로 서면 당당해 보이고, 한국인 모델이 똑바로 서면 건방져 보이는가?

사라면 그것만으로도 한국인들 모두가 하인격으로 살아왔음을 짐작한다. 누구도 바른 자세기 '사람(인격)'임을 얘기해 주지 않은 것이다. 고정된 물건의 자세한 모양이나 글씨를 읽어야 할 경우 어쩔 수 없이 눈을 가까이 가져갈 때에도 고개를 먼저 들이미는 사람은 신사가 아니다. 상체를 최대한 바르게 세워 몸 전체를 가져가야 한다. 그게 주인격이다.

흔히 직업에는 귀천이 없다고들 하지만 사람, 즉 인격에는 분명 귀천이 있다.

관습이든 유행이든 반드시 철학적 고뇌를 거쳐야 한다. 감정(감성)을 따르기 전에 논리적 타당성을 확보하려는 습관을 들여야 한다. 매너도 과학이다!

"등대는 움직이지 않고 비춘다"

바닷가 등대는 언제나 그 자리에서 바른 자세로 빛을 쏘아 뭇 배들을 인도한다. 반면에 플래시는 물건을 일일이 찾아다니며 비추어야 한다. 주인장 매너와 하인격 매너의 차이가 바로 이와 같다 할 수 있다. 물격에 인격을 맞추는 것과 인격에 물격을 맞추는 것과의 차이겠다. 가령 박근혜 대통령은 자리에 앉을 때면 언제나 의자의 끄트머리께에 엉덩이를 걸치고 앉아 좌불안석이다. 심리적으로 분석하자면 한번도 주인 의식을 가져 보지 못한 사람이다. 주인장으로 살아온 사람이라면 엉덩이가 자리의 구석진 곳까지 닿도록 의자를 당겨앉을 것이기 때문이다.

소파에 쩍벌남으로 앉는 한국 남성들 역시 하인격으로 소파에 인격을 맞추려다 보니 팔다리를 쫙 벌려 앉게 되는 것이다. 소파가 크거나 작거나 간에 한쪽(상대방 쪽)으로 다가앉되 두 손 역시 상대방 쪽 팔걸이에 올려놓아야 한다. 전철에서 좌우 옆자리가 비었더라도 그냥 단정하게 제자리 면적만 차지하고 앉아 가는 것이 주인 장 매너다. 남이 흉이라도 볼까 봐서 경계하는 까닭이 아니라 자기 존엄을 지키기 위해서이다.

인격과 물격에 대한 확고한 인식 결여, 주인 의식과 하인 근성 의 차이에 대한 인식 부재! 기실 의자는 그렇게 앉도록 설계되어 있 지만, 한국인들은 대개 삐딱하게 배를 내밀고 앉는다. 당연히 허리 에 무리가 갈 수밖에 없다. 의자 하나도 주인장으로서 온전히 장악 하지 못하는 사람의 인격이란? 당연히 신사가 될 수 없다. 한국인 의 갑(甲)질, 장(長)질 근성도 그런 데서 나오는 것일 테다. 기실 그 본바탕은 을(乙)이기 때문이다. 신사는 갑질 안한다.

바른 자세, 즉 주인장 자세가 나오지 않는 한국의 배우·탤런 트·가수·스포츠 스타는 물론 심지어 슈퍼모델까지 글로벌 광고 모델이 될 수 없는 결정적인 이유이기도 하다. '인격'이 안 되는 사 람이 만들고 사용하는 상품을 누가 탐하겠는가? 한국의 일등 상품 이 일류가 못 되고, 명품이 될 수 없는 원인도 거기에 있다. 덩달아 이에 대한 개념조차 없는 광고 디자이너나 종사자들 때문에 한국의 광고기업이 글로벌 광고시장에 발을 못 붙이는 것이다.

자라목은 하인격임의 표시. 누천년 굽신배(拜)가 몸에 밴 탓이 다. 한국의 갑(甲)들이 밖에 나가면 신사가 될 수 없는 이유다. 명품 을 아무리 사모아도 속이 허한 이유다. 글로벌 오피니언들은 대통 령의 자라목 하나로도 대한민국의 국격을 평가한다. 나라를 똑바로 세울, 똑바로 선 지도자를 원한다면 우리 자신들부터 바로서야 한 다. 그런 게 진짜 혁명이다.

✐ Tip 배려심 없는 어글리 코리언

2006년 중국 국가주석의 미국 방문 환영 연설 때, 조지 W. 부시 대통령이 후진타오 주석의 옷깃을 잡아끌어 중국인들의 분노를 샀었다. 그런가 하면 '2017 G20 정상회의'에서 미국의 트럼프 대통령이 기념 사진을 찍을 때 앞사람을 손으로 밀치고 나와 서는 바람에 세계인들을 경악케 한 적이 있다. 이에 대부분의 한국인들은 뭐 그깟 일을 대단한 사건인 양 호들갑이냐며 대수롭지 않게들 넘어갔었다.

또 길을 가다 보면 한국인들은 두세 명 혹은 네댓 명이 나란히 서서 길을 꽉 채운 채로 걸어오며 반대편에서 오는 행인에게 통행로를 내주지 않는 고약한 버릇이 있다. 마치 치킨 게임하듯 누가 비키나 보자는 식으로 막무가내로 길을 막고 걷는 것이다. 결국 서로 어깨를 부딪치게 되는데, 한국을 찾은 외국인들은 이에 아연실색을 한다.

대기업 빌딩 로비에서 현관문을 드나드는 사람들을 관찰해 보면, 문을 열 때 뒤를 돌아보고서 뒷사람에게 앞서 나갈 것을 권하는 광경을 구경하기란 하늘의 별따기에 가까울 지경이다. 심지어 여성이 뒤따라오는데도 '쿵!' 하니 그냥 밀치고 나가 버린다. 그런 기업이 글로벌 경영을 기업 이념으로 삼고 있다며 거창하게 꾸며 놓은 홈페이지를 보노라면 실소가 저절로 나온다.

그런가 하면 엘리베이터를 타고 내릴 때 다른 사람들과 부딪치는 일이 잦고, 만원임에도 억지로 비집고 타는 바람에 경고음이 울리기 일쑤다. 전철이나 버스 안에서 백팩이나 배낭을 그대로 메고 있어 다른 사람들을 치는 일도 예사다. 심지어 등산용 배낭으로 키 작은 어린이의 얼굴을 할퀴고 지나가기도 한다.

어쩌다 보니 그럴 수도 있지! 아무렴 지하철 계단에서 혹은 승차시 사람들을 밀치고 앞으로 나아가는 일이 다반사인 한국에서 떠밀거나 부딪치는 일쯤은 굳이 무례라고까지 나무랄 일이 아닐는지도 모르겠다. 한데 그런 나라에서 언제부터인가 운전중 다른 차가 끼어들었다거나 경적을 울렸다며 보복운전이나 폭행을 하는 것을 보면 한참 어이가 없기도 하다.

언젠가 직원들과의 노래방 파티에서 함께 어울리자며 여성 직원의 원피스를 잡아당겼다가 어깨를 노출시켜 징계를 받은 공무원이 억울하다며 법원에 소원했던 적이 있다. 당시 법에서는 성희롱에 해당한다는 판결을 내렸다. 설령 연인 사이라 해도 상대방의 의사에 반하는 신체 접촉이나 제재는 범죄에 해당한다. 선진국에서라면 그 사회에서 완전 매장이다.

공항에 내려 '수하물 찾는 곳(Baggage Claim)'에서 가방을 찾기 위해 기다리며 관찰해 보면 나라마다 그 국민들의 매너와 품격이 고스란히 드러난다. 아시아인들(특히 한국인과 중국인)은 아직 화물이 올라오지 않았음에도 불구하고 컨베이어가 올라오는 쪽에 우르르 몰려들어 가방찾기 경쟁을 벌인다. 사막에서 물을 만난 소떼나 양떼처럼. 누가 제 가방을 훔쳐가기라도 할 것처럼. 빈틈이 없어 뒷사람들은 들여다볼 수가 없다. 하여 어떤 공항에선 노란 선을 그어 놓고 그 바깥에서 기다리라고 표시를 해놓았건만 그도 소용없다. 그에 비해 서양인들은 멀찍이 넓게 흩어져 일행들과 담소를 나누며 지켜본다. 하여 모두가 제 가방이 올라오는 것을 볼 수 있다.

한국에 오는 선진국 시민들은 이 첫 관문에서 자신이 어느 수준의 나라에 왔는지 단박에 인식한다.

악수나 허그 등의 인사치레 외에 어깨나 팔을 부딪치는 신체 접촉을 세계인들은 공격적인 행위로 인식한다. 심지어 사람을 안내할 적에 옷깃을 잡아당기거나 손으로 사람을 밀어젖히는 행위를 천박하게 여겨 무척 불쾌해한다. 이는 물리적으로 사람을 통제하는 것으로 상대를 인격이 아니라 짐승격 내지 물격(物格)으로 여기는 행위이다. 반드시 말(언어)로 해야 한다. 그리고 실수를 하였거나 실례를 하게 될 경우 반드시 사과를 해야 한다. 서양인들이 "익스큐즈미!"를 입에 달고 다니는 건 곧 자신이 '사람'이라는 알림이다. 해서 상대방의 실수에도 "익스큐즈미!"를 연발하는 것이다.

매너란 남에 대한 배려 이전에 자기 존중이다. 그러니까 상대방을 존중하고 자신도 존중받아 피차 인간 존엄성을 확보하자는 것이다. 자기 존중을 모르는 사람이 진정한 행복을 알 리가 없겠다.

12

삶은 무덤으로 완성되는 것 아니다

"불필요한 것들이 잔뜩 주입된 현대인은 정신이 지닌 우아함을 자질구레한 싸구려 오락물들과 맞바꾸었다. 어떤 계급, 어떤 엘리트도 더 이상 규범과 기준을 정하지 못하기 때문에 상업적이고 매체적인 하급 문화가 도처에서 그것의 어림짐작들, 지나친 단순화, 어리석음을 자유롭게 강제할 수 있게 되었다."
– 파스칼 브뤼크네르

한반도의 지형이 묘해서인지 우리 민족이 세계에서 가장 열심히 풍수설을 신봉하는 것 같다. 한반도는 익히 배운 대로 토끼 같기도 하고, 호랑이처럼 생기기도 했다. 또 말이나 코끼리·곰·너구리를 연상할 수도 있고, 새우나 가재가 웅크리고 있는 모양새라 해도 과언이 아닐 것이다. 아무튼 태백산맥을 등줄기로 삼으면 자연스럽게 척추동물 형상이 된다. 의주(義州)가 콧구멍이면, 김해(金海)는 항문쯤 될 테다.

중국 무협지에 등장하는 고수들은 너나없이 손가락 하나로 상대의 혈도를 짚어 꼼짝 못하게 하는 재주들을 지녔다. 그 방면의 전문가(?)라는 사람들은 나름 그럴듯한 근거를 대기도 하지만, 40년 넘게 무예계에서 놀면서도 필자는 아직 그런 수준 높은 기예를 익히지 못했고, 또 그런 고수를 만난 적도 없다. 혹여 늦게나마 인연이 닿아 그런 재주를 익힌다 한들 어디에 쓰랴? 아무래도 좋은 일보다 애꿎은 일에 더 많이 써먹을 듯하다.

또 흔히 사극에서 궁중의 어의(御醫)쯤 되노라면, 주렴 밖에서 가는 명주실 한 가닥만으로 왕비나 후궁들의 손목 맥을 짚어 회임 여부를 진단할 줄 알아야 한다. 심지어 쌍태(雙胎)도 가려내는가 하면, 아들딸까지 구별하는 엄청난 내공을 보이기도 한다. 지금은 돌아가셨지만 언젠가 꽤 유명하신 한의사 할아버지께 어떤 친구가 맥에 대해 여쭙자 "솔직히 평생 시늉만 했지, 맥 짚어 알 수 있는 게 없다"고 답하더란다. 부정맥 정도면 모를까, 나머진 모두 뻥이라는 말씀이다. 요즘은 기계가 다 재어 주니 그나마 진맥할 일마저도 없다.

대부분의 방술이 그렇듯 풍수설의 과학적 근거 여부는 석 달 열흘 잠 안 자고 논쟁해도 결론이 나지 않을 것이기에 논외로 하고, 어쨌든 한민족이 시작한 학설은 아니지만 누천년 동안 끈질기게 맥을 이어와 오늘날에는 대학의 정식 학과목에까지 올랐으니 여간 대단한 것만은 분명하다.

▶ 태평성대의 완성인가, 난세의 조짐인가?

언젠가 광화문 앞을 지나는데, 평소 방술에 관심이 많은 친구가 북악산을 가리키며 풍수적으로 문제가 많은 곳에 궁궐을 앉혔다고 하기에, 필자가 "에이, 그런 소리 마시라! 풍파 없는 가문이 어디 있고, 골육상잔 없는 권력이 세상에 있던가? 어쨌든 한 가문이 5백 년 동안 영화를 누렸다면 그만한 길지가 어디 또 있겠는가?"고 응수하였더니, "허, 듣고 보니 그렇군! 역시 무학이야!"라고 해서 함께 웃은 적이 있다.

일제가 한반도를 측량하기 위해 전국 방방곡곡의 산꼭대기며 등성이에 측량기준점을 박았는데, 이를 본 우리네 조상들이 "아이고, 왜놈들이 이 나라에서 인물이 못 나오게 하려고 산의 정기가 흐르는 지맥마다 쇠말뚝을 박았으니 이젠 다 망했다!"며 땅을 쳤다. 한데 그 통탄하던 아버지와 할아버지를 본 이 땅의 아이들은 무슨 생각을 하였을까? '그럼 나도 별수없다는 것 아냐?'며 제풀에 기가 꺾이고 말았다. 우매한 백성들은 산허리에 길을 내는 것조차도 그렇게 해석했다.

　일제가 당시 그같은 효과까지 예상하고서 고의로 보란 듯이 산꼭대기에 쇠말뚝을 박았는지는 당사자들이 가고 없으니 확인할 길이 없지마는 어쨌든 풍수를 신앙해 온 조선인들은 당연히 그렇게 받아들였을 것이다. 하긴 뭐 그랬다 한들 이 땅에서 인물이 안 나왔는가? 물론 그마저도 사흘 밤을 입씨름해도 결론나지 않겠지만, 그깟 몇 자밖에 안 되는 쇠꼬챙이로 산천에 기가 흐르지 못하게 막는다니 침술도 보통 침술이 아니다. 급소를 찌르면 그게 가능하다? 무협지를 많이 읽던 어린 시절엔 정말 그런 줄 알았다.

◢ 03과 7개의 돌덩이, 태평성대의 완성?

　2015년 11월 초겨울의 어느 모질게 추운 날, 김영삼 전 대통령이 동작동 국립서울현충원에 안장되었다. 당연한 일이지만 풍수에 대한 시비가 없을 수 없겠다. 역시 김영삼! 고인은 마지막까지 국민들에게 재미를 선사하고 가셨다. 마침 묏자리를 팠더니 50센티미터가량의 둥근 돌덩이들이 나왔는데, 그것도 하필 일곱 개란다. 03과 07, 합하면 열. 열이면 꽝 혹은 완성! 현충원 지형이 봉황의 모양새라 하여, 일컬어 '봉황알'이라 즉석에서 이름지어졌다. 더 넓게, 더 깊이 팠더라면 더 많은 돌알이 나왔을 텐데…!

묏터를 잡아준 황아무개 영남대 환경보건대학원 풍수지리 전공교수가 "봉황이 알을 품으면 태평성대가 이뤄진다는 전설이 있는데, 그 전설이 실현된 것 같다"고 해석한 것을 보니 내심 꽤나 득의연했던 모양이다. 요즘 교수들은 별 부업을 다하는구나 싶다! 어디에 그런 전설이 전해져 오는지 알 수 없으나, 꿈보다 해몽을 잘해야 하는 것은 모든 방술가의 직업 윤리이자 노하우! 가난한 지리학의 부가가치를 높이는 일이니! 아무렴, 좋은 게 좋은 것이려니! 길지 중의 길지, 명당 중의 명당에 잠들었으니 그 후손들이 자자손손 복을 받고 덩달아 이 나라도 길이길이 태평하길 진심으로 빈다.

어쨌든 이제 고 김영삼 전 대통령의 묘는 한국 풍수사의 일급 표본으로 풍수쟁이들의 성지가 되었으니, 전국에서 찾아드는 풍수쟁이들로 인해 심심치는 않을 듯하다. 후손들이 복을 얼마나 받게 될지는 두고 봐야 알 것이나, 당장 그 풍수 교수의 몸값부터 올려주었음은 자명한 일. 덕택에 풍수설이 더욱 기승을 부릴 것이고, 이 나라의 산이란 산은 돌알(石卵) 찾는 심마니들로 길 아닌 길들이 가뭄에 논바닥 갈라지듯 생겨날 것이다. 그 바닥에선 진즉에 명당 급에 들어갈 만한 터는 음택이든 양택이든 부르는 게 값, 곧 '명당투기' 재테크가 뜰 것도 같다.

◤ 난세가 영웅을 만들고, 시절이 명당을 만든다

봉황알이 나왔으니 과연 태평성대가 찾아올까? 꿈도 해몽하기에 달렸고, 풍수 역시 이런저런 파자(破字)풀이식 덕담을 갖다붙이기가 기본. 원래 동작동이란 삼국지 조조(曹操)의 동작대(銅雀臺)에서 따온 이름이라 한다. 작(雀)이 참새든 공작이든 봉황이든 국립서울현충원의 지형을 위에서 내려다보면 새가 날개를 편 모양이라고 억지 주장할 수도 있다.

이왕이면 동물의 형상이라야 상상력을 가미시키고 부풀려 사람들을 현혹시키기가 훨씬 용이하다. 기실 지형 및 생물학적인 상상력으로 보자면 현충원은 한강 옆 언덕, 그러니까 물가이니 그 돌알을 뱀이나 거북·지네·전갈·악어·이무기·용 등 파충류나 물새의 알로 해석해야 그나마 더 설득력이 있을 터이다. 게다가 용이니 봉황이니 하는 현실에 존재하지도 않는 상상의 동물, 또 복을 가져다 주는 상서로운 동물로 가정해 놓고 들어간다. 어떤 동물은 길하고, 어떤 동물은 흉하다는 것부터가 실은 인간의 편견! 그러니까 풍수설이란 게 허구에서 시작된 가설이다.

물론 그런 지형은 주변에 숱하게 많지만, 어쨌든 기왕에 이름이 그렇게 지어졌으니 '봉황이 깃드는' 아니지 이젠 '봉황이 알을 품은' 길지 중의 길지로 해석해야겠다. 한데 그 많은 조선의 지관(地官)들은 바로 코앞에 있는 이 천하 명당을 어째서 놓쳤단 말인가? 만약 이곳에 왕릉을 앉혔더라면 조선이 5백 년이 아니라 천년 영화를 누렸을까? 허나 방술의 기본은 언제나 빠져나갈 구멍이 있다는 것! "천하 명당은 다 주인이 따로 정해져 있는 법!"이다.

또 명당을 차지하려면 반드시 대를 이어 덕(德)을 많이 쌓아야 한단다. 그리지 못한 자가 명당에 들어갔다가 후손들이 횡액을 면치 못할뿐더러, 그곳을 알려준 풍수쟁이마저 천기누설로 제 명을 다 못

거산(巨山) 고(故) 김영삼 전 대통령의 삼우제(三虞祭)가 28일 오전 동작구 국립서울현충원에서 열렸다. 2015년 11월 28일. [연합뉴스]

산단다. 해서 그만한 인물이 아니면 명당을 점지해 주지 않는 것이 풍수쟁이의 철칙이란다. 지당한 헛소리! 다 빠져나갈 구멍이다. 그토록 덕을 많이 쌓았으면 명당이 아니라 시궁창 다리 밑에서 나고 죽더라도 발복해야 마땅한 이치겠거늘, 복과 덕을 이어주는 게 왜 하필 풍수여야 한단 말인가? 게다가 아무려면 복을 바라고 덕을 쌓을까?

어쨌든 그건 그렇게라도 믿고 싶은 자들의 바람일 뿐이고, 현실은 그렇게 낭만적이지도 녹록하지도 않다. 그게 진정 복을 부르고 태평성대를 맞을 터라면 도대체 언제? 그야 "다 때가 있는 법!" 그때가 되면 자연히 알게 되리라? 하지만 당장 나라 경제가 불안하기 짝이 없다. 반풍수가 어쩐다더니 자칫 운수 나쁘면 길지가 아니라 흉지 중의 흉지가 될 수도 있다. 오비이락(烏飛梨落)! 하필 북한 핵실험에 탄도미사일 발사까지…, 이러다 혹시 1997년 IMF구제금융 때처럼 경제 위기까지?

▟ 모든 방술은 UFO고, 바이블 코드다!

그러니까 7개의 돌덩이가 '봉황알'이 될지 '곤달걀'이 될지는 시절이 만든다는 말이다. 복을 받는 것도 후손들 저 할 탓이다. 단언컨대 처음부터 명당은 없다. 누군가가 큰 부자가 되고 출세를 하면 풍수쟁이들이 몰려들어 그의 조상 묏터나 생가터가 졸지에 명당이 되는 것이다. 풍수의 기본은 숨은그림찾기! 어느 집안이든 주변을 뒤지다 보면 그럴듯한 게 하나쯤은 나오게 마련이다.

그마저도 못 건지면 주변 산이나 강의 기(氣)가 그 한 곳으로 다 모인다고 뻥을 친다. 당연히 그 기는 수행을 한 자기들만이 느낄 수 있단다. 그럼 그 재벌이 나온 명당터에서 태어난 이전이나 이후의 사람들도 모두 부자가 되어야 하는 것 아니냐고 항변하면, 아무리 좋은 명당도 서로 인연과 궁합이 맞지 않으면 소용없단다. 혹 명당에는 지신(地神)이 살면서 제 기분 내키는 대로 복을 주고 뺏고들 하는가?

같은 입담이지만 변호사는 산 사람을, 풍수쟁이는 죽은 사람을 가지고 논다. 죽은 자가 다시 살아날 리 없으니 풍수쟁이는 자기 말을 증명할 필요가 없다. 아무리 논리적으로 따지고 들어도 핑곗거리는 널려 있다. 당장 한국의 모든 무덤과 그 후손들의 발복 현황을 전수 조사한들 그 믿음을 바꿀 수 없을 것이다. 어쩌다 딱 맞아떨어지는 희귀한 사례들만 모아 필연적 인과인 양 일반화시키고 나머지는 버리면 그만, 그걸 누천년 동안 쌓아왔으니 그 구라를 누가 당하랴!

토테미즘·애니미즘·샤머니즘을 뒤섞어 놓은 것이다. 어린이용 낱말카드놀이 내지는 숨은그림찾기 퍼즐놀이에 지나지 않는 유치한 구라다. 하지만 그들에겐 그것이 과학이고 진리다. 무엇보다도 생업 수단이다. 풍수설(風水說)이 아니라 풍수학(風水學)이란다. 다만 상당히 신비스런 것이라서 공부를 하지 않은 보통 사람들은 이해하기 힘들 뿐이라며 상식선을 가볍게 넘어선다. 도대체 현대과학의 수준이 아직 그걸 설명하기에는 역부족이란다. 그러니 다시 천일밤을 입씨름해도 결론은 UFO다.

반세기 전만 해도 빛이 부족해 밤이 지금보다 훨씬 길었다. 지금이야 음악·미술·영화·드라마·스포츠 등 온갖 얘깃거리가 넘쳐나지만 그 옛날엔 그런 게 귀했다. 대신 온갖 '전설의 고향'과 방술들이 그 시대엔 교양이자 지식이고 정보이면서 이바구 소재였다. 하여 벼슬 못한 선비가 어디 남의 집 사랑방에서 밥 한 끼 얻어먹으려면 방술 한 가지 정도는 익히고 있어야 했다. 공맹(孔孟)만으론 식객 노릇하기가 쉽지 않았던 거다.

▰ 자연으로 돌아가는 자, 그 후손이 번성하리

봉황의 둥지를 헤집고 알을 파내다니! 뭘 제대로 스토리텔링할 줄 아는 풍수쟁이라면, 그런 돌이 나오면 얼른 도로 묻어 버리고 그 곁을 다시 팔 것이다! 추운 겨울 봉황의 알을 파내어 버렸으니 얼어 터져 다 썩고 말 것이고, 봉황은 더 이상 깃들일 이유가 없어 날아가 버리지 않겠는가? 그러니 이걸 길조라 해야 하나, 재앙의 조짐이라 해야 하나?

그나마 알들을 그 자리에 도로 같이 묻었으면 좋았으련만! 오히려 노획한 증거물인 양 보란 듯이 좌우에 떡하니 진열까지 해놓았다. 혹여 신령한 봉황을 깜빡 속여서 그 뻐꾸기알을 품으러 오게 하려는 것일까? 어차피 유교적 조상 숭배 관념과 기복 신앙의 결합에서 나온 게 풍수 사상이려니! 그렇다 한들 세상에 이런 꼴불견이…, 기상천외한 거시기 대용물로 요지경 무덤이 되고 말았다.

애초에 무덤이란 생식기 숭배 사상에서 출발한 풍습, 나온 곳으로 다시 돌아간다는 원시적 발상에서 나온 것! 해서 여성의 인체 그곳을 닮은 터를 명당이라 하여 찾아다니는 것이다. 현생 인류 중 가장 원시적인 매장 풍습을 가진 민족이라 하겠다. 혹 누군가 그 '봉황알'을 쓰다듬고 임신을 했다거나, 아들을 낳았다거나, 쌍둥이를 낳았다는 소문도 곧 나지 않을까? 그걸 토착 신앙이니 하지만 그마저 수긍하지 않는 자에겐 시쳇말로 뻥이요, 구라일 뿐이다.

어디 봉황알뿐이겠는가? 삼천리 방방곡곡을 파다 보면 메추리알 · 거북알 · 뱀알 · 용알 · 호랑이알(?) · 소알(?) · 코끼리알(?), 운 좋으면 진짜 공룡알까지 나올는지 누가 알겠는가? 게다가 봉황이란 새는 억만년 만에 한번 알을 낳는다던가? 날마다 철마다 알을 낳는지 어이 알겠는가? 전직 대통령들이 줄서 있으니 그 기슭에서 더 큰 봉황알들이 줄줄이 쏟아져 나올지도! 이대로 가면 분명 백년이 지나기 전에 한국인들은 현충원을 조선 왕릉처럼 유네스코 세계문화유산에 등재하려 들 것이다.

반풍수의 반(反)풍수론

삼천리금수강산? 관광대한민국? 동방예의지국은 간데없고 동방무덤지국! 내 땅에 묘를 쓰든 궁전을 짓든 무슨 상관이람? 지금 한국의 산은 앞산 뒷산 명산 할 것 없이 마구잡이 흉물들로 인해 너절하기 짝이 없다. 여행중 차창 밖을 바라다볼라치면 끝없이 튀어나오는 원형탈모 부스럼 때문에 머리 밑이 가려울 지경이다. 죽은 조상까지 모시는 갸륵한 풍습으로 봐주기에는 이미 그 도를 넘어섰다.

사람 못난 것이 조상 뼈다귀 메고 명산 뒤진다고! 뭐 그리 내세울 게 없어 죽은 조상 묘에 돈 발라 자랑질하는지! 풍수로 신용평가해서 돈 빌려주고, 투자하고, 사돈 맺으랴? 지금 세상이야 다 뿌린대로 거두고, 저 노력한 만큼 복을 누리는 법! 덕(德)을 쌓기는커녕 절이나 교회에 나가 빌지도 않고 날로 복(福)을 받아먹겠다는 심보! 효(孝)의 탈 뒤에 숨긴 유가(儒家)적 허세, 비루한 가식, 구차스런 핑계, 염치없는 대박 심리일 뿐이다.

주인장으로서 살아 보지 못한 하인 근성 때문에 자기 존중에 대한 확신이 없어 성공과 실패조차도 뭔가 모를 인과가 있을 거라고 믿는 것이다. 나도 열심히 노력하면 저 부자처럼 잘살 수 있다는 희망보다는 어찌해서 나도 조상 묘터 한번 잘 잡아서 벼락 발복을 해야지 하는 요행 심리, 명당에서 태어나지도 못했거니와 조상을 좋은 곳에 모시지 못했으니 아무리 애를 써봐야 별수없을 거라는 자포자기 심리만 조장하는 것이다.

가문의 영광을 어찌 무덤이 아니면 전할 수 없다던가? 묘를 쓰지 않았다고 죽은 조상이 자손들을 해코지한다던가? 후손들에게 물려줄 게 군이 '육신의 쓰레기터'여야 하는가? 죽어서까지 자식에게 효도하기를 강요하는 것이 과연 부모의 도리인가? 인간만이 무덤을 남기지만, 그 어떤 무덤이든 미련하고 혐오스럽고 추한 것이다. 모름지기 풍수쟁이 빼고 남의 무덤에 관심 가질 사람이 세상에 몇이나 되겠는가? 더구나 외국 관광객이라면?

요즘은 담배꽁초도 함부로 못 버린다. 제발 각 지자체마다 큰 길에서 보이지 않는 외진 북망산 골짜기에 공동묘지를 만들어 연고가 있는 지역민들을 사후 안장하고, 나아가 문화재적인 가치가 있는 것을 제외한 역내의 모든 봉분들을 그곳으로 모았으면 싶다. 그러기를 거부하는 묘에는 자연 경관 훼손 책임을 물어 상당 수준의 묘지세를 부과해야 마땅한 일이다.

글로벌 시대엔 풍속도 경쟁력, 시대에 따라 바꿔야 한다. 미모만 가꿀 게 아니라 미관도 좀 관심을 가졌으면 한다.

◢ 풍수 신앙의 발호는 난세의 조짐

보본반시(報本反始)! 흙으로 돌아간다? 천만에! 사람은 굼벵이가 아니다. 흙에서 태어나지도 않았다. 길든 짧든 이 우주에 한 생명으로, 그것도 인간으로 태어나 살다 갔으면 그만한 행운이 어디 있으랴! 그것만으로도 충분히 감사한 일, 더 무엇을 바라겠는가? 이젠 좀 깔끔하게 '가는' 고민도 하며 살 때가 되지 않았나? 이승에의 미련을 관 속에 가둬두고 어찌 '그곳'으로 든단 말인가? 어찌 해탈(解脫)을 말하는가?

혼(魂)이든 백(魄)이든 바람으로 돌아가야 한다.

이왕, 툭 까놓고 얘기해서, 고작 그 가문에 그 정도밖에 안 되는 인물이 호시절 만나 반쪽짜리나마 대통령을 해먹는 영광을 누렸

으면 되었지, 죽어서까지 더 무얼 바라는가? 게다가 살아서는 서로
못 잡아먹어 아웅다웅하던 사람들이 왜 굳이 죽어서까지 한 골짜기
에 몰려가 터싸움, 기싸움, 뻑하면 참배를 했니 안했니 왜 했니 하며
졸개싸움시켜 국민들을 편갈라 갈등을 부추기는지!

그 골짜기에선 죽은 자들도 말을 하는가? 그렇게 죽어서까지
군림하고 싶을까? 하여 미완성으로 남겨 놓은 역사를 죽어서라도
완성시켜 보겠다는 건가? 서울현충원이 대통령 전용 묘지던가? 현
충원에 묻힌 용사들이 모두 전직 대통령들을 위한 병마용인가? 무
명의 전몰용사들에게 부끄럽지 않은가?

그러고 보니 이승만·박정희·김대중·김영삼! 역사교과서 논
쟁의 주인공들, 신(新)사색당파의 우두머리가 얼추 다 모인 꼴이 되
었다. 이 시시비비의 골짜기에 풍수쟁이들까지 가세했으니 무슨 안
식이 있으랴! 그 후손인들 하루라도 편할 날이 있을까? 무덤이 없
으면 침 뱉을 일도 없을 터. 제발이지 죽으면 화장해서 뼛가루는 바
다나 고향 뒷산에 흩어 버리라는 전직 대통령 좀 나왔으면!

◤ 시시비비 북망산에 "봉황이 나르샤!"

미련과 집착은 만불행의 근원! 가뜩이나 비좁은 땅, 산 사람도
자고 날 공간이 부족해 이리저리 내몰리는 판에 죽은 자들까지 한
자리씩 차지하겠다고 아우성이니 참 딱한 노릇이 아닐 수 없다. 인
류문명사가 그랬듯, 바야흐로 무덤이 호사스러워지고 풍수쟁이들
이 부나비처럼 쫓아다니는 것을 보니 태평성대가 끝나가고 난세가
가까워지고 있음을 가히 짐작하겠다. 아니나 다를까, 까마귀 날자

배 떨어진다더니 이후 나라꼴이 말이 아니다. 풍수쟁이들은 이 상황을 어떻게 둘러댈 텐가?

무덤이 삶의 마침표가 될 순 없다.

사람에 따라서 그 평가가 훨씬 전일 수도, 한참 후일 수도 있다. 무덤 없이도 훌륭한 사람 수없이 많다. 아무튼 건강한 산천에서 건강한 후손들이 태어날 것은 자명한 이치, 자연은 오로지 산 사람만을 위한 것이어야 한다. 미망의 쓰레기는 태워 버리는 게 상책! 얼마 남지 않은 한 뼘 산비탈이나마 있는 그대로 내버려둘 줄 아는 여유와 배려의 지혜가 아쉽다. 산을 사랑한다 말하기 전에 산을 존중하는 자세부터 가졌으면 싶다. 나는 산이 아프다.

13

통일은 '되는' 것이 아니라 '해내는' 것!

"미래가 우리가 상상했던 것과 유사할 때, 그 미래는 어느것보다 더 슬플 것이다. 소원이 우리가 체험하고 있는 것과 우연히 일치할 때는 실망이 있을 뿐이다."
– 파스칼 브뤼크네르

해방 70주년! 이제는 통일! 어차피 통일은 오려니! 통일대박! 방방곡곡에서 앞다퉈 통일을 부르짖고 있다. 그래야 통일이 하루라도 더 빨리 올 것처럼. 그렇지만 냉정히 들여다보면 한국인들은 통일의 카드 게임 플레이 방법도 모르고 있고, 당연히 실행 능력 또한 없는 것이 분명하다. 그저 입 벌리고 감 떨어지기만 기다린 70년이 그 증거가 되겠다. 이대로라면 해방 100주년에도 지금의 풍경과 별반 다를 것 같지 않다.

글로벌 문제는 고시처럼 책상공부면 다되는 줄로 쉬이 착각하는, 한국인들이 편애하는 거시적 탁상공론 접근 방법으론 절대 풀어지지 않는다. 철저히 계산적인 미시적 시장 원리 및 실행 실무에 의해서만 비로소 풀어진다!

가령 북한·중국·러시아·일본·미국·EU의 주요 오피니언 리더들의 언어로(여기서 북한어 역시 노무현-김정일 회담이 오전 내내 피차 버걱거렸듯이 완전 외국어다!) 작성되고 전달되어 통신·대면 접촉 등으로 상호 협의되지 않으면, 그리고 그렇게 일할 수 있는 광범위한 영역의 인력들이 준비되지 않으면, 비즈니스적 표현으로 안타깝게도 'good for nothing'이다!

게다가 그러한 작업은 오피스 회의실은 물론 전 세계 주요 도시들의 최고급 프랑스 식당과 중국 식당(조주식)에서 벌어진다. 일종의 물밑 작업, 움직이기 쉬운 민간 포함 'All Courts Pressing' 전방위 외교라 해도 될 터이다. 그러한 자리에서 네댓 시간 논스톱으로 격조 있게 호스트/호스티스 역할을 할 수 있는 민간인, 공공 부문 글로벌 인재들도 다수 준비되어야 가능한 얘기다.

개문견산(開門見山)! 단도직입적으로 말해서, 현재 청와대의 공식 식사자리에서 국가지도자급 인사들 대부분이 '입 안에 밥알이 들어 있는 채로' 대화하는 현실 수준에서 그런 고상하고 우아한 식사 호스트가 한국 주요 분야 여러분들 가운데 과연 몇 분이나 가능하겠는가? 아주 간단한 건배 동작 하나만 가지고 볼 때에도 북쪽이 남쪽보다 오히려 더 선진문명인임을 입증하는 남북회담 행사 사진 증거들이 적지않다. 그러니 헛물켜지 말고 꿈 깨야 옳다!

한국에서 '통일'은 구강 마스터베이션

지금 범람하고 있는 한국식 '셀프 글'들은 글이 아니다. 최소한 독일의 유력 신문인 〈프랑크푸르터 알게마이네 차이퉁〉 도쿄특파원으로부터 인터뷰 요청이 와서, 그의 취재기사로 상기 주요국 오피니언 리딩 그룹 당사자들에게 소개가 되어야, 비로소 글로벌 주도 그룹들이 인정해 주는 '글'이라 할 수 있다.

이런 게 로컬을 넘어 글로벌 어젠더를 다루는 글로벌 어프로치로 일하는 방식이다. 그렇지 않으면 우리끼리 우물 안에서 (주요 주한 외국인 오피니언 리더들의 표현대로) '한국인들 특유의 정신적·문화적 마스터베이션' 행위로 예우받게 될 공산이 크다.

광복 70주년을 맞아 발표된 시중의 수많은 글들에서 공통적으로 나타나는 크나큰 맹점은 '현실적 실현 내지 숙고 타당한 논지 자체가 아예 부재'한 함정(systematic pitfalls)이다. 하여 외국인들이 콧웃음을 치는 게다. "코리언들은 생각한다는 게 늘 피상적이고, 내용에 구체성이 없어!"라며. 취재를 해주고 싶어도 해줄 만한 '꺼리'나 '사람'이 없다는 것이다. 그 많은 통일투사·통일전문가들 가운데 막상 고양이 목에 방울을 달 한 사람은 없고, 그저 너나없이 제 집 대문 앞에서 방울흔들기 경쟁만 일삼고 있으니 한심할 따름인 것이다. 수많은, 그것도 프로급 일색의 고양이들 목에 일일이 방울을 달 수 있는 쥐들이 없으면 말짱 황이다!

▰ 천편일률적 우물 안 세계관으로는 우주가 나서서 도와도 별수없어!

"각오를 다지자!" "의지를 높이자!" "실력을 기르자!" 70년 동안 변함없는 무책임 기조 혀놀리기, 혹은 주먹질이다. 하나같이 내적인 접근 일색! 그러나 글로벌 현실 세계관하에서의 모범 답안은 '외적들로부터 나라를 지키려면, 첫째 외적들이 무슨 생각을 하고 있나 알 수 있어야 하고, 둘째 외적들과 소통할 수 있어야 하며, 셋째 외적들에게 영향력을 행사할 수 있어야 한다.'

즉 최소한의 '글로벌 소통 매너'가 이미 구비되어 있어야만, 이 문제에 대한 풀이 작업이 마침내 '출발 가능'하다는 것이다. 그것이 아니고서는 대개 제멋에 겨운 달밤의 체조나 '떡을 갖고 있거나, 떡을 줄 수 있는' 주요 당사자, 곧 주변 강국들의 정책 방향 조정·정리는 생각지도 않고, 우리끼리 열심히 바라고 있으면 '하느님이 보우하사' 우주가 나서서 도와줄 것으로 착각해 '김칫국부터 마시고 쓴 글'들일 뿐이다. 흡사 1백여 년 전 중국 황준헌 주일공사관 참사관이 김홍집 대신의 부탁을 받고 작성해 전달한 《조선책략》에 대해, 이만손(李晩孫)·강진규(姜晉奎)·이만운(李晩運) 등이 중심이 되어 떼로 들고일어난 영남만인소 집단 소동류의 솔로 모드 정신적 마스터베이션에 불과할 것이다.

▟ 우물 안 초딩들의 통일맞이 '징징대기' 합창!

불행하게도 이 민족은 스스로의 힘으로 앙시앵 레짐(구체제)과 단절하지 못했다. 이미 그 수명이 다한 조선 왕조를 진즉에 우리 스스로 무너뜨리고, 새 왕조 혹은 공화국을 세우지 못하였다. 동학란은 혁명으로 완성되지 못하고 민란으로 끝났다. 임오군란·갑신정변 등도 모두 한바탕의 통과의례 소동으로 마물렀다. 프랑스대혁명처럼 무능한 왕을 내쫓고, 왕비를 단두대로 보내지도 못했다.

오히려 지금에 와서는 그 모든 원인이 외세 때문이었노라고, 그 찬란한(실은 다 썩은) 왕조를 지켜주지 못했다는 수치심에 도리어 대한제국을 미화하고 숭배하는 애국(?)적인 과업에 열을 내고 있다. 심지어 망국의 주역이라 할 수 있는 민비조차도 미화하기에 여념이 없다. 그리고 그 일에 동참 내지 동의하지 않는 이들은 애국심이 부족한 사람으로 치부하려 든다. 과연 이래서야 참다운 역사적 성찰이 가능하겠는가? 일본에 분기탱천하는 것만이 진정한 애국일까? 현실의 답답함을 역사 미화를 통해 대리만족하려는 건 아닌가?

어쨌든 그렇게 피식민지배로 근현대를 맞았다. 그리고 역시 스스로의 힘으로 해방을 맞이하지도 못했다. 또 외세를 등에 업고 통일전쟁을 하였지만, 그 통일도 이루어내지 못했다. 그리고는 치욕의 역사 가운데 유일한 자존심인 양 '3·1 독립 만세'를 허구한 날 외쳐댄다. 그리고 그 버릇대로 70년 동안 똑같은 '통일'을 부르짖어 왔다. 줄기차게 '징징'대면, 언젠가는 누군가가 또 떡을 입에 넣어주겠지 하고서. 아무려면 베를린 장벽이 '징징'거려서 무너졌을까? 분명한 건 우리의 해방은 징징거려서 얻은 것이 아니라는 사실이다. 싸워서 쟁취한 것도 아니다. 졸지에 남이 가져다 준 것이다. 말 그대로 '웬 떡?' '대박!'이었던 셈이다.

▀ 언제까지 거국적 '징징'거리기?

솔직히 말하자면, 조선 건국 이래 이 민족은 이 땅에서 제대로 주인 노릇을 해본 적이 없다. 지금 이 땅에 살고 있는 이들 가운데 주인장으로서 살아 본 사람은 단 한 명도 없다. 이젠 기억조차 아득해져 도무지 주인 의식이 뭔지, 주인장 노릇을 어떻게 하는 건지도 모른다. 하여 국가의 지도자들조차도 우물 안 세계관으로, 할 수 있는 일이라곤 고작 만만한 국민 선동질이다. 우물 안 개구리들의 합창이 우주로 퍼져 나가면 통일이 올 것처럼 말이다. 21세기 글로벌 시대를 살아가고 있지만, 한국인들의 사고는 아직도 1919년의 틀에 갇혀 있다 하겠다.

아무튼 한국인들은 자신의 문제를 스스로 해결하려 들기보다는 주변의 도움으로 어찌해 보려는 타성이 강한 건 부정할 수 없을 듯하다. 북한이나 일본과 다툼이 생기면, 그저 어린아이처럼 '징징'대며 미국이나 유럽 선진국, 심지어 중국·러시아에까지 역성들어 달라고 보챈다. 한국이 더 이상 미개국 내지는 후진국이 아닌데도 말이다. 물론 북한이 사고를 쳤다면야 당장 세계 평화에 위협이 되고, 경제적으로도 자국에 직간접으로 영향을 끼칠 우려 때문에 입발림에 나서 주겠지만, 한일 간의 역사(과거사) 논쟁엔 그들이 끼어들 하등의 이유가 없다.

일본이 '시끄럽기만' 한 한국을 우습게 여기는 이유가 거기에 있다. 징징거리며 두고보자는 놈치고 무서운 놈 없더라는 것이다. 그러니 옆구리 찔러 받는 사과가 뭐 그리 대수일까? 게다가 일본에선 총리의 과거사 사과 따윈 아무런 의미가 없다. 무라야마 전 총리의 담화가 그 방증이다. 언제든 뒤집으면 그만이다. 일본인들에겐 오직 일왕의 사과만이 진실이다.

◢ 글로벌 마인드 없이는 창조적 솔루션 불가능

1907년 4월 22일, 서울을 떠난 이준 열사가 헤이그로 가는 중간 경유지 겸 막후교섭지로 제정러시아의 수도 상트페테르부르크에 도착해 잠시 머물렀다. 그는 그곳 상류층 사교 무대에서 맨투맨 대면(face-to-face) 설득 작업을 벌였다. 그 결과 당시 현지 신문 사교계 동정란에 실리는 행운을 잡는다.

"처음에는 아프리카 무당 샤먼과 같은, 검은 갓에 흰 두루마기 차림의 조선 선비의 느닷없는 출현에 상당히 당황스러웠는데, 점차 그의 원숙하고 품위 있는 사회적인 인격체 풍모에 매료되어 많은 사람들이 그의 주장에 경청하게 되었고, 결국 상당수 인사들이 조선의 처지를 이해 공감하게 되어 필요한 지지 활동을 베풀기로 의견이 모아졌다."

물론 이준 열사가 헤이그까지 그 차림으로 가지는 않았다. 주목을 끌기 위해 계획된 퍼포먼스였을 뿐이다. 그와 같이 해방 70년을 맞아 우리끼리 거국적으로 '징징'댈 것이 아니라, 8·15 경축 행사 단상에 생존한 정신대 할머니들을 모시는 깜짝 이벤트라도 벌려 세계인들의 인류보편적 도덕심(Global Agenda among Civilized Societies Citizens)에 호소하였어야 했다.

▟ '통일대박'은 사기(詐欺)다

남북한 통일? 통일이 되면 어디로 튈지 모르는 신의 없는 나라가 통일되기를 바라는 이웃나라들이 있을까? 북한 붕괴? 천만에! 동물농장에서 길들여진 짐승들은 절대 주인을 물지 못한다. 그러니 꿈 깨자! 솔직히 북한은 당장이라도 먼저 먹는 놈이 임자다. 대한제국처럼 열강들의 먹잇감에 지나지 않는다. 길들여진 동물은 먹이를 잘 주는 주인이면 누구든 상관치 않는다. 선택의 순간이 오면 그 가운데서 가장 넉넉한 대국에 붙으려고 할 것이다!

솔직히 말해서 6자회담은 '대박통일'을 위한 테이블이 아니다.

남북한을 그냥 내버려두면 대형 사고를 칠 것 같아 미리 단속하기 위한 것이다. 6자(실은 4자)회담의 목표는 한반도의 안정, 즉 현상유지이다. 이를 뒤집어 보면, 통일을 하지 못하도록 말리자는 모임이다. 더 고약하게 말하면, 남한이든 북한이든 스스로 뭔가를 결정할 주권이 없음을 확인시켜 주기 위함이다. 만약 분단 독일에도 미·소·영·불이 참여하는 6자회담이 있었다면 아직도 통일을 이루지 못했을 것이다.

문제는 우리의 자세와 준비다.

수년 전부터 온갖 분야의 전문가들이 한반도 통일을 예상한 청사진을 그린다고 난리법석이다. 바야흐로 '통일투사'들은 가고, '통일설계사'들의 시대가 왔다. 아무렴 한반도 평화통일은 우리 민족의 염원! 고작 초등학교 교과서 수준의 통일관으로 너도나도 서로 선봉에 서겠다고 아우성치고 있는 것 같아 차마 보기 딱하다.

북한 김정은 체제가 들어서자, 모두들 "저 애송이가 얼마나 가겠는가…!"며 머잖아 북한 정권이 붕괴될 것으로 예상했다. 백두혈통 큰 겨우살이 장성택이 처형되자, 심지어 어느 전문가는 자고 나면 갑자기 통일이 찾아올 것처럼 떠벌리며 당장 준비해야 한다고도 했다. '통일대박'도 그런 분위기에서 나온 말일 테다.

과연 그럴까? 김정은이 저렇게 원로들을 숙청시키다가 박정희처럼 졸지에 어찌되지 않을까? 정말 어느 날 갑자기 휴전선이 뭉개지고, 통일이 찾아올까? 미국이 우리를 해방시켜 주었으니, 이번엔 중국이 우리를 통일시켜 줄 차례인가? 그래서 2015년 중국 전승절 기념 열병시에 박근혜 대통령이 참석했었나?

순진한 한국인들은 "북한이 우리 땅이니, 북한 정권이 붕괴되면 당연히 북한은 남한 것"이라고 철석같이 믿고 있다. 중국과 러시아가 과연 그 말에 동의할까?

제발 꿈 깨자! 장담컨대 오늘 밤 김정은이 누군가의 총에 맞아 죽는다 해도 북한이 붕괴되지도, 남북한이 통일되지도 않는다. 중국은 그러한 만일의 사태를 대비해 김정남 가족을 보호하곤 했었다. 누천년 주변 오랑캐 나라들을 어르고 달래며 속국으로 거느려 본 노하우를 가진 나라가 중국이다. 반도의 오랑캐를 어떻게 다뤄야 할지 우리보다 더 잘 안다. 그러니 중국이 원치 않는 한 남북한 통일은 없다.

이대로라면 한 세기, 아니 반세기만 더 가도 충분히 북한을 중국의 소수민족화시킬 수 있는데 뭣하러 통일을 바라겠는가? 중국이 미국에 밀리지 않는 군사대국이 될 때까지, 중국이 남한보다 잘살게 될 때까지, 굶길 대로 굶긴 북한 인민이 제 발로 중국 품에 안길 때까지 느긋하게 기다릴 것이다.

배부른 사람 짐승은 말을 잘 듣지 않는 법. 하여 계속해서 굶어 죽거나 얼어죽지 않을 만큼만 지원하면서 "노다지(노터치)!" 그러니까 "언제 먹어도 왕서방이 먹을 거니까 손대지 마!"라는 거다. 그러기 위해선 여차하면 김정은 대신 다른 백두혈통을 내세워 북한 체제를 현 상태로 유지시킬 것이다. 그나마 대만의 독립을 염려하여 지금까지 북한의 독립을 막고 있는 것만도 우리에겐 다행이라면 다행일 테지만, 결국(대만을 합병한 다음)에는 그 수순을 밟을 것이다. 일본이 대한제국을 삼켰던 것처럼!

◢ 왕서방의 꿈은 북한을 통째로 먹는 것

성질 급한 한국인들은 매사에 가부(可否)를 서두르고, 체념도 빠르다. 가령 한국의 여성 운전자들은 갑작스런 위급 상황에 처하게 되면 눈을 감아 버리고 마는데, 중국인이나 인도인·서구인들은 끝까지 눈을 감지 않는다. 천길 낭떠러지에 떨어졌더라도 마지막 바닥에 닿을 때까지 뭐라도 붙드려고 벼랑을 긁어댄다. 중국 무협지에 그렇게 해서 살아난 주인공이 빠지지 않고 등장하는 것도 그 때문이다. 진즉에 휴지 조각이 되어 버린 제1·2차 세계대전 때의 채권을 아직도 대를 이어 보관하고 있을 정도로 그들은 끈질기다.

　아무튼 중국의 북한 흡수를 가상한 시나리오가 있는지 없는지, 있다 한들 그대로 이루어질지 안 이루어질지 누가 알겠는가? 가능하기라도 할까? 하지만 중국인들의 생각엔 '되든 안 되든 손해 볼 것 없는' 일, 가망 없어 보인다 해도 포기하지 않고 이 상태로 '언제까지'든 두고 볼 일이다. 당장 크게 아쉬운 일도 아니다. 그러니 한반도의 미래에 대해 절대 어떤 결론도 내놓지 않을 것이다.

　게다가 4강국 중 러시아가 어떤 나라인가? 만약의 경우 북한이 무너진다면 가만히 두고 볼 불곰이던가? 분명 관심 없는 척 곁눈질로 지켜보고만 있다가 여차하면 중국보다 먼저 덥석 한입 베어먹고 볼 것이다. 근자에 우크라이나에서 그 식욕을 확인하지 않았는가? 이럴 경우 북한은 한(미)·중·러 3국이 3등분할 공산이 커진다. 뒤늦게 움직일 게 뻔한 남한(미국)은 기껏해야 개성이나 금강산 정도밖에 차지하지 못할 것이다. 그 와중에 일본은 부스러기(독도) 하나라도 챙기려 들 것이고.

　시금 힌국에 이런 사태에 대비한 시나리오를 설계할 인물이 있는가? 있다 한들 그걸 실행시킬, 고양이(한 마리도 아닌 다섯 마리)

목에 방울을 달아낼 인물이 있는가? 고작 유엔에 가서 울며불며 사후약방문 써달라고 조르기밖에 더하겠는가?

남이 가져다 준 해방이 그러했듯 기다리면 오는 통일, 4자가 가져다 주는 통일은 대박이 아니라 필시 쪽박이다. 통일이 되면? 통일 한반도 설계도? 주변국 누구도 한반도 통일을 원치 않는다. 만화가의 탁상 청사진이 아니라 당장 이 질긴 분단의 결박부터 끊어낼 구체적이고 실천 가능한 솔루션이 우선이다.

통일은 명사가 아닌 동사다. 형용사는 더더욱 아니다. 구호가 아니라 실천이란 말이다. '태도적 가치'를 따른다면 '대박'이 아니라 '쪽박'이라 해도 기어코 통일을 이루어야 하고, 이룰 수 있다. 하지만 '경험적 가치'를 좇는다면 온 세계가 나선다 해도 통일은 점점 더 멀어져만 갈 것이다. '경험적 가치'는 그때그때 달라질 수 있기 때문이다. 대의(大義)는 '경험적 가치'에서 나오지 않는다. 김칫국물 마시다가 사래드는 수도 있다. 남이 가져다 주는 통일은 필시 대박이 아니라 쪽박이다. 그러니까 한다 하는 예언가들이 말한 대로, 남한 사람이 바라는 '대박통일'이 아닐 수도 있다는 말이다. 통일에 대해, 우리 자신에 대해, 우리의 처지와 능력에 대해 좀 더 깊은 성찰이 있어야겠다.

'통일대박'이 아니라 '제2의 노예해방운동'을

문민 정부가 들어선 이래로 이 나라 최고지도자들의 언격(言格)이 많이 떨어져 왔다. 사실 박근혜 대통령의 '통일대박'에 적잖은 시민들이 당황스러워했다. 해외 언론들도 이에 합당한 어휘를 찾지 못해 애를 먹었다고 한다. 결국 중국 등 일부 국가에는 '대박'의 의미가 제대로 전달되지 못했다. 북한 주민들 역시 무슨 소리인지 알아듣지 못했을 것이다.

덕분에 남한만 온 나라가 '닥치고 통일'이다.

2014년 3월, 박대통령은 네덜란드와 독일의 순방 외교에서 시시때때로 '통일대박'을 외쳐댔는데, 과연 그만한 효과를 거두었을까? 아무튼 독일이 대박을 기대하고서 통일하지는 않았을 것이다. 또 남북한이 통일을 이룬다고 해서 독일처럼 대박난다는 보장도 없다. 그리고 독일은 이렇듯 요란스럽게 말로 통일 운운하지 않았다. 어느 날 갑자기 베를린 장벽이 무너지긴 하였지만, 세상 사람들이 본 건 수면 위의 빙산에 불과하다. 긴 시간 동안 수면 아래에서의 소리소문 없는 작업이 있었기에 가능했던 일이다.

통일이 마치 개구리 짝짓기처럼 목소리가 클수록 빨리 오고, 제 발로 찾아오는 것 또한 아니잖는가. 무엇보다 통일에도 상대가 있기 마련, 과연 상대도 통일을 바라고 있는 것일까? 그들에게 물어보기라도 하고서 '통일대박'인가? 큰 노력 없이 북한이 저절로 무너져 남한에 흡수 통일되어야 말 그대로 '대박'인데, 이는 감나무 밑에 누워 입에 곶감 떨어지기를 기다리는 것과 같아 솔직히 낯간지러운 느낌조차 든다.

어쨌든 '통일대박'이란 독일의 '경험적 가치' 곧 통일이 되면 우리도 독일처럼 잘살 수 있을 거라는 기대에서 나온 말일 테다. 그렇지만 남의 나라 대박나는 일이 뭐 그리 즐거운 일이겠는가? 잭팟? 횡재? 불로소득 같은 뉘잉스를 풍기는 '대박'이란 용어에 과연 글로벌 선진 사회의 리더들이 공감할까? 순진무지한 한국인들, "잘해 보라!"는 입에 발린 인사치레에 감읍해서 어쩔 줄을 모른다.

분단된 지 어언 70년이 다 되었다.

일제 36년까지 합하면, 북한 주민들은 한 세기가 넘도록 인간답게 살아 보지 못하였다. 그런데 통일에다 고작 '대박'이라니! 사대근성에다 속물 근성까지 보태어진 이 천박한 어휘를 대통령이 부르짖다니! 기회주의적 명분을 내걸기에는 우리 자신이 너무 치졸하지 않은가?

이왕이면 '태도적 가치'의 의미를 담은 어젠더를 던졌어야 했다. 북한 주민들의 인간답게 살 권리의 회복, 인간존엄이라는 인류의 보편적 가치와 양심에 호소하는 메시지, 남한의 '대박'을 위해서가 아니라 문명 사회의 최대 수치인 북한의 동물농장을 해체시키는, '제2의 노예해방운동'에 동참하자 역설하였어야 했다는 말이다.

◤ 대박이든 쪽박이든 '태도적 가치'를 따라야

2016년 1월 6일, 새해 벽두에 북한이 또다시 핵실험을 감행하였다. 어차피 짐작했던 일인데도 마치 자다가 날벼락이라도 맞은 양화들짝이다. 그러자 버락 오바마 미국 대통령은 핵실험 다음날 박근혜 대통령이 아닌 아베 신조[安倍晋三] 일본 총리와 먼저 통화를 했다. 박대통령은 여섯 차례나 정상회담을 가져 '역대 최상'이라는 중국 시진핑[習近平] 국가주석과도 전화 통화조차 하지 못했다. 정권이 그토록 자랑해 마지않던 정상 외교가 뻥이었음이 백일하에 드러난 것이다. 완전 글로벌 왕따인 게다.

그동안 누차 지적해 왔듯이, 글로벌 비즈니스 매너적 시각에서 보면 이 모두가 이미 예상된 일! 개인적으로 그다지 호감이 가지 않는, 여러 차례에 걸쳐 매너와 품격 없음을 확인한, 징징대기만 하는 사람한테서 오는 전화를 받고 싶은 이(甲)는 아마 없을 것이다. 자신이 을(乙)이라면 또 모를까. 하여 혼자서 대북 제재를 가한다는 게 고작 확성기 틀어 놓고 징징대기다. '두고 보자!'는 놈 무섭지 않은 이유는, 그런 말 내뱉는 놈이 유일하게 지킬 수 있는 게 바로 그 말이기 때문이다. 하여 계속 '두고 보기만' 한다.

박대통령이 2016년 1월 22일 외교안보부처 업무보고에서 북한을 제외한 5자회담을 제안하는 폭탄 발언(푸념)을 하자 중국이 곧장 반발하고 나섰고, 스티븐 멀 미국 국무부 이란핵합의이행조정관(고급관리도 아닌)은 "우리는 계속해서 6자회담 참가국들과 협력해 길을 찾아나갈 것"이라는 면박성 발언을 서슴지 않았다. 딱한 처지를 보다못해 다음날 주한미국대사관이 지지 의사를 밝히며 사태 수습에 나섰다. 답답하다고 언성 높일 일이 아니다.

그런가 하면 2017년 7월 11일, 독일 G20 정상회의를 마치고 돌아온 문재인 대통령은 국무회의에서 "우리에게 가장 절박한 한반도 문제를 우리가 해결할 힘이 없다는 것이 뼈아프다!"라고 토로하였다. 국가 최고지도자가 이렇게 직설적으로 징징거리면 어쩌자는 것인가? 지도자는 어떤 경우에도 냉정해야 한다.

아무려면 미국인들 남북한의 통일을 바라겠는가? 통일되자마자 "미군 물러가라!"며 들불처럼 들고일어날 것이 뻔한데! 솔직히 말해서 한반도 통일에 대한 한국인들의 행태는 이해 불가한 면이 적시않나. '통일대박'을 외치지만 스스로는 통일을 위한 어떤 노력도 기울이지 않으면서 주변 4강국에게 평화통일을 시켜 달라고 조른다. "제발 북한을 달래어 달라! 혼 좀 내 달라!" 그러면서 입만 열면 또 '한반도 안정'을 외친다. 기실 통일을 하자는 건지, 말자는 건지 헷갈린다. 그러니까 북한 정권을 고사시켜 주면 날로 먹겠다? 그래서 대박인가? 명분론 뒤에 숨은 이런 위선에 넘어갈 세계인이 있을까?

독일처럼 평화통일을 하고 싶다? 혹여 도와주고 싶어도 당사자들이 먼저 통일을 이루고자 발버둥치는 진정성을 보여야 마음이 동하는 것이지, 저들끼리 허구한 날 할퀴고 삿대질해대는 역겨운 푸닥거리에 어느 누가 동참하고 싶겠는가? 언제까지 고작 상투적인 입발림 '평화통일지지'나 구걸해대는 걸 외교적 성과 혹은 역량이라 떠벌릴 것인가? 아무튼 원폭이든 수폭이든 그마저도 열흘도 지나지 않아 나 몰라라 저들끼리 하던 멱살잡이, 편가르기, 숟가락 싸움에 다시 몰두하고 있다. 설마! 유엔이! 미국이! 4강국이 알아서 하겠지!

✒ '아큐(啞Q)' 대한민국

게다가 한국인은 애국심(실은 애국분노)과 공명심이 지나치게 높아 때로는 남의 눈살을 찌푸리게 할 때가 많다. 문제가 생기거나 사건이 터질 때마다 징징대고, 분개하고, 악을 쓰고, 또 방방 뛸수록 애국심이 증명된다고 여기는 까닭일 테다.

스스로 문제를 해결할 능력은 없고, 애국분노는 불타오르고…, 하니 어쩌겠는가? 동네방네 돌아다니며 "쟤가 때렸어요!" "억울해요!" "혼내 주세요!" 하고서 징징대는 게 고작이다. 오뉴월 무논 개구리 울음소리처럼 귀가 따가울 지경이다. 그나마도 한목소리로 징징대는 것도 아니다. 도대체 어쩌란 말인가?

독도를 빼앗겼나? 지금 실효지배하고 있지 않나? 아무튼 제 포지선조차 모르니 문제(사건)에 제대로 접근해서 해결할 수 있는 방법이 나올 리가 없다. 해서 허구한 날 헛다리만 짚고 다니는 게다. 그저 자기 고정관념에 사로잡혀 닥치고 징징대기만 하는 것이다. 뒤집어보면 그만큼 스스로 문제를 해결할 능력이 떨어진다는 뜻이다. 해서 제풀에 길길이 날뛰는 것이다.

한국인들은 문제를 항상 거시적이고 연역적(지식선도형)으로 접근하려 드는 습성이 강해서 미시적이고 귀납적(현장선도형)인 접근법이 부족한 편이다. 해서 거창하게 떠벌려 폼만 잡으려고 할 뿐 직접 나서서 문제를 해결토록 하면 다들 꼬리를 감추고 슬금슬금 도망쳐 버린다. 그러다 보니 번지수도 모르는 엉터리가 통일전문가·한국홍보전문가라고 설치는 것이다.

문제가 발생했으면 그걸 해결할 인물, 즉 저격수(사신, 특사)를 보내는 게 우선이다. A/S기사부터 보내야 한다는 말이다. 고금을 막론하고 그게 외교의 기본이다. 컨퍼런스, 세미나, 포럼? 웃기는 짓이다. 식자무당들의 푸닥거리, 집단 자위행위에 다름 아니다. 알량한 지식이 해결하는 것 아니다. 당장 누가 고양이 목에 방울을 달 것인지를 결정해서 그에게 줄 경비를 걷는 게 순서다.

임진왜란이 끝나고 왜국에 특사를 보내고자 하였으나 그 많은, 말 많은 조정 대신들 가운데 누구도 무서워서 나서지 않았다. 해서 결국은 왜군과 직접 싸운, 왜군으로서는 뼈를 갈아먹어도 시원찮을 저장인 사명대사가 1604년 강화정사(講和政使)로 건너가 잡혀간 3천5백여 동포를 데리고 8개월 만에 돌아왔다. 현재 대한민국의 불행이라면 사명대사와 같은 저격수(현장선도형 글로벌 전사)가 없다는 것일 테다.

여하튼 고금을 막론하고 나라를 망치는 이들은 언제나 지식선도형 '똑똑이'들이었다. 아는 건 많은데 창조는 언감생심, 실천도 안 되는 '겉똑똑이'들 말이다.

통일은 '되는' 것이 아니라 '해내는' 것이다.

6자회담이든 5자회담이든 주인(主體, 主動) 의식, 주인장 매너를 갖추지 못하면 대박도 쪽박도 어림없다. 위선과 허세를 버리고, 솔직하고 진정성 있게 세계인들과 소통해야 공감과 동참을 이끌어낼 수 있다. 북한 정권 역시 마찬가지로 끈기 있게 설득해야 한다. 지혜가 모자라면 눈치라도 있어야 할 텐데 참 걱정이다.

아, 계셨군요? 여성 대통령을 집무실에서 맞이하는 버락 오바마 대통령. [청와대]

▟ 금간 신뢰, 백악관의 푸대접?

박대통령이 중국 전승절 기념 열병식에 참석한 지 얼마 되지도 않은 시점에서 미국을 방문해, 한국형 전투기 사업을 위한 핵심기술을 이전해 달라고 미 국방부에까지 찾아가 오버액션하였지만 일언지하에 거절당했다. 당시 공항에는 박대통령을 환영하러 나온 사람들이 많지 않았고, 거물급 인사도 없었으며, 고작 의전장만 달랑 나왔다. 그야 국빈 방문이 아니니 그럴 수 있다고 넘어가자. 한데 이틀 후 백악관 현관에서 맞이한 이도 역시 의전장이었다. 집주인인 버락 오바마는 물론 미셸 오바마도, 부통령도, 국무장관도 나와 보지 않았다. 박대통령 혼자서 방명록에 사인하고, 오바마 대통령의 집무실 문을 두드리고서야 만날 수 있었다.

그리고 "북핵 문제를 최고 시급성 있게 다루자!"는 상투적인 기자회견! 그마저도 박대통령은 기자들의 질문에 줄곧 버벅거렸다. 결국 아무것도 얻어낸 것 없이 빈손으로 귀국했다. 아무리 떼를 써도 안 되는 건 안 되는 것이겠지만, 혹 미국인들이 속으로 '우릴 바보로 아나?' '무슨 염치로?' '그 기술 얻어다가 중국에 갖다바치려고?' 하지나 않았을지 걱정이다. 더욱 염치없는 한국 언론들은 박대통령이 미 국방부에서 전례없는 환대를 받았노라고 호들갑이다.

낭만적인, 심하게 말하자면 철없는 한국인들은 '지난날 미국이 해방시켜 주었으니, 이번엔 중국이 통일시켜 줄 차례'라는 듯 통일대박, 유라시아 벌판을 종횡무진하는 꿈을 꾸고 있다. 그러나 글로벌 비즈니스 리더라면 오바마 대통령이 각국 지도자를 맞이하는 사진 한 장만 보고서도 다가올 사태(?)를 짐작하거니와, 그 나라에 대한 투자 여부며 규모를 결정할 것이다.

다시 강조하지만, 글로벌 고양이(5자+EU) 목에 방울을 다는 문제에 있어 제일차적인 최우선 과제, 기본 조건(Basic Platform)은 글로벌 무대에서 통용 가능한 소통 매너다. 글로벌적 세계관 없이는 불가능한 일이다. 소국 근성, 하인 근성으로는 절대 우물 안을 벗어나지 못한다.

주인장은 떼지어 '징징'대지 않는다. 5천만 안방 개구리들의 합창 대신 바다를 건너가서 목숨 걸고 도쿠가와 이에야스와 맞장뜨던 사명대사 같은 글로벌 용사를 찾아내어야 하고, 없으면 지금부터라도 길러내어야 한다.

◤ 통일보다 중요한 건 정통성!

대부분의 한국인들은 독일처럼 평화적으로 통일이 되었으면 하는 염원을 품고 있다. 만약 그 바람대로 강대국의 도움(?)으로 한반도가 평화통일이 된다면 한국도 독일처럼 번영을 누리게 될까? 혹여 해방 후처럼 곧바로 또 혼란의 소용돌이에 빠져들 것인가? 아마도 후자일 것이다.

어떤 식의 통일이든 당사자들끼리 당당하게 승부를 내어야 뒷말이 없다. 그래야 정통성이 생긴다는 말이다.

외세에 의해 해방되는 바람에 김구든 이승만이든 김일성이든 기실 정통성이 없기는 마찬가지! 해서 고작 임시정부 족보 따지기로 정통성 시비를 하다가 분단, 독재, 전쟁, 그것도 모자라 쿠데타까지 치른 것이다. 그 쿠데타마저도 무혈로 성공하는 바람에 끊임없이 정통성 시비에 휘말려 역사에서 지우개질당하고 있다. 그에 비해 중국과 베트남은 당당하게 승부를 겨뤄 정통성을 확보하였다. 진 쪽의 누구도 이의를 달지도, 수치스러워하지도 않는다. 그 자부심으로 역사에 당당할 수 있었다.

임진왜란, 일제 식민지배를 당하고서도 한국이 일본에 당당하지 못한 원인도, 반대로 일본이 한국에 대해 진심으로 사과하지 않는 이유도 실은 그 때문이다. 명(明)과 미국이 아니었으면, 지나치게 욕심을 부리지 않았더라면 진즉부터 한국과 일본은 한 나라였다는 게 일본인 모두의 생각일 것이다. 임진왜란을 조선의 힘만으로 승리하고, 내친 김에 뒤쫓아가 그 대가를 혹독하게 치르게 하고 항복을 받아냈더라면 다시는 넘볼 엄두를 못 내었을 것이다.

승패가 분명치 않은, 외세에 의한 평화통일은 또 다른 재앙의 불씨가 될 수 있기에 하는 말이다. 통일은 '되는' 것이 아니라 '이루어내야' 하는 이유가 거기에 있다.

Tip 주제 파악 못하는 동북아 균형자

지난 노무현 정권 때부터 회자되어 온 그럴싸한 말이 하나 있다. 한국이 동북아의 균형자(조정자) 역할을 해야 한다는 주장이다. 남한이 일본과 중국, 미국과 중국 사이에서 지렛대 역할을 하는 중차대한 책임을 맡을 수밖에 없다는 것이다. 꿩 먹고, 알 먹고, 잘하면 통일대박! 낭만적인 한국인들에게 꽤나 그럴싸한 자주파적인 혜안처럼 받아들여져 지금까지 그 외교 기조가 이어져 오고 있다.

그 균형자역을 자처하며 미국으로부터 전시작전권을 '빼앗아 왔다가' 불과 몇 년 만에 사정사정해서 도로 반납했다. 아무렴 평화를 무지 사랑하는 민족에게 굳이 전시작전권이란 게 소용이 있을 리가 없었던가? 아니면 막상 그 뜨거운 물건을 쥐고 보니 무서워졌던가? 미국의 입장에서 보면 참으로 어처구니없는 나라였겠다. 영세중립국을 꿈꾸는가? 그러다 새 정부가 들어서자 다시 찾아와야 한다고 법석을 피우고 있다.

물론 약소국도 양다리걸치기, 줄타기 전략이 불가능한 것은 아니다. 그러기 위해서는 한국인들이, 한국의 지도자들이 뱀처럼 지혜롭고 지극히 '교활(cunning)'해야만 한다. 한데 단무지(단순하고 무지한) 민족이 4강대국을 요리조리 가지고 놀 만큼 교활한가? 2015년 시진핑 중국 국가주석의 영국 국빈 방문 때, 자이언트 판다에게 황금마차 한 번 태워 주고 물경 30억 파운드(52조 원)를 뜯어낸 영국인들만큼이나 교활한가? 딴에는 지혜롭다고 열심히 머리를 굴려 보지만, 기실 본심은 '비굴'이 아닌가?

역사상 단 한번도 대국이었던 적도, 제국 경영을 해본 적도, 남의 나라를 점령해 본 적도 없는 나라가 현 세계 최강의 두 대국을 양손에 쥐고 균형 외교를 하겠다? 새우가 고래 싸움을 관장하겠다? 솔직히 말해 균형 외교란 약소국의 잔꾀도 못 되는 집단 자위행위에 지나지 않은 허구이자 자기 기만이며 대국민 사기다.

지난날 미소 양대국 사이에 끼어 우왕좌왕하다가 남북으로 찢긴 나라가 이제 또다시 양다리 외교를 펼치겠다? 강대국 입장에서 보자면, 약소국의 균형 외교란 '간에 붙었다 쓸개에 붙었다' 하는 염치 내지는 신의 없는 처신으로밖에 안 보인다. 미국이 한국과 일본을 다루는 게 바로 균형 외교다. 중국이 남한과 북한을 가지고 노는 게 진짜 균형 외교다. 균형 외교는 힘 있는 자가 하는 것이다.

'평화' 역시 나약하고 비겁한 민족이 진심으로 바라는 것이겠지만 강대국 입장에선 그저 상투적인 어젠더, 즉 '입발림'일 뿐이다. 중국이 한반도 통일을 바란다는 말은 지나가는 소가 웃을 일이다. 해서 녹음기처럼 '동북아 평화와 안정'인 게다. 이대로 가는 데까지 가자는 거다. 그 '가는 데까지'가 문제이고, 그 문제를 풀어내는 게 통일 솔루션이다.

한국이 동북아의 균형자 역할? 기실 양다리 외교라는 것도 힘 있는 나라가 할 수 있는 전략이다. 국제관계는 냉혹하다. 한 번 금이 간 신뢰는 여간해선 회복이 쉽지 않다. 지난날 "노(No)라고 할 수 있는 일본!"을 외치던 일본이 20년 동안 허우적대다가 한국과 중국의 열렬한 지원(?) 덕분에 이제 겨우 미국과의 신뢰를 회복하여 기운을 차리고 있다. 이젠 우리 차례인가? 확인하는 데 그렇게 오래 걸리지 않을 것이다. 산꼭대기에 이미 서리가 내렸건만, 산 아래에선 베짱이들이 그늘 좋은 가지를 서로 차지하려고 멱살잡이에 여념이 없다. 힘이 없으면 지혜라도 있어야 할 텐데, 이래저래 참으로 안타깝기 그지없다.

'균형 외교'는 사기(詐欺)다.

당연히 그 대상은 세계가 아닌 대국민이다. '어린 백성들'을 데리고 말장난친 거다. 아무튼 4강국을 상대로 사기칠 능력이나 갖추고서 그런 말을 해야 한다. 물론 진짜 사기꾼은 그런 말조차도 입밖에 내지 않는다. 그러니까 제 앞가림도 못하는 주제에 분수도 모르고 '뻥'만 친 거다. 그렇게 세계의 조롱거리가 되고 싶은가?

요즘 주변 4강국의 기세가 등등하다. 그에 비해 한국은 자중지란에 빠져 방향도 못 잡고 표류하고 있어 이러다 정말로 한국이 어찌되는 것 아니냐며 불안해하는 사람들이 많다. 피해 의식은 사람을 주눅들게 만든다. 그렇다고 지난 역사를 되새기며 분노할 일도 아니다. 유불리에 지나치게 민감할 필요 없다. 아무렴 어떻게 일군 나라인데! 기실 한국이 이 정도로 발전할 수 있었던 것도 4강국 사이에 끼인 지정학적인 유리함과 북한의 위협, 그에 따른 긴장감이 생존 욕구를 억세게 자극한 때문이 아니겠는가? 아니할 말로 4강국이 서로 한국을 보호(?)해 주려고 다투는 판에 무슨 걱정인가? 곧 죽어도 그만한 똥배짱을 깔고 무슨 일이든 도모해야 자존심이라도 건진다. 주인장 의식으로 당당하게 나가야 한다.

중국어도 못하는 사람을 중국대사로, 러시아어도 못하는 사람을 러시아대사로 보내면서 무슨 동북아 균형자? 제발이지 눈치나 잔꾀로 균형자 노릇할 일은 없다. 4강국에 둘러싸인 형세를 주도적으로 유리하게 끌고 나가려면 지금과 같이 패배주의적 사고와 경계심을 버리고 적극적으로 그들과 소통해 나가 공동으로 발전해 나갈 길을 모색해야 한다. 그러려면 먼저 주변 4강국의 언어부터 일찍이 가르쳐야 한다. 그리하여 4강국의 국민들이 한국에 왔을 때 언어 소통에 전혀 어려움이 없게 해야 한다. 네덜란드처럼!

요즈음 4차산업혁명이 온다며 다들 야단법석이다. 아무렴 4차가 아니라 5차산업혁명이 온다 해도 언어와 글로벌 매너만한 자원이 있으랴! 그 어떤 기술이나 자원보다 더 경쟁력을 지니는 것이 바로 소통의 기술이다. 반도 국가는 해양문명을 지향할 때 가장 번영기였다는 건 역사가 증명하고 있지 않던가!

14

공(公)을 모르는 선비 정신의 되물림

"우리 한국인들은 자기가 보는 세상만을 인식하는 우물 안의 개구리다. 나는 미국에서 많은 것을 보고 익힌 뒤 귀국해 젊은이들을 가르치는 교사가 되는 것이 꿈이다."
– 도산 안창호

한반도 역사상 가장 비겁했던 왕조 조선은 명(明)과 청(淸)으로부터의 끊임없는 군사적 트집에 시달렸었다. 심지어 왜 북쪽을 향하여 성을 쌓았느냐, 성의 높이가 왜 이렇게 높느냐며 핍박해대는 바람에 결국에 가서는 도로 허물거나 낮춰야 했다. 북한산성의 높이가 시골집 담벼락만큼밖에 안 되는 건 돌이 모자라서이거나 기술이 부족해서가 아니었다. 한국의 웬만한 산꼭대기마다 있는 산성들이 다 허물어진 건 세월 탓만은 아니다.

레이더 탐지거리가 2900킬로미터에 이르러 백두산 너머 중국까지 훤히 들여다보이기 때문에 중국에 위협적이라고? 아무려면 지금이 어떤 세상인데, 그런 목적이라면 굳이 사드일 필요가 있을까? 인공위성으로 제 손금 보듯 내려다보고 있는데, 그깟 레이더가 뭐 그리 대수겠는가. 정말 사드의 레이더가 그렇게 우수한 성능을 지녔다면, 차라리 레이더만 따로 떼내어 성주가 아니라 백령도나 휴전선에 갖다 놓고 중국 깊숙이 감시하겠다. 울릉도에도 설치해서 독도를 지켜야겠다. 설마하니 사드보다 더 우수한 레이더가 다시없을까?

　무엇보다 사드는 공격용 무기가 아니다. 방어용 무기다. 주변
국을 공격하기 위한 무기가 아닌, 자기 방어를 위해 들여오는 것을
두고서 왈가왈부하는 건 억지다. 여유만 있다면 사드가 아니라 사
드 할아버지라도 더 사들이고 개발해야 할 것이다. 남한의 인구가
점점 줄어들고 있다. 병역 인구도 마찬가지! 사드보다 더 강력한 무
기를 계속해서 늘려나갈 수밖에 없다. 북한도 더 이상 군비 경쟁할
자신이 없어 핵개발에 매진하는 거다.

　아무려면 그깟 방어용 무기 하나에 벌벌 떨 중국이던가?

　어차피 무기 경쟁은 창과 방패의 싸움. 곧 그에 상응하는 무기
를 개발하면 될 것을! 중국이 이번의 사드 문제에 지나치게 반응하
는 건 그만큼 아직 미국에 비해 무기 수준이 떨어진다는 반증이고,
또 그 때문에 더 적극적으로 방해를 못하는 거다. 왜냐하면 사드 배
치를 끝까지 막는 것은 바둑이나 장기에서 한 수 물러 달라는 거나
다름없는 체면 깎이는 일일 테니 말이다.

　그러니까 중국도 이런 사정을 모르지 않을 것이다.

　사드가 진정 중국의 안전을 위협할 정도의 공격 무기라면 이렇
게 넘어가지는 않을 것이다. 짐짓 이를 기회삼아 한국과의 관계를
짚어보고 한번쯤 겁을 줘 길들여 보자는 심산일 테다.

　사드 배치에 대한 중국의 보복이 전방위적으로 자행되고 있다.
각오한 일이지만 그 피해가 만만치 않을 것이다. 그러나 한중 간에
밀고 당길 일이 어찌 이뿐이겠는가? 그때마다 지나치게 호들갑 떨
지들 말고 담담하게, 그리고 당당하게 대처해 나가야겠다. 어차피
한중 관계는 멀리 보고 나아가야 한다는 사실을 모르는 중국지도자

도 없을 터이니 말이다.

◤ 사드로 드러난 부끄러운 민낯

문제는 언제나 그랬듯이 우리 내부다.

뭔가 모자란 듯, 이 어처구니없는 민족은 외적이 나타나거나 무슨 문제가 터지기만 하면 단합은커녕 기다렸다는 듯이 먼저 저희들끼리 삿대질에 멱살 잡고 엉겨붙는다. 그 꼴이 하도 재미있어서 북한이나 일본이 툭하면 뺨을 때리고, 염장을 질러대는 것이다. 덩달아 이번엔 중국까지 사드 핑계대고 눈을 부라려 본 거다.

성주 군민들을 설득하러 내려갔던 국무총리가 계란 세례 물 세례에 웃통까지 벗겨져 6시간 넘게 갇혔다가 풀려났다. 전후 사정이 어떻든 국가 공권력이 그 꼴을 당했으면 준엄하게 나무랄 일이건마는 다들 꿀먹은 벙어리다. 김종인 더불어민주당 비대위 대표가 한 말씀 한 게 고작이다.

그런가 하면 한쪽에선 우리도 핵무기를 개발해야 한다고 목소리를 높이고 있다. 아무렴 그럴 수만 있다면야! 그러나 누구 맘대로? 설사 개발한들 이 땅 어디에다 그 기지를 둘 것인가? 잠수함에 실어 먼바다 깊숙한 곳에 숨겨둔들 가만있을 국민이든가? 어림도 없는 헛소리인 줄 뻔히 알면서 그러는 줄 모르는 순진한 세계인이 있을까? 정말 핵개발하려면 몰래 시침 뚝 떼고 하는 거다.

◤ 세계관이 열리지 않으면 공(公)을 바로세울 수 없어

경기도의 경기(京畿)는 왕기(王畿)를 뜻한다.

왕기의 법도에서 왕은 절대 이 지역을 벗어날 수 없다. 사람인 이상 어딘가를 다녀오면 그곳에 대한 인상과 감정이 생겨나기 마련, 천하의 모든 지역을 호불호(好不好) 없이 공평하게 다스리기 위해서이다. 장기(將棋)판에서 장(궁)이 궁밭을 벗어날 수 없음과 같은 이치다. 나라 國(국)자 안의 작은 입 口(구)가 곧 궁(宮)이자 경(京)이다. 경기는 왕의 직할 구역, 즉 궁밭이다. 그 안에서 왕은 천하의 상황을 파악하고 있어야 했다. 사드처럼, 가보지 않고도.

다산 정약용 선생은 유배중 자식들에게 아무리 가난해도 서울에서 멀리 떠나 살지 말도록 신신당부했었다. 대체적으로 보면, 지방 출신으로서 성공한 엘리트들의 세계관은 국내를 벗어나지 못하는 경향이 짙다. 심지어 유학을 다녀와도 좀체 달라지지 않는다. 어릴 적 그들의 첫 목표가 서울에 올라가 공부해서 출세하는 것이라 그럴 터이다. 그에 비해 서울 출신 엘리트들 중에는 처음부터 시야가 국제적으로 열린 이들이 많다.

당연히 조선시대에도 이러한 경향이 뚜렷했었다. 조선 후기, 뒤늦게나마 우물 밖으로 눈을 돌린 박지원·박제가 등이 대표적으로 그러했다. 서울 경기 출신들이다. 이황·김종직 같은 지방 출신들과는 달랐다. 거꾸로 나라를 팔아먹은 이들도 그러했다. 국제 정세를 정확히 파악했기에 남보다 먼저 제 살 길을 택한 것이다.

요즈음 한국의 현상황을 통탄하면서, 간디가 역설한 '나라가 망할 7가지 징조'를 상기시키는 사람들이 많다. 실제 돌아가는 나라꼴을 보면 그 중 단 한 가지만이라도 아니라고 항변할 자신이 없다. 그러니 '왜 그러고도 나라가 안 망하지?'라는 소리로 들린다.

27일 오전, 서울 청운효자동 주민자치센터 앞에서 경북 성주군 유림단체연합회가 '성주군 사드 배치 반대 기자회견'을 열고 절을 하고 있다. 2016년 7월 27일. [연합뉴스]

누구 덕분인지 알 만한 사람은, 아니 국민 모두가 다 알면서도 차마 말을 않을 뿐일 테다. 그걸 뻔뻔스레 잘도 이용해 먹는 사람들이 바로 종북 세력들이다.

충(忠)도 공(公)도 모르면서 "아니되옵니다?"

급기야 성주군 유림들까지 집단으로 상경하여 2016년 7월 27일, 청와대 인근에서 '성주군 사드 배치 반대 기자회견'을 열었다. 갓 쓰고 도포 걸치고 청와대를 향해 석고대죄(?) 퍼포먼스를 펼쳤다. 아무렴 집단시위하면 성균관 유생이요, 만인소(萬人疏)하면 영남 유림이 아니던가?

영남만인소(嶺南萬人疏)?

영남 선비 차별에 대한 항의. 그래서 그때 조선이 얼마나 달라졌던가? 말이 좋아 상소(上疏)지, 실은 임금님 방 문고리 한번 잡아보려던 집단시위였다. 혼자서 그랬다가는 목이 잘릴 것 같으니까 무리지어 나섰던 것이다. 결과는 더욱 혹독한 탄압과 차별! 그랬다한들 지금이 어느 시대인가? 무릎은 죄지어 용서를 빌 때나 항복했을 때 꿇는 것이다. 당랑거철(螳螂拒轍)이라 했다. 그렇게 떼지어 조아리지 말고 혼자서 당당하게 나설 일이다. 제발이지, 그 꼴로 미국까지 건너가 길바닥에 엎어질까 자못 걱정이 앞선다. 내친 김에 상소문 들고 천안문 광장에 몰려가 감히 대국에 역린(逆鱗)한 죄를 용서해 달라고 빌 텐가? 중국인들이 이 사진을 볼까봐 겁난다.

공자가 평생을 주유천하했으나 어느 제왕도 중용하지 않았던 이유, 왜 조선 선비들이 당파 싸움에 그토록 집요했는지, 조선이 왜 그렇듯 구차스럽게 망하지 않으면 안 되었는지를 조금은 알 것 같다. 국(國)보다 가(家)를 더 중시하고, 충(忠)을 빌미삼아 효(孝)를 앞세우고, 그 효(孝)를 앞세워 가문의 영달을 꾀하고, 공(公)보다 사(私)부터 먼저 챙겼으니 나라가 안 망하고 배기겠는가. 그 전통이 바로 오늘날의 지역주의, 지역이기주의, 집단이기주의가 아니던가?

사드 배치, 성주군만 아니면 괜찮은가?

군(郡)의 민(民)이기 전에 국(國)의 민(民)이다. 민(民)이 국(國)의 주인일 때 민주(民主)다. 지금처럼 제 동네 제 땅의 주인 노릇만 하려 해서는 민주주의는 고사하고 나라꼴만 자꾸 우스워진다. 작금의 한국 상황을 두고서 구한말과 다를 바 없다고 하는 것도 그 때문이다. 국가 의식, 시민 의식, 주인 의식이 없는 민중들의 민주주의가 어떤 것인지 그 본보기를 보여주고 있는 듯하다.

아무려면 정부가 만만한 지역을 찍어서 사드 배치를 결정했을 리 만무하다. 더구나 국방의 일임에랴! 어떻게 결정했던 일단 정한 일이면 무조건 승복할 수밖에 없는 일이다. 통수권이란 그런 거다.

지난날 조선의 양반들은 병역 의무도 지지 않았었다. 그러니 이번 유림 만인소 퍼포먼스는 완전 넌센스다. 시간을 2백 년 전으로 되돌리지 않는 한 영남이 아니라 천하 유림이 다 올라와 아스팔트에 이마를 짓찧어도 바뀔 수 없음을 모르는 국민은 없다. 떼쓰기가 민주주의 아니다. 진정한 민주주의는 승복이다.

평택 미군기지, 제주 강정마을 해군기지가 그랬듯 어차피 군민들이 반대한다고 해서 그만둘 일도 아니다. 하필 왜 우리 동네이느냐고 따지는 것도 정도껏 하고 말 일이다. 길게 끌면 언제나처럼 시위꾼들 살판만 만들어 주게 된다. 실랑이 끝에 장소를 옮겼더니 이번엔 가까워진 김천 시민들이 들고일어났다.

죽기살기로 평화를 사랑하는 백의민족의 본색이 고작 몰염치에 떼쓰기, 그리고 눈치란 말인가? 무력을 거부하고 '오직 평화'만 외쳐대면 전 세계가 나서서 대한민국을 영세중립국으로 보호해 준다던가? 도리어 짓밟고 싶은 본능적 충동만 부추겼을 테다.

떼쓰기에 진저리난 국민들도 이제 조금씩 냉정해지기 시작했다. 이왕 대승적으로 적극 협조해서 국가를 먼저 생각하는 젠틀한 선민(鮮民)의 이미지를 남겼으면 좋겠다. 그게 명분과 실리를 함께 챙기는 현닝한 길이다.

망국의 암덩어리, 집단 생떼쓰기

사드가 그렇게 무서운가? 정히 그렇다면 또 다른 곳으로 이사를 가는 수밖에 없겠다. 정부는 이왕에 예산을 좀 더 확보해서 사드 부대 근처의 땅을 주민들이 원하는 대로 사들였으면 싶다. 그리고 그 땅에 군사학교나 훈련소 같은 것을 부설하든가, 그도 여의치 않으면 귀농을 원하는 국가유공자나 그 후손들에게 무상 지원해 준다면 어떨까? 분명 애국충군(愛國忠郡)으로 거듭날 것이다.

전쟁의 피비린내를 맡아 본 세대가 거의 다 떠나가고 없다.

역사가 가장 두려워하는 건 망각이다. 그러니 사드 배치를 국민 투표에 부치자, 청문회 열자는 헛소리까지 나오는 것이다. 왜 아닌가? 제 지역구 비켜 갔으니 무슨 소린들 못할까? 진즉에 제 지역구에 가서 사드 유치 주민 투표 하자고 해보시지 않고? 떼지어 중국에까지 몰려가 굽신대고 온 그런 철딱서니 없는 정치인들 때문에 시위꾼들이 활개를 치는 것이다.

자고로 국방에는 빌미가 없다!

정치인들이 끼어들 사안이 아니다. 만약 대한민국이 망한다면 그건 분명 이 '생떼쓰기' 때문일 것이다. 그 주역은 그걸 조장시켜 온, 눈치와 통치도 구분 못하는, 눈치가 곧 정치인 줄 아는 야바위 정치꾼들일 테다. 조선이 그러했던 것처럼!

Tip 중국이 정작으로 무서워하는 것은 사드가 아니다

한국 정부가 탄핵 정국의 틈을 이용해 사드를 서둘러 배치했다. 야당에선 새 정권에 부담을 준다며 서두르는 것을 반대했지만, 그런 절호의 기회를 놓칠 군이나 정부가 아니다. 그 기간을 놓치면 성주 역시 제주 강정마을 짝이 날 것이니 말이다. 탄핵 판결이 내려지면 광화문에 모인 전문 시위꾼들이 성주로 몰려올 터이니 그 전에 재빨리 마쳐야 했다. 만약 탄핵 시위가 없었다면 성주 롯데골프장은 진즉에 시위꾼들의 천막으로 뒤덮여 난민촌을 방불케 하였을 것이다.

그러자 사드 배치에 대한 보복으로 중국 당국이 자국민의 한국 여행을 막고 나서 탄핵 문제로 침체된 한국의 내수 경기에 찬물을 끼얹었다. 한데 과연 중국이 진짜로 무서워하는 게 사드였을까? 혹여 탄핵이 아니었을까? 사드 보복을 핑계로 한국 여행을 자제시키는 것이 경제적 보복? 기실 탄핵 기간중 자국민의 한국 방문을 제한하려는 의도가 아니었을까?

중국 공산당이 가장 두려워하는 게 민중 집회다. 파룬궁 탄압도 그 때문이었다. 만약 서울에서 벌어지고 있는 평화적인 집회가 중국에 수입된다면? 제2의 천안문 사태? 2002년, 한일 월드컵 때의 '붉은 악마'의 광장 응원은 그후 전 세계로 퍼져 나갔다. 아시아에서 가장 앞선 한국의 민주주의, (물론 아직은 설익었지만) 대통령궁 코앞에서의 무려 넉 달 반에 걸친 대규모 합법적 무폭력 시위! 그리고 대통령 파면! 이 민중혁명이 한류처럼 주변 아시아 여러 나라로 퍼져나간다면? 중국의 반체제 지식인들은 지금 무슨 생각을 하고 있을까? 1919년, 중국의 5·4 운동도 한국의 3·1 운동에 자극받아 촉발하지 않았던가? 한국의 탄핵 사태가 중국 정부로선 실로 엄청난 충격이었을 것이다.

중국 내 언론에서는 한국의 시위 문화에 대한 보도를 철저히 차단시켰지만, 서울 관광을 하자면 경복궁을 빼놓을 수 없을 테니 시위 현장을 목도하지 않기란 거의 불가능에 가까운 일! 그렇지만 제주도는 왜? 전국의 식당 TV는 연일 탄핵 중계다. 언젠가는 중국도 정치적 구조 변화를 요구하는 민중들의 저항에 부닥칠 수밖에 없는 일. 한국 대통령의 탄핵 인용을 가장 두려워하는 쪽은 어쩌면 한국의 보수가 아니라 중국 공산당일는지도 모른다. 해서 계속하여 사드 보복을 부각시킴으로써 애써 한국의 탄핵 시위에 대한 인민의 관심을 덮으려 하는 것일 테다. 사드 배치가 끝나도 광화문 시위가 계속되는 한 중국 정부는 한국 관광을 제한할 것이다. 그러니 하루빨리 일상으로 돌아가는 것이 상책이다. 그게 '사회적 탄력성'이다.

상대의 수와 약점을 읽어야 효과적인 전략이 나온다. 중국의 사드 보복에 지나치게 겁먹을 필요가 없다. 한중 간의 지난 누천년 역사를 들추어 보면 이런 일은 일상다반사였다. 힘들더라도 주동 의식을 가지고 담담하게 대처해 나가야 한다. 그나저나 한국 정부는 왜 사드 배치에 관한 온갖 정보를 다 공개하는지 모르겠다. 그런 건 군사기밀이 아닌가? 사드가 성주에 있든, 원주에 있든, 평택에 있든, 몇 기가 있든, 군이 만천하에 미주알고주알 떠벌릴 필요가 있느냐는 말이다. 투명해야 할 것과 감춰야 할 것을 구분도 못하는 바람에 나라꼴이 이 모양 아닌가? 솔직히 중국보다 한국 정부가 더 이해가 안 간다. 세계인의 눈에는 남이나 북이나 다 '이상한 나라, 꼬레아'로 보일 뿐이지 않을까?

모름지기 지성인 혹은 중산층이라면 마땅히 경계인적 사고를 지녀야 한다. 그래야 전체를 보는 눈이 생긴다. 한국인들은 떨어진 국격 때문에 창피하다 통탄하지만, 단언컨대 이 '얼토당토않은' 대통령 파면이 어떤 식으로든 아시아 각국에 영향을 끼칠 것은 자명하다.

15

등 굽은 반도민족의 굽신배 DNA

"인간은 자유인으로 태어났고, 그리고 대다수가 노예 상태로 산다."
– 장 자크 루소

유길준의 《서유견문》 회고에 의하면, 보빙사(報聘使) 민영익은 미국 출장길에 태평양을 건너는 배의 선실에서 일정 내내 경전을 읽으며 공자왈 맹자왈 하였노라 한다. 마침내 1883년 9월 18일, 뉴욕의 한 호텔 대회의장에서 미국 제21대 체스터 아서 대통령이 비스듬히 지켜보고 있는 가운데 마룻바닥에 엎드려 머리를 조아리고 예를 올리기까지 한다.

그로부터 130년이 지났건만 이 나라 지도자들과 관료들은 아직도 허리와 어깨를 못 펴고, 또 고개를 들어 상대의 눈을 똑바로 쳐다보지조차 못하고 있다. 2015년 7월 26일, 미국을 방문한 새누리당 김무성 대표와 동행 의원들은 워싱턴 D.C. 알링턴 국립묘지를 찾아 6·25전쟁 영웅인 워커 장군의 묘비 앞에 엎드려 큰절을 올리기도 했다. 예의 장면을 본 미국인들은 무슨 생각을 하였을까? 웬동양의 조폭들? 아니면, 어느 나라가 또 무슨 크나큰 잘못을 저질렀기에 사죄하러 왔나?

▐ 큰절의 글로벌 인식 코드는 항복, 비굴, 사죄

미국을 방문중인 새누리당 김무성 대표(가운데)와 동행 의원들이 26일(현지 시간) 워싱턴 D.C. 알링턴 국립묘지 내 6·25전쟁 영웅인 워커 장군의 묘비 앞에 엎드려 큰절을 올리고 있다. 2015년 7월 27일. [연합뉴스]

코가 땅바닥에 닿도록 납작 엎드려 절하는 민족은 전 세계에서 유독 일본과 한국 두 나라 사람들뿐이다. 아이러니하게도 동양 예법의 종주국인 공자의 나라에서도 이런 인사법은 없다. 한데 왜 이 두 나라만 이같은 인사법이 일상화되었을까?

그 첫째 원인은 오랜 사대 문화 때문이겠고, 다음은 방에서 신을 벗게 되는 온돌방과 다다미방 때문일 것이다. 특히나 한민족은 누천년 동안 중국에 사대를 하다 보니 중국인들보다 더 납작 엎드려서 그들이 보기에 기특할 정도로 예의바른 오랑캐라는 인식을 심어주려 했던 것 같다. 동방예의지국! 동방배례지국! 그렇게 해서라도 오랑캐 딱지를 떼고 싶었던 거다. 한데 21세기 한국인들이 글로벌 무대로 나가는 데 있어 가장 큰 걸림돌이 바로 이 절(拜)이다.

예(禮)를 갖출 때 손(팔)을 올린다는 것은 그 높이만큼 자신을 낮춘다는 의미이다. 즉 손이 곧 땅바닥으로 가슴까지 올리면 꿇어 앉음을, 이마까지 올리면 땅바닥에 이마가 닿도록 엎드린다는 의미가 되겠다. 그런데 한국의 큰절은 두 손을 이마에 댄 것으로도 부족해 그 상태에서 다시 무릎을 꿇고 엎드려 땅바닥에 이마를 찧는다. 복종과 숭배, 인류사에서 가장 극진한 인사법이라 하겠다.

아무튼 이런 봉건적인 인사(deep bow)법들이 서양에서는 '인간은 그 개개인 각자가 존엄하고 모두 동등하다'는 인격 관념이 생겨나면서 사라지게 되고, 일부 종교 행사나 전통적인 의례, 공연무대 인사(stage bow)에서만 남게 되었다.

한데 같은 굽신인사법이지만 일본과 한국의 그것에는 차이가 있다. 일본인들은 허리나 고개를 숙여 인사할 때 망설임 없이 곧바로 숙인다. 그리고 상대와 자신의 신분 격차에 따라 그 굽히는 각도가 거의 매뉴얼화되어 있다. 하여 그다지 비굴해 보이지 않는다. 그에 비해 한국인들은 언제나 엉거주춤한 자세로 허리를 굽힌다. 굽히는 각도 역시 그때그때 달라서 어떤 때에는 지나치고, 또 어떤 때에는 굽히다 만 느낌을 준다. 상대방 역시 그에 맞추느라 엉거주춤할 때가 많다. 게다가 한국인들은 어깨를 움츠리고 목까지 빼는 바람에 비굴해 보이기 짝이 없다. 턱을 내밀고 눈을 치켜뜨면서 눈치를 살피듯 고개를 끄덕여 짐승 취급당하기 십상이다.

또 다른 차이는, 일본인들은 인사할 때 절(bow)과 악수를 따로 구분해서 하는 데 비해 한국인들은 이 두 가지를 동시에 하는 바람에 영락없는 하인 내지는 애완견 모양새를 연출하고 만다. 상대가 슈퍼갑일 경우에는 왼손을 뒤에 받치기까지 한다. 일본의 왕족이나

하인과 신사, 근본의 차이. 신사복을 입었으면 어떤 경우에도 몸을 굽히면 안 된다.

귀족 상류층은 상체를 바르게 세우고 눈맞춤을 유지한 상태에서 엉덩이를 살짝 뒤로 빼는 정도로 절을 한 다음, 악수할 때에는 서구인들과 똑같이 바른 자세에서 당당하게 손을 내민다.

▌무대뽀[無鐵砲] 지도자들의 나라 망신 사대 근성

그렇다 하더라도 우리끼리야 누천년 동안 해오던 관습이니 누가 뭐라 하지 않겠지만, 문제는 글로벌 시대를 맞아 한국인들의 이런 전통적인 인사법이 선진문명 사회권에선 비인간적인 인사법으로 인식된다는 데에 있다. 현대의 인사는 나이·신분·계급을 확인하고, 공경을 표하는 절차가 아니다. 서로가 소통 가능한 동등한 인격체임을 인정하는 행위일 뿐이다. 인간은 눈으로 교감하고, 언어로 소통하며, 손으로 의사 표시를 할 줄 아는 동물인 것이다. 해서 온몸으로 하는 인사법[拜]을 짐승의 인사법으로 여겨 차별화하였다.

바로 이같은 인식을 중국은 문화대혁명 과정에서 공유, 구시대 인사법이 사회 전반에서 일거에 완전 철폐되었다. 그러나 한국에서는 근대화, 더 나아가 무역 1조 달러의 대국으로 올라선 지금까지도 '인사(greeting)'는 곧 '절(bow)'이라는 봉건적 등식이 자동 작동하는 바람에 좀체로 몸(인격체)을 바로세우지 못하고 있다.

한국인들은 공손과 비굴, 당당함과 건방짐을 혼동하는 경우가 많다. 당당한 사람(특히 자기보다 직위가 낮거나 어린 사람)을 보면 건방지다거나 오만하다는 느낌을 받게 된다. 하여 괜한 오해를 살까봐 지레 공손 모드로 나가는 것이다. 상대를 바로 쳐다보지도 못할 뿐더러 악수를 하거나 건배를 할 적에도 저도 모르게 허리가 굽혀지면서 고개가 숙여지고, 또 눈을 내리까는 바람에 하인격임을 자초하고 있다.

이 버릇을 고치지 않고서는 제아무리 해방·독립·자주·주체·자유·평등·정의, 그리고 비정상의 정상화를 외쳐 본들 그저 노예들의 생떼쓰기로밖에는 들리지 않는다. 아직 피식민지배 근성, 사대 근성의 때를 못 벗겨낸 것으로 여길 뿐이다. 고개 숙이고 허리 구부린 상태에서 그런 구호를 백날 외쳐 봐야 소용없는 일이다.

▌로컬 매너와 글로벌 매너를 구분해야

유교적 가르침을 받아 온 한국인들은 사람을 동등하게 바라보는 시각이 없다. 장유유서(長幼有序)! 사람 사이에는 엄격하게 지켜야 할 차례와 질서가 있다고 배웠다. 하여 절로 계급 사회가 된다. 저보다 나이만 많아도 무조건 말을 높이고, 허리를 굽혀야 한다. 당연히 아이는 최하층민이다. 어린이가 사회에 나가기 전에 배워야 할 것이 바로 존댓말과 배꼽인사다. 각 교육기관에서는 인성교육 진흥한답시고 청소년들에게 굽신배 전통예절을 강요하고 있다.

주인장 매너가 아니라 하인 매너, 즉 스스로 을(乙)이 되는 법부터 배우는 것이다. 어른에 대한 공경이라지만 기실 봉건 사회의 계급 윤리로 복종에 다름 아니다. 습관화된 한국인과 일본인만 그걸 전통적인 미덕이라며 의심의 여지없이 자랑스러워한다. 하인에게는 '인격'이 없다. 주인 의식이 뭔지, 주체가 뭔지를 알 턱이 없다. 그저 주인(상전)만 바라보도록 훈련되었기 때문이다.

나아가 한국의 부모들은 아이들을 꾸짖을 적에도 그 잘못을 이치적으로 설명하고 이해시키려기보다는 무작정 '항복'을 받아내려고 윽박지른다. 용서를 빌라고 완력으로 강요하면 마지못해 빌 수밖에 없다. 이런 일이 몇 차례만 반복되면, 아이는 다음부터 자동적으로 고개를 숙이고 눈을 내리깐 채 두 손 비비며 용서를 빌게 된다. '부모 말을 잘 듣는 착한 어린이'가 되는 것이다. 자신의 의지와 상관없는, 그러니까 가식(거짓)적인 아이가 되는 것이다. 그런 걸 '철들었다'고 착각한다.

부모들은 이렇게 당당하지 못하고 주눅 든 아이를 이번에는 기를 살리겠다면서 태권도 등 호신술 도장에 보낸다. 그곳에서 억눌린 야성을 폭력으로 폭발시키는 것이다. 그리고 기회만 닿으면 그 폭력(갑질)을 행사하려 든다. 호신술을 배우는 속내는 '타인은 위험한 적'이란 두려움과 경계심이다. 그로 인해 소통 중심의 대인관계보다는 경계와 경쟁의 대인관계를 무의적적으로 체득하게 된다. (그렇다고 스포츠의 긍정적인 효과를 무시하는 것은 아니다.)

인격과 짐승격을 구분하는 척도

글로벌 매너교육에서 가장 중요하고 어려운 게 '바로세우기'이다. 이론상으로는 그렇지 않은 것 같지만, 현실에선 굽히는 것보다 바로서는 것이 몇 배나 더 힘이 든다. 이 사소하기 짝이 없는 '바로서지 못하는' 습관 하나 고치는 데 당사자의 대단한 용기와 간 떨리는(?) 수십 차례의 실전교육을 거쳐야 하는 것이다. 절대 말만으로는 못 고친다.

세상은 점점 글로벌화되어 가고 있다.

우리의 아이들이 세계인들과 어떻게 살아갔으면 좋을지 고민 좀 하고 인성교육 운운했으면 싶다. 우리는 그렇게 살아왔다지만, 제발 우리 아이들은 당당하게 살았으면 한다. 아이들에게 어른에 대한 공경을 강요하는 것은 비인격적인 처사다. 어른 역시 아이들을 대할 때 어리다고 낮추어보는 건 큰 실례다. 부모에 종속된 미성숙 인격체가 아니라 독립된 인격체로서 어른과 동등하게 대해 줘야 한다. 인격 존중은 공경에서가 아니라 배려에서 나온다. 어른이니까 존경하는 게 아니라 '사람'이니까 존중하는 것이다.

어린이에게 어른을 공경하는 법을 가르치지 말자는 것이 아니다. 다만 아이가 충분히 자아를 인식하고 자기 존중에 대한 확신을 가질 때까지 유교적 전통예절 교육을 유보했으면 좋겠다는 말이다. 굽신인사가 몸에 배이고 나면 자기 존중의 매너를 익히기 거의 불가능하여 주인장 매너, 주인 의식을 가질 수가 없기 때문이다. 그러니 아이들에게 배꼽인사를 가르치기 전에 먼저 똑바로 서는 법부터 가르쳐야 할 것이다.

전통과 관습을 핑계로 조상과 어른(기성세대)에 대한 무조건적인 공경과 복종을 강요하면서 미래의 인재 양성이라니! 왜 우리 아이들을 글로벌 하인으로 기른단 말인가? 그게 곧 갑질이란 생각은 안해 봤는지? 어른에겐 무조건 고분고분하고 복종해야 한다는 건 억지스러운 일이다. 글로벌 하인을 대물림시키는 어리석기 짝이 없는 짓이다. 불평등한 일이다. 존댓말을 배우고 쓰는 것만도 충분히 벅찬 일이고, 굴욕적인 일이다. 존경받아 마땅한 훌륭한 사람이라면 굳이 강요하지 않아도 절로 공경하기 마련이다.

아무려면 서구인들이라고 해서 왜 어른을 공경하지 않겠는가?

눈빛으로, 미소로, 매너로 공경의 마음을 전하는 것이 글로벌 매너다. 그러니 이제 우리도 공경의 봉건적 표현 방식을 글로벌하게 인격적으로, 인간존엄적으로 바꿔 보자는 말이다. 무작정 서구 문화를 사대(事大)해서 모방하자는 것이 아니라 글로벌화하자는 것이다. 영어를 배우듯이 글로벌식 소통 매너도 배우자는 것이다.

◢ 인사(人事)와 절(拜禮)은 별개

사실 절(拜)이란 원래 신이나 조상에 대한 경외심과 존경의 표현이 그 목적이다. 그러다 보니 절에는 계급적 신분과 연배에 따른 위계의 확인이라는 절차적인 요소가 내재되어 있다. 해서 인사가 상호 존중 차원에서 동등하지 않고, 상대에 따라 차등적으로 행해질 수밖에 없다. 그러니 계급이나 신분 등 서열이 아래인 사람이 윗사람에게 먼저 인사를 올려야 하고, 더 깊이 숙여 공손함을 표현해야 한다. 그러다 보니 누군가와 첫인사를 나눌 때에는 그 사람의 나이며 신분·계급·행색 등등 복잡하게 계산을 해야 한다. 무턱대고 푹 숙이면 푼수가 되고, 조금 숙였다가는 불손하거나 건방지다고 오해받을 수도 있으므로다. 해서 고개를 숙이는 동안에도 서로 상대의 눈치를 살피게 된다. 눈이 위에 달린, 알아서 기는 도다리 민족은 그렇게 만들어졌다.

요즈음 한국의 아파트와 빌딩 엘리베이터 안에는 서로 인사하기 홍보 포스터가 나붙어 있지만, 아무도 관심을 두지 않는다. 만약 한국인들도 어렸을 적부터 눈맞춤-방긋인사를 익혔더라면, 그리하여 허리 굽신 고개 까딱 절인사를 버렸더라면 이웃끼리 당연히 인사를 나누고 살았을 것이다. 갑을 관계가 확인되지 않는, 신분도 계급도 나이도 모르는 낯선 이에게 고개 숙여 인사한다는 게 영 귀찮고 마뜩찮고 어색한 것이다. 한국인들에게 인사는 스트레스이자 트라우마인 것이다. 인사가 무슨 공중도덕이나 규칙이던가? 강요한다고 해서 고쳐질 일이 아니다.

모든 인격은 동등하다.

인사는 인격의 확인으로 소통이 목적이다. 인사는 인격의 확인으로 그쳐야 한다. 전통예절과 글로벌 매너를 함께 가르쳐야 하지만 소통과 공경은 별개다. 인사와 절을 분리하되, 절은 제례나 의례에서만 사용해야 한다. 해외 이민 가서 제아무리 성공을 했더라도 이 굽신하는 버릇을 버리지 못하면 절대 그 사회의 주류에 동참하지 못한다. 굽은 나무는 산을 지키는 일 외엔 달리 할 일이 없다. 절대 신사가 될 수 없다. 리더가 되지 못한다. 허리를 세우고, 어깨를 펴고, 가슴을 펴야 주인이 될 수 있다.

하찮은 물건 하나 더 팔기 위해 개발한 일본식 친절 굽신배로

는 명품산업 및 고부가가치 서비스산업으로의 전환이 불가하다. 일
등 상품일 경우 오히려 디스카운트당하고 만다. 왜냐하면 선진문명
사회인이라면 후진국형 하인 모드 친절 서비스의 불편함보다 당당
한 인격체의 인격적 소통에서 나오는 품격 서비스에 더 가치를 두
기 때문이다. 세상에 굽신거리며 파는 명품이 없는 것도 그 때문이
다. 일등과 일류의 구별은 기술의 차이가 아니라 품격의 차이이다.

▰ 갑질하고픈 충동을 불러일으키는 굽신거림

다시 강조하지만 눈과 언어로 소통하면 인격, 고개로 소통하면
짐승격, 허리로 소통하면 하인격으로 구분하는 것이 서구인들과 옆
나라 중국인 등 선진문명 사회권 사람들의 기본적인 인식이다. 기껏
상대를 우대해 주고 하대받나니 이런 억울할 데가 어디 있으랴마는
세계인들에게 한국식이 보다 훌륭한 인사법이라고 설득할 수도 없

는 노릇. 아무튼 인사에서 절을 빼지 않으면 한국은 언제까지나 글로벌 후진국에 머무를 수밖에 없을 터이다.

세상은 본디 바르고 굽은 적이 없다.

스스로 굽어보면 굽어 있고, 바로서면 바로 보인다. 제 몸 하나 똑바로 세우지 못하면서 세상이 바로서기를 바라니 그저 어이없을 따름이다. 인격은 바른 자세에서 나온다. 바른 자세에서 바른 생각이 나온다. 비굴과 굴욕은 전인적 · 사회적 인격체 함량에서 기준치 미달인 자들이 스스로 만드는 것이다.

자세가 세상을 바꾼다. 매너로 대한민국을 바꿀 수 있다. 우리 어린이들에게 배꼽인사 대신 악수하는 법부터 가르쳐야 한다.

16

용병술(用兵術)과 용인술(用人術)

"군주는 아주 고결한 수많은 덕망을 다 갖출 필요는 없다. 필요한 것은 그것들을 모두 갖추고 있는 것처럼 보여지게 해야 한다는 것이다."
– 니콜로 마키아벨리

통치의 기본은 뭐니뭐니해도 용인술! 큰일 해낸다고 큰 정치가가 아니라 그 그릇의 크기를 두고서 하는 말일 테다. 그리고 인재를 기용하는 양을 보고서 그 그릇의 크기를 가늠하면 거의 틀림이 없다. 1분 1초 아끼는 부지런함보다 적소의 인재를 발굴해내는 능력이 지도자의 조건이자 의무라 하겠다. 만고의 상식으로 다들 아는 이야기이지만 인간사가 항상 그렇듯 그게 잘 안 된다.

한국의 현대 지도자 중 가장 뛰어난 용인술을 지녔던 이를 꼽으라면 아무래도 박정희 전 대통령이 아닐까 싶다. 모든 게 부족하거나 전무한 상태에서 군인이든 학자든 언론사 사주든 가리지 않고 최적임자를 골라 임무를 맡겨 한국 경제 발전의 토대를 다져냈다. 반대로 사람을 내치는 것 또한 다른 어떤 지도자보다 과감했다.

이에 비해 문민정부에서는 매번 이 인재 등용이 문제다. 크지도 않은 나라에서 내편 네편, 동서 구별, 진보 보수로 인재를 나누다 보니 인재 풀에 금방 한계가 온다. 그러다 보니 매번 그 인물에 그 인물로 회전문 인사, 아랫돌 빼서 윗돌 괴기라는 비판을 받아 왔다.

그나마 문민지도자들은 속이 좁아 항상 머슴이나 만만한 '아는' 사람만을 기용하려 들었다. 저보다 잘난 사람을 곁에 두고 못 보는 성질 때문이다. 해서 가신 정치, 내시 정치, 문고리 정치를 하는 것이다. 당연히 무능하거나 문제가 생겨도 내치지 못하고 미적거리다가 함께 망신당할 대로 당하는 일이 다반사다.

요즘은 군대도 민주화(실은 문민화)되다 보니 장군이라 해도 제 참모들을 재량껏 데려다 쓰지 못하고, 인사부서에서 보내주는 대로 쓸 수밖에 없다. 당연히 야전이니 작전이니 하는 부서보다 인사부서 쪽에 힘이 더 실리게 마련이다. 실전 없이 평화 시기가 오래 지속되다 보니 시스템이 그렇게 변질, 부패되어 가는 것이다.

▗ 야성(野性)과 리더십은 비린내를 맡아야

야전군인 출신 지도자의 용병술(用兵術)은 문민지도자들의 용인술(用人術)과는 판이하게 다르다. 부하지휘관들을 선택할 때 충성심과 애국심에 앞서 실력을 살핀다. 당연히 각 분야에서 자기보다 뛰어난 부하를 더 선호한다. 제아무리 백전의 훌륭한 장수라 해도 전쟁은 혼자서 하는 것이 아니다. 자기보다 뛰어난 작전참모, 자기보다 유능한 중간간부, 자기보다 총 잘 쏘는 용감한 병사를 많이 거느릴수록 전쟁에서 승리할 확률이 높기 때문이다.

또 전쟁은 불가피하게 병사들의 피로 치르기 때문에 민간인 지도자들처럼 숫자놀음, 탁상행정, 깜짝 이벤트 같은 잔꾀에 오염되지 않아서이기도 하다. 학연·지연·청탁에 따라 단 한 명일지라도 실력이 떨어지는 부하를 뒀다간 필시 제 목숨도 내놓아야 하기 때문이다. 해서 심지어 적이라도 뛰어난 자는 아끼고 존중해 줄 만큼 평소 인재에 대한 욕심이 많다. 이런 용병 문화가 없었다면 장교 시절 좌익에 연루됐던 박정희도 진즉에 형장에서 생을 마쳤을 것이다.

무사(武事)에서는 논공행상이 분명하고, 부하가 공을 세워도 그 공이 위의 소속 장군에게로 귀결되기 때문에 장수는 부하의 유능함을 시샘할 필요가 없다. 이런 습관화된 사고 때문에 군인 출신 지도자들은 모든 걸 자기가 다하려 들지 않는다. 해서 경제·과학·외교·문화 등, 자신이 모르는 분야에 대해서는 전적으로 그 분야 전문가에게 맡겼다.

불치하문도 주저치 않아 민간인 지도자들보다 더 유연하게 남의 생각을 수용, 실행할 수 있었다. 대표적인 예로, 일반 국민들이 독재자의 아이콘으로 여기는 전두환 장군은 대통령 취임 전 어느 정책 분야에 정통한 분의 의견을 듣는 2시간 동안 대학노트 두 권에 손수 필기까지 해가며 묻고 경청하는 진지함을 보였다. 반면 더 없이 똑똑한(?) 문민지도자들은 모든 걸 자기가 주도해서 판단하고 결정해야 한다는 강박증이 있다.

가방끈이 긴 사람일수록 어떤 것이든 모른다는 사실에 대해 습관적으로 수치심을 느끼고, 또 저보다 잘난 이를 곁에 두고 보지 못한다. 저보다 똑똑한 인물을 기용하려 들지 않는다. 그러다 보니 저 스스로도 부하의 능력을 믿지 못하고 불안해하며 일일이 간섭(통제)하려 든다. 결국 꼭두새벽부터 저 혼자 바쁘다. 바빠서 1분 1초가 아깝다고 말하는 지도자까지 생기는 것이다. 장군의 딸이라고 해서 장군이 될 수 없는 이유이기도 하다.

이런 지도자 밑에서는 설사 똑똑해도 어리석은 척, 괜히 바쁜

척해야 살아남을 수 있다. 저 잘났다고 튀거나, 주군보다 발을 한치라도 더 내밀었다간 바로 아웃이다. 그게 조선 선비 정신의 본색이다. 이런 풍조가 정권뿐만 아니라 대기업·학계·법조계·문화예술계 등, 한국 사회 전반에 만연해 있어 글로벌 코리아 융성의 발목을 잡고 있다.

신뢰가 안 가면 사람을 쓰지를 말고, 일단 썼으면 믿고 맡기는 것이 삼척동자도 아는 용인의 기본이건만 한국 사회에선 그게 잘 안 되는 이유가 바로 여기에 있다. 회의 때마다 "해봤어?"라거나, "그건 내가 잘 아는데"라며 지시 사항을 남발 아니 융단폭격하지 말고, "내가 제대로 맡겨나 봤나?"를 자문 자책해야 옳다.

▌부지런하고 똑똑할수록 유능한 지도자?

정치권과 관료 사회는 말할 것도 없고, 대한민국 공기업 및 대기업들의 인사 시스템이 글로벌 시대를 맞아 성장의 걸림돌이 되고 있다. 대부분의 한국 기업들은 인사과와 같은 직원 인사배치 담당 부서가 주요 핵심부서로 존재하고 있다. 또한 아직도 인사고과 점수놀이하는 구시대의 잔재를 고수하고 있다.

이들은 오너의 직속부서로서 전문적인 능력보다는 충성도와 신뢰를 바탕으로 오너의 스파이 노릇도 마다 않으며 특권을 누린다. 투명하지 못한 오너의 경영 약점을 덮어 가며 공생하는 시스템을 이루고 있는 것이다. 하여 때로는 노조의 의도나 요구 등을 있는 그대로 전달하지 않고 차단시키는가 하면, 오너에게 들기 좋은 말만을 전하는 등으로 이간질을 일삼기도 한다. 인사권은 제왕적 권력! 당연히 청탁·파벌·암투·모함이 난무하게 마련이다.

그리고 이들 인사과니 노무과니 총무과니 하는 인사팀들은 사업 현장실무 경험이 전무하거나 보잘것없는 이들이 맡는 경우가 대부분이다. 비즈니스 비주류에 속한 이들이 비즈니스 주류의 적재적소에 알맞은 인재를 발굴하고 배치한다는 것은 사실상 불가능하다. 당연히 인사팀과 사원들 간의 입장 차이, 사원들 간의 부조화 문제로 인한 스트레스가 극심할 수밖에 없다.

게다가 인력개발원이나 연수원 역시 글로벌 무대에서 산전수전 다 겪은 실무 경험이 풍부한 사람들이 맡아 인재를 길러내는 곳이어야 마땅하지만, 한국의 현실은 그 반대다. 인사 라인의 꿀맛에 길든 아전형 사람들이 모이거나, 미래인재 투자사업부서인 연수 파트를 한직으로 여겨 그저 만만하고 무능하고 피곤하고 껄끄러운 인물들을 그곳으로 보낸다. 당연히 사원 교육이 부실할 수밖에 없다.

▰ 한국 기업들이 글로벌 우량기업이 못 되는 이유

이에 비해 서구의 기업에서 인사는 전적으로 각 사업부 본부장 소관이다. 인사과는 필요 자료 서포트와 후속 서류 작업이 주업무다. 왜냐하면 비즈니스는 전쟁이라는 컨센서스 공감대가 전사적으로 인식되어 있기 때문이다. 그리고 사실 어떤 부서나 직책에 어떤 역량의 인재, 딱부러지게 누구누구가 적임자인지는 그 부서 사람들이 가장 잘 안다.

해서 본부장이 인사는 물론 연수까지 책임진다. 때문에 인사로 인한 불협화음이나 스트레스 없이 각 주요 포스트별로, 미리 사전적으로 잘 기획된 철저한 후임자 승계 프로그램이 유지되고 있는 것이다. 전문성 중시의 경영이 그래서 가능한 것이다. 한국적 인사관리니 인사고과니 하는 관리경영은 부질없고 해괴한 짓으로 여길 뿐이다. 한국이 비록 정치적 시스템, 그것도 겉모습은 민주화 · 선진화되었지만 기실 그 속은 아직도 봉건적 된장독 타성으로 가득 차 있는 것도 이 때문이다.

서구가 이미 근대화 과정에서 내다버린 비민주적이고 비효율적이며 비자율적인 대표적 시스템이 바로 한국의 형식적 인사노무관리 부분이다. 대한민국 헌법상 엄연한 헌법기관인 장관보다 일개 보좌관류의 대통령수석비서관이, 헌법상 기구인 국무회의보다 임의조직인 수석비서관회의가 더 큰 힘을 지니는 것과 같다 하겠다. 어느 조직이 내각이고 외각인지 구분이 안 될 정도다. 이런 군더더기, 아니 군(群)구더기들을 다 잘라내야 회사가 잘 돌아간다. 한국 기업들이 가장 시급하게 개선해야 할 점이다.

해임 역시 기용 못지않은 능력

이명박 정부와 박근혜 정부는 닮은 점이 많은데, 그 중 대표적인 게 인사다. 특히 대통령이 임명해야 할 수많은 기관장이나 단체장을 오랫동안 비워두는 일이 잦다. 어차피 언제 먹어도 이서방 박서방이 먹을 것이니 아무려면 어떠랴마는 늑장 인사는 리더십의 결함임에는 분명하다. 뒤집어보면 그 또한 독선이고, 무능이다.

큰 나무 밑에 같은 나무가 잘 자라지 못하듯 독선이 강한 문민지도자는 차세대를 키우지 않는다. 지나치게 사람을 고르는 것은 자칫 자리 나눔에 인색하거나 소심하다는 인상을 줄 수 있다. 기실 아무리 잘 살핀다 해도 흠결 없는 완전한 사람 없고, 준비된 사람도 없다. 때로는 자리가 사람을 만들기도 한다. 올드보이만 찾지 말고 과감하게 젊은 인재들을 기용해서 능력을 검증, 단련시켜 나가는 것 또한 후진 양성의 길이기도 하다.

정치에서 후진이란 자신을 추종, 보필할 머슴이 아니라 언젠가는 자신을 밟고 넘어설 '웬수 같은 놈'을 말한다. 기실 '그런 놈'이 진짜 인재일 수도 있다. 남들 고개 숙이고 받아쓰기할 때 똑바로 쳐다보는 '그런 놈' 말이다. 아무렴 사람을 부리고 내치는 일을 두려워해서야 용병(用兵)을 안다고 할 순 없겠다. 일정 부분은 실패와 희생을 감내해야 창조적 솔루션이 기능하다. 가사(家事)에 부리던 머슴들을 데리고 국사(國事)를 돌보니 나라꼴이 갈수록 우스워지는 것이다.

조선이 그랬듯 문민정권엔 대책이 없다.

옹졸한 하인 근성의 문민 리더는 자신보다 유능하거나 잘난 인간을 질시하여 옆에 두고 못 본다. 심지어 자기 아랫사람으로 두는 것조차 싫어하고 두려워한다. 주인 의식을 가진 이라면 그런 걸 걱정할 이유가 없는데도 말이다. 왜냐하면 주인은 잘났던 못났던 주인이기 때문이다. 진정한 리더는 자신보다 유능한 인재를 곁에 두기를 두려워하지 않는다. 설사 그가 나중에 자신을 밟고 올라가더라도 원망하거나 후회하지 않는다. 박정희에게 박해의 은혜(?)를 누린 자들이 결국 그 뒤를 이었다. 중국은 마오쩌둥에게 하방(下放)당해 고초를 겪은 자들이 중국 현대화의 주역이 되었다.

◤Tip 원칙과 고집, 공사(公私)와는 다른 개념

 박근혜 전 대통령은 매사에 '원칙'과 '신뢰'를 강조해 왔었다. 여간해서 한번 뱉은 말이나 정책을 바꾸지 않았다. 오죽하면 이정현 수석이 말씀 족보 공책을 해진 바이블처럼 들고 다녔을까? 그렇지만 공(共)도 모르고 원칙만 고집하다가 그나마 반쪽짜리를 반의 반쪽으로 쪼개더니 파산하고 말았다.

 병아리 등속을 비롯한 일부 날짐승들은 세상에 나와 처음으로 마주친 상대가 곧 자기 어미인 줄 안다. 박대통령 역시 그랬다. 한번 첫인상으로 필이 꽂히면 끝까지 믿음을 바꾸지 않았다. 해서 엉뚱한 '들보잡'들이 횡재하다시피 높은 자리를 차지했다. 덕분에 당선을 위해 피땀 흘려 애써 왔던 많은 공신들이 닭 쫓던 개 지붕 쳐다보는 꼴이 되고 말았다. 그게 모두 최순실과 그 패밀리들의 농간 때문임을 그때는 알지 못했었다.

 아무튼 공주 수첩에 오르지 못한 인물이나 정책은 쉬이 받아들여지지 않았다. 해서 올드보이만 찾은 것이다. 그러면서도 '창조경제' '새로운 도전' '새로운 변화'를 부르짖었다. 말과 행동이 상당 부분 서로 모순되고 있음을 본인은 모른다.

 많은 한국인들은 어렸을 적부터 '이 몸이 죽고 죽어 일백 번 고쳐 죽어…'를 외우는 바람에 저도 모르게 고집불통적 사고를 베이스로 깔고 살아간다. 사업적으로 크게 성공하거나 권력을 쥔 사람들, 지식인인 양하는 사람들일수록 남의 말을 잘 듣지 않는다. 그리하여 공(公)과 사(私)를 구분하는 능력이 현저하게 떨어진다. 더 큰 문제는 제가 옳다고 생각하는 것이면 모두 공(公)인 줄로 착각한다는 것이다.

공적(公的)이란 자기 생각을 버리거나 견해를 바꿀 줄 아는 것을 말한다.

끝까지 고집하는 것은 공(公)이 아니다. 국민의 이익을 위해 다수의 견해를 수용할 줄 아는 것을 공(公)이라 한다. 한국의 지도자들은 공적(公的)인 것과 사적(私的)인 것을 구분하지 못하는 경우가 많다. 공(公)이란 자기 이상을 실현하는 것이 아니다. 국가의 이상, 국민의 이상을 추구하는 것을 말한다.

원칙이나 소신은 자칫 고집으로 굳기 쉽고, 신뢰 또한 인정(人情)이나 연정(緣情)으로 변질되기 쉽다. 비단 박대통령뿐만이 아니라 대부분의 한국인들이 이 정적(情的)인 신뢰를 신용인 줄로 착각하고 산다. 매사를 정(감정, 감성)으로 판단하는 습관 때문이다. 대한민국과 결혼했다는 여성 대통령 때문에 국격이 말이 아니게 되었다. 공(公)과 사(私)를 구분 못하는 공인이 필연적으로 맞을 수밖에 없는 결말이라 하겠다.

도그마(dogma)란 정치·종교적 용어이다. 조선의 사대부 유학자들이 그토록 고집하던 절개니 지조니 하는 것도 도그마라 할 수 있겠다. 그러고 보면 도그마가 강박증 수준으로 강하게 굳은 나라가 바로 대한민국이라 해도 과하지 않을 것 같다. 한데 그에 못지않게 도그마가 강한 분야가 예술계이다. 독자적인 세계와 경계를 가진 것처럼 하지만, 기실 지난날 예술이란 권력과 종교의 하수인이었다. 오늘날에는 예술인들 스스로 순수를 지향한다고 믿기에 제도적 굴레를 기부하려는 자유주의자적 도그마를 지닌다. 도그마가 강한 사람일수록 공공(公共)에 대한 존중 의식이 희박할 뿐 아니라 배타적이다.

그런데 만약 예술인들이 권력을 쥐거나 문고리를 잡으면 무슨 일이 벌어질까?

지난날 노무현 정권에서는 주변머리 예술인들이 크고작은 권력을 직접 쥐고 휘둘렀었다. 이들은 공히 자신들이 하는 행위나 목적은 순수하기 때문에 경우에 따라서는 공공의 규칙을 무시해도 괜찮다는 잠재 의식을 지니고 있다. 그리하여 무시로 경계를 넘나들다가 사고를 저지르기도 한다. '바다이야기'가 그 대표적 사례라 하겠다. 박근혜－최순실－문화체육계의 황태자 어쩌고 국정농단도 따지고 보면 그들의 순수(?) 도그마 때문이라 할 수 있다. 문화융성이란 그럴듯한 명분 아래 그만큼 주관적 해석과 의지가 끼어들 소지가 많기 때문이다. 역대로 문화관광체육부가 정치 바람을 가장 많이 타는 이유도 거기에 있다.

권력에는 공(公)이 따른다는 사실을 모르고, 공(公)밥을 공밥인 줄 알고 처먹다가 탈이 난 것이다. 그러니 예술가들을 하던 일 계속하게 놔두었으면 한다. 괜히 권력을 쥐어주거나 주변으로 끌어들였다가는 정권 망신만 되풀이할 것이다. 문민정부 이래 가신정치・환관정치・마름정치로 정권의 사당(私黨)화가 심화될수록 사회가 점점 공(公)을 잃어가고 있다.

2017년 5월 10일, 적폐청산을 내건 문재인 후보가 대통령에 당선되었다. 그렇지만 누구든 권력을 잡는 순간 그 역시도 적폐가 된다는 사실을 과연 알고 있을지! 등잔 밑이 어두운 법이다. 공공(公共)에 대한 명확한 인식이 없으면 등장 밑을 보지 못한다.

글로벌 비즈니스 세계에서 신뢰란 곧 신용을 말한다. 인간적인 신뢰가 아닌 상업적으로 철저히 검증된 신뢰를 말한다. 그게 매너로 표현되어야 소통이 가능해지고, 상대방도 즉각 수용이 가능한 솔루션 창출이 이루어진다.

17

김정은이 핵보유에 목숨을 거는 이유?

"분명한 것은, 사람들을 안심시키기 위해서는 분명한 것을 부정하기만 하면 충분하다는 것이다."

– 로베르 브레송

김정은 북한 국방위원회 제1위원장이 2016년 5월 6일 개막한 노동당 제7차대회에서 평소 인민복 차림과 달리 줄무늬 양복을 입고 넥타이까지 매고 나타난 '사건'을 두고, 그 의미와 배경에 대해 자못 궁금해하며 대북전문가들이 제각각의 해석들을 내놓았었다. 혹여 대외정책의 변화를 암시하는 것은 아닐는지? 김일성 흉내내기인지? 등등. 아무려나, 이번 노동당대회는 김정은의 성인식 겸 대관식 그 이상도 그 이하도 아니다.

2016년 5월 4일, 방한한 제임스 클래퍼 미국 국가정보국장(DNI)이 북·미 평화협정 협상과 관련한 한국측의 입장을 여러 경로로 타진하고 떠났다 한다. 그동안 북한이 지속적으로 제의한 군사 훈련 중단과 핵실험 유예 방안에 대해 한·미 양국은 북한이 비핵화를 행동으로 보여주기 전에는 평화협정에 관한 논의를 할 수 없노라고 밝혀왔었다.

중국 역시 비핵화를 전제로 북·미 평화협정 체결을 강하게 주장해 오고 있는 터라 이번에는 뭔가 변화가 있지 않을까 싶기도 하다. 그렇지만 평화협정 이후 당연히 제기될 수밖에 없는 한반도에서의 미군 철수 요구 때문에 논의한다 한들 성사되기는 어려울 것이다. 결국 한반도 주둔 미군 감축을 전제로 한 평화협정 정도로 북한을 6자회담에 나오게 하는 방안이 현실적으로 논의될 수 있겠다.

그 과정에서 문제는 오히려 남한 내부에서 불거질 것이다. 그동안 외쳐 온 '자주' '독립' '통일'이란 구호가 모두 헛것이었음을 인정해야 하기 때문이다. 70년을 싸우며 기다려 온 대가가 고작 평화통일이 아닌 평화협정이라니! 그마저도 남·북 당사자 간이 아닌 북·미 간에! 자국의 운명을 스스로 결정하지 못하고, 또다시 외세에 맡겨야 하는 치욕을 감당해낼 수 있을지?

▟ 평화협정은 영구 분단의 다른 표현

김정은은 왜 저토록 미사일과 핵개발에 집착하는가?

미국과의 협상을 위해서? 천만에 말씀이다. 다 저 살자고 하는 짓이다. 삼대 세습이지만 제 목숨 하나 간수하기가 도무지 호락하지가 않은 것이다. 숙청을 통한 공포정치도 한계가 있을 수밖에 없다. 노동당대회를 열어 명실상부한 지도자가 되고자 하지만 '수령'이니 '영웅'이니 하는 호칭에 어울리는 공적이 없다. 서해 5도 중 어느 한 섬이라도 뺏는 등 군사적인 성과가 있어야 하지만 그런 모험을 하기에도 마뜩찮다. 군비 경쟁으로는 어차피 남한을 따라갈 수 없다. 해서 오로지 핵개발 하나에 매진하는 것이다.

미국과 중국이 북한 핵개발 저지에 적극 나서고 있지만 김정은은 포기할 생각이 전혀 없다. 그럴수록 오히려 급하게 재촉할 것이다. 아무렴 핵실험과 대륙간 탄도미사일까지 성공적으로 마쳤다 한들 그것으로 미국 본토를 공격한다는 것도 말이 안 되는 줄을 모르는 사람이 세상에 있을까? 노무현 전 대통령의 말마따나 자위적 엄포용 무기에 지나지 않는다. 핵만이 제 목숨을 지켜줄 것이라 믿는 것이다.

평화협정? 기실 김정은이 원하는 건 파키스탄과 같은 완전한 독립국가 '조선인민공화국'일 테다. 중국 역시 같은 생각이지만 '독립'이란 단어를 입에 담을 수 없는 처지다. 북한의 독립은 필시 대만의 독립으로 이어질 것이며, 티베트와 신장·홍콩 등에 연쇄적 파급을 미칠 것이기 때문이다. 해서 '독립' 대신 '평화'라는 느슨한 틀 안에 묶어두려는 심산인 것이다. 그러나 중국도 예전 같지 않게 북한에 대해 냉담하다. 중국이 김정남 카드를 쥐고 있는 한 김정은도 절대 중국을 믿지 못한다. 하여 그는 국경 밖을 절대 나가지 않는다. 아니나 다를까, 2017년 2월 13일 말레이시아 쿠알라룸푸르 공항에서 김정남을 독살시켜 버렸다. '독립'을 선포할 조건을 충분히 확보하였다.

▟ 핵을 가진다는 건 독립국이 된다는 것

북한이 핵개발에 성공하고 불가침선언과 함께 독립국을 선포하게 되면 남북한 관계는 어찌되는가? 우선 휴전선이 국경선이 되어 버린다. 분단국으로서의 긴장 관계는 대폭 줄어들지만, 그동안 흘린 피가 모두 물거품이 되고 만다. 따로 분가한 마당에 더 이상 내정 간섭할 명분도 없어진다. 김정은이 북한 주민들을 굶겨죽이든, 반대로 북한 주민들이 들고일어나 김정은을 때려죽인다 해도 우리는 강 건너 불구경이나 할 수밖에 없다. 통일대박을 노리고 만든 그 많은 한반도미래설계도들은 휴지가 되어 버리는 것이다.

그러면 세계는 북한의 독립을 인정할까?

저들끼리 허구한 날 으르렁대며 싸움질할 바에야 차라리 서로 제 갈 길을 가는 게 동북아 평화를 위해 낫다고 생각할 것이니 굳이 반대할 이유도 없겠다. 덩달아 대만 독립을 부추겨 절대강대국으로 커가는 중국을 흔들 카드가 생기는 셈이니 내심 반길 것이다. 결국 남한만 갈등의 아수라장이 되고 말 것이다.

유엔의 제재에도 불구하고 결국 북한의 핵개발을 저지하지 못한다면 이같은 시나리오가 현실화될 수도 있다. 평화협정이든 북한의 독립국가 선언이든 한반도의 영구 분단을 의미한다. 한 민족 두 국가! 이대로는 영원할 것 같은 휴전-분단 대치 상황에 염증이 난 상당수의 남북한 주민들도 호응할 것이다. 특히 미군 철수를 주장하는 종북 좌파들에겐 가뭄 끝에 단비가 되겠다.

▶ "공화국은 책임 있는 핵보유국"

우리가 진정 통일을 원하는가?

그렇다고 한들 스스로 통일을 실현시킬 능력이 있는가? 평화통일을 주창하지만, 여차하면 피를 흘릴 각오가 되어 있는가? 북한이 독립국으로 가고 있음을 애써 모른 척 '설마?' 하며 계속해서 '통일대박'만 외칠 것인가? 북한이 핵을 가지면 우리도 핵을 가져야 한다는 건 남한도 독립국이 되겠다는 뜻이다. 파키스탄-인도가 그랬다.

평화통일? 김정은인들 통일을 바랄까? 지나가는 소가 웃을 일이다. 지금 당장 남한을 그냥 줘도 못 받아먹는다. 그랬다간 바로 즉사다. 에볼라보다 무서운 자본주의의 독배다. 김정은은 국제 사회에서 북한이 오롯이 독립된 공화국임을 확인받고자 하는 것이다. 유엔 제재를 통한 이란식 해법? 잠꼬대 그만하자! 이제 와서 북한이 핵실험을 몇 번 더하고 덜하고가 무슨 의미가 있는가? 대선 총선 게임으로 날을 지새는 한국 정치판! 눈에 뵈는 게 있을 리 없다.

통일은 없다!

통일은 거짓이다! 통일대박은 대국민 사기다! 북한 핵보유국 인정 이후를 '각오'해야 한다. 싸우기를 무서워하는, 힘없는 민족에게 '대비'란 아무 의미 없는 단어다. 그저 '예의주시'일 뿐이다. 우리만 잘먹고 잘살면 가난한 북한이 절로 흡수통일될 줄 알고, 통일을 이룰 생각은 않고 오매불망 기다리기만 한 업보다. 통일대박? 누구 맘대로? 누구 좋으라고? 말을 뱉는 순간 이미 쪽박이다. 야박한 표현이지만 솔직하게 인정해야 한다. 그래야 앞을 바로 볼 수 있다.

아무렴 그렇다고 대한민국이 예서 통일을 포기할 수도 없는 일! 세계에 대해 어떤 어젠더를 던져 동의를 끌어내고, 4강국을 상대로 치열하게 물밑작업을 해내야 할 텐데… 그것도 주동적으로! 과연 그럴 만한 지도자감이 나올 수 있을지? 미국의 새 대통령 트럼프는 자기는 링컨과 같은 대통령이 되겠노라고 말한 적이 있다. 중동의 분쟁도 대충 정리되어 가고 있다. 다음은? 부동산, 그것도 재개발 전문인 그의 눈에 북한이 어떻게 보일까? 동북아의 알박기 말뚝만 뽑아내면? 동러시아 자원 개발, 드넓은 만주 개발? 게다가 북한이 붕괴한다고 해서 중동처럼 IS나 난민 사태와 같은 피곤한

뒤끝도 없다. 침체에 빠진 세계 경제 회복에 이보다 더한 호재가 없을 테다.

물론 다른 계산도 있을 수 있다. 북한 핵개발을 빌미로 한 동북아 긴장 고조는 일본을 재무장시키고, 한국과 타이완의 군비 확장을 부추길 것은 너무도 당연한 일. 소강 상태로 접어드는 중동 분쟁을 대신해 미국 군수산업을 이끌 더없는 호재가 될 것이다.

실행력과 과시욕이 누구보다 강한 그가 결코 북한을 그냥 두고 넘어가지는 않을 것이다. 분명 그곳에서 자신의 치적을 세우려 할 것이다. 대한민국에겐 다시없는 기회일 수도 있다. 통일이냐 영구 분단이냐의 갈림길에 섰다. 정신 바짝 차려야 한다.

18

인간존엄성, 인격 의식 부재의 아수라장

"인간의 성질은 처음엔 조잡, 다음엔 엄격해졌다가 상냥하게, 이어서 섬세해지며, 마지막에는 방종해진다."
− 잠바티스타 비코

인도에서는 얼굴이 셋이고 팔이 여섯인 귀신을 아수라(阿修羅)라고 부르는데, 일명 싸움귀신이다. 하여 교만심과 시기심이 많은 사람이 죽으면 이 아수라가 사는 세계로 떨어져 영원히 싸움질을 일삼게 되는데, 그곳을 아수라장이라 일컫는다. 지금 이 나라에서는 살인, 자살, 물어뜯기, 왕(王)질, 쩐(錢)질, 갑(甲)질, 완장(腕章)질이 난무하고 있다.

2014년 연말, 한국 사회를 정리하는 이런저런 사자성어들을 내세웠지만 벌써 다 잊었는지 하나도 기억나지 않고 '갑질'이란 단어만 계속 머릿속을 떠다닌다. 물론 국어사전에도 없는 신조어다. 그리고 이 '갑질'은 새해를 넘기고 또 넘기고도 계속 이어지고 있다. 예전엔 무슨 분쟁이라도 생기면 '진보냐, 보수냐'로 편가르기를 했었는데, 요즘은 '갑이냐, 을이냐'부터 따지는 버릇까지 생겨났다.

▰ 함부로 사람을 '자르는' 나라

많은 이들이 역대 대통령들의 용인술에 대한 비판들을 해왔다. 하지만 대통령들의 파인술(破人術)에 대해서는 누구도 관심이 없다. 2014년 6월, 박대통령은 러시아 출장중인 유진룡 전 문화체육관광부 장관을 외교 전문을 통해 경질 통보함으로써 모욕적으로 '잘랐다'가 결국 '찌라시' 사건, 그리고 최순실 사건 때 연거푸 뒤통수를 얻어맞는 망신을 당했다.

그런가 하면 9월에는 음주 추태를 문책한다며 신현돈 1군사령관을 말 한마디로 '잘라 버렸다.' 물론 이렇게 즉석에서 '사람'을 자르는 일이 비단 이번 대통령만이 아니라 이전에도 수없이 있어 왔던 일이다. "너, 내려!"라며 '땅콩 리턴'시킨 조여사와 다를 바 없는 '왕(王)질'이라 하겠다.

이왕 '버릴' 사람이라고 그렇게 매몰차게 쫓아내서 남은 이들에게 무슨 득이 있는가? 거지를 내칠 때에도 자존심을 건드리지 않는 법인데, 하물며 국가를 위해 봉사한 사람을 앉은자리에서 말 한마디로 내쳤다. 정(情)을 잘못 갈무리하면 한(恨)이 되는 법. 지나치게 감정적인 한국인들의 한(恨) 중 상당 부분은 이같이 사소하기 짝이 없는 섭섭함이 만들어낸 것들이다.

▟ 인격(人格) 없인 품격(品格) 없다

사람을 내치는 것도 매너의 문제다.

버락 오바마 미국 대통령은 2015년 1월 28일 워싱턴 D.C. 근교익 메이어−헨더슨 기지에서 열린 척 헤이글 장관 이임식에서 "약 50년에 걸쳐 국가에 봉사하는 삶을 산 진정한 애국자"라고 칭찬했다. 자신이 이라크를 방문했을 때 헤이글 장관이 침실용 슬리퍼를 신고 모래땅으로 나왔던 일을 비롯해 여러 일화들을 회고하며 "그의 도움으로 새로운 신뢰를 건설했다"고 치하했다.

이에 헤이글 장관은 오바마 대통령에게 "매우 어려운 시기에 강한 지도력을 보인 데 대해 감사한다"고 답했고, 이임식에 참석한 군장병들에게 "여러분이 내 동반자였던 점을 행운으로 생각한다"고 말하였다. 대통령과의 이견으로 사실상 해임이었지만 오히려 최대한의 격식을 갖추어 서로를 존중하며 마무리한 것이다.

인격을 물격으로 보는 한국인들은 '자른다'라는 말을 흔히 쓴다. 물론 요즘은 함부로 '자르지'는 못하지만, 권력이나 금력은 여전히 '사람'을 자를 수 있다. 하긴 권력의 진정한 의미가 바로 '사람을 자를 수 있는 힘'이 아니던가? 그렇지만 팽(烹)을 시키더라도 상투적인 입발림 성명이라도 내어 최소한의 예(禮)는 갖춰야 한다. 경원(敬遠)! 상대의 인격을 존중하기 위함이기도 하지만, 자신과 조직의 품격을 위해서도 그렇다.

▶ 한국인의 잠재의식, 왕(王)질

한국인의 무의식, 아니 의식에는 봉건적 사고가 뿌리 깊이 박혀 있는 것 같다. 바로 '왕질'이다. 역사를 통해서 배웠던, 엉터리 사극을 보고서 익혔던, 어쨌든 한국인들은 습관적으로 커다란 의자만 봐도 대왕님 폼을 잡고 앉는다. 이 땅에 오만가지 종교가 번성하는 것도 교주가 되어 왕질을 해보고 싶은 욕망 때문이 아닐까? 해서 저들만의 '왕국'을 세운답시고 어마어마한 땅을 사모아 성전 아닌 궁전을 짓는 것일 테다. 아무렴 왕을 제 조상으로 두지 않았으니, 분명 천민 콤플렉스에서 생겨난 강박증일 게다.

하여 한국 드라마에서 회장님은 하나같이 조폭 두목이다. 부하들시켜 뻑하면 미운 놈 뒷조사시키고, 잡아 가두어 패는가 하면, 무릎을 꿇리고, 심지어 죽이기를 예사로이 한다. 게다가 한국 남성은 그럴듯한 자리 하나 차지하면 거의 예외 없이 변학도가 된다. 싫다는 여성을 막무가내 '제 것'으로 만들겠다며 오기를 부린다. 한국 드라마의 기본 코드가 〈성춘향〉과 〈심순애〉다. 이런 가학적인 드라마들로 인해 한국인들은 부지불식간에 짐승남이 되어 버린다. 아직 봉건적 사고에서 벗어나지 못하고 있음이다.

사람을 물격(物格)으로 보는 한국의 졸부들. 대통령이나 재벌 회장이나 왕질에서는 하나도 다를 바 없다. '고객은 왕이다'는 말을 금과옥조로 삼아 서민들은 서민들대로 기회만 닿으면 왕질을 하려 든다. 본색이 하인이다. 그렇지만 백수의 왕 사자나 호랑이도 함부로 갑질하지 않는다. 아무렴 옛날 임금님이라고 해서 용상에 쩍 벌리고 앉아 호통치며 제 눈에 거슬리는 놈은 무조건 잘랐을까?

▰ 부자 삼대 어려운 건 갑(甲)질 때문

북한의 김씨 세습왕조를 나무랄 자격도 없이 한국의 재벌·대기업은 말할 것도 없고, 교회까지 공공연하게 세습을 하고 있다. 그런가 하면 교수·연예인·판검사·외교관·국회의원 등 각계도 갖은 방법으로 세습을 고착화시켜 나가고 있는 중이다. 흡사 한국 사회가 봉건시대로 회귀하고 있는 것 같다.

왜 이렇게 되었을까?

해방 후 자주 독립을 외쳤지만 진정한 자주(自主) 정신, 주인 정신이 없었기 때문이 아닐까? 그저 남 따라 경제 성장하고 민주화되면 우리도 주인이 되는 줄 알았다. 해방 후 급속하게 밀려 들어온 미8군 양키 문화, 저급한 미국 대중 문화인 LA 문화를 보고 따라 하다가, 70년대 후반 일본식 친절 굽신 서비스를 별생각 없이 받아들여 부지불식간에 종복 문화가 몸에 배어 버렸다. 그 바람에 우리 사회를 지탱하던 양반 문화가 한복과 함께 사라져 버렸다.

갑(甲)은 을(乙)이 만든다.

스스로 인격임을 포기하고, 물격 내지는 동물격도 마다 하지 않는 주변머리 을(乙)들의 종복 하인 근성도 문제다. 아무렴 인간 사회에서 갑을 관계가 없을 수는 없다. 다만 갑이면 갑답게 살자는 것이다. 다시 말해, 갑이면 갑다운 품격을 갖출 것을 요구한다는 말이다. 을 또한 마찬가지다. 비즈니스 협상이라면 상대적 열세를 매너와 품격으로써 극복해낼 수 있어야 한다.

✒ '인간성 회복'이 아니라 '인간존엄성'에 대한 인식부터

한국인들은 한자의 '人(인)'을 사람으로 해석하는데, 여기에 자기 중심적인 세계관이 배어 있는 것이다. 하지만 한문에서 인(人)은 자기가 배제된 '타인(他人)'을 뜻한다. 자기를 아(我)라 하고, 자기 중심적인 생각을 아집(我執)이라 한다. 따라서 인간(人間)이니 인문(人文)이니 하는 것도 모두 사람, 즉 타인과의 관계를 말한다. 인권 역시 개인이 '독립된 개체'로서 요구하는 권리가 아니라, '다른 사람들'을 인정해 주는 권리이다.

예전의 청와대 '찌라시' 사건, 대한항공의 '땅콩 리턴', 또 청와대의 '최순실' 사건 등은 너무도 닮았다. 내부 문제가 밖으로 불거져 나온 것도 그렇고, 모두 다 품격의 문제다. 사건 처리 과정 역시 무리수를 두다가 더 크게 벌어진 것이다. 공히 집안 망신에다 국가 품격 디스카운트에 지대한 공헌을 하였다. 후진국 시절에는 설혹 무매너였다손 치더라도 변명의 여지가 있었다. 하지만 이제 대한민국은 후진국이 아니다. 국제사회에서 더 이상 용납되지 않는다. 진정한 '황제경영'이란 '갑질경영'이 아닌 '품격경영'이다.

▰ 인격(人格)과 물격(物格)의 차이

'세월호' 사고 아닌 사건이 터지자 국가를 개조하겠다며 난리법석이더니 고작 세월호 특별법 실랑이에 다 휩쓸려가 버리고, 끔찍한 기억은 짜증으로 변질되어 가고 있다. 그러다가 가혹 행위에 의한 사고가 연이어 터지면서 여론의 화살이 군(軍)에 집중되더니, 결국은 그해 6월 육군 1군사령관이 만취로 물의를 일으킨 일이 뒤늦게 대통령에게 보고되자마자 말 그대로 '찍' 소리 한번 못 내고 잘렸다. 2016년 연말 '최순실' 사건으로 박근혜 대통령이 두 차례나 대국민 사과를 하더니, 탄핵안이 가결되자 오히려 "내가 뭘 잘못했냐?"며 버텼다.

버락 오바마 대통령은 2009년 알카에다의 '성탄절 여객기 테러 미수 사선' 직후 시과 연설에서 "남을 탓할 생각은 없습니다. 제가 남 탓을 할 수 없는 까닭은 제가 최종 책임자이기 때문입니다.

안전 시스템이 작동하지 않는다면, 책임은 제게 있습니다"라고 말하였다. 또 2012년 10월 16일, 뉴욕주에서 열린 미트 롬니 공화당 대선 후보와의 2차 TV 토론 발언중 "리비아 주재 영사관이 공격을 받아 4명의 미국 외교관이 사망한 사건의 최종 책임은 대통령인 나에게 있다"고 하였다.

2014년 4월 17일, '세월호'가 침몰하자 진도 실내체육관을 찾은 박근혜 대통령은 실종자 가족들 앞에서 "오늘 이 자리에서 제가 가족 여러분들과 나눈 이야기들이 지켜지지 않으면 여기 있는 분들은 책임지고 물러나야 합니다" "책임 있는 사람이 있다면 엄벌토록 하겠다"고 하였다. 이어 4월 21일 수석비서관회의에서는 "단계별로 책임 있는 모든 사람들에 대해 지위 고하를 막론하고 민형사상 책임을 물어야 할 것"이라고 강조하였다. 결국 그 책임을 물어 해경을 해체했다.

당시 시민들이 위 두 대통령의 사례를 비교하며 '세월호' 사건에서 드러난 허술한 재난관리시스템과 컨트롤타워 부재에 대한 대통령과 정부의 무능을 탓하였지만, 정작 그 말 속에서 내비친 대통령(한국인)의 의식 구조에 대해서는 미처 깊이 생각하지 않은 듯하다. 이는 단순히 정치인으로서의 수사학(修辭學)에 관한 문제가 아니다.

한국 사람들은 부지불식간에 사람을 인격(人格)으로 안 보고 물격(物格)으로 보는 경향이 강하다. 해서 같은 사안을 두고 한 박근혜 대통령의 발언과 오바마 대통령의 발언의 본질적인 차이를 제대로 인식하지 못하고, 그저 최고지도자의 책임지는 자세 비교에만 초점을 맞추고 있는 것이다.

모든 인간은 존중받아야 한다는 것이 서구 선진문명권 사람들의 기본적인 인식이다. 심지어 적(敵)이나 범죄자라 해도 마찬가지이다. 인격은 이용 가치가 없어도 존중받아 마땅한 존재인 반면, 물격(物格) 또는 도구는 이용 가치가 없어지면 가차없이 무시되거나 버려지는 것들이다.

박대통령의 발언은 '사람을 이용 수단이나 도구로 보는' 한국적 사인 의식(私人意識)에서 나온 것이라면, 오바마 대통령의 발언은 인간존엄성에 기반을 둔 '인격존중'의 공인 의식(公人意識)에서 나왔다 할 수 있다. 진정한 주인의식이 뭔지를 일러주는 좋은 예라 하겠다.

작금의 한국 대통령 등 정치지도자들과 사회 각계각층 속물형 지도자들의 인사관리 및 조직관리의 근본적인 인식, 그리고 문제점이 바로 여기에 있다. 각종 재난이나 사고 대책 과정에서 허튼소리를 하여 국민들을 공분케 하는 국회의원들도 마찬가지! 평소 인격을 표격(票格)으로 보아왔기 때문이다.

▌ 이순신(李舜臣)이라면 어떻게 하였을까?

아무리 전시가 아니라지만, 별 넷을 그렇게 하루 아침에 날려버려도 되는 것인지 참으로 걱정스럽기 그지없다. 알려지지 않은 다른 속사정이 있을는지는 모르겠으나 고작 그만 일로 목이 날아간다면 장비(張飛)는 《삼국지》에 이름조차도 못 올렸을 터이다. 아무렴 그 장군이 아니더라도 한국의 군 장교들은 음주운전 한 가지만 걸려도 별 날 생각을 접어야 한다.

생즉필사(生即必死) 사즉필생(死即必生)? 한국 군인의 최우선 목표는 적과의 싸움이 아니라 '자기와의 싸움', 실은 몸조심인 게다. 이런 상황에선 이순신(李舜臣) 같은 영웅이 다시 태어난다 한들 별 수없을 것이다. 적에게 총 한 방 쏘기 전에 매뉴얼 살피고, 결재받고, 사후 보고 및 감사, 여론재판, 청문회, 구속까지 각오해야 한다.

부하들의 생사여탈권을 휘두른 것도 아니다. 지위를 이용해 사적 이득을 취한 것도 아니다. 패전조차 병가지상사(兵家之常事)라 하였건만, 이 땅의 군인에겐 음주 실수마저도 용납되지 않는다. 선비다운 몸가짐과 오롯한 복지부동만이 군인의 살 길이다. 몸조심이 곧 무혼(武魂)이다.

별 넷을 만드는 데 돈이 얼마가 들까?

누구는 올림픽 금메달 하나로 영웅이 되고, 박사논문 표절해서 교수도 되고 국회의원 배지까지 달았다. 성추행으로 물의를 빚은 교사들은 아직도 교단에 건재하다. 왜 유독 군인들에게만 성인에 가까운 잣대를 들이대는가? 세상이 다 썩어도 군인만은? 작금의 군에서 연이어 일어나는 사건사고의 원인과 책임이 온전히 군에만 있는가? 군이 인성교육기관인가? 수도원인가? 보육원인가? 고장 한 번 일으켰다고 최신예 탱크를 그냥 내다 버릴 참인가?

이 땅의 군인들은 모두 제갈량이 되어야 하고, 이순신이 되어야 하는가? 두들겨맞아도 군말 말고 나가서 싸워야 하는가? 이순신이 못 되는 군인은 나쁜 군인인가? 〈명량〉에 몰려간 사람들이 그 백분지 일만큼이라도 평소 군(軍)에 애정과 관심을 가졌던가? 그저 어쩔 수 없이 세금으로 유지되는 소모품 집단, 군바리? 미운 오리 새끼 취급한 건 아닌지? 앞으로 군에서의 사건사고는 지금보다 더했으면 더했지 결코 덜하지 않을 것이다. 그때마다 별들을 날려 버린다면?

✦ 이순신은 없다

단언컨대 수신제가(修身齊家)하고 치국평천하(治國平天下)한 영웅은 없다. 이순신이 제 분수나 지키고 시키는 대로 고분고분했으면 그렇게 백전백승했을 리도 없고, 붙잡혀 가서 매를 맞을 리도 없었을 것이다. 아무렴 그렇다 한들 음주로 잘린 사령관도 내일 당장 이 땅에 전쟁이 터져 명령만 내려진다면 분연히 뛰쳐나가 싸울 것이다. 파리 목숨이라 해도 그게 군인의 본분이니까.

현대의 리더는 탑(Top)이 아니라 센터(Center)이다. 나를 따르라며 명령하는 우두머리가 아니라 조직의 중심에서 조정자로서의 역할을 해내는 사람이다. 국민들 눈치 보며 하는 일이 반드시 국민을 위하는 것도 아니다. 원칙과 신뢰만 고집하며 매일같이 지시하고 질책한다고 해서 되는 일이 아니다. 서슬 퍼런 눈으로 호통만 쳐대서야 누가 제대로 일을 해내겠는가? 영화관과 시장을 찾는다고 민심이 돌아설까?

찌라시 사건 당시 김기춘 비서실장이 청와대 출입 사진기자들에게 "대통령님 환한 모습을 많이 찍어주길 바란다!"고 당부했다 한다. 도무지 뭐 하나 제대로 되는 일이 없으니 환한 얼굴을 찍고 싶어도 못 찍을 판이다. 가시적으로 성과를 내놓아야 민심도 따를 것이다. 그러려면 일선 행정가들이 열정적으로 일할 수 있도록 대통령이 먼저 그들과 소통해내어야 한다. 질책이 아니라 격려를 해주어야 한다.

▶ 초장왕(楚莊王)과 갓끈

초나라 장왕이 여러 신하들에게 술을 내려 잔치를 벌이고 있었다. 날이 저물어 술이 거나히 올랐을 때 공교롭게도 등불이 꺼지고 말았다. 이에 어떤 이가 함께 자리한 어느 미인의 옷자락을 잡아당기며 수작을 부리려 하였다. 그러자 그 미인이 그를 붙잡아 갓끈을 잡아당겨 끊어 버리고 나서 임금에게 고했다. "지금 어두운 틈을 타 어떤 자가 첩의 옷자락을 잡아당겼습니다. 첩이 그자의 갓끈을 끊어 가지고 있으니, 등불을 밝히거든 그 갓끈 끊어진 자를 살펴주옵소서!"

이 말이 떨어지자 임금은 좌우에 이렇게 명하였다. "오늘 나와 더불어 술을 마시면서 갓끈을 끊지 않은 자는 즐겁지 않다는 표시를 하는 자이로다!" 그러고는 백여 명이 넘는 신하가 모조리 갓끈을 끊고 나서야 등불을 밝혔다. 그렇게 끝까지 그 즐거운 분위기를 다한 채 잔치를 마치게 되었다.

그로부터 3년이 흐른 후, 진(晉)나라와 전쟁을 하게 되었는데, 그때 한 신하가 제일 선봉에 나서서 다섯 번 싸움에 다섯 번을 분격하여 선두에서 적을 격퇴시키는 것이었다. 장왕이 이를 이상히 여겨 그 신하에게 물었다. "과인은 덕(德)이 박하여 일찍이 그대를 특별한 자라고 여기지 않았는데, 그대는 무슨 연고로 죽음을 두려워하지 않고 그렇게 선봉에 나섰는가?"

신하가 대답하였다. "저는 마땅히 죽을 몸이었습니다. 지난날 술에 취해 그 예(禮)를 잃었지요. 그런데 임금께서는 이를 겉으로 드러내지 않으시고 참으시며 제게 주벌(誅罰)을 내리지 않으셨습니다. 저는 임금께 그 보답을 위해 간과 뇌를 땅에 드러내어 죽는 것과 목의 피를 적군에 뿌리기를 원해 온 지 오래입니다. 신이 바로 그 주연에서 갓끈이 끊겼던 자입니다."

▍살기등등한 대한민국

지금은 온 국민이 흥분 상태이다.

'누구든 걸리기만 해봐라'며 쌍심지를 돋우고 있다. 여기에 국가 최고지도자까지 흥분해서야 사태가 제대로 수습될 리 없다. 부하의 잘못을 무조건 벌주기보다는 대국민사과는 통수권자인 대통령이 하고, 음주로 실수한 장군을 조용히 청와대로 불러 좋은 술을 내놓고서 "앞으로 술 마시고 싶으면 언제든 청와대로 오시라!"며 점잖게 타일렀어야 했다. 이순신이라면 그리하지 않았을까? 그랬더라면 박근혜 대통령이 탄핵되지 않았을까? 누군가 주군을 대신해 "모든 게 내 탓이오!" 하고 뛰어내리지 않았을까? 신뢰가 곧 리더십이다.

원칙과 법, 규정만 따진다고 해서 신뢰가 서는 것 아니다. 배려와 관용, 융통성, 인간존엄성 확보 없이는 시스템이 제대로 굴러가지 않는다. 어떤 상황에서도 지도자는 평정심으로 중지를 모아 길을 찾아야 한다. 당장에 해결책을 내놓으라는 게 아니다. 국민들이 제 일을 할 수 있게 안심이라도 시켜 달라는 거다. '국가 개조'란 전쟁, 혹은 혁명할 때나 내거는 용어다. 대통령직을 걸겠다는 각오가 아니면 헛소리했다는 오명만 남길 것이다. 군인에 대한 존중심이 없는 군통수권자는 노예감독관에 다름 아니다.

✔ Tip 머슴이 칼을 쥐면 영웅은 피눈물을 흘린다!

2017년 1월 17일, 황기철 전 해군 참모총장에게 정부가 보국훈장을 수여키로 했다. 2011년, 소말리아 해적에게 피랍된 선원 21명을 구출한 아덴만 여명작전을 성공적으로 이끈 주인공이 바로 황기철 당시 해군 작전사령관이었다.

그런 그에게 재앙이 닥쳤다. 2014년, 세월호 침몰 당시 해군참모총장으로서 통영함에 현장 출동을 수차례 지시했다. 하지만 통영함은 출동하지 못했고, 황 전 총장은 성능이 떨어지는 음파탐지기가 통영함에 장착되는 데 관여했다는 혐의를 받고 구속 수감됐다. 졸지에 세월호 침몰에 대한 희생양이 되어 버린 것이다. 하지만 1심과 2심, 대법원 모두 황 전 총장에 대해 증거 부족 등으로 무죄를 선고했다. 이후 검찰과 감사원이 황 전 총장을 무리하게 표적 수사했다는 비판이 나왔다.

37년간 국가를 위해 목숨 걸고 헌신한 그에게 돌아온 인간 이하의 모멸! 재판 바람에 가정은 풍비박산났다. 집을 담보로 저당잡히고, 딸은 퇴직금을 미리 정산해 변호사 비용을 보태어야 했다. 장관급인 참모총장의 경우 감방에서도 독방이 제공되는데, 황총장의 경우는 일반 죄수들 여럿과 방을 공동 사용하여야 했으며, 어느 날은 동료들(?)의 폭행으로 얼굴에 멍이 드는 등 치욕적인 대우를 받았다.

방산비리 수사의 피해자는 황총장과 그의 가족만이 아니었다. 해군의 신형 해상작전헬기 와일드 캣 사건에 연루된 장교들도 모두 그 혐의에서 벗어났다. 방산비리 합수단은 "와일드 캣이 작전요구

성능(ROC)에 못 미치는데도 시험평가서를 허위로 작성했다"며 장교들을 구속해 교도소로 보냈지만, 법원이 혐의 없음으로 판결한 것이다. 와일드 캣은 MB정부 시절 4대강 사업에 돈을 대느라 예산이 반토막나는 바람에 선택한 대안으로, 2013년 초 와일드 캣을 선정할 당시 정부의 가이드 라인은 5,890억 원으로 해상작전헬기 8대를 도입하라는 것이었다. 현존 최고의 해상작전헬기라는 시호크는 대당 1,400억~1,500억 원이어서 배정된 예산으로는 4대밖에 살 수 없었기 때문이다. 군은 5,890억 원으로 빠듯하게 와일드 캣을 8대 맞춰 계약했고, 와일드 캣은 검찰에 보란 듯이 ROC를 모두 충족시켰다.

그럼에도 와일드 캣 선정에 관여했던 장교들은 줄줄이 구속돼 감옥살이를 해야 했고, 방산비리 가족이라는 손가락질에다 황총장 가족처럼 재판 비용에 옥바라지하느라 모두 빈털터리가 됐다. 결국 죄가 없는 것으로 판명됐지만, 명예 따위는 돌아볼 겨를 없이 먹고 살 일마저 막막해져 버렸다.

그러는 동안 군에 대한 국민의 신뢰 또한 철저하게 무너져 내렸다. 정부가 앞장서 '군은 비리 조직'이라는 인식을 심었다. 국산 무기를 개발하다 실패해도 비리, 실력이 모자라 개발 일정을 못 맞춰도 비리라는 시각이 굳어져 버렸다. 그 사이 방산비리 합수단 출신 검사와 수사관들은 두루 승진, 영전했다.

이에 정부는 뒤늦게 황 전 총장에게 보국훈장을 수여했지만, 이미 땅에 떨어진 명예를 회복하기에는 턱없는 조치였다. 무죄 확정 뒤 외부와의 접촉을 삼았던 황 전 총장은 한국에 돌아가고 싶지 않다며 한동안 해외에 머물렀었다.

박근혜 대통령으로부터 삼정도를 받고 있는 황기철 장군, 맨 오른쪽은 신현돈 장군. [연합뉴스]

대한민국에서 군인으로 태어난 원죄? 이게 천박한 머슴들이 권력을 쥐고 흔드는 대한민국의 참모습이다. 이런 경우 이순신 장군이라면 어떻게 하였을까? 유성룡이라면 무어라 했을까? 필사즉생(必死卽生) 필생즉사(必生卽死)? 아서라, 차라리 목을 베어라!

"넌 진실을 감당할 수 없어!"
"우리는 명령에 복종한다. 안 그러면 모두 죽어!"
할리우드 영화 〈어 퓨 굿 맨〉에서 제섭 대령이 캐피 중위에게 한 말이다. 〈A Few Good Men〉은 미 해병대의 기치! 쿠바 관타나모의 미군 부대에서 발생한 살인 사건을 두고 미군 변호인팀이 법정에서 진실을 가리는 내용으로 1992년에 개봉되었다.
소수정예의 자랑스런 해병대. 명예와 규율을 준수하는 해병대. 그런 자부심으로 인해 발생한 사건을 통해서 진정한 애국, 집단의 가치, 양심, 희생, 그리고 인간성 등등에 대하여 다시 생각케 하고, "군인의 진정한 명예란 무엇인가?"라는 숙제를 던진다. 이에 대부분의 한국인들은 영화를 통해 권력 남용에 대한 각성을 생각하지만, 기실 그보다 더 섬세한 교훈도 숨겨져 있음을 간과하고 지나간다.

영화가 클라이맥스에 이를 즈음 재판정에서 군법무관 캐피 중위가 어렵사리 증인으로 불러낸 제셉 사령관을 심문해 들어가는 도중, 그를 증인이 아닌 피의자임을 전제로 한 어투로 질문하기 시작한다. 이에 재판관이 잠시 심문을 중지시키고, 캐피 중위에게 "만약 범죄 행위가 드러나지 않고 무혐의로 밝혀질 경우 증인을 피의자로 몰아 명예를 훼손시킨 데 대한 책임을 져야 한다"는 사실을 엄중하게 주지시키는 장면이 나온다. 그만큼 증인의 명예를 보호하는 것이다.

그런데 한국에선? 막무가내로 피의자로 몰아세워 감옥까지 보내 놓고 무죄가 밝혀져도 "아니면 그만!"이라는 식으로 아무런 책임을 지지 않는다. 명예 · 인권 · 인격에 대한 철저한 성찰 없이는 법치주의도, 민주주의도 모두 허깨비타령에 지나지 않는다.

대한민국에는 430명의 현직 장성이 있고, 그 별들을 합하면 모두 6백여 개나 된다고 한다. 신병 작대기 하나만큼도 무게가 안 나가는 별. '훅!' 불기만 해도 날아간다. 군인이란 싸우는 노예? 군말 없이 싸우라면 싸우고, 언제든 패고 죽여도 되는 마루타들? 등신장 군 이순신이 아주 사악한 전례를 남겼다. 나는 이순신이 아프다. 나는 대한민국 국군이 아프다.

19

대통령 탄핵, '품격 사회'로 가는 성장통인가?

"우리는 언어 속에 담겨 있는 권력을 보지 못한다. 왜냐하면 우리는 모든 언어가 등급이 있고, 이 등급이 억압적이라는 사실을 잊고 있기 때문이다."
– 롤랑 바르트

고도경제성장, 민주화, 그리고 지금은 인권을 화두로 물고 늘어지는 한국인들이지만 '인간존엄성'에 대한 성찰의 기회를 가져보질 못했다. 그러다 보니 남부러운 경제성장도 왠지 불안하기 짝이 없고, 민주니 인권이니 하는 것에도 그다지 진정성이 있어 보이지 않는다. 늘어난 소득만큼 불신의 골만 깊어 가고 있다.

뿌리 깊지 않은 나무! 한국인들은 바람에 쉬이 넘어진다. 돈이 없다고 쉬이 나쁜 짓을 하거나, 처지를 비관해 자살해 버리는가 하면, 어떤 이는 너무 많은 돈 때문에 망가진다. 또 부러울 것 없는 명예와 지위에도 불구하고 부정과 쉬이 타협하거나, 성(性)놀음 등 저속한 것들에 무릎을 꿇기 일쑤다. 인간존엄성에 대한 확신을 가졌더라면 있을 수 없는 일들이다.

"시간이 걸리겠지만 진실은 반드시 밝혀진다"

헌재의 탄핵 인용에 불복할 뜻을 밝힌 박근혜 전 대통령! 나라 꼴을 이 지경으로 만들어 놓고도 어쩌면 저토록 '자기'만을 생각할 수 있는지 이해가 안 된다. 도무지 기본이 안 되어 있다. 자신 때문에 상처받은 국민들은? 타인에 대한 배려심이 눈곱만큼도 안 보이고, 상황 판단 능력도 거의 부재한 듯하다. 마치 외계인 같다. 아무래도 정신 감정이 필요하지 않을까 싶을 만큼 그의 멘탈리티에 의구심이 간다. 어쨌든 세계인들은 한국인들이 이번 대통령 파면을 통해 민주주의를 한 단계 더 성숙시켰다지만, 실은 그보다 훨씬 더 귀중한 가치가 있는 사건이다.

"유죄 확정된 것이 단 하나도 없는 판에 탄핵 결정!" "정치적 판단!" "여론 재판!"…. 박근혜 전 대통령은 물론 그를 따르는 많은 친박(親朴)·종박(從朴)·졸박(卒朴)들도 재판관 전원 일치 탄핵 인용을 도무지 이해할 수 없노라며 불복하겠다고 나섰다. 당연지사! '승복'을 모르는 한 많은 한민족이 아니던가! 한국적 앙시앵레짐형 불구지성들의 한풀이 겸 뒤풀이가 당분간 이어지겠지만, 이미 기차는 떠났다.

사실 일부 진보적인 법조인들조차도 의외로 받아들일 정도였으니, 개화 이래 성문법이라는 닫힌 법과 제도 안에서 "법대로!"를 외치며 살아온 한국인들에겐 상당히 충격적인 사건이다. 그렇지만 헌재의 판결은 드디어 대한민국이 성문법적(실정법적, 대륙법적) 경계를 넘어 관습(헌)법적(자연법적, 영미법의 형평법적) 영역으로 한걸음 내디딘 것으로 크나큰 발전이라 할 수 있다.

▰ 인간존엄성에 대한 성찰 부재가 빚은 갑질,

그리고 탄핵

예전에 헌법재판소장 후보에 올랐다가 낙마한 전 아무개 재판관에게 어느 기자가 "이석연 변호사가 수도 이전 금지의 근거로 관습헌법을 들었는데, 그에 대해 어떻게 생각하느냐?"고 질문하자, 그녀는 "그런 말이 있는지 들어 본 적도 없다"고 잘라 말하며 관습헌법을 인정하지 않았다. 그녀는 노무현측 인사로 알려져 있다. 명색이 진보적 성향의 헌법재판소 재판관의 생각이 그 정도였다.

법을 해석 · 집행하는 사람이라면, 실정법과 인간존엄성이 충돌할 때 어느 편에 서야 할지 깊이 고민하게 마련이다. 하여 실정법을 어겨야 할 때, 자연법이나 관습헌법을 성찰하지 않을 수가 없는 것이다. 법이나 규정이란 것도 결국은 인간존엄성 확보에 있고, 따라서 인간존엄성을 위해서라면 실정법에 우선할 수 있어야 한다는 게 선진 사회 시민들의 사고인 것이다. 봉건적 구악(舊惡)의 굴레를 벗어나고자 '새 법적 사고의 지평선'인 법원(法源)을 추구하는 진지한 모색을 전혀 이해 못하는 한국 지식인들은 이번 기회에 관습법에 대해 관심을 가져야 할 것 같다.

오늘의 사태를 예견한 《품격경영》

"내친 김에 짚고 넘어가자. 지난날 노무현 대통령 탄핵 심판에서 헌법재판소는 소수 의견 공표 금지를 조건으로 탄핵 기각 결정을 내렸다. 당시 국민들의 법 정서상 현실적으로 탄핵이 애초 불가능한 마당에 그로 인한 후유증을 피하기 위한 결정이었다고는 하지만 사실 소수 의견 공표 금지는 엄연한 위헌이다! 따라서 지금이라도 그 소수 의견을 공개해야 마땅하다. 그러지 않으면 누군가 위헌소송을 내어 공개토록 해야 할 것이다.

이는 국민의 알 권리이기도 하지만, 그 학습 이후에도 오늘날까지 무대책 상태로 지속되어 온 '한국' 대통령의 독재적 일탈을 막기 위함도 있다. 하여 대통령 스스로가 자신의 독재적 리더십 DNA를 극복하지 않는 한, 총리와 장관 등 소위 헌법기관들이 헌법 제정 당시 입법자들이 부서권(副署權) 등으로 심어 놓은 대통령 전횡의 견제장치가 존재하는지조차도 몰라 제 역할을 계속해서 방기할 경우, 모든 대통령이 자신에게도 그 소수 의견에 설파된 근거로 탄핵이 들어오고, 국민의 법 정서가 선진화된 때에 이르러선 탄핵 결정 사태가 쉬이 현실화될 수도 있다는 경각심을 갖도록 해야 한다." (신성대의 《품격경영》 483쪽, 2014년 발행)

◢ 닫힌 법, 닫힌 사고로는 문화 창조 불가

대륙법이 닫힌 법이라면, 영미법은 열린 법이라 할 수 있다. 가령 누군가 법조항에 없는 새로운 비즈니스 업종을 만들어냈다고 하자. 이때 한국에서라면 당연히 영업할 수가 없다. 다시 말해 불법이다. 그에 해당하는 법규정이 만들어질 때까지 기다릴 수밖에 없다. 그러나 영미법에서는 그 반대로 누구든 자유롭게 영업해도 된다. 동양의 침술이나 대체의학에 대해 서구에서 별달리 제재를 가하지 않는 것도 그 때문이다. 그러니 닫힌 법 안에서는 창조적 발상이 거의 불가능하다. 선도적 문화 창조를 해낼 수가 없다는 말이다.

10여 년 전, 외교관이었던 부모를 따라 유럽 등지에서 공부를 한 한국 학생이 영국의 어느 유명대학 대학원에 입학서류를 보냈다. 그런데 바쁜 일정 때문에 접수기간 내에 미처 서류를 다 준비하지 못했다. 이미 틀렸다 생각했지만 이왕 준비했던 서류라 그냥 발송한 것이었다. 한데 한참 후 합격 통지가 날아와 무사히 공부를 마칠 수 있었다고 한다. 담당 교수가 뒤늦게 도착한 예의 입학서류를 보고서 이 정도 실력과 스펙이면 훌륭한 학생일 테니 꼭 제자로 삼고 싶다 해서 교수 직권으로 입학을 허락한 것이다.

만약 한국에서 그랬다가는 이유 여하를 막론하고 부정입학으로 그 교수는 당장 학교에서 쫓겨났을 것이다. 왜 이런 일이 가능한가? 실정법을 따르는 대륙법적 사고에서는 있을 수 없는 일이지만, 자연법(관습헌법)을 따르는 영미법적 사고에서는 충분히 있을 수 있는 일이다. 입학시험을 치르는 목적은 우수한 학생을 선발하는 것이다. 그러기 위해 입학원서 접수기간을 두었다지만, 그 기간은 편의상 정한 것일 뿐 그것이 우수한 학생을 뽑는 데 방해가 되어서는 안 된다는 기본적인 생각을 공유하고 있다는 말이다.

◤ '품격의 가치'에 눈떠야 선진시민

"이 사건 소추사유와 관련한 피청구인의 일련의 언행을 보면, 법 위배행위가 반복되지 않도록 할 헌법수호 의지가 드러나지 않습니다. 결국 피청구인의 위헌 위법행위는 국민의 신임을 배반한 것으로 헌법수호의 관점에서 용납될 수 없는 중대한 법 위배행위라고 보아야 합니다. 피청구인의 법 위배행위가 헌법질서에 미치는 부정적 영향과 파급효과가 중대하므로, 피청구인을 파면함으로써 얻는 헌법수호의 이익이 압도적으로 크다고 할 것입니다."

"보수와 진보라는 이념의 문제가 아니라 헌법질서를 수호하는 문제로 정치적 폐습을 청산하기 위한 결정"이라는 보충의견도 있었지만, 기실 그런 '이익 확보'보다는 '가치 추구', 그러니까 '인간존엄성 확보를 위한 진일보'에 방점을 찍었어야 했다. '헌법질서에 미치는 부정적 영향' 대신 '헌법적 가치의 심대한 훼손'이었으면 하는 아쉬움이 남는 판결문이다. 그랬더라면 진정한 의미에서 '조선역사상일천년래제일대사건(朝鮮歷史上一千年來第一大事)'으로 대한민국이 나아가야 할 방향을 제시하는 이정표가 되었을 것이다.

인간존엄성이 확보된 사회가 곧 품격 사회다. 박근혜 전 대통령의 잘못은 무매너·저품격으로 인간존엄성과 국격을 심대하게 훼손시켰다는 것이다. '책임은 있지만 잘못은 없다'는 변명은 몰염치다. 그가 만약 '품격'이란 단어를 알았더라면, 촛불이 타오르기 전에 "내가 이러려고 대통령 됐나!"를 내뱉기 전에 자진사퇴했을 것이다. 시정잡배도 아닌 일국의 대통령이 "억울하다!"며 대규모 변호인단을 꾸려 헌재에서 법리적으로 끝까지 따지겠다고 나선 것 자체가 헌법 모독이며 국민 조롱이다. 자업자득! 사필귀정! 판단력이 그 정도밖에 안 되는 사람을 대통령으로 뽑은 국민의 잘못도 크다. 헌재의 전원 일치 탄핵 인용은 '법대로' 따질 가치조차 없는 '저속성', 직분에 한참 못 미치는 '저급함'에 대한 꾸지람이다. 불복은 대한민국 국민으로서의 자격 상실이다.

인간존엄성에 대한 확고한 인식이 없는 민주주의·평화주의·인권주의가 어떤 것인지를 온몸으로 겪어 온 이 시대의 한국인들.

모름지기 이번 탄핵 사건은 대한민국이 엄청난 대가를 치르고 획득한 더없이 소중한 '경험적 가치'이다. 단순히 정치적 교훈으로만 삼을 것이 아니라 이 민족이 구습의 낡은 틀을 깨고 날아오르는, 닫힌 세계관에서 열린 세계관으로 의식 전환하는, '헌법적 가치'에 대한 각성의 계기로 삼아야 하리라. 글로벌 매너가 추구하는 궁극적인 목표 역시 인간존엄성 확보에 있다. 국가든 기업이든 개인이든, 정치든 사업이든 수신(修身)이든 '품격경영'이 그 답이다.

20

대한민국 아이들이 아프다!

"사람들은 상처로부터 복구되어야 하며, 낡은 것으로부터 새로워져야 하고, 병으로부터 회복되어져야 하고, 무지함으로부터 교화되어야 하며, 고통으로부터 구원받고 또 구원받아야 한다. 결코 누구도 버려서는 안 된다."
— 오드리 헵번

자고 나면 일어나는 자식 살해로 뉴스 보기가 무섭다. 흡사 동물원이나 아수라장에 갇혀 사는 느낌이다. 도대체 이 참혹한 발작 증상은 어디서부터 비롯된 걸까? 단순한 스트레스성 강박장애인가? 천민자본주의가 썩어가면서 내뿜는 거품인가? 세계 어느 나라보다 충실하게 공자의 가르침을 지켜 온 동방예의지국을 자처하는 나라가 어쩌다 이 모양이 되었는가? 자살공화국! 자식살해공화국! 어느 사회학자도 속시원하게 설명해 주지 못하고 있다. 그저 물질만 추구하고 인성교육을 소홀해 온 탓이란다.

"하나만 낳아 잘 기르자!"

이 말 속에는 어쩔 수 없이 자식을 소유물로 여기는 의식이 잠재해 있다. '아이는 내가 만드는 내 것'을 전제로 한 것이다. 생명이란 절대자(절대적인 그 무엇)로부터 창조된(주어진) 것이 아니라, 제 필요에 의해 만들고 안 만들고 하는 동물농장다운 발상을 바탕에 깔고 나온 구호이다. 자신의 의지(편의)대로 생산할 아이를 조절한다? 생명을 신성한 존재로 여기는 생명존엄 사상이 아예 끼어들 소지가 없다. 인간이란 더 이상 신성한 그 무엇이 아니게 된 것이다.

게다가 '하나만' 혹은 '둘만'이라는 표현은 남의 '그것(물격)'과 비교하고 경쟁하는 데서 나온 발상이다. 잘 훈련시켜 다른 아이들보다 우월해야 한다는 강박관념에 사로잡혀 아이를 키운다. '키운다'라기보다는 제 마음에 들게 '만든다'란 표현이 더 적당할 듯싶다. 그러니까 부모가 만드는 인형(아바타)이자 제품(상품)인 것이다. 신제품 개발하듯 하나만 낳아 집중 투자해서 경쟁력을 높이겠다는 것이다. 한국 사회의 공부전쟁은 그렇게 시작되었다. 인간존엄이 뭔지도 모르는 열등감에서 나온 오만과 이기심이다.

그렇게 낳은 아이를 키우다가 더 이상 잘 키울 자신이 없을 때, 남들과의 경쟁에서 낙오되었을 때, 아이가 제가 원하는 대로 자라주지 않을 때, 아이는 실패작(불량품)으로 폐기시켜야 한다는 강박증에 빠지게 된다. 아직 멀쩡함에도 불구하고 긁히고 색이 바랬다고, 지겹고 싫증난다는 이유만으로 버려지는 가구나 옷처럼. 더 이상 귀엽지 않다고 유기되는 애완동물처럼.

◤ 소유냐 존재냐?

나아가 아이의 실패는 자신의 실패, 자신의 실패는 작품(아이)의 실패! 그 실패의 부끄럼(흔적)을 지워 버리고 싶고, 그게 자신의 책임이자 권리인 양 확신하게 된다. 또한 그같은 용감한(?) 발상이 더러운(섭섭한) 세상 혹은 신(神)을 향한 복수(한풀이)라고 여겨 가족을 살해하고, 저 또한 자살해 버리고 만다. 그게 그가 할 수 있는 마지막 소유권 행사인 것이다.

어떤 모습일지라도 삶은 좋은 것이다!

자식은 부모의 존재 이유다. 마찬가지로 잘났든 못났든, 유능하든 무능하든, 부모의 책임을 다하든 다하지 못하든, 자식에게 부모는 있는 그대로 존재의 이유가 된다. 그러니 악착같이 살아서 자식이 다 클 때까지 지켜봐 줘야 할 의무가 있다. 그럼에도 정히 가야겠다면 자식은 두고 혼자서 가라! 자기처럼 비참하게 살까봐? 천만에! 사람의 미래는 누구도 모르는 일, 역경과 비참은 인간을 더없이 강하게 만들기도 한다.

차마 할 말은 아니지만, 자살에도 품격이 있다. 이 나라에선 자살도 막장, 막가파다. 지혜라도 조금 남았다면 "부모로서의 도리를 다 못하고 어린 자식들만 남겨 놓고 갑니다. 어느 분이든 못난 저 대신 거두어 사랑으로 길러주신다면 다음 생에서 꼭 은혜를 갚겠습니다"라는 쪽지라도 남겨 놓고 갈 일이다. 아무려면 그 부모보다 못한 삶을 살지는 않을 것이다.

▟ 인성이 아니라 인품의 문제!

이럴 때일수록 윤리교육, 인성교육을 강화해야 한다?

봉건시대가 다 그러하였듯 유교의 윤리나 도덕에는 인격 존중이나 인간존엄성 확보에 대한 개념이 없다. 이는 조선이 망한 지 한 세기가 지난 오늘날까지도 전혀 달라지지 않았다. 하여 한국인들은 아직도 프랑스대혁명이 인류사에서 왜 그토록 중요한 사건인지, 빅토르 위고의 《레 미제라블》이 왜 위대한 작품인지 잘 모른다. 자기

어린이라 할지라도 성인과 동등한 대우를 하는 푸틴 대통령과 소냐 양(소아암환자, 8세). 단 한번만이라도 이런 '인격적인' 대우를 받은 적 있는 어린이라면 그만큼 훌륭한 인격을 갖춘 리더로 자랄 것이 틀림없다.

존중, 인간존엄성에 대한 인식이 없고, 또 그것을 확보하기 위해 피흘린 기억도, 치열하게 고뇌한 적도 없기 때문이다. 조선시대 당쟁, 대한민국 건국 이래 벌인 이념 투쟁이 고작이다. 주인을 잃은 해방된 노비, 그저 배고픔을 면하기 위해 몸부림친 기억밖에 없다.

    스스로 쟁취한 자유도 아닌, 피강제적으로 노비 신분에서 벗어난 한국인들은 노예 상태에서 곁눈질로, 남 따라 하면서 배운 에티켓 수준의 예절·규칙·도덕 관념대로 그저 막연하게 살아왔다 해도 과언이 아니다. 미처 주인되기 연습을 제대로 해보지 못한 이들에게 자아니, 인간존엄이니, 독립된 인격체니 하는 말은 먼 나라 이야기다. 그저 양복 설치듯 서양철학 수입해서 주인 행세를 해본 것밖에 없다. 스스로 뭔가를 소유할 수 있게 된 이들에게 '내 아이는 당연히 내 것'인 게다. 심지어 요즈음 부쩍 흉포해지고 있는 연인 간의 폭력도 이 비뚤어진 주인 의식·소유욕·강박증이 빚어낸 결과라 할 수 있다.

그리하여 지난날 그 주인이 자기를 부렸듯 내 아이니까 내 마음대로 해도 된다는 단순한 노비 의식밖에 없다. 내가 낳았으니까 아이 또한 나의 노비, 주인인 내 마음대로 길러져야 하는 것이다. 자식에 대한 부모의 갑(甲)질이다. 그리고 그 기대치에 부응하여 자식은 절대 복종과 열심으로 성공해서 훗날 더 센 갑(甲)이 되어야 한다. 왜냐하면 신분 상승이 최고의 효(孝)이기 때문이다. 그것이 부모에겐 최고의 성취인 것이다. 21세기의 한국인들은 이 고착된 봉건적 사유의 틀에서 한 발짝도 벗어나지 못하고 있다.

▰ 인격(人格)도 모르고 인권(人權)?

자나깨나 '인권'을 부르짖는 나라이지만 '인격'에 대해서는 무관심이 아니라 무개념이다. 그게 뭐 그리 중요하느냐는 식이다. 인격이란 사적인 것으로 치부하고, 팔자 좋은 이들의 가식이거나 액세서리쯤으로 여긴다. '도가니' 사건이나 교사·교수들의 성추행, 보육교사의 어린이 학대도 실은 그 때문이다. 누구든 인권의 문제로만 보지 인격의 문제로 보지 않는다.

어디 그뿐인가? 아이를 공부벌레 내지는 춤추고 노래하고 운동하고 피아노 치는 기계, 시험기계로 만드는 것 또한 따지고 보면 부모들의 폭력으로 아동학대에 해당하는 범죄다. 다만 그것이 아이의 미래를 위한 선한(실은 미련한) 의도(욕심)에서라는 이유로 묵과될

뿐이다. 유럽 선진국들에선 집에서 키우는 강아지도 온종일 가둬 놓고 산보를 시키지 않으면 동물학대로 고발당한다. 한데 한국의 아이들은 하루 종일이 아니라 청소년기 내내 학교와 학원을 오가는 뺑뺑이돌림을 당한다. 동물원보다 더한 곡마단의 동물 신세다. 서울대공원 돌고래는 바다로 돌려보내면서 제 자식은 고삐 꿰어 허구한 날 시험치기 훈련으로 혹사시킨다.

현실만 그러한가? 영화나 드라마에선 뻑하면 사람을 패고 죽이는 갑질·왕질로 사회를 막장으로 몰아가는 선도적 역할을 하고 있다. 회장님 앞에서 다른 인간은 모조리 개돼지다. 아이는 동산(動産)으로 취급받아 협상·거래·흥정·납치·인질의 대상이다. 그걸 태연하게 보면서 아이들이 자란다. 그 뒷감당을 누가 하랴? 방송윤리위원회는 뭣하는 기구인지? 어린이헌장이나 학생인권조례는 어디다 쓰려고 만든 건지 모르겠다.

지금 대한민국 아이들이 너무 아프다.

이런 사회에서 아이들은 당연히 소유의 대상이고 사랑(애완)의 대상이었지, 인격체로서 존중의 대상이 될 수 없다. 단 한번도 인격적으로 대우받은 적이 없고, 당연히 그런 아이들은 어른이 되어서도 어린이를 인격적으로 대우할 줄을 모른다. 귀여워해 주고 잘 먹이고 공부시켜 주었으니 부모로서 할 일을 다했다고 여긴다. 아이에게 금전적으로 투자(?)를 많이 할수록 남보다 더 훌륭한 부모가 되는 줄로 착각한다. 그러다 그게 불가능해질 때 부모로서의 의무를 지레 포기하고 제 인생도 실패작으로 단정지어 버린다.

아이를 독립된 인격체로 대우한 적이 있는가?

타인으로부터 존중받아 본 적이 있는 어린이만이 자기가 존귀

이렇게 '인격적으로' 존중받은 아이라면…! [백악관]

한 존재임을 알게 될 것임은 당연한 이치. 그래야 타인을 존중할 줄
도 안다. 사랑을 쏟는 것과 존중하는 것은 별개의 성질이다. 비뚤어
진 사랑은 있어도 비뚤어진 존중은 없다. 인격은 사랑에서 나오는
것이 아니라 존중에서 나온다. 법으로 주장하고 쟁취하는 것이 아
니라 스스로 세우는 것이다.

▌존중도 기술, 배워야 한다

가령 온 가족이 어떤 모임에 나갈 때, 대부분의 한국 부모들은
자신들의 화장과 옷차림에는 신경을 쓰지만 아이들은 아무렇게나
입혀서 데리고 나간다. 또 가족끼리 외식하는 자리에서 어른들은
술을 주문하면서도 동석한 아이들에겐 음료 주문해 주는 것조차 빠

뜨리곤 한다. 그냥 식당에서 주는 수돗물만 마시게 하는 경우가 허다하다. 이는 아이의 인격을 무시하는 처사로 글로벌 중상류층에서는 있을 수 없는 일! 바로 삼류로의 추락이다.

아이들도 파티나 공적인 모임에 동행할 때에는 부모와 거의 같은 수준의 정장을 해야 하고, 이왕이면 가족끼리는 앙상블을 하여 누가 봐도 한 가족임을 금방 알아차릴 수 있어야 한다. 그리고 식당에선 어린이라 하더라도 요리는 물론 쥬스나 생수 등 음료수를 반드시 주문해서 아이를 온전한 개인으로서 어른과 동등하게 대우해 주어야 한다. 설사 아이가 괜찮다 하더라도 각자 따로 주문해서 그 아이가 자기를 존중하고, 또 존중받는 법을 배워 나가도록 해야 한다. 아이 몫의 요리를 따로 주문하지 않고 숟가락 하나만 더 얹거나, 음료수 주문할 돈이 아까우면 차라리 외식을 하지 않는 것이 낫다. 아이는 어른의 덤이 아니다.

세 살 적 버릇 요즘은 백 살까지 간다.

프랑스에서는 나이 많은 노인들도 아주 말끔하게 정장을 차려입고 외출을 하거나, 카페에서 차를 마시는 풍경을 어렵잖게 볼 수 있다. 뒷모습만 보고서는 젊은 멋쟁이인 줄로 착각하기 쉽다. 굳이 젊어 보이고 싶어서 멋을 내는 것이 아니다. 한국인들처럼 늙었다고, 가난하다고 함부로 막살지 않는다. 그게 자기 존중의 매너다. 옛날 조선의 선비들 역시 그렇게 살았었다.

자기 만족과 자기 존중은 별개다.

명품을 사입고 맛난 음식 배불리 사먹는 것은 자기 만족을 채워 주는 것일 뿐이다. 혹여 아이의 성공이 부모의 자기 만족을 위한 것은 아닌지? 우리는 자신의 아이나 남의 아이를 인격적으로 대한 적이 있기나 한가? 어떻게 대하는 게 인격적으로 대하는 것일까? 가정에서나 학교에서 자기 존중, 인간존엄, 생명존엄을 가르친 적이 있던가? 용돈 주고, 칭찬 몇 번 해준 것으로 존중해 주었노라 착각하고 있지는 않는지?

◢ 안데르센의 동화 속 '두 처녀'

자갈길을 포장할 때 사용하는 '달구'라는 도구가 있었다. 단단한 나무로 아래쪽은 넓고 철끈으로 단단하게 둘러져 있으며, 가늘고 긴 꼭대기에는 두 개의 팔이 튀어나와 있다. 포장공들이 이 두 팔을 잡고 들었다 놓았다를 반복해 가며 자갈을 다지는 것이다. 그런데 예전부터 무슨 까닭인지 덴마크 사람들은 이 달구를 '처녀'라고 불렀단다.

그러던 어느 날 도로국에서 이 '처녀' 대신 '달구'라는 정식 명을 사용하기로 했다. 그러자 연장 창고에 있던 두 처녀는 이 새 이름이 마음에 들지 않는다며 불만을 터뜨렸다. "처녀는 사람한테 붙이는 이름이고, 달구는 물건에 붙이는 이름이지. 우린 물건 취급을 받을 수 없어. 이건 모욕이야! 그럴 바에는 차라리 쪼개져서 땔감이 되는 게 나아!"

같은 창고에 있던 수레며 측량기 등이 새 이름을 받아들이는 것이 순리라고 설득했지만, 두 처녀는 자기들끼리 부를 때에는 항상 '처녀'라는 이름으로 불렀다. 그 중 나이 어린 처녀는 '달구'라는 이름으로 바뀌는 바람에 항타기(杭打機: 말뚝 박는 데 쓰는 커다란 망치)와의 약혼까지 깨어져 버려 계속해서 처녀로 남았다고 전한다.

▗ 우리 아이들에게 무엇을 가르칠 것인가?

2015년 1월, 남아공에서 식물인간 상태로 누워 지내던 남성이 12년 만에 회복해 어엿한 사회인으로 성장한 이야기가 뉴스로 전해져 잔잔한 감동을 주었다. 마틴 피스토리우스라는 이 남성은 12세때 희귀병인 '크립토콕쿠스 뇌막염'을 앓아 의식불명 상태에 빠졌었다. 부모의 극진한 간호로 2년 후 의식은 깨어났지만 그걸 가족들에게 알릴 방도가 없었다고 한다.

다행히도 의식이 돌아온 지 10년이 지난 스물네 살 무렵 그의 뇌는 완전한 제 기능을 되찾았다. 비록 휠체어에 의지해야 하지만 마틴은 현재 웹디자이너로 일하고 있으며, 단란한 가정을 꾸려 행복하게 살고 있다 한다. 그는 자신을 갇힌 몸에서 벗어날 수 있게 해준 것은 '존엄성'이라고 말하였다. 인간으로서의 존엄성을 지키기 위해 끊임없이 노력해 기적적으로 회복할 수 있었노라고 했다. 그러니까 12세 이전에 이미 '인간존엄성'을 확고하게 인식하고 있었다는 것이다. 포기하지 않고 끝까지 돌본 가족들 역시 그러했다.

그런가 하면 2015년 11월, 뉴질랜드 크라이스트처치남자고교 졸업식장에서 학생회장이었던 제이크 베일리는 불과 일주일 전에 악성 백혈병인 비호지킨 림프종 진단과 함께 몇 주밖에 살 수 없다는 시한부 통보를 받았다며 마지막 연설을 하였다. 그는 "우리는 누구도 살아서 자신의 삶에서 벗어날 수는 없다. 그래서 당당하고 멋지고 품격 있게 살아야 한다. 그리고 무엇보다 여러분이 가진 기회에 대해 고맙게 생각해야 한다"며, "우리는 언제, 어디서 삶을 끝내게 될지 아무도 모른다. 하지만 '더 높은 것을 추구한다'는 교훈을

늘 명심하자!"고 당부해 큰 감동을 불러일으켰다.

그의 연설은 정치인들의 말을 누르고 지난해 뉴질랜드 매시대학이 뽑은 '올해의 인용구'로 선정되기도 하였다. 다행히 제이크는 2016년 1월 29일 집중적인 화학요법으로 이제 암에서 완전히 해방되었다고 밝혀 다시금 화제가 되었었다. 인간존엄성 확보에 대한 인식이야말로 진정 사람을 사람답게 하는 교육의 요체임을 보여주는 사례라 하겠다.

이외에도 전 세계에서 장애를 가지거나 불치의 병에 걸린 수많은 아이들이 역경과 고통을 뛰어넘어 정상인도 쉽지 않은 어떤 목표에 도전하고, 기어코 그 꿈을 이루어내는 것을 볼 수 있다. 이를 우리는 단순히 '인간 승리'라는 상투적인 수식어로 칭찬하지만, 실은 '인간존엄성 확보를 위한 숭고한 도전'으로 보는 것이 정확한 표현이다. 격려하고 끝까지 도우며 함께하는 주변인들 역시 마찬가지. 어찌 단순히 측은지심이나 종교적 신념, 인권보장 때문만이겠는가? 그런 바탕이 있기에 남이 버린 중증장애아까지 가족으로 거두어 키울 수 있는 것일 테다.

2007년, 미국 버지니아에서 한인 학생 조승희의 총기 난사로 32명이 숨지는 끔찍한 사건이 있었다. 사건 후 교정 한켠에 희생자를 위로하는 자리가 마련되었는데, 그 곁에 가해자인 조승희의 자리도 함께 만들어져 꽃이 놓여 있었다. 같은 학교 학생으로서 그 역시 희생자라는 것이다. 해서 그의 영혼도 함께 위로하는 것이다. 그걸 미국인들의 용서나 관용으로만 볼 것인가? 그와 같은 죽음에 대한, 사자에 대한 생자의 편견 없는 매너는 어디서 나오는 것일까? 공(公)과 사(私)를 구분할 줄 모르는 한국인들에겐 너무도 생소한 광

하늘나라에서 평안을! 총기난사 사건으로 신자 9명이 숨진 미국 사우스캐롤라이나주(州) 찰스턴 시내의 유서깊은 흑인교회 '이매뉴얼 아프리칸 감리교회' 앞에 조성된 임시 추모소에 18일 한 어린이가 애도의 골판지 카드를 바치고 있다. [AP=연합뉴스]

'어린이라서 돈이 없다' 하여 '인격체'로서 할 일을 다하는 데 소홀함이 없다. 교회에서 들었던 성경 구절 "네 손에 있는 것이 무엇이냐?"의 말씀대로((출애굽기), 4장 2절) 집에 뒹구는 골판지에 애도의 그림과 문구를 써넣어 '헌화'에 갈음하고 있다. [AP=연합뉴스]

경이었다.

참고로, 흔히 한국인들은 장애인들의 복지나 일본군 성위안부와 같은 문제를 다룰 때 그저 억울하다고만 성토하면서 인권침해 문제를 전면에 내세우는데, 그런 한풀이식 떼쓰기·떼짓기로는 세계인들의 공감을 얻어내기가 쉽지 않다. 대신 그들이 결코 외면할 수 없는 '인간존엄성' 확보 혹은 회복을 어젠더로 내세워 인류보편적 양심에 호소해야 '행동하는 지성들'의 동참을 이끌어낼 수 있다. 그들이 나서야 비로소 문제가 해결된다. 그런 게 글로벌 매너를 이용한 솔루션이다.

◤ '틀'을 바꾸면 생각도 바뀐다

인성교육진흥법을 시행한답시고 각 교육기관마다 아이들에게 전통예절을 가르치느라 야단법석이다. 안타깝게도 고작 생각이 거기까지밖에 미치지 못하는 모양이다. 자유와 평등과 창조를 외치면서 시대에 맞지 않는 누천년 전 계급 사회의 윤리를 고집하는 건 사실 억지임에도 불구하고, 그에 대해 감히 의심을 품어 본 적이 없는 한국인들은 이를 당연한 일로 받아들인다. 이는 오히려 변태적인 인간만 양성할 뿐으로 자녀학대나 유기·살해도 그 억눌림과 갈등의 폭발이라 할 수 있다. 시간을 거꾸로 돌릴 수 없듯 우리의 행동거지를 그 옛날의 틀에 맞출 순 없는 노릇, 예법이 시대를 따라 변해 줘야 한다.

자신의 아이가 학교에 입학을 하고 군대에 가는 등, 밖으로 내보낼 때에는 반드시 최소한의 충돌방지책인 에티켓과 사람들과 소통하는 기술, 즉 매너를 가르쳐야 한다. 대소변을 못 가리고, 공중도 덕도 못 지키는 아이를 내보내어 타인들로부터 학대받게 하는 건 부모로서의 직무 유기다.

초등학생 시절에 이미 눈 밑에 다크서클이 생길 정도로 학원을 뱅뱅 도는 한국의 어린이들. OECD회원국 중 최하위의 문맹률을 자랑하지만, 문해율(文解率) 또한 최하위의 대한민국이다. 그저 공부만 죽도록 한 아이들을 나이가 찼다고 해서 어느 날 한 곳에 모아 놓고 전통한복 입혀 큰절 몇 번 시킨다고 성인이 되는 것 아니다. 어린아이 때부터 독립된 한 인격체로 인정받고, 어른과 동등한 대우를 받으면서 성인이 되는 연습을 끊임없이 해야 한다. 콩 심은 데 콩 나고, 팥 심은 데 팥 난다. 혹여 우리는 콩을 심어 놓고 팥을 기다리고 있는 건 아닌지? 콩이든 팥이든 비료를 많이 주면 웃자라다 못해 제풀에 꺾이고 만다. 과도하게 많이 주면 말라죽는다.

인간존엄성에 대한 확고한 인식이 없는 민주주의가 어떤 것인지는 작금의 한국 사회가 잘 보여주고 있다. 고도경제성장, 민주화, 그리고 지금은 인권을 화두로 물고늘어지는 한국인들이지만 언제 '인격'에 대한 성찰의 기회를 가져 본 적이 있던가? 그러다 보니 남부러운 경제성장도 왠지 불안하기 짝이 없고, 민주니 인권이니 하는 것에도 그다지 진정성이 있어 보이지 않는다.

사회적 관습이 정당화될 수 있었던 건 다만 오랜 시간을 경과했기 때문이다. 전통문화가 소중한 것은 사실이지만, 시대를 초월하는 절대적인 가치를 지닐 순 없다. 박물관으로 보내야 할 것은 보내고, 그나미 쓸 수 있는 건 시류에 맞게 고쳐서 사용해야 한다. 없는 건 새로 만들든지 수입이라도 해야 한다. 예법도 마찬가지다. 그렇지만 인간존엄성 확보 없이는 그 어떤 거창한 인권헌장·인권조례·인성교육진흥법도 대안이 될 수 없다. 우리 아이들에게 우선으로 가르쳐야 할 것은 삼강오륜이 아니라 자기 존중의 기술이다!

품격 없인 존중도 없다.

인문학을 위한 인문학이 무슨 소용 있단 말인가? 현장에서 즉각 실현 가능한 통속적인 인문학을 가르쳐야 한다. 글로벌 소통 매너(도구, 방법) 교육이 그 시작이다. 많이 늦었지만 지금부터라도 시작해야 한다. 어른들부터 배워야 한다. 인권보다 더 소중한 것이 인격이다.

21

한국 교육은 노예 교육이다

"모든 정치 사상에서 볼 때, 민중의 행복은 언제나 자신의 예속을 귀중히 여기는 노예의 행복이다. 그것은 진흙탕 속에서 뒹구는 돼지, 어리석은 동시에 지극히 평안해 보이는 그 돼지의 만족한 치욕이다. 민중이란 상스럽기 때문에 그들의 야망은 작고, 여가는 우스꽝스러우며, 꿈은 보잘것없다는 것을 보여주어야 한다. 차별과 상징적 지배의 정교한 전략들은 강자들에 속하고, 부지런한 모방과 늘 다시 시작되는 비참은 하찮은 존재들에 속한다는 것을 말이다."

– 파스칼 브뤼크네르

철학자들은 흔히 자유가 사람의 타고난 본성이라고들 한다.

과연 그럴까? 군집 생활을 하는 짐승에게 자유란 애초부터 없다고 해야 할 것이다. 인간도 마찬가지 아닌가? 독립적인 생활을 해본 적이 없는 인간에게 자유란 한계가 있을 수밖에 없다. 물론 개인에 따라 그 한계 반경의 크기가 문제인데, 대개는 평균 수준을 훌쩍 넘어선 사람을 두고서 자유인이라 일컫지만 엄밀한 의미에서 자유인이란 없다. 자유인인 척하는 사람이 있을 뿐이다.

어떤 무리든 그 무리에겐 반드시 지도자가 있게 마련이다.

인간은 그 지도자에게 권한을 위임하고, 그에 예속되는 생활을 이미 오랜 원시 시절부터 해왔다. 이른바 자발적 종속 상태인 것이다. 그렇게 예속 상태에서 억압을 당하고 있는 쪽이 다수이기 때문에 누구도 이상하게 여기지 않는다. 다만 인간 사회가 동물의 그것과 다른 점은 워낙 거대하다 보니 그 종속관계가 피라미드형이라는 거다. 그리하여 그 조직 속에서 지배를 받는 사람들도 각각의 사회적 위치에 따라 지배하는 역할을 하고 있다. 그 예속 상태가 자발적이고 지속적이게 되는 이유는 주인에게 복종함으로써 더 많은 사람들로부터 신봉을 받기 때문일 테다.

그러니까 인간의 본성은 자유가 아니라 예속인가?

진정한 자유인은 무리의 최고 우두머리 한 사람뿐. 교육과 학습에 의해 이성적이 된 인간이 쟁취하고자 하는 자유란 실은 권력을 쥔 자와 예속의 범위를 두고 벌이는 투쟁과 타협이라 하겠다. 여기서 예속된 인간들이 지배자에 대항할 수 있는 수단은 무리의 힘, 즉 떼쓰기밖에 없다. 그 힘으로 여차하면 자신들의 주인을 갈아치우겠다고 협박하는 것이다. 일찍이 순자(荀子)가 말한 '군주민수(君舟民水)'다. 억압당하는 쪽이 절대다수이기 때문에 종속 상태에서 벗어나는 일은 실제로 그리 어려운 일이 아니다.

스스로 자유롭다고 믿는 노예들

동방예의지국의 지하철에는 노약자석(경로석)과 임산부석이 마련되어 있다. 이 때문에 젊은이들이 무심코 경로석의 빈자리에 앉았다가 노인에게 혼쭐이 나거나, 노인들끼리 자리다툼으로 주민번호 끗발 싸움하는 일도 종종 빚어진다. 어쨌든 이 노약자석 때문에 다른 일반 승객들은 중간에 불쑥 노인이 들어오거나말거나 자리를 내어줄 염려 없이 편히들 앉아서 간다.

한데 몸이 그다지 불편하지도 않은 어른에게 자리를 양보하는 게 반드시 동방예의지국의 미덕일까? 무작정 나이가 많다는 이유만으로 공경받아야 하고, 앉아서 가야 한다는 발상이 옳은 것일까? 반대로 한창 공부해야 할 학생이나 일하러 가는 젊은 사람에게 자리를 양보하도록 강요하는 게 옳은가? 판단은 각자의 양식에 맡길 일이다.

노약자석 · 임산부석의 구분이 과연 주인 의식에서 나온 진심어린 배려심일까 하는 데서 문득 이런 의문이 든다. 누군가에게 자리를 양보하든말든 그건 전적으로 본인이 판단하고 결정할 문제가 아닌가? 누가 곁에서 강요할 성질의 것이 아니지 않은가? 양보나 배려의 매너까지 규제나 규정으로 강제하는 것이 과연 옳은 일인가? 불특정 대중에 대한 인격모독이라면 지나친 비약일까? 아무튼 한국의 지하철에서 자리를 양보하려면 그만큼의 용기가 필요하고, 또 그냥 못 본 체하고서 앉아 가는 것 또한 그만큼의 뱃심이 필요하다.

▰ 노예 교육은 객관식이다

요즘은 대학입시에서 논술시험을 보는 대학도 몇 남지 않았다. 그나마 남은 곳조차도 사교육비 증가의 원흉이라며 없애 버리겠다는 대통령 후보까지 나왔다. 그에겐 논술시험도 적폐로 보이는 모양이다. 구더기 무서워 장 못 담근다더니, 아예 대학입시를 없애버리는 게 어떨는지?

중고등학교 무시험 입학 전형, 빈부 상관없는 무상급식과 노인수당 지급 등등, 행정적 편의주의와 평등주의의 저변에 고민하기 귀찮아하는 나태가 깔려 있는 것은 아닌지? 습한 토양에서 곰팡이와 독버섯이 번성하듯 그런 사소한 데서 무책임하고 몰염치한 하인 근성이 시작되는 건 아닌지?

한국인들이 유독 좋아하는 '객관적 기준'이란 것도 따지고 보면 하층민 내지는 하인 근성의 발로가 아닌지? 그만큼 소신이 없다는 말일 테다. 더 나아가 남의 소신을 인정하지 못하겠다는 불신에서 나온 것일 테다.

그렇게 객관식 교육만 받아 온 한국인들이 과연 객관과 주관, 객체와 주체를 구분할 능력이 있는지 의문이다. 차라리 노약자석을 따로 구분하지 않았을 때처럼 앞에 선 어른에게 자리를 양보해야 할지 말아야 할지를 고민하는 게 오히려 더 주체적이고 주관적이지 않은가?

그런 사소한 고민마저 규정에다 떠넘겨 버리는 편의주의적 발상이 주인 의식을 희미하게 만드는 구실이 될 수 있겠기에 하는 말이다. 하여 젊은이들은 모두 양심과 염치를 노약자석 자리 밑에 묻어 버리고, 영혼은 스마트폰 단말기에 꿴 채 좀비처럼 어두운 지하 굴을 달리고 있는 것이겠다. 문명의 이기에 지나치게 의존하다 보면 저도 모르게 하인 근성이 몸에 배이게 된다. 스스로 생각하고 판단하고 결정하는 능력을 배양해야 주인 의식이 길러진다.

▶ 고민하는 노예는 없다

지배를 받는 사람들은 일반적으로 게으르고 경박하며 쉽게 단념해 버리는 경향이 있다. 심사숙고하기를 짜증스러워한다. 그들은 자신들을 대신해 어떤 어질고 현명한 리더가 결정을 내리게 하는 것이 편하다고 생각한다. 그게 노예의 자유다. 태만과 방종, 한없는 휴식이야말로 노예들이 원하는 자유다. 하여 권력의 힘은 무한해지고, 민주 독재 역시 가능해지는 것이다.

해서 식민지 교육은 기본적으로 객관식이다.

주관식은 생각하게 만들기 때문에 금물이다. 하인이나 노예가 스스로 생각하고 판단한다면? 고분고분 지배받을 리가 없다. 모조리 스파르타쿠스가 되면 곤란하기 때문이다. 가령 식사 때 어떤 음식을 먹을지를 주인이 결정한다. 기껏 선택권을 준다 해도 치킨·돈가스·햄버거·스테이크. 둘 혹은 넷 중에서 하나를 고르게 한다. 만약 노예 가운데 누군가가 된장찌개 백반에 잡채를 곁들여 먹고 싶다고 했다간 매맞고 쫓겨나 굶어야 한다. 전자가 객관식이면, 후자는 주관식이다. OX형, 사지선다형, 단답형, 이분법형 인간은 그렇게 만들어진다.

다음으로는 선착순이다.

예전에 신병훈련소에서 애용하던 길들이기 방법이다. 머리 깎이고 똑같은 옷을 입힌 다음 선착순 몇 번만 시키면 인격에서 모조리 짐승격으로 돌아온다. 누천년 동안 인간이 쌓아 온 인격이란 것이 얼마나 하잘것없는 것인가를 뼈저리게 느끼게 해준다.

그래도 고분고분하지 않는 인간들이 있다.

수업 시간중 장난하는 아이들을 불러내어 둘을 마주 보게 해놓고 서로 뺨을 때리게 하는 벌이다. 필자도 초등학교에서 당해 본 적이 있는데, 상상만으로도 그 모멸감이 어느 정도일지 능히 짐작이 갈 것이다. 복노에 꿇어앉혀 망신주기는 애교다. 지금은 그랬다가는 인권유린으로 고발당하겠지만 60년대까지만 해도 흔한 일이었다.

이런 식민지 교육을 받고 나면, 해방이 되어도 한동안 갈피를 잡지 못해 우왕좌왕 이합집산으로 편갈라 서로 할퀴고 물어뜯고 빰 때리고 고자질하고 이간질하기에 여념이 없다. 모두가 주인 행세하려 들지만, 기실 그 근성은 피차 다 노예이기 때문이다. 천안함 폭침, 세월호 참사 등, 이 나라에서 재난이나 위기가 닥치면 단합해서 극복하기는커녕 서로 빰때리기에 몰두하는 것도, 말로는 모두 주인이고 양반인데 막상 주인자리에 앉혀 놓으면 똥오줌을 못 가리는 것도 그 때문이다. 해서 짝퉁 보수, 짝퉁 진보, 짝퉁 주인인 게다. 너나할것없이 다 짝퉁이다.

▌ 법으로 인성을 진흥한다?

유교의 나라, 동방예의지국이 어쩌다 이 모양이 되었을까? 왜 개인의 인성까지 국가가 나서서 다스리겠다고 하는지 정말 어이가 없다. 그게 가능하기나 할까? 따지고 보면, 지극히 개인적인 것이 인성이 아닌가? 게다가 정부가 요구하는 대로 고분고분 복종할 민족이던가? 제 자식만 잘 키우겠다며 온갖 과외에다 조기유학까지 보내면서 가정 교육은 나 몰라라 하고 있지 않은가? 제 자식 공부 잘하는 건 제 탓이고, 남의 자식 인성 못된 건 학교 탓이고 정부 탓이고 사회 탓인가? 인성 교육은 학교가 책임져야 한다면서 언제 공교육을 믿고 따랐던가? 게다가 왜 인성 교육을 자라나는 학생들에게만 강제하는 겐가? 지금 우리 사회에서 인성 교육을 받아야 할 사람이 누구인가? 당장 자신부터 인성 교육한답시고 직장에서 매주, 또는 매달 민방위훈련하듯 일정 시간 윤리 교육을 받으라고 강제하면 고분고분할까? 그런 걸 규정이라고 해야 하나, 규제라고 해야 하나? 강제 혹은 독재라고 해야 하나?

이러다간 개인의 가난이나 행불행까지 국가가 책임져야 할 판이다. 신국가주의, 신동물농장! 학 다리가 길다고 자르지 마라? 무슨 말씀! 꼬리, 부리까지 잘라 주는 나라가 대한민국이다.

윤리 · 도덕 교육을 강화(강요)한다고 해서 인성이 고와질까? 아무렴 교육을 안 받은 것보다야 나을 테다. 그렇다 한들 인성만 착해지고 순화되면 그만인가? 인간은 사회적 동물이 아닌가? 상대에 대한 인식, 소통 능력 없는 인성 교육이란 무의미하다. 용어의 선택부터가 잘못됐다. 인성 교육이 아니라 인품 교육이다. 매너로 체화(體化)된 인성, 품격이 우러나오는 인성, 다시 말해 품격 교육이 답이다.

바른 매너에서 바른 인품이 나온다. 전문 수행 용어를 빌려서 설명하자면 내(內)로써 외(外)를 인도(引導)하고, 외(外)로써 내(內)를 도인(導引)하는 법이다. 그래야 내외합일(內外合一)의 완전한 인격체에 도달할 수 있다. 외형(外型)의 동반 없인 내단(內鍛)도 없다는 말이다.

사대 근성, 피식민 근성, 하인 근성, 노예 근성을 그냥 두고는 인성 교육 진흥은 될지 몰라도 인품 교육은 절대 안 된다. 어차피 사대 교육 · 식민 교육 · 노예 교육에서 크게 벗어나지 않는다. 기간에 따라 차이는 있겠지만, 대개 식민 지배를 당한 민족이 그 트라우마를 떨쳐내려면 백년은 족히 걸린다고 한다. 그러니까 삼대를 지나야 한다는 말인네 충분히 일리 있는 주장이라 하겠다. 몸에 체득된 건 하루 아침에 원상회복되지 않는다는 뜻이다. 역으로 몸을 잘

다스리면 오염된 정신, 즉 피식민 근성을 빨리 극복해낼 수 있다는 이치가 성립된다. 매너와 품격으로 자기를 존중하는 법을 가르쳐 주인 의식을 되찾게 해야 한다.

◢ 노예는 책임지는 법을 모른다

피식민 지배와 한국전쟁을 거치면서 생겨난 트라우마는 일상에서 무의식중에 문득문득 솟구친다. 지나친 피해 의식과 알레르기 반응이 그것이다. 가령 선거에서 드러나는 한국인의 양태가 그렇다. 선거는 선거일 뿐, 이기든 지든 가볍게 털고 일상으로 돌아가는 것이 잘 안 된다. 지는 것에 대한 두려움! 돈을 걸고 배팅한 것도 아니고, 자기가 직접 출마한 것도 아님에도 불구하고 지지하는 인사나 정당이 선거에서 패배하면 마치 적에게 정복당해 굴욕적으로 살아가야 할 것처럼 인식해 막연한 공포심을 느낀다. 하여 게임의 결과에 여간해서 승복하지 못하고 극악스럽게 반대한다. 권력에 대한 저항이 곧 독립운동인 양 오버한다. 크게는 통치자에게 저항하고, 작게는 길가다 낯선 이와 어깨만 부딪쳐도 마치 제 나라가 침탈당한 양 부르르 뜬다.

주인격 알고리즘이 없다 보니 매사에 주변을 살펴 비교하고, 눈치를 본다. 가령 학부모가 아이의 담임선생에게 촌지를 줘야 하나 말아야 하나를 고민하는 것이 그 한 예다. 촌지를 안 받는다고 했지만, 혹시 나만 안 준 게 아닐까? 아무개 공무원 자녀 결혼식에 가지 않으면 밉보이지 않을까? 그로 인해 차별받거나 불이익을 당하지나 않을까? 등등 매사에 타성적으로 끌려가는 데 익숙하다. 피지배 노예 근성을 완전히 떨쳐내지 못한 것이다. 하여 '김영란법'처럼 법으로 공평하게 강제해 주면 안심하고 따른다.

게다가 모든 책임을 최고통치자에게로 돌리는 버릇이 있다. 문제가 생기면 주인이 잘못해서 노예(고객)인 우리 혹은 내가 피해를 보고 있으니 주인인 통치자더러 똑바로 하라고 항거하는 것이다. 돈(세금)을 냈으니 서비스 똑바로 하라는 거다. 자신이 주인 노릇을 잘 못해서 문제가 생긴 것이라고는 꿈에도 생각지 않는다. 그저 시키는 대로 했을 뿐? 이는 뒤집어보면 스스로 주인이 되지 못함이겠다. 해서 '민주(民主)'란 단어의 진정한 의미를 이해하지 못한다. 무책임·복지부동이 만연한 까닭이 여기에 있다.

또 적폐의 원인인 갑(甲)질 문제도 시민(국민) 개개인의 주인 의식 부재에서 찾아야 할 것이다. 뒤집어보면, 상대적으로 대부분의 시민이 을(乙)짓을 하기 때문일 테다. 몸에 배인 권력에 대한 맹종 때문에 권력을 갖지 못한 사람은 스스로를 지레 을로 치부해 버리는 경향이 강하다. 기실 시민 개개인이 주인 의식을 가지고 당당하게 주인 노릇을 해낸다면 어떤 권력자도 갑질을 못할 것이 아닌가? 갑질이 통하지 않는 사회, 그게 선진사회이고 진정한 민주일 것이다.

주인은 남 탓하지 않는다.

바이더피플(by the people)? 주인은 누가 시켜 주는 게 아니다. 스스로 되는 것이다. 주민등록증 지녔다고 당장에 바이더피플 되는 것 아니다. 자격증이나 등기권리증이 있어야 주인 자격을 얻는 것 아니다. 주인되기 일상 생활 매너로 주인 의식을 되찾는 것이 국민 개조의 지름길이다. "국가가 당신을 위해 무엇을 할 수 있는가를 묻지 말고, 당신이 국가를 위해 무엇을 할 수 있는가를 물어보라!"고

한 케네디의 말은 곧 주인으로서의 국민이 되라는 말이다. 남 탓하지 말라는 얘기다. 고민 좀 하면서 살라는 거다.

▰ 객관식은 피식민 지배 교육

한국에 전 세계의 종교며 무술·수련법 등이 수입되어 공존하는 양을 두고, 평화를 사랑하는 한국인들의 관용이자 문화적 포용력이라고 자랑하는 건 완전 착각이다. 그만큼 개인의 자기 중심, 사회의 구심축, 주체성, 주인 의식이 없다는 반증이다. 막말로 콩가루 사회란 말이다. 이기적이고 배타적이고 쪼개기 좋아하는 국민성. 당연히 그 뿌리는 사대 근성이다. '모난 돌이 정 맞는다'거나, '뭐는 피하는 게 상책이다'는 무책임으로 독버섯과 곰팡이가 피어나고 잡초가 무성해도 나 몰라라 했던 것이다.

하긴 이 나라를 좀먹고 있는 사이비가 어찌 이단종교 집단뿐이겠는가? 다운계약서, 논문 표절, 위장 전입 한번 안해 본 정치인 드물고, 병역미필자가 요직을 다 차지하고, 또 국가 최고지도자에 오를 수 있는 나라가 아닌가? 모피아·금피아에 이어 남대문 부실시공으로 문화재피아, 엉터리 부품 납품한 원자력피아, 황제노역으로 향판피아, 전관예우 법피아, 세월호로 해수피아… 등등, 이제는 아예 관피아란 총체적인 조어까지 등장했다. 탐욕과 이기심, 몰상식과 몰염치! 유교적 서열 문화가 만든 적폐다! 도망간 선장이나 마피아, 이탈리아나 한국이나 반도국가라 기질이 비슷한 모양이다.

보다 근본적인 원인을 한국의 유교적·봉건적 교육관에서 찾을 수 있겠다.

한국인은 어렸을 적부터 '어른에게 순종하라' '스승을 존경하라' '노인에겐 자리를 양보하라'고 강요 내지는 세뇌시켜 버릇한다. 그것도 '무조건'이다. 이성의 시대에 어울리지 않는 미덕이다. 게다가 이 '무조건 공경'에는 특권 아닌 특권에 무임승차하려는 염치없음이, 무조건적 평등을 누리려는 안일함이 밑바탕에 깔려 있다. 노인이라 해도 도무지 품격 없는 이가 없지 않고, 스승이라 해도 존경스럽기는커녕 남의 인생 망쳐 놓는 이가 부지기수다. 아무렴 존경받을 만하면 어련히 알아서 공경할까. 이 '무조건 공경'이 '무조건 복종'이 되고, '맹목적'이 되는 것이겠다. 해서 관피아 · 사이비 · 이단이 곰팡이처럼 번져 나가고, 나아가 동물농장이 생겨나는 것 아니겠는가. 강요와 복종을 거부하는 척하지만 그렇다고 스스로는 아무것도 못한다. 해서 결국 집 나간 짐승처럼 도로 걸어 들어와 재갈을 물고, 멍에를 진다.

한국인의 한(恨)과 응어리는 이 노예 근성에서 나온 몰염치와 뻔뻔함, 안하무인, 적반하장에 의한 상처라 하겠다.

때문에 모조리 다 야바위꾼, 민나도로보데쓰다! 어느 분야든 들추기만 하면 그 속은 이미 푹푹 썩어 있어 이젠 건드리기조차 무섭다. 아래위 할 것 없이 총체적으로 썩은 나라 대한민국. 그것도 조직적으로 썩었다. 현장선도형이 아닌 낙하산 인물이 기관의 장을 맡다 보니 조직이 썩는 줄도 모른다. 설사 알았다 한들 별수없으니 모른 척 덮어두는 것일 테다. 고작 자기 부서 권한만 강화하는, 현장과 동떨어진 쓸데없는 규제만 만들어 놓고 업적인 양한다. 어차피 평생 몸담을 곳도 아니니 적당히 해먹다가 더 높은 자리로 옮아가거나, 임기 마치고 국회나 대학으로 가버리면 그만이다. 너 솔직히 말하자면, 그 해당 기관 종사자나 노조에서도 반대하는 척할 뿐 내심으론 낙하산을 반긴다. 조직이나 업무에 대해 쥐뿔 아는 것도 없고 정치판 눈치만 보고 있으니 회사일에 깊이 간섭할 리도 없어 편하기 때문이다. 누이 좋고 매부 좋고, 그래서 좋은 게 좋은 거다. 그러니 이제 와서 국가개조론까지 쳐들고 나서지만 누가 어디를, 누구를 개조시킨단 말인가?

선진국이 아니라 선진시민이 먼저다. 국가개조가 아니라 국민개조여야 한다. 효제충신(孝悌忠信) 예의염치(禮義廉恥). 그나마 조선이 5백 년 동안 유지될 수 있었던 것도 바로 이 염치 때문이었다. 염치는 최고의 방부제다. 염치가 없는 사회는 반드시 썩는다. 품격은 염치를 아는 데서부터 시작된다.

주인은 염치 없는 짓을 하지 않는다.

못한다. 하인이나 노예는 염치를 차릴 일이 없다. 그건 바보짓이다. 염치는 주인이 차리는 것이다. 많은 한국인들이 이기주의와 개인주의를 혼동하고 있다. 전자는 인간성의 영원한 특성이고, 후자는 문화의 역사 속에서 최근에 형성된 것이다. 둘은 별도의 개념이다. 한데 대부분의 사람들은 이 둘을 합친 이기적 개인주의를 주인 의식인 줄로 오해하고 있다. 해서 갑질이 곧 주인 행세인 양 아무렇지도 않게 저지르는 것이다. 자기만을 생각하는 것은 비루함이지 주인 의식이 아니다. 주인장은 모두를 생각한다. 자신이 속한 사회나 국가는 물론 인류보편적인 양심과 복지까지 염두에 두고 사는 자만이 진정한 주인이겠다. 주인 의식 회복, 염치 회복이 곧 정의구현이고 국민개조다.

노예나 하인에겐 입[言]이 없다.

하인에겐 복종의 의무만이 있을 뿐 의견이 없다. 판단의 의무나 권한이 없다는 말이다. 그렇지만 주인에겐 리더로서의 책임과 의무가 따른다. 그게 리더십이다. 아무튼 그토록 큰 희생을 치르고도 인간존엄을 깨우치지 못한다면 한국은 사람의 나라가 아닐 것이다. 동물농장일 뿐이다. 노예나 하인의 유일한 자유라면 선택의 자유겠다. 허나 그마저도 극히 제한된 범위에서만 주어지며, 그 선택의 대상도 주인에게서 주어진 것이다.

나라가 썩는다는 건 그 국민이 썩었다는 뜻이다. 대한민국은 그동안 민주주의(民主主義)를 한다고 했지만 실은 민노주의(民奴主義)를 해온 것이다. 그러니까 짝퉁 민주주의, 천민자본주의를 실천해온 것이다. 유권자(有權者)라고 해서 모두가 주인이 되는 건 아니다. 부화뇌동, 떼싸움질이 민주주의가 아니다. 민(民)이 주인이 되는 세상? 나라의 주인이 되기 전에 먼저 각자가 자기의 주인이 되어야 한다. 노예는 투쟁을 통해 인권을 쟁취하지만, 신사는 품격으로 존중받는다.

◤ Tip 주인장 교육만이 구원의 밧줄이다

외국으로 유학 간 한국 학생들이 하나같이 당하는 일이 있다. 숙제를 내주면 온갖 자료들을 찾아내 그럴듯하게 정리를 잘해 오지만, 점수는 항상 낙제점이다. 선생이 그때마다 이들에게 요구하는 게 있다. "그런데 네 생각은?" 한국에서 공부를 하다 간 학생들은 이게 도저히 안 된다. 주입식·암기식·객관식 교육만 받아 스스로 생각을 해본 적이 없기 때문이다.

이러다 보니 한국인들은 평소 어떤 문제가 생기면 비판에는 능하고 집요하지만, 막상 대안을 제시하라면 "그런 건 책임자나 전문가들이 해야지!"라며 뒤로 빠진다. 자기 의견이 없는 노비적 삶을 살아온 사람이 대안을 제시한다는 건 거의 불가능에 가깝다. 당연히 책임질 일도 없기 때문에 변명과 핑계가 습관화된다. 배운 대로, 시키는 대로, 규정대로 하였으니 내 잘못이 아니다? 박근혜—최순실 사건으로 구속된 주변머리들처럼! 딱히 핑계댈 게 없으면 조상 탓, 풍수 탓, 왜놈 탓, 운수 타령이라도 해야 한다.

이게 철학이 없는 민족, 철학을 해본 적이 없는 민족, 철학을 가르치지 않는 민족의 한계다. 그나마 시중의 책을 보고서 배운 수박 겉핥기식 철학 상식조차도 비유·비교·비판(공격)의 도구로밖에 사용할 줄 모른다. 스스로 생각하는 훈련을 거쳤으면 비판에 이은 대안 제시는 당연지사인데도 말이다. 그러니 '창조적' 발상(솔루션)을 기대하는 것 자체가 헛된 일이다. 선진국 모방이라도 열심히 해서 그나마 이 정도까지 올라온 것만도 다행이다. 주동적 민족이 아니면 선도적 국가가 될 수 없는 이유가 여기에 있다. 당장 문과·이과 구분을 없애고 모든 교육 과정을 주관식으로 바꾸지 못하면, 이 민족은 계속 이 정도 수준에서 만족해야 한다.

그게 말처럼 쉬운 일인가? 간단한 대안 하나를 들어 보자. 당장 초중고등학교 및 대학 교양 과정에 철학을 필수과목으로 정해야 한다. 철학 교육을 받은 적도 없는 교사들이 이제 와서 어떻게 학생들을 가르친단 말인가? 아무렴 많은 문제점이 나오고, 시행착오를 겪을 것이다. 허나 그렇다 해도 그만큼 절실한 문제이니 일단 시작하고 볼일이다. 다음 대안으로, 현재 외국에서 공부하고 학위까지 받아 온 수많은 인재들이 대학의 시간 강사나 번역, 외국어 강사로 일하고 있지만 대부분 생업으로 꾸려 나가기가 쉽지 않다. 한시적인 특단의 조치를 내려 이들을 단기연수시켜 교사자격증을 주고, 일선 초중고등학교는 물론 유치원 교사로도 취업이 가능케 했으면 싶다. 교육을 이론으로 공부한 것보다 선진국에서 직접 배워 본 이들의 경험이 백배는 더 소중할 테니 말이다.

그 옛날 어려웠던 시절에 해외 유학을 다녀온 인재들 덕분에 미개국 대한민국이 산업화와 민주화에 성공하였음을 부인할 이는 없을 것이다. 한데 이들 고학력자들의 거의 대부분이 학계·정계·경제계·문화계·의료계 등등 고소득 직종으로만 몰려갔다. 교육계에서는 대학으로만 갔지 초중고등학교 교사로 간 사람이 거의 없다. 그러다 보니 대한민국 초중고 교육이 선진화에 가장 뒤쳐져 버렸다. 이는 대한민국 문화가 저 밑바닥에서부터 썩어가는 원인이기도 하다.

학제 개편, 입시제도 개선 등 제아무리 바꿔 본들 그 나물에 그 밥, 교육의 근본이 바뀔 리 없다. 만약 전공을 불문하고 해외 학위 소지자들이 일선 초중고등학교 교사로 대거 투입된다면 교육계에 엄청난 자극이 될 것이다. 원어민 교사들과는 질적으로 다른 혁신을 이뤄낼 것이다. 이미 있는 자원을 활용하는 것이니 달리 돈이 드는 것도 아니고, 또 당장에 실행 가능한 일이다. 국제학교 만들기 전에 이 일부터 시작하였어야 했다. 그런 게 진짜 혁명이다.

우리기 흔히 학문이니 지식이니 하는 것들이 뭇 인간들의 지고무상한 깨달음이나 성찰의 산물인 양하지만, 기실 삶의 현장 경험

(사례)을 그럴듯하게 문자로 정리해 놓은 것에 지나지 않는다. 그리고 그 작업을 하는 사람들을 우리는 학자라고 일컫는다. 학교 공부란 것은 바로 이 지식을 습득(암기)하는 것이라 하겠다.

인간은 오래전부터 이 문자화된 지식을 잔뜩 외워 서로 경쟁해 왔는데, 바야흐로 인류의 역사는 거기서부터 시작되었다. 도구와 과학의 발달은 인간의 먹이 활동을 위한 시간을 대폭 줄여줌으로써 인간이 에너지의 상당 부분을 상상(잡념)과 놀이에 분배할 수 있도록 가속화시켜 주었다. 이때부터 인간의 전두엽이 비약적으로 커지게 된 것이다.

흔히들 지식과 지혜를 동일한 개념으로 알고 있지만 실은 다른 성질의 것이다. 지식이 문서화된 정보라면, 지혜는 현장에서의 솔루션이다. 지혜를 지식으로 바꾸기 위해 학자들은 자기 나름대로의 학문적 도구(공식)를 사용하였는데, 문제는 이 지식을 다시금 현장에 적용하기가 용이치 않다는 것이다. 경제학 교수가 주식 투자에서 성공하기 쉽지 않은 것처럼. 한국의 학자(교수, 교사)들은 이에 대해 대수롭게 생각지 않는다. 받은 돈만큼 지식을 전해 주었으니 자기의 할 일은 거기서 끝이라는 것이다. 이것이 한국 교육의 치명적인 결함이다. 짝퉁 인재, 겉똑똑이들만 양산해 놓고는 나 몰라라 하는 것이다.

극단적으로 말해, 지식 경쟁은 하인들의 생존 방편이다. 사실 주인은 그다지 많은 지식이나 재주(기술)를 필요로 하지 않는다. 그들에게 중요한 건 지혜이지 지식이 아니다. 필요한 만큼의 지식이나 재주는 언제든 사다 쓸 수 있다. 결국 주인장 매너(마인드) 없는 지식인은 말 그대로 주인집의 월급쟁이 마름일 뿐이다.

세계에서 가장 치열한 한국의 교육열도 따지고 보면 그 기저에 부잣집의 충직한 하인이 되고자 하는 노비적 강박증이 깔려 있음이다. 다른 하인들보다 좀 더 받고, 호가호위할 수 있는 자리를 차지하기 위해 경쟁하는 것이다. 최순실 사건은 그 밑바닥 진흙뻘을 뒤집어 놓은 것이다. 그래야 문고리 잡았다가 수갑 찬 그들의 행태가 설명이 된다.

아무리 똑똑해도 인간은 그 근본을 못 뛰어넘는다. 알파고의 등장으로 많은 이들이 인간이 만든 짝퉁 두뇌에 두려움을 품기 시작했지만, 인공지능(AI)이 제아무리 발전한다 해도 결코 인간의 주인이 될 수 없다. 왜냐하면 게임의 규칙을 바꿔 버리면 알파고도 무용지물이 되어 버리기 때문이다. 노예가 주인이 될 순 없는 것처럼 천민지식인의 한계 또한 그러하다. 주인만이 규칙을 바꿀 수 있기 때문이다.

생명이 없는 죽은 지식 암기에만 매달려 온 헛교육의 결과 지금 대한민국이 가라앉고 있다. "아이쿠! 큰일났네. 배가 넘어져 가라앉고 있다는데…, 주인마님은 낮잠 주무시는데… 깨워야 하나, 말아야 하나… 어떡하지…, 어떡하지…!" 멀뚱멀뚱 두 눈 뜨고 구경할 수밖에 없었던 '세월호' 침몰처럼. '죽은 지식인의 사회', 대한민국은 하인공화국이다. 등신공화국이다.

지식이 지혜의 화석이라면, 매너는 그 지식을 지혜로 환원시키는 프로그램이자 공용줄기세포와 같은 것이다. 그동안 아무도 가르쳐 주지 않았다. 설마? 아무려면 알면서도 안 가르쳤으랴! 실은 그런 게 있는 줄도 몰랐다.

22

선비는 왜 신사가 되지 못했는가?

"예의는 공격성을 좌절시키고, 거칠고 혼탁한 인간관계를 원활케 하며, 상대방의 자유를 침해하지 않으면서 그의 자리를 인정해 주기 위한 작은 정치이자 공인된 인위적 수단이다. 긴급한 것은 공손함과 유연함을 양립시킬 수 있는 예의를 되찾아야 하고, 단순한 격식들을 재창조해(왜 안 된다는 말인가?) 그 속에 오래된 정중함, 재치, '섬세함의 원칙'을 포함시켜야 한다는 것이다. 부자연스런 딱딱함, 가짜 묵인이나 상스러움과는 다른 공통의 생활 양식들이 있다."

― 파스칼 브뤼크네르

대한민국은 요즈음 '인성 교육'과 '선비 정신'이 화두다. 마치 그게 부족해서 나라꼴이 이 모양이 된 양! 과연 그래서일까? 기실 우리가 선비 정신을 제대로 알고 있기나 한가? 그리고 그것이 이 시대에 진정으로 필요한가? 누천년 전의 유교적 세계관이 대한민국의 미래 이정표 내지는 나침반이 되어 줄 수 있을까?

조선에서의 선비(士)란 샌님(生員) 또는 유생(儒生) 즉 문사(文士)를 일컫지만, 일본이나 유럽에서는 무사(武士) 즉 기사(騎士)를 이르는 말이다. 장기판에서도 사(士)는 왕의 최측근 호위무사를 말한다. 중국과 한국을 제외한 근대 이전의 모든 왕조에서 문사(文士)는 사(士)가 아니었다. 그저 살림살이를 맡아 관리하는 집사(執事)로 사(士)가 될 수 없었다. 신사(紳士)처럼 띠를 두를 수 없다는 말이다. 당연한 일이지만 그들에겐 전장에 나가 공을 세울 기회조차 주어지지 않았다. 하여 평생을 월급(녹봉)쟁이로 살아야 했다.

◤ 이순신 · 안중근을 선비라 일컬으면 우스운가?

판사(判事) · 검사(檢事) · 변호사(辯護士) · 교사(敎師) · 의사(醫師) · 간호사(看護師) · 건축사(建築士) · 미용사(美容師) · 법무사(法務士) · 세무사(稅務士) 등등, 오늘날의 각 직능별 호칭에 붙이는 '사(士 · 事 · 師)'에서 그 혼동이 고스란히 드러난다. 대체로 기능직 종사자나 하급 군인들에게 사(士)자를 붙이고 있다. 낫 놓고 기역자도 모른다더니, 장수가 '사(士)' '병(兵)' '졸(卒)'도 구분 못하고 있는 꼴이다. 그나마도 저잣거리에선 군인을 무슨 양아치 집단이라도 되는 양 '군바리'라고 낮잡아 부르기 예사다.

사전에서 '선비'란 말을 찾아보면 '학식은 있으나 벼슬하지 않은 사람'을 일컫는다 한다. 순우리말인지 고려 때 들어온 몽골어인지 그 어원은 분명치 않지만, 아무튼 한자 '士' '儒' '彦'을 '선비'로 훈독한다.

고대 갑골문에서 '사(士)'는 남성의 생식기를 형상화한 것으로, 사내를 지칭하고 있다.

'유(儒)'는 떨어지는 물과 팔을 벌리고 선 사람을 형상으로 나타낸, 그러니까 제사를 지내기 위해 목욕재계하는 제사장의 모습을 형상화한 데서 나왔다. 제사장은 그 집단의 지도자로서 경험과 학식을 갖춘 남자여야 했으니, 이후 자연스레 학자나 지식인을 통칭하는 개념으로 쓰이게 되었을 게다. 고대의 제사란 곧 통치 수단이자 예법의 기준이었으므로 유학(儒學)이란 예학(禮學), 곧 봉건시대의 매너학이라 할 수 있겠다.

'언(彦)'은 아이가 태어났을 때 얼굴에 문신을 새긴 데서 비롯된 것으로, 나중에 재덕이 출중한 사내를 가리키는 문자가 되었다.

양반은 문반(文班: 東班, 鶴班)과 무반(武班: 西班, 虎班)을 아울러 일컫는 말임에도 불구하고 우리는 선비를 문사(文士)로만 인식할 뿐 무사(武士)로는 선뜻 수긍하지 못한다. 가령 교수나 교사는 당연히 선비라 여기지만, 군인이나 경찰에게는 선비란 말을 붙이길 꺼리는 것이 그 한 예가 되겠다. 조선시대 숭유억무(崇儒抑武)의 영향 때문일 것이다. 여하튼 이처럼 문무(文武)를 나누는 인식 체계는 한국인의 사유 방식과 행동거지에 지대한 영향을 미쳐 왔다.

▛ 뿌리 뽑힌 반도의 무혼(武魂)

한민족의 상무숭덕(尙武崇德) 정신, 즉 무덕(武德)은 고려 삼별초군의 멸망과 함께 반도에서 사라져 버렸다. 그렇다면 당시 고려의 무사들은 왜 그토록 끈질기게 원(元)에 저항하였을까? 왕과 문신들은 이미 항복해 버렸는데도 유독 그들만은 강화도로, 완도로, 제주도로 쫓겨다니면서 중과부적(衆寡不敵)임에도 그 마지막 목숨까지 바쳐 가며 싸웠을까? 감히 원(元)나라를 우습게 본 어리석음 때문일까? 한민족의 불굴의 투혼을 보여주기 위해서였을까? 아니다. 그들은 살기 위해 죽기로 투쟁한 것이다.

역사상 어느 나라를 막론하고 전쟁에서 패한 패전국의 무장(武將)들은 모두 죽임을 당하였다. "그게 무슨 말씀? 사로잡히거나 투항한 적장(敵將)에게 관용을 베풀어 신하로 삼은 고사도 적지않은

데!"라고 항변할 이들도 있을 테지만, 기실 그러한 예는 한창 전쟁중일 때에나 가능했던 일이다. 이미 승리가 확정되어 버리면 가차없이 적장의 목을 쳤다. 설사 항복했다 한들 살려두었다간 나중에 무슨 일을 저지를지 모르기 때문이다. 토사구팽(兎死狗烹)도 서슴지 않는 마당에 적장을 살려둘 순 없는 노릇일 테니 말이다.

대신 문신들은 죽이지 않았다. 정복한 나라를 다스리는 데 요긴하게 쓰이기 때문이다. 새 왕조에 협조하지 않더라도 그냥 내버려두는 관용을 베푼다. 그래야 백성들을 안심시켜 새 왕조에 쉬이 복종케 할 수 있기 때문이다. 무엇보다도 그들은 반란을 일으킬 능력이나 배짱이 없다. 설령 반란을 획책하더라도 스스로는 힘이 없으므로 불만 세력들을 규합, 선동하는 와중에 대부분이 들통나게 마련이다.

하여 고대에는 어느 왕조가 멸망할 즈음 필시 죽임을 당할 수밖에 없는 패전국의 무장들은 이웃나라로 도망을 갔다. 이른바 망명이다. 오늘날 중국의 소수민족이나, 주변 동남아 국가의 깊은 산골에 사는 소수민족 중에는 먼 옛날 그렇게 숨어 들어간 장수와 그 일족의 후예들이 적지않다. 조선 인조 때 명(明)에 귀화했다가 청(淸)의 포로가 되어 조선으로 압송된 임경업 장군도 그 한 예가 되겠고, 대한제국이 멸망하자 만주로 건너가 항일 투쟁을 했던 의병들 역시 대부분 조선의 군인들이었다.

▌고대 일본의 지배층은 가야와 백제 유민(流民)

일본의 고대사는 도래인(渡來人), 즉 반도에서 건너온 이주민의 역사라 할 수 있다. 그러니까 반도에 변란이 생길 때마다 도망해 온

왕족이며 귀족·무장들과 그 일족들이 세운 나라가 바로 '왜(倭)'이다. 고대 일본의 국가 형성기와 발전기는 한반도의 변란과 그로 인한 대규모 유민의 도래와 필연적인 관계가 있다.

초기 가야인들은 부산과 가까운 규슈의 후쿠오카〔福岡〕지역에 자리잡았으나 차츰 간사이〔關西〕지방으로 확장해 나갔다. 일본의 초기 형태의 국가는 나라〔奈良〕분지에 세운 '야마도〔大和〕'인데, 이는 5~6세기 대규모로 도래해 온 가야인(伽倻人)들에 의해서였다. 다시 7세기에 백제인들이 대거 도래하면서 비로소 국가다운 체제를 확립하게 된다. 이후 고구려와 발해가 연이어 망하고 많은 유민들이 도래하였는데, 그들은 주로 동북 지역에 흩어져 터를 잡았다.

◢ 일본 고대사의 수수께끼, 기마무사(騎馬武士)의 출현

사무라이〔侍, 武士〕를 빼놓고 일본 문화를 이야기할 수 없듯이, 일본의 역사는 곧 사무라이의 역사라 해도 과언이 아닐 것이다. 한데 사무라이란, 원래는 말을 타고 활을 쏘는 기마무사〔騎馬武士〕를 가리켰다. 그러던 것이 임진왜란 후 도쿠가와 이에야스〔德川家康〕에 의해 천하가 안정되고, 바쿠후〔幕府〕에 의한 평화로운 에도〔江戶〕시대가 열리자 모든 사무라이들을 무장 해제시켜 버렸다. 다만 신분의 상징으로 칼을 차고 다니는 것만 허용한 데서 지금의 사무라이 이미지가 남아 있는 것이다.

초기의 사무라이는 신분이 낮은 신하들과 하인들로 구성되었는데, 이들은 오로지 자기 주인에게만 복종하는 특수한 집단이었다. 이후 영주들의 권력 투쟁이 계속되고 또한 격렬해지자 이들의 신분

국빈 방문한 오바마 미국 대통령 앞에서 활쏘기 시범을 보이고 있는 사무라이. 신라 화랑을 연상케 한다. [연합뉴스]

도 차츰 상승하였다. 1192년에는 관동 지방의 무사 집단이 가마쿠라(鎌倉)에서 군사 권력기구인 바쿠후(幕府)를 설립하여 중앙정권을 통제하는 세력으로 커나갔다. 조금 앞선 시기 고려 무신정권의 권력기구인 중방(重房)·정방(政房)·도방(都房)과 같은 형태라 볼 수 있겠다. 그러다가 1603년에 법령으로 무사의 신분을 고정시켜 사농공상(士農工商)의 우두머리가 되도록 하였다. 무사가 일본 사회의 주요한 통치 계층이 된 것이다.

　재미있는 것은 많은 학자들의 연구에도 불구하고 이 사무라이의 발생 기원이 분명치 않다는 사실이다. 기마무사라고 하는 이 독특한 무사 계급이 언제, 왜 생겨났는지에 대해 아직까지 딱히 정설이 없다. 나라(奈良)시대 말기, 대개 770년 전후에 나타난 것으로 추

정할 뿐이다. 당시 고닌〔光仁〕천황이 쇠락하고, 귀족 세력인 영주
(領主)들이 득세하기 시작했다. 그들은 자신들의 세력을 확대하기
위해 부하와 가솔들을 무장케 하는데, 이들이 사무라이〔武士〕의 기
원이라는 것이다. 하지만 학자에 따라 늦게는 11세기 초로 주장하
기도 한다. 공통적인 주장은, 이들 부시단〔武士團〕이 일본 동북 지
역에서부터 갑작스레 출현하여 지방 호족들의 땅과 재산을 보호해
주는 일을 하였다는 것이다.

기실 어떤 사회든 그만큼 숙련된 기마무사 집단이 출현하려면
그에 상응하는 역사적 동인이 있어야 함에도 불구하고 그 시기 일
본에선 전쟁다운 전쟁이 없었다. 게다가 고대로부터 일본에 말〔馬〕이
흔해서 북방민족처럼 기마전을 자주 치렀던 민족도 아니다. 그러니
아무래도 외부에서 그 실마리를 찾지 않을 수 없다.

◢ 사무라이〔武士〕의 시작은 신라 화랑(花郞)

신라 통일 후, 추가 성장 원동력을 상실한 채 안일해져 가는 나
라 분위기에 견디다 못한 귀족 청년 하나가 먼 새 땅, 해외로 나가
기로 작정하고 배를 마련하여 동행했으면 싶은 친구를 설득하였으
나 그가 끝내 결심치 못하자 '이에 혼자 배를 띄워 떠나 그후 소식
이 없더라'는 기록이 전해지고 있다.

일본 헤이안〔平安〕시대 중기 드디어 천년왕국 신라가 멸망(935
년)하고 만다. 당연히 망국의 수많은 무장들과 그 일족들이 북쪽 변
방이나 왜국으로 망명을 갔을 것이다. 바다를 건너간 그들은 대부
분 일본 동북 지방으로 이주해 갔다. 먼저 도래한 가야 및 백제계의

터전인 간사이(關西) 지역은 정서적으로 융합하기 어려웠을 것이니, 차라리 고구려 발해계가 대부분인 동북 및 간도(關東) 지역을 택했을 것이다.

당시 그곳에는 먼저 이주해 온 고구려 발해계 호족들이 거친 땅을 개간하며 살았는데, 반도의 마지막 도래인인 신라 화랑의 후예들이 이들 호족들의 땅과 재산 · 생명을 지켜 주는 호위무사로서의 삶을 시작하게 된다. 그리하여 뛰어난 무예와 충성심으로 차츰 그들만의 세력을 형성해 나갔는데, 그것이 바로 '사무라이'라고 하는 독특한 중간 지배 계급층이다.

전쟁도 아닌, 고작 개척한 땅과 재산을 지키기 위해 굳이 이제껏 존재하지 않았던 갑옷을 입은 기마무사라는 특수한 집단을 양성하였으리라는 건 아무래도 설득력이 떨어진다. 그런데 이 '신라의 멸망과 화랑의 후예들의 도래(渡來)'라는 퍼즐 조각을 가져다 맞추면, 일본 고대사의 아귀가 완전하게 맞아 들어가는 것이다.

이후 이들 부시단(武士團)의 세력이 차츰차츰 커져 나가 일본 사회의 중심 세력으로 부상하면서 각 호족들은 치열한 항쟁에 들어가게 된다. 그리하여 12세기 말 가마쿠라 바쿠후(鎌倉幕府)에서부터 남북조(南北朝)시대를 거쳐 16세기 중엽의 전국(戰國)시대까지 일본 중세사를 붉게 물들인다. 그러다가 도요토미 히데요시의 사후 일본은 동서 진영으로 나뉘는데, 1600년 10월 21일 도쿠가와 이에야스가 이끄는 동군과 이시다 미츠나리가 이끄는 서군이 세키가하라에서 맞붙어 동군이 승리함으로써 마침내 역사의 중심이 후(後)도래계로 넘어간다 그러니까 신라계 사무라이 세력이 백제계를 누르고 일본 천하를 장악한 것으로 볼 수 있다.

그렇지만 역사는 반드시 부침하게 마련! 에도시대 말기 정한론(征韓論)과 대동아공영론(大東亞共榮論)을 주창하며 쇼카손주쿠 학당(松下村塾)을 열어 메이지 유신(明治維新)의 주역들을 길러낸 요시다 쇼인(吉田松陰)과, 그의 수제자들로서 4대 천왕이라 불렸던 요시다 토시마로(吉田稔麿) · 구사카 겐즈이(久坂玄瑞) · 이리에 쿠이치(入江九一) · 다카스기 신사쿠(高杉晋作), 사쓰마번(薩摩藩)과 조슈번(長州藩)의 동맹, 즉 삿쵸 동맹을 성사시켜 메이지 유신의 정치 · 군사적 기반을 마련해 준 사카모토 료마(坂本龍馬), 또 메이지 유신의 영웅인 사이고 다카모리(西鄕隆盛) 등, 목숨을 아끼지 않은 개혁주의자이자 혁명가였던 이들 메이지 유신의 주역들은 모두 지난날 세키가하라 전투에서 서군에 속했던 간사이(關西)의 사쓰마번(薩摩藩)과 조슈번(長州藩)의 하급 사무라이 가문 출신들이다.

전쟁이 있어야만 자신들의 존재 이유가 증명되고, 전쟁을 해야만 공(功)을 세워 신분을 상승시킬 수 있는 사무라이(武士) 계급! 일본이 끊임없이 전쟁을 하게 되는, 전쟁을 하지 않으면 안 되는 무(武)의 나라로 발전하게 된 것은 바로 고대 한반도에서 쉼없이 도래한 무인(武人) 집단 때문이라 할 수 있다.

그렇다면 고려의 삼별초들은 왜 일본으로 건너가지 않고 끝까지 저항했을까? 당연히 일본으로의 귀화를 타진해 보지 않았을 리 없다. 강력한 무사 집단을 가지는 건 모든 영주의 꿈, 아무렴 그들을 받아들여 무력을 키우고 싶었겠지만 그랬다간 호랑이를 집 안으로 끌어들이는 거나 다름없는 일. 원(元)의 침입이 두려워 일본은 물론 남송(南宋) · 유구(琉球) 중 어떤 나라도 그들을 환영할 수가 없었다.

▌ 문(文)의 민족, 무(武)의 민족

오사카〔大阪〕와 도쿄〔東京〕의 지방색이 뚜렷이 달라 서로 배타적인 점이나, 역사의 중심이 간사이〔關西〕에서 간도〔關東〕로 옮아가게 된 것도 이러한 역사적 동인에 의한 작용일 수 있을 테다. 하여 일본의 지배층 엘리트들이 내면적으로 반도를 자신들의 고향으로 여기며 언젠가는 다시 돌아가야 할 땅으로 생각한 것도 어쩌면 이 도래인(渡來人)들의 오랜 염원은 아니었을까? 드디어 그 염원을 이룬 한일합방 후 임나일본부(任那日本府)와 내선일체(內鮮一體)를 주장한 것도 그 같은 내면적 정서 때문은 아니었을까?

사실 한국인과 일본인은 유전적으로 6할 이상이 동일한 남방계 민족이지만, 이같은 쉼없는 한반도 무인들의 일본으로의 이주가 두 나라 국민의 문화적 특질을 뚜렷하게 갈라 놓았다고 볼 수 있다. 무(武)를 숭상하고 기술자를 우대하는 일본, 문(文)을 숭상하고 상업과 기술을 천시해 온 조선. 그 근성이 오늘에까지 이어져 오고 있는 것도 이런 역사와 맥락을 같이한다고 볼 수 있다.

그렇다 해도 만약 원(元)의 침입이 없었다면, 한반도 역시 고려 무신정권 체제의 지속으로 일본과 비슷한 형태의 중세사를 가지게 되었을 것이 틀림없다. 아무튼 전쟁을 선호하는 무(武)의 나라 일본이 전후 70년 동안 '전쟁을 할 수 없는 나라'로 손발이 묶여 있다가 드디어 풀려났으니 동북아의 앞날이 자못 주목된다 하겠다.

▌ 오백 년 동안 진행된 조선 선비 거세 작업

무(武)의 씨가 마른 고려 말, 이성계라는 오랑캐 무장이 나타나 떡 집어먹듯 나라를 거머쥐었다. 이성계의 뛰어난 점은, 그의 출중한 무예가 아니라 문사들의 근성을 누구보다도 잘 알고 적절히 이용하였다는 것이다. 그리하여 유교를 국본으로 내세우고, 문무(文武)를 가리지 않고 조선의 선비들을 모조리 거세시켜 버렸다.

조선 왕조는 유교를 국가의 통치 이념으로 채택하면서, 귀족 계급 자손들로 하여금 오로지 과거시험을 통해서만 벼슬을 할 수 있게 하였다. 그런 다음 문무과를 철저히 구분하되 문과를 우대하였다. 반대로 남이(南怡)·임경업(林慶業) 등, 간간이 생겨나는 무장다운 무장은 쉼없이 솎아냄으로써 씨를 말려 나갔다. 해서 이순신 장군도 너무 잘 싸우니까 혹시나 하여 불러다 거세를 확인한 다음 다시 나가 싸우게 한 것이다. 정여립(鄭汝立)처럼 감히 호기(豪氣)를 부리는 자는 벼슬에 오르지 않아도 잡아 죽였다. 심지어 무용(武勇)의 성향을 지닌 왕이나 왕세자조차도 내쫓기거나 죽임을 당하여야 했으니 오죽했겠는가? 독서를 좋아하면 성군(聖君), 상무(尚武)는 기미만 보여도 폭군(暴君)인 것이다.

그 흔한 귀양도 무인에게는 허락되지 않았다. 무반(武班)은 설사 역모가 사실이 아닌 모함임이 밝혀졌다 하더라도 결과는 똑같이 죽음이다. 후환이 두려운 때문이다. 반대로 문반(文班)은 굳이 죽일 필요까지 없이 귀양을 보냈다가 나중에 생각이 바뀌면 다시 불러다 부리면 된다. 하여 귀양길을 나서면서부터 반성문을 지어 구중궁궐의 임금님 귀에 들리도록 갖가지 로비를 펼쳤다. 임을 향한 일편단심 아부문학이 곧 한국 고전문학의 대강(大綱)이다.

신라-고려 초기에까지 이어져 오던 문무겸전 정신은 과거제의 도입을 계기로 쪼개지고 만다. 사서(四書)와 오경(五經)의 범위를 크게 벗어나지 못하는 과거고시의 내용 또한 중세 한국인의 가치 지향, 사유 방식, 사회심리에 지대한 영향을 미쳤다. 특히 조선 5백 년 동안 고착화된 유교적 인생관은 나라가 망해서도 떨쳐내지 못하고 오늘에까지 이어져 우리의 사유 및 행동 양식에 그대로 반영되고 있다.

과거제도는 객관적이고 공평한 인재 선발 방식으로 인류사에서 더없이 훌륭한 제도로 평가받고 있지만, 이처럼 문무유별(文武有別)이라는 치명적인 문제점을 지니고 있다. 중간층 사회 지배계급을 두 부류, 즉 양반으로 나눠 놓고 동반(文班)에게서는 용력(勇力)을, 서반(武班)에게서는 지혜를 빼앗음으로써 모조리 거세시켜 버린 것이다. 그러니까 벼슬을 하려면 누구든 지혜와 용력 중 하나만을 선택하여야 했다. 아무도 두 쪽을 다 지닐 수가 없었다. 심지어 왕조차도! 하여 모든 사대부를 고자(鼓子)로 만들어 충효(忠孝)의 경쟁을 시킨 것이다. 그렇게 보면 인류사에 가장 악랄하고 비열한 통치제도가 바로 과거제라 할 수 있다.

▌분열의 씨앗, 과거제도

어느 나라를 막론하고 고대에는 공신의 반열에 오르거나 관리에 등용되기 위해서는 반드시 군공(軍功)이 있어야 했다. 《사기(史記)·상군열전(商君列傳)》에 "종실 사람이 군공(軍功)이 없으면 족보에 넣지 않는다"고 실려 있을 만큼 오직 승적(勝敵)의 군공만이 유일한 벼슬길이었다.

중국의 수문제(隋文帝)는 당시 강력했던 귀족 세력을 누르고 중앙집권체제를 강화하기 위해 과거제(科擧制)를 시행하였는데, 이후 1천3백여 년간 중국의 관리 선발제도로 이어져 내려오다가 청(淸)나라 말기인 1905년에 학교 교육을 실시하면서 폐지되었다. 무관(武官)을 선발하는 무거(武擧)는 당(唐)의 무측천(武則天)에 의해 처음 생겨났다.

우리나라에서는 958년, 고려 광종 때에 이 제도를 받아들였다. 그러나 12세기에 들어서면서 중앙 문벌 귀족들의 권력 및 경제력의 독점은, 이에 반발하는 이자겸(李資謙)의 난과 묘청(妙淸)의 난으로 인해 위기에 처하고 만다. 1170년, 정중부(鄭仲夫) 등이 주도한 무인란(武人亂)은 무반(武班)에 대한 차별과 불만이 원인이 되어 일어난 정변으로, 고려 사회를 새로운 국면으로 전환시켰다.

한국인의 이름자엔 '文'(문)과 '榮'(영)이 많고, 일본인의 이름자엔 '武'(무)와 '雄'(웅)이 많다. 자식에 대한 바람이 서로 다른 까닭일 테다. 상무(尙武)를 저급한 것으로 인식했던 조선의 선비! 나라를 지키기 위해 싸우는 건 공부가 안 되는 무신들이 할 일이고, 나라를 다스리는 건 똑똑한 문신들의 몫! 피 흘리는 자들 따로, 권력을 누리는 자들 따로! 이같은 문과(文科)·무과(武科)의 구별이 문신들의 군역 의무 회피의 심정적 단초를 제공한 것이다. 자신들처럼 공부 잘하는 모범생에게 병역의 의무는 국가적인 낭비로 여겨진 게다. 대한민국 엘리트들의 병역 기피 전통은 물론 군대 가서 썩었다는 대통령이나, 군대에 가지 않은 대통령이 그래서 가능한 것이다.

과거제도의 도입 이전까지 우리나라에는 상하의 구분만 있었지, 동서[文武]의 갈림은 없었다. 우리 문화에서의 쪼개짐의 역사는 여기서부터 시작된 것이다. 반면 서양이나 일본에선 이러한 과거제도가 없었다. 만약 문무겸전의 과거제, 다시 말해 과(科)의 구분이 없는 인재 채용 방식이었더라면 한국이나 중국은 필시 지금과는 엄청나게 다른 역사를 지녔을 것이다.

◤ 치욕의 역사는 숙명!

투쟁이 없으니 발전이 없는 건 당연한 이치! 인류 역사상 그 유례가 드문 5백 년 조선 왕조가 그래서 가능했다.

애초부터 유교는 사회질서를 안정시키자는 것이 목적인 정치적 종교로서, 예악(禮樂)으로 인간을 교화하고자 했다. 예(禮)의 본질은 상하·귀천·존비의 등급을 구별하는 데 있고, 악(樂)의 정신은 각종 등급과 무리 사이의 관계를 조절하는 데 있다 하였다. 하여 예(禮)가 무너지면 천지의 질서가 무너지고, 악(樂)이 흐트러지면 천지의 화합이 깨어진다고 여겼다.

유교는 천하를 쟁취하는 데는 아무 소용이 없지만, 일단 쟁취한 나라를 다스리는 데에는 더없이 좋은 도구가 되었다. "임금은 임금답고, 신하는 신하답고, 아버지는 아버지답고, 자식은 자식다워야 한다(君君臣臣父父子子)"는 공자의 정명(正名) 사상이란 것도 이미 정해진 각자의 신분과 지위를 넘어서지 말아야 한다는 뜻이다. 군자는 군자답게, 소인은 소인답게 그 분수를 지켜 역천명(逆天命)하지 않아야 태평성대가 유지된다는 것이다. 이는 국가를 구성하는 계급을 이성에 해당하는 지배 계급, 의지에 해당하는 방위 계급, 정욕에 해당하는 직능 계급으로 나눈 플라톤의 주장과 별반 다르지 않다. 이 안정된 구도를 해치는 그 어떤 행위도 용납하지 않는다.

그렇지만 사회란 안정되고 나면 필시 빠르게 부패하는 속성 또한 지니고 있다. 더 이상 추구할 것이 없어 체제에 안주해 버리기 때문이다. 결국 안으로 썩을 대로 썩어 외침(外侵)으로 몰락할 수밖에 없다. 그 대표적인 예가 한(漢)·송(宋)·명(明)·조선(朝鮮)이다. 그리하여 다시 혼란기, 유교가 부활하기를 2천5백 년 동안 반복해 왔다. 대국굴기(大國崛起)로 옛 영광을 되찾겠다는 중국이 요즈음 공자학당을 앞세워 유학을 부활시키고 있는데, 역시나 사회가 안정되자마자 그 전철을 밟을 것이 틀림없다. 결코 역사의 관성을 벗어나지는 못할 것이다.

기득권 유지를 위한 체제 안정이 조선 왕조와 사대부들의 지상 목표! 해서 나라가 아무리 썩어도 이를 갈아엎고 새 나라를 세울 영웅이 나타나지 않았다. 스스로는 혁명을 할 수 없는 족속이 된 것이다. 유학에는 그러한 정신이 없기 때문이다. 조상에게 제사를 잘 지내서 후손들의 안녕을 빌고, 오직 평화만을 사랑해야 하는 순수 민족이 그렇게 탄생한 것이다. 결국 일본이 이성계처럼 떡 집어먹듯 조선을 차지해 버렸다. 일본이 멀쩡한 조선을 싸워서 정복한 게 아니다. 만약 한일합방이 없었다면, 대한제국이 스스로 개화하여 정말 제국다운 제국이 되었을까? 그러니 나라가 망했다고 누구를 원망할 일이 아니다.

박정희나 전두환이 무혈 쿠데타로 정권을 차지할 수 있었던 것도 그 때문이다. 오늘날에는 북한에서 이 거세 작업이 한창이다. 얼핏 보기엔 북한이 호전적인 것 같지만 기실 속내는 모조리 거세된 집단에 지나지 않는다. 하여 3대 세습이 가능한 것이리라. 당연히 때가 오면 4강국 중 먼저 집어먹는 곳이 임자다.

한·중·일의 민족성과 씨름판

일본의 스모[相撲]는 둥그런 원탁처럼 생긴 씨름판에서 겨루는
데, 상대를 바닥에 자빠트리거나 바깥으로 밀려나면 이긴다. 그러
고 보면 판이 꼭 섬처럼 생겼다. 섬 밖으로 밀리면 바다에 빠져죽으
니 진 것으로 치는 것이다. 반대로 몽골과 같은 대륙의 씨름판은 특
별한 경계가 없다. 드넓은 초원에선 밀어내는 것으로 승부가 가려
지지 않기 때문이다. 도망쳤다가도 언제든 되돌아와 공격할 수 있
어서이다. 해서 레슬링처럼 상대를 확실하게 제압, 굴복시켜야 승
부가 난다. 그 중간쯤 되는 것이 한국의 씨름이다. 판 밖으로 밀려
나면 멈추고, 안으로 들어와 다시 붙잡고 싸운다. 상무의 개념이 부
족하다 보니 그마저도 유희(놀이)로만 여겨 단판 승부가 아닌 삼세
판으로 자웅을 가린다. 한국인의 '엎치락뒤치락' '삼세판' '두고보
자'며 승복할 줄 모르는 근성이 여기서도 드러난다.

섬나라 민족들은 외적이 생기면 서로 뭉쳐 단결한다. 도망칠
데가 없다. 섬에서 밀려나면 죽을 수밖에 없기 때문에 죽기로 저항
한다. 반대로 대륙 민족은 외침을 당하면 모조리 사방으로 흩어진
다. 땅이 넓어서 얼마든지 안전한 곳을 찾아 살아갈 수 있기 때문이
다. 그러다가 후일을 도모할 수도 있고, 영원히 그곳에 자리잡아 살
아갈 수도 있다. 하여 먹고 살 수만 있으면 굳이 격렬하게 저항하지
않는다. 제 생존권만 보장해 주면 나라의 주인이 누가 되든 상관치
않는다. 따지고 보면 중국사에서 원(元)·청(淸)도 우리의 일세시대

처럼 오랑캐에 의한 식민시대가 아니던가? 아이러니하게도 그때마다 중국의 영토는 넓혀졌다.

그렇다면 한반도는? 외침을 당하면 일단 도망부터 가지만, 어차피 멀리 갈 데도 없다. 하여 결국 싸울 것이냐 말 것이냐, 네 책임이냐 내 책임이냐며 쪼개지고 찢어져 내부적으로 분열하고 나서야 각자도생으로 싸운다. 임진란 때의 의병이 그러했다. 굳이 지난 역사를 들먹이지 않더라도, 근자의 천안함 폭침을 두고 벌이는 논쟁만 보더라도 충분히 짐작이 가겠다. 남북·동서·좌우로 쪼개져 서로 샅바싸움·멱살잡이·상투잡이에 몰두하다 보니, 이제는 외침이 아니라 세월호와 같은 내부의 사건사고를 가지고도 찢어지지 못해 안달을 한다. 왜 하필 우리 군(郡)이냐며 주먹질해대는 사드(THAAD) 배치 반대도 그런 반도 근성에서 기인한 행태라 할 수 있다. 이 땅에 전쟁이 다시 일어난다면 왜 내 땅, 우리 동네에서 싸우느냐, 환경 평가부터 제대로 하라며 데모할 판이다.

일본 아베 정권이 굳이 한국과 중국을 자극하며 갈등을 조장시키는 건 내부 단결과 야성 회복에 그 목적이 있다. 따라서 지금처럼 한국이 과거사 문제로 일본을 압박하는 건 기실 그를 도와주는 꼴이 된다.

그렇다면 근자의 3국 간의 갈등 속에서 한국은 무얼 얻었는가? 일본의 진심어린 사과? 그러면 다 용서해 줄 것인가? 중국의 대국적인 관용? 한국을 식민 지배했던 일본이다. 누천년 동안 수없이 많은 오랑캐 민족을 다루어 본 중국이다. 그들이 한국을 어떻게 다루면 되는지는 어쩌면 우리보다 더 잘 알고 있다 해도 과언이 아니다. 그럼에도 불구하고 전 세계에서 일본과 중국을 만만하게 보는 유일한 민족이 또 한국인들이다. 몰라서 용감한 건지, 너무도 잘 알아서 무시하는 건지? 실은 치욕과 두려움을 애써 덮고자 과거사 한풀이 · 악쓰기에 매달리는 건 아닌지?

Tip 서구 정신의 뿌리, 기사도(騎士道)

기사(騎士)란, 중세 유럽의 상층 사회에서 활동하던 기마무사(騎馬武士)를 가리킨다. 귀족 가문의 자제가 기사가 되기 위해서는, 일고여덟 살 무렵 그 출신에 따라 등급이 같거나 높은 영주의 집에 들어가 영주나 그 부인의 시중을 들어야 한다. 그러다가 12세쯤에 이르러 견습기사가 되면, 주인을 따라 전장에 나가서 방패잡이나 종자의 역할을 하면서 전문적인 무예와 기사 훈련을 받는다. 21세 경에는 그 능력을 인정받아 기사 작위를 받게 된다. 작위수여식은 여러 형태가 있는데, 대개는 칼을 평평하게 뉘어 어깨에 가볍게 대는 방식을 사용했다.

서양 기사의 인격 정신, 즉 기사 정신은 의무를 가장 우위에 두는 가치 관념이다. 기사는 교회에서 보호하는 선교사, 참배자, 그리고 과부와 고아를 보호한다는 선서를 하여야 했다. 그리하여 기사는 심리적으로 주종관계를 초월하는 사회적 의무감을 갖게 된다. 그것은 인격 평등의 관념을 구현했을 뿐만 아니라, 사회 정의가 상징하는 종교 정신의 행동 준칙이었다. 비록 계약에 의해 자신의 주인을 위하여 봉사하지만, 정의를 지키고 남을 위해 봉사하는 것을 기사의 좌우명으로 삼았다. 이같은 추상적이며 초월적인 정의, 진

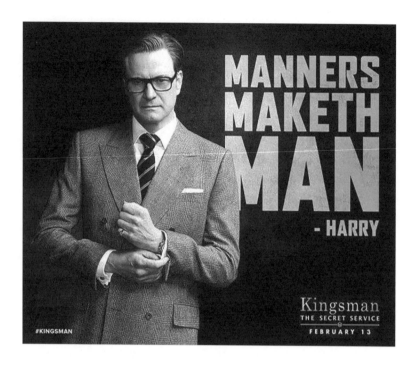

리에 대한 충성과 의무감은 후대 유럽 정신의 이성주의와 인도주의
의 기원이 되었다. 바로 이런 점에서 기사 정신은 동양의 무조건적
인 충(忠)과는 확연히 구별된다.

　서유럽의 문명 중 보편적인 문화 성격에 가장 깊은 영향을 준
것은 분명 중세 기사 정신의 인격적 특징들이다. 기사도는 개인의
명예감이 기초가 된 인격 정신인 동시에 기사 준칙을 자각적으로
준수함으로써 자신의 행동 방식을 규범화하였다. 그것은 기사에게
직무에 충실하고, 용감하게 전쟁에 참가하며, 또 뱉은 말은 반드시
지킬 것을 요구하였다. 만약 자신의 명예가 모욕이나 의심을 받게
되면 결투를 통해 회복하였으며, 궁중 예절을 앞다투어 배워 고상
한 기풍을 소중히 하였다. 이처럼 기사 정신은 상층의 귀족 문화 정

신으로써, 개인 신분의 우월감이 기초가 되어 높은 곳에 위치하고 있는 도덕과 인격 정신이다. 당연히 여기에는 서양 민족의 고대 상무 정신의 적극성이 응집되어 있다.

이러한 전통은 현대의 유럽인들로 하여금 개인의 신분과 명예를 중시하여 겉으로 드러나는 행동거지, 즉 매너와 품격에 대해 신경을 쓰며, 정신적인 이상을 숭상하고, 여자를 존중하는 낭만적인 기질을 동경하도록 했다. 또한 공개 경쟁·공평 경쟁이라는 페어플레이 정신을 형성케 했으며, 약자 돕기를 좋아하고, 이상과 명예를 위해 희생할 줄 아는 호쾌한 무인(武人)의 기질을 물려받게 하였다.

19명의 총리를 배출한 바 있는 영국의 명문 이튼 칼리지의 교훈은 1) 남의 약점을 이용하지 말 것, 2) 비굴하지 않은 사람이 될 것, 3) 약자를 깔보지 말 것, 4) 항상 상대방을 배려할 것, 5) 잘난 체하지 말 것, 6) 다만 공적인 일에는 용기 있게 나설 것 등이다.

오늘날 스포츠를 통해 구현하고자 하는 이상적인 인간 정신인 스포츠맨십 역시 이 기사 정신에 다름 아닌 것이다. 하여 스포츠맨십이란 1) 규칙을 지킬 것, 2) 친구와의 약속을 지킬 것, 3) 화를 내지 말 것, 4) 건강을 지킬 것, 5) 패했다고 낙심하지 말 것, 6) 승리에 도취하지 말 것, 7) 건강한 정신, 냉정한 마음가짐을 지닐 것, 8) 경기를 즐길 것으로 요약된다. 공정하게 경기에 임하고, 비정상적인 이득을 얻기 위해 불의한 일을 행하지 않으며, 항상 상대편을 향해 예의를 지키는 것은 물론 결과에 승복하라는 말이다. 스포츠를 통해 신사의 자질을 닦아 나가는 것이다. 따라서 스포츠맨이라면 메달로 존중받기 전에 신사임이 증명되어야 한다. 당연히 매너가 곧 스포츠의 기본기이다.

영국의 옥스퍼드대학에서 중산층을 판단하는 기준으로 1) 페어플레이를 하는가, 2) 자신의 주장과 신념을 가지고 있는가, 3) 독선적으로 행동하지 않는가, 4) 약자를 두둔하고 강자에 대응하는가, 5) 불의·불평·불법에 의연히 대처하는가를 제시한 적이 있다.

미국 공립학교에서 가르치는 중산층의 기준은 1) 자신의 주장에 떳떳하고, 2) 사회적인 약자를 도와야 하며, 3) 부정과 불법에 저항하는 것, 4) 그리고 테이블 위에 정기적으로 받아 보는 비평지가 놓여 있을 것이라고 한다.

제국주의 시대 말기 호주에 이주해 세계적인 와인인 '린드만 빈 65 샤르도네'를 만든 영국 출신의 닥터 린드만(Dr. Lindeman)은, 와인을 통해 거칠고 무례한 이주민들에게 신사의 교양과 품격을 배양시키고자 했다. 하여 그는 '젠틀맨스 컬렉션' 시리즈를 개발하여, 각 와인의 라벨에 자신이 생각하는 신사의 품격 열 가지 중 하나씩을 무작위로 새겨넣었다. 1) 품격 있는 언어를 사용하라. 2) 정갈한 복장을 유지하라. 3) 민감한 대화는 피하라. 4) 튀려고 하지 마라. 5) 가능한 한 정직하라. 6) 겸손하라. 7) 말은 최대한 간결하게 하라. 8) 지리에 밝아라. 9) 배려하라. 10) 경청하라.

또 프랑스의 퐁피두 대통령은 중산층의 기준으로 1) 외국어를 하나 정도 구사하여 폭넓은 세계 경험을 갖출 것, 2) 한 가지 이상의 스포츠나 악기를 다룰 것, 3) 자기만의 요리 하나 정도는 만들어 손님 접대할 줄 알 것, 4) 일주일에 한 번은 가족과 외식을 할 것, 5) 주급을 절약해 매주 이틀간 검소하게 즐길 것, 6) 남의 아이를 내 아이처럼 꾸짖을 수 있을 것, 7) 봉사 활동에 참여할 것, 8) 공공의 분노에 의연히 참여할 것 등을 제시한 적이 있다.

중산층을 단순히 경제적인 잣대로 규정해 온 한국인들에겐 다소 엉뚱해 보일 테지만, 신사의 자격이 곧 중산층의 기준인 셈이다. 이처럼 유럽 중세의 기사도(騎士道)는 젠틀맨십, 스포츠맨십, 시민정신으로 지금까지 이어져 내려오고 있다.

　　그런가 하면 2016년 10월에는 월트 디즈니가 현대에 걸맞은 새로운 '공주상 10대 원칙'을 제시하기도 했다. 1) 다른 사람을 보살피고, 2) 건강한 삶을 영위하며, 3) 외모로 판단해선 안 되며, 4) 자신을 믿을 것, 5) 신뢰할 수 있는 친구가 될 것, 6) 정직할 것, 7) 옳지 못한 것을 바로 세울 것, 8) 최선을 다할 것, 9) 충직하면서 헌신적일 것, 10) 절대 포기하지 말 것 등을 이 시대 공주가 지녀야 할 덕목으로 내세운 것이다. 공주가 되는 것은 단순히 직함이나 왕관, 왕자와의 결혼이 아닌 신데렐라의 용기, 메리다 공주의 영웅심, 백설공주의 관용을 본받는 것이다. 그러니까 외모나 특권보다 인격적 소양을 더 중요하게 여겨야 한다는 것으로, 여성도 기사도에 준하는 젠틀맨십을 가질 것을 강조하였다.

　　매너(Manners)는 덕(德)이다.

　　매너는 실천철학이다. 상무 정신 없이는 구현하기가 쉽지 않다.

23

조선의 선비는 왜 비겁한가?

"인간은 나무나 조약돌과 같은 방법으로 존재하지 않는다. 참여하였으면 확신을 가져야 한다. 그러고 나서 간섭할 것인지 아닌지는 선택에 달려 있다."
– 장 폴 사르트르

상무(尙武)는 선비의 필수 요건!

신라의 화랑, 서양의 기사, 일본의 사무라이는 문무겸전의 완성적인 인격체였다. 그러나 중국과 한국은 과거제도를 시행하면서 문무(文武)가 구별되고, 그에 따라 편향된 인격을 갖게 된 것이다.

이런 한국인들의 왜곡된 선비관은 많이 배운 사람〔文士〕일수록 심하다. 그들은 스스로 선비인 양 자처하면서도 막상 피곤한 현실 문제에 부딪히면 비판적 내지는 방관자적 자세를 취한다. 유(儒) · 불(佛) · 선(仙)을 넘나들며 초연한 척 오리발 · 닭발 · 꿩발을 내민다. 하여 지성인이라면 마땅히 져야 할 사회적 책임이나 의무에서 한쪽 발을 슬쩍 들어 빼거나, 자신의 유불리 · 호불호에 따라 넣었다 빼기를 반복한다. 한국인들의 비겁하고 이율배반적이며 고집스럽고 배려심 없는 근성과 반쪽짜리 가치관은 바로 이같은 주인 의식의 결여 때문이다.

무신(武臣)들은 자신의 목숨을 걸고서 반란을 진압하거나, 외적과의 전쟁(戰爭)에서 공(功)을 세워야 신분 상승과 더불어 보상이

주어진다. 반면 문신(文臣)들은 체면을 걸고서 정쟁(政爭), 그러니까 말싸움으로 자신의 주장을 관철시켜 원하는 것을 차지한다. 하여 정정당당히 실력을 겨루기보다는 중상모략·모함·떼짓기·떼쓰기로 상대를 거꾸러트려 그 자리를 빼앗는 일을 서슴지 않는다. 게다가 문신들은 대개 그 주인 아래서 아전이나 서기의 역할을 하기 때문에 스스로 실행해 나아가는 주동 의식이 부족하다. 주인이 오랑캐라도 상관하지 않고 자신의 유불리에 따라 섬긴다. 해서 나라를 팔아먹기까지 하는 것이다. 그렇게 해서라도 천하를 안정시킬 수 있다면 유교가 지향하는 바와 다르지 않기 때문이다.

그러나 아무리 문(文)의 나라라고는 해도 인간의 원초적인 야성이 사라졌을 리 없을 터, 그 억눌린 야성이 매너·교양·지성으로 다듬어져 덕(德)으로 승화되지 못할 때 변태적으로 폭발할 수밖에 없는 일이겠다. 요즈음 대한민국이 조선 말기처럼 썩을 대로 썩었는지, 이 땅의 '거시기(士)'가 모조리 성도착증에 걸렸는지 자고 나면 추잡스런 사건들이 줄을 잇는다. 서양 선비(騎士)들은 스포츠를 오락으로 삼아 심신을 단련하였지만, 하릴없는 조선 선비들은 틈만 나면 기생놀음으로 호연지기(?)를 과시해 오던 전통을 이어받은 겐가?

아무렴 윤리니 덕목이니 하는 것들이 보통 사람이 이해하기 어려운 고차원적인 것이 아니며, 법으로 강제할 성질의 것도 아니다. 행하지 못하는 건 덕(德)이라 하지 않는다. 가방끈의 길이와 상관없이 누구든 빤히 알 수 있는 것들로 그대로 행동으로 옮기기만 하면 되는 것들이다. 한데 그게 잘 안 된다. 그게 인간이다. '사람'이 되고, '신사'가 되는 게 그렇듯 쉽고도 어렵다.

▜ 정신(精神)이란 곧 행동 의지

　문(文)적인 성향이 강한 한국인들은 '정신(精神)'이라 하면 예사로이 어떤 거창한 이념이나 철학 사상, 고매한 영혼 등을 떠올리지만, 기실 정신이란 그런 것이 아니다. 서구인들에게 있어서 정신이란 '십(-ship)', 곧 'OO다움'에 다름 아니다. 젠틀맨십이란 신사다움이며, 스포츠맨십이란 스포츠맨다움이다. 제 직위나 직분, 심지어 직업에 어울리는 행동으로 품격을 드러낼 때 우리는 그를 '-답다'고 일컫는다. 그러니까 정신이란 위에서 나열한 덕목을 실천하려는 의지이자 규범을 이르는 말이다. '정신차려라'는 건 '어떻게 행동할지를 결정하라'는 말이다. 간단히 말하자면 신사다운 행동 지침, 곧 매너의 실천이다.

　'도(道)' 역시 마찬가지다. 그 자체가 진리가 아니라, 진리든 뭐든 어떤 목표를 향해 꾸준히 실천해 나가는 과정을 뜻하는 용어로서, '십(-ship)'의 동양적 표현으로 이해하면 된다. 다시 말해 '한길을 간다'는 의미이다.

　소크라테스는 덕(德)은 곧 지(知)라 하여, 명확한 이해와 자각으로 뒷받침된 덕이 아니면 덕의 이름에 값할 수 없노라고 했다. 플라톤은 인간의 영혼이 이성과 의지 · 정욕으로 나뉘어지듯이, 국가를 구성하는 계급도 이성에 해당하는 지배 계급, 의지에 해당하는 방위 계급, 정욕에 해당하는 직능 계급으로 나누고, 이들 각자에 해당하는 덕을 지혜 · 용기 · 절제라고 주장하였다. 계급에 따른 덕목으로 유교적 그것과 별반 다르지 않다. 아리스토텔레스는 덕을 교육으로 습득할 수 있는 '지성의 덕'과 습관으로 성립되는 '습득의

덕'으로 나누었는데, 후자를 '윤리적인 덕'이라 일컬었다. 그 습관이 곧 매너인 것이다.

선비 정신이란, 이를테면 '선비다움'이다. 선비답기 위해선 어떤 교양과 덕목을 지녀야 하는가? 아무려면 선비 정신이 한민족만이 가진 고매한 사상일까? 도대체 우리는 무엇을 선비 정신이라 이르는가? "학이시습지불역열호(學而時習之不亦說乎)…!"만 읊조리면 선비인가? 허구한 날 선비 정신을 강조하지만, 막상 선비 정신을 명시적으로 나열해 놓은 것이 없다. 배우고 때때로 익힌다? 뭘 배우고 어떻게 실천한다는 것인가?

세계에서 가장 오랫동안 유교를 받들며 자나깨나 공자왈 맹자왈을 가르쳐 온 나라에서 법으로 새삼 인성을 어찌해 보겠다며 인성교육진흥법을 만들었다. 세계에서 유일한 이 법이 제시한 인성의 핵심 가치 8항목은 '예(禮), 효(孝), 정직, 책임, 존중, 배려, 소통, 협동'이다. 한데 엄밀히 말하자면 효(孝)는 충(忠)과 마찬가지로 보편적 덕목일 수가 없다. 주군으로부터 벼슬과 전답 혹은 녹봉을 받았으니 충성을 바치고, 자신을 낳아주고 길러주었으니 보은(報恩)하는 것은 당연한 일이다. 효(孝)는 가정윤리이고, 충(忠)은 정치윤리, 게다가 그것은 당사자 간에만 성립되는 일종의 계약 또는 인과관계이다. 정직과 협동, 존중 또한 가변적이고 주관적인 것이어서 보편적 덕목이라기엔 무리가 있다. 무릇 공(公)이 아니면, 보편성이 없으면 덕이 될 수 없다는 말이다.

이러한 이유로 유교적 가치관에선 공사(公私)의 구분이 모호할 수밖에 없다. 삼강오륜, 즉 가족 간의 신뢰와 우애까지도 공(公)의 범주에 들기 때문이다. 이같은 전 근대적인 공사관(公私觀) 때문에 한국 사회가 부정과 청탁·파벌·특혜로 점점 곪아 가고 있는 것이다. 민주주의·법치주의란, 공사의 명확한 구분을 전제로 하지 않으면 그 정신이 온전히 구현되지 않는다.

무엇보다 인성(人性), 즉 인간의 본성은 바꿀 수 있는 성질의 것이 아니며, 평가의 대상 또한 아니다. '인성의 핵심 가치 8항목'은 기실 인성과는 관련이 없는 것이 대부분이다. 그것들은 모두 인격 내지는 인품을 갖추기 위한 매너일 뿐이다.

인성의 평가는 주관적일 수밖에 없지만, 인품은 객관적이다. 성품(性品)에서 성(性)은 어찌할 수 없지만, 품(品)은 다스릴 수가 있다. 품행(品行)이란 그의 행위를 평하는 단어이며, 품격(品格)이란 그 격(格)으로써 그 사람의 덕(德)을 살피는 것이다. 이는 곧 격(格, 매너)으로써 품(品)을 높일 수 있다는 말이다. 따라서 인성 교육이 아니라 인격·인품 교육이어야 바른 표현이다. 그 인성이야 어떻든 간에 공동선(共同善)을 따르는 것이 결국 자신에게도 유익하다는 사실을 교육하는 길밖에 없다. 매너(禮)로써 건강한 사회구성원으로 길러 나가야 한다는 말이다. 먼 옛날 공자가 그러했던 것처럼! 그 시대엔 예악(禮樂)이 곧 매너이고, 강륜(綱倫)이 곧 품격이었다.

그런가 하면 근자에 들어 유학자들이 "박기후인(薄己厚人)의 선비 정신을 되살려 선진국 문턱을 넘어서야 한다"고 주장하기도 한다. '자신을 낮추고 남을 높이는' 뜻이라며, 이는 곧 공감과 배려라는 현대적 덕목과 다르지 않은 태도라는 것이다. 또 한국 특유의 절 인사법 역시 같은 의미로 해석하기도 한다.

배려를 봉건적 잣대로 억지 해석한 것으로서 지나친 비약이라 아니할 수 없다. 자기를 낮추는 공경(겸손)의 글로벌 인식 코드는 '비굴'이다. 여기에는 위선과 자기 비하가 끼어들 소지가 다분하며, 그로 인해 '갑질'이 생겨난다고 볼 수 있다. 왜냐하면 갑(甲)은 을(乙)이 만드는 것이기에 말이다. 무작정 공손이 곧 '을질'이다. 한국인들은 공사를 구분하지 못하듯, 이 을질과 친절도 잘 구분하지 못한다. 박기후인(薄己厚人)이란, 글자 그대로 '자신에겐 엄격하고 남에겐 관대함'으로만 해석해야 한다.

배려는 누구를 낮추고 높이는 것이 아니다.

현대적 의미에서 배려란, '모든 인간은 동등하다'는 기본 개념에서 상대를 인격적으로 존중하고 자신도 존중받아 피차 인간존엄성을 확보하자는 것이다. 따라서 인(仁)자도 그저 막연하게 '어질다'가 아닌 '상대방 지향적' '인간존엄성 추구'라는 구체적인 개념으로 재해석해야 할 것이다. 예(禮) 또한 글로벌 소통의 도구로 재인식되고, 그 형식도 새롭게 다듬어져야 한다. 수신제가치국평천하(修身齊家治國平天下)의 수신(修身) 역시 자기 수양 자기 관리를 넘어서 사회적 관계망 속에서의 수신이어야 할 것이다. 현재성이 없는 예(禮)는 굴레일 뿐이다.

간단하게 예를 들었지만 봉건시대의 모든 철학이 다 그렇듯 인간존엄성 확보에 대한 인식의 부재는 유교의 치명적 결점으로 현대 사회의 가치관과는 크게 어긋난다. 게다가 대부분의 덕목들이 추상적이고 주관적이며, 모호하다 못해 현학적이다. 하여 구체적인 행동 강령을 제시하지 못하고 있다. 그게 아니라고 주장하려면 "선비 정신에 충만했던 조선이 과연 세계의 선진국이었던가? 세계에서 유일하게 유교 문화, 선비 정신의 전통을 고스란히 지키고, 누구보다 열심히 가르쳐 온 대한민국이 왜 진즉에 모범서진국이 되지 못하고 이렇듯 황폐해졌는가?"라는 물음에 변명을 해야 할 것이다. 상투적으로 그게 모두 제국주의, 냉전, 주변 4강국, 자본주의 탓이라고 둘러댈 텐가? 아무튼 그만큼 유학에 문제가 많다는 것일 테다. 그런데도 '우리 것이 소중한 것'이라는 피해 의식 내지는 강박관념에 사로잡혀 이 위대(?)한 유학, 아니 유교에 대해 감히 제대로 성찰해 보질 못한 때문이겠다. 그 결과 선비 정신을 유교 정신과 동일시하는 데서 한국인들의 교육관 내지 가치관에 심대한 혼란이 시작되었다.

◢ 종교도 아닌 것이, 학문도 아닌 것이

'성인의 말씀에 그릇됨이 없다' 하였다. 당연한 말이다. 자고로 성인은 자신의 말을 기록한 적이 없다. 후대에 제자들이 그 스승을 받들기 위해 그의 말씀을 기록한 것이 지금까지 전해져 올 뿐이다. 그걸 우리는 경전(經典)이라 이름하며 받든다. 아무려면 그 경전에 제 스승의 거룩한 말씀과 행적만 기록하지 부끄럽거나 실수한 이야기를 남기겠는가? 세월이 지날수록 성인의 말씀은 더욱 거룩해지고 높아질 수밖에 없다. 심지어 생전에 성인이 생각조차 하지 않았던 사상까지 보태지고 깊어져 점점 더 위대해지는 것이다. 철학이 발전할수록 성인들도 그만큼 더 높여지는 것이다. 이 눈사람 만들기 경쟁에서 이기는 자가 수제자요, 적통이다.

유학과 유교의 경계가 모호하기 짝이 없다. 유학이면 학문으로서 마땅히 토론과 비판이 따라야겠지만, 이게 궁색해질 땐 얼른 유교로 얼굴을 바꿔 버린다. 분명 이러한 성질 때문에 이 원시종교적 성향의 어중간한 학문이 누천년 동안 그 명맥을 이어왔으리라! 철학이 學問(학문)이면, 종교는 學文(학문)이다. 그러니까 유학은 學問 (학문)으로서의 기능을 상실한 지 오래되었다. 인류정신사에서 가장 찬란한 혁명기인 중·근세 5백 년 동안 이 민족이 암흑 속에서 잠 꼬대만 한 이유가 바로 여기에 있다 하겠다. 철학도 종교도 아닌 유 학을 오늘의 지식인들이 붙들고 늘어지는 것도 그 관성 때문일 것 이다. 유학(儒學)을 신성시하여 학교(學敎)한 것이다.

무엇보다도 유학은 새로움을 추구하는 학문이 아니다.

극기복례(克己復禮)! 공자가 "자신의 사사로운 욕망을 극복하고 예(禮)로 돌아감이 인(仁)을 행하는 것"이라 주창한 것은, 난세의 소 용돌이를 잠재우기 위해선 천하 쟁패의 욕망을 접고 주(周)나라의 정치·사회·문화 질서를 회복시키는 길뿐이라는 것이다. 즉 인(仁) 의 경지에 도달하기 위해서는 당시 노예제도 내의 등급제도를 바탕 으로 한 예(禮)를 준수해야 한다는 주장이었다. 태생적으로 복고지 향적이다. 미래를 고민하는 것이 아니라, 과거를 돌이키는 학문이다. 문제는 오늘의 유학이 다른 학문들처럼 고대인들의 사유와 삶의 방 식을 밝히는 것으로 끝나지 않고, 당대인들로 하여금 고대인들과 마 찬가지로 생각하고 행동하도록 강요한다는 것이다. 그러니까 요순 시대의 고대인들이 현대인들보다 훨씬 어질고 지혜로웠으니 우리가 그들을 본받아야 한다는 것이다. 어불성설이다. 결국 문명의 진보를 부정하는 셈이니, 유학(유교)을 신봉하는 왕조는 필연적으로 수구적 으로 퇴보할 수밖에 없게 되는 것이다.

선비의 나라 조선이 그렇게 썩어 갔다.

어쨌든 유학은 굳이 창의적이거나 도전적일 필요 없으며, 그 에 따르는 비판의 위험도 없다. 선조들의 막강한 영광을 업고 오로지 경전을 외우고, 거기에 새로이 개발된 철학적 용어들로 덧칠해 광만 내면 된다. 그러니 책상머리에 앉아 지성인인 양하기에 더없이 좋은 도구가 된다. 이런 만장(輓章)들을 잔뜩 세워 놓고, 얼치기 學文(학문)을 學問(학문)인 양해 왔던 것이다.

남의 것을 베끼고, 성인의 말씀을 곧이곧대로 믿고 외우기만 하는 민족에게 무슨 철학이 있고 미래가 있겠는가?

공리공론(空理空論)! 한국의 교육이 學文(학문) 그 이상을 할 수 없는 이유도 여기에 있다. 당연히 현실에서 새로운 문제에 봉착했을 때 그에 대한 해결책을 제시하는 능력이 현저히 떨어진다. 문화 창조가 애초에 불가능한 한 원인이기도 하다. 누천년을 이 땅에 눌러살면서도 이 땅의 주인이 되지 못하는 것도 그 때문이다.

진즉에 중국이나 일본에선 내다버린 이 화석화된 學問(학문) 같지 않은 學文(학문)을 반도민족은 왜 버리지 못하고 오늘날까지 붙들고 있는가? 그마저 버리고 나면 달리 내세울 만한 學文(학문)이 없기 때문인가? 지혜가 글에서만 나온다던가? 문(文)이 모자라면 칼을 들면 될 것을!

◢ 선비 정신이란 곧 '칼의 정신'

문(文)은 쪼개지는 성질이 강한 반면, 무(武)는 하나로 합치려는 성질이 강하다. 고려 무신정권은 하나됨을 위하여 투쟁했지만, 조선 사대부들은 쪼개지기 위해 물어뜯었다. 진정한 하나됨, 화합, 통일은 개개인의 문무겸전, 즉 완성된 인격체이다. 그런 나라 국민들은 굳이 화합이란 말을 입에 담지 않는다.

단언컨대 문(文)이 화합한 적은 인류사에 단 한번도 없었다. 칼로 싸우면 승부가 분명하지만, 입으로 싸우면 승부가 나지 않기 때문이다. 칼싸움엔 승복밖에 없지만, 입싸움〔言爭, 論爭〕엔 감정만 남는다. 하여 문명은 언제나 입으로 갈라서고, 칼로 봉합해 왔다.

　당연히 혁명이나 창업은 무사 혹은 무사적 기질을 가진 자의 몫. 개화기 일본의 하급 사무라이들이 상업과 무역에 뛰어든 것도 그 때문이다. 당시 일본은 젊은 사무라이들이 서구의 선진문명을 배워 와 개혁을 주도했다. 그 과정에서 저항하는 수구 세력들을 무자비하게 도륙해 마침내 유신을 성공시켰다.

　반면 조선은 글 읽던 샌님들을 유람단으로 보내는 바람에 실패했다. 유람기를 남기는 것 외에는 달리 할 일이 없었던 것이다. 나라가 썩을 대로 썩었지만 누구도 역성(易姓)을 꿈꾸지 못했다. 어느 나라를 사대(事大)해야 왕조를 무사히 지켜내어 자신들의 기득권을 유지할 수 있을지를 두고 갑론을박, 우왕좌왕, 옥신각신 다투다가 겨우 용기를 내어 갑신정변을 일으켰지만 뒷감당도 못하고 사흘 만에 제 한 목숨 건지고자 줄행랑쳐 버렸다. 무(武)의 정신을 잃어버린, 혁명이 뭔지 알 리가 없는, 거세된 조선의 선비가 할 수 있는 일이라곤 고작 거기까지였다. 외세를 끌어들이든, 외국의 선진문명을 배워 오든 그 목적이 새 세상을 여는 것이어야 함에도 불구하고 조선의 선비들은 반대로 낡은 체제의 고수와 자신의 안녕에 그 목적을 두었으니 치욕적인 망국은 숙명이라 하겠다. 중국의 양무운동(洋務運動, 1861~1894)이 실패한 것 역시 구체제 유지를 통한 개혁을 고집했기 때문이다. 썩은 대들보를 억지로 받치려다가 지붕이 폭삭 내려앉은 꼴이다.

집이 썩어도 너무 썩어 버리면 개보수가 불가능하다. 새로이 짓고 싶어도 그마저 너무 오래되어 새집 짓는 요령을 상실해 버렸다. 당연히 새집 지을 비용조차도 없다. 결국은 아예 땅을 팔아 버리고 만다. 조선이 그런 꼴로 망했다. 역성을 해서 새 왕국을 건설할 자신이 없었던 것이다. 해서 결국 일본에 넘긴 것이다. 그걸 역사가들은 '침탈'이라고 말한다. 아무렴 일부 지식인과 백성들이 항거도 했지만 절대다수는 차라리 잘됐다고 순응했다.

레 미제라블 코리아! 문민정권이 들어선 이후 이 땅의 수많은 문사(文士)들이 정의와 평등을 부르짖고 있지만 기실 다 헛소리다. 속을 들여다보면 그 반대! 갖은 명분을 내걸고 좁쌀 하나라도 쪼개서 제 몫 챙기고 지키기 위한 술수에 지나지 않는다. '이 몸이 죽고 죽어 일백 번 고쳐 죽어'를 목에 걸고, 시시콜콜 지엽적인 명분론에 집착하여 대세를 부정하고 타협을 거부하는 고집쟁이일 뿐이다. 옳고 그름을 따지기 좋아하되, 자신과 다른 생각은 무조건 배척하려 든다. 문(文)에 이기고 짐이 있던가? 승복하는 법을 배운 적이 없기 때문이다. 결국 갈등과 편가르기를 부채질하고 있다. 조선 선비가 그토록 금과옥조로 여기던 지조니 절개니 하는 것도 기실 체면과 고집에 다름 아니다. 수신(修身)! 자기 완성적이긴 하나 이기적이어서 보편적 덕목이 될 수 없다. 타인과의 관계적 덕목이 아니다.

대한민국이 역사를 가지고 멱살잡이에 집착하는 것도 따지고 보면 족보관과 별다를 바 없는 유교적 역사관 때문이라 할 수 있다. 제 집 족보처럼 역사도 순결하고 영광스러워야 한다는 강박증과 편견이 여기서 나온다. 역사교과서 국정화 논란의 주요 쟁점인 근대사 논쟁 역시 마찬가지다. 툭 까놓고 이야기해서 박정희의 군사혁명을 굳이 군사정변〔軍亂〕으로 폄훼해야 직성이 풀리겠다는 것이 아닌가? 군인 출신은 선비가 아닌 것이다. 광해군·연산군처럼 조종(祖宗)을 떼어내고 독재자 딱지만 붙여 놓고 싶은 것이다. 그래야 조선 선비의 전통을 잇는 학자요, 지성인인 것이다. 역사를 바로세우려면 지금이라도 광해와 연산에게 군(君) 대신 왕(王)자 호칭을 붙여야 할 것이다. 그게 팩트(fact)이므로.

역사에서 무사(武事)를 지워내는 것이 공자의 적통임을 자처하는 조선 선비〔文士〕들의 사명. 대신 망하기 직전의 조선 왕조의 수명을 조금이나마 연장해 보고자 꼼수를 부린 것이 '대한제국'으로의 간판 바꿔달기였건만, 이 시대의 선비들은 그게 마치 외세에 항거하여 나라를 구하고자 한 피눈물나는 몸부림인 양 미화하고 있다. 정히 그럴 뜻이었다면 왕조를 스스로 폐하고 새 나라를 탄생시켰어야 했다. 그러고도 모자라 망국지부(亡國之婦)를 '명성황후'라 이름하여 '동양의 엘리자베스'로 미화시키기까지 하고 있다. 이대로라면 다음 10만 원권의 화폐 인물은 민비가 될 것이다. 5백 년이나 썩은 왕조에 대한 미련을 아직도 버리지 못하고 궁색한 미사여구로 '찬란한' 역사 꾸미기에 여념이 없다.

이쯤에서 한번 되묻고 싶은 게 있다. 이 땅의 선비들이 피 흘려 빼앗긴 나라를 되찾았나? 만약 해방 후 이승만 대신 김구가 집권을 했더라면, 과연 김구가 이승만 이상으로 작금의 한국인들에게서 존경받고 있을까? 자고로 영웅치고 악인이 아닌 사람이 없다. 난세가 아니고서는 그런 악인을 영웅으로 받아주질 않는다. 어진 현자〔文士〕가 난세를 평정한 적이 세계사에서 단 한번이라도 있었던가? 영웅이든 간웅이든 다 시대가 만든다. 김구도, 이승만도, 박정희도 모두 시대가 만든 것이다. 그걸 이제 와서 그 인물이 어쩌고, 업적이 어쩌고, 근본이 어쩌고 하며 깎아내려 의기양양해하는 것은 찌질한 조선 선비의 좀팽이짓에 다름 아니겠다. 박정희가 그걸 누구보다 잘 알았기에 "내 무덤에 침을 뱉으라!"고 한 것이다.

자고로 성인은 스스로 '되는' 것이 아니라, 후인들(특히 제자들)이 '만드는' 것이다. 완벽한 인간은 없다. 과(過)는 덮어주고, 공(功)은 드러내어 세워주지 않으면 성인도 영웅도 없다. 한국인들처럼 따지고 깎아내리기 좋아하는 샌님 근성으로는 어림없는 일이다. 오천년 찬란한 역사를 자랑하면서도 존경할 만한 인물이 많지 않은 것도 그 때문이다.

▌메이지유신과 새마을운동의 차이점?

프랑스대혁명 이후 유럽 시민들은 고품격 궁정 문화를 다투어 따라 함으로써 민중 의식과 매너가 업그레이드되어 선진 사회로 나아갔다.

일본은 메이지유신을 통해 근 일백 년에 걸쳐 국민을 계몽시켜 에티켓의 나라가 되었다. 친절, 성실, 청결, 정직! 세계 최초로 에티켓을 자원화한 나라가 일본이다. 그리고 21세기에 들어서 연이은 노벨상 수상과 함께 에티켓을 넘어 글로벌 고품격 매너로써 선도적 문명국가로 도약하고 있다.

반면에 한국은 피식민지배로 인해 고품격 상류 문화가 민중으로 녹아들지 못하고, 대신 식민 종복 문화가 강제되었다. 해방 역시 외세에 의해 이뤄졌고, 이후 무분별하게 그 본뜻도 제대로 모르면서 무작정 서양(양키) 문화를 받아들여 현대화하였다. 그 과정에서 전통의 양반 문화는 미신타파운동하듯 끌어내려서 자근자근 부서뜨려 버렸다. 이후 한국 문화는 천민민중화·하향평준화의 길을 걸었다. 민주주의에 의한 평준화는 낮은 것을 격상시켰다기보다는 높은 것을 격하시켜 놓았다. 현재 한국인들의 대체적인 신식 예법은 일제식민시대 때 배운 것들로서, 메이지유신 이후 일본화된 서양 예법이다.

유사 이래 한민족이 유일하게 성공시킨 국민운동인 새마을운동은 1970년대부터 시작된 범국민적 지역 사회 개발운동이다. "우리도 한번 잘살아 보세!"라며 새벽종을 울리고 열심으로 일한 결과 유신독재의 그늘에도 불구하고 한강의 기적을 이루었다. 전쟁을 통해 모든 것이 파괴되지 않았더라면, 구태와 단절하지 못했더라면 불가능하였으리라.

하지만 새마을운동은 국민 의식 개혁이 아니라 단순히 배고픔을 면하기 위한 개발운동이었다. 그 새마을운동의 치명적인 약점은 '어떻게 잘살 것인가?'에 대한 고민이 없었다는 점이다. 소원대로 남부럽지 않게 잘살게 된 지금까지도! 한데 그 새마을운동을 지금 동남아 및 아프리카 저개발국들에 수출하고 있다. 훗날 그들이 한국처럼 잘살게 된 다음 이 치명적인 결함을 깨달았을 때, 과연 한국에 대해 진정으로 고마워할까? 아니면 한국인들이 박정희에게 하듯 애증이 뒤섞인 원망을 하게 될까?

그렇다고 해서 반도의 민족은 이대로 영원히 분열의 굴레를 숙명처럼 쓰고서 살아가야 하는가? 아니다. 지난날 통일신라가 그러했고, 로마제국과 이탈리아 르네상스 시대가 그러했듯 반도국가도 최고의 번영을 구가할 때가 있었다. 말처럼 내지르고 내달리는 성질이 바로 반도 민족의 근성이다. 밖으로 내달릴 때는 번성하고, 안으로 움츠릴 땐 대륙의 겨우살이로 쇠락했다. 역사를 바라보는 문무(文武)의 균형된 인식체계만 갖춘다면 우리도 얼마든지 세계사를 주도할 수 있다.

�righttri 조선의 선비는 선비가 아니다

연전에 케이블TV 채널 CHING에서 중국의 사극 〈孔子〉(공자)가 방영된 적이 있다. 그 5회편을 보면 어린 공자에게 지대한 영향을 미친 사부, 오(吳)나라의 왕위계승권자임에도 왕 되기를 마다하고 노(魯)나라에 주재하는 사신역을 자청하여 공자의 집에서 유숙하였던 계찰(季札)의 일화가 나온다.

소년 공자의 식견을 높여주고자 성인식 관례를 치른 후 함께 중국 고대사의 주요 사적지를 소오(笑傲) 주유(周遊)하며 '선비〔士〕'에 대한 의식을 심어주는 장면이 보이는데, 한국 사람들이 생각하듯 제후국가의 가신 테크노크라트(technocrat)가 '선비'가 아니고, 요임금·순임금·우임금을 원조 '선비'라고 가르치고 있다. 문과 급제하여 입신양명코자 글만 읽던 조선의 선비가 아닌, 수십 년간의 황하 치수 작업으로 다리의 털이 모조리 없어져 버린 우임금처럼 국민을 위해 섬기는 서번트 리더십의 국가지도자가 오리지널 '선비'인 것이다.

다시 말하지만, 조선의 선비는 선비라 할 수가 없다. 조선 건국의 주도 세력인 유학자들이 선비인 척하기 위해 만든 짝퉁이다. 고구려·신라의 선비가 진짜 선비인 것이다.

"요즘은 서양에서도 동양 문화, 유교 문화에 관심들이 많다. 그들도 이제야 동양 문화의 우수성에 눈뜨고 있다!"며, 우리가 왜 서양 것을 따라야 하느냐며 항변하는 이들도 있다. 아무려면 그런다고 해서 그들이 제 것을 버리고서 한국 문화를 배우고, 한국인을 존경할까? 제발 꿈 깨자! 다양한 문화에 대한 박물학적 호기심일 뿐이다. 중국에서조차 일찌감치 내다버린 유학을 누천년 동안 우리가 지켜온 것을 대단한 일인 양 스스로 기특해하지만, 이를 달리 바라보면 답답하고 가련한 노릇이다. 공자가 오늘에 다시 환생한다면 필시 "아니, 지금이 어느 때인데 아직도…!"라며 우매하고 고집스런 이 민족을 보고 혀를 찰 것이다. 과학과 사상은 누천년 동안 끊임없이 변해 왔는데, 예(禮)는 언제까지 옛것을 고집해야 한단 말인가?

비(雨)를 따라가는 초원의 유목민족이나 바다와 거래하길 좋아하는 해양민족은 거칠고 개방적이며 시야가 광활하여 구속받기를 싫어한다. 반면 토지에 집착하는 농경민족은 온화하고 보수적이며 규범적이다.

과거 조선 선비의 세계관(우주관)은 중국을 넘어서지 못했다. 게다가 그때는 중국이 세계의 중심이었다. 따라서 조선이 중국을 사대(事大)했다고 해서 굳이 자기 비하할 필요는 없다. 왜냐하면 중국 문화가 당시로서는 글로벌 정격이었기 때문에 당연한 일이었다. 한국의 전통 문화가 대부분 중국으로부터 전해진 것이라지만 기실은 중국화된, 그러니까 중국에서 글로벌화된 상층 문화였다. (그때는 서양이 있는 줄도 몰랐다.) 가령 인도에서 발흥한 불교이지만, 한반도가 받아들인 건 중국화된 글로벌 불교였다.

이 세상에 '고유한 문화'란 없다. 문화란 서로 끊임없이 주고받는 과정을 거치면서 소멸, 변질, 전승되기 마련이다. 작금의 일부 한국인들처럼 '우리 것' '순수한 것'을 고집하며 글로벌 주류 문화를 거부하는 것은 조선 선비들의 '쇄국'과 다를 바 없다 하겠다. 조선이 동방예의지국이고자 했던 것도 변방의 오랑캐가 아닌 글로벌 주류 민족으로 살아가고자 함이었다.

그러나 지금은 중국이 세계의 중심도 아니고, 또 어떤 특정 나라의 예법만을 글로벌 기준으로 삼을 수도 없다. 그러니 이제 와서 서구식 매너를 강조한다고 해서 신사대주의라고 매도하는 것은 논리적으로 합당치 않은 비판이다. 이는 지난날 중국 중심적인 세계관에서 맹목적으로 유학을 추구하던 조선 선비의 편협함이 아직도 남아 있어 새로운 것을 받아들이길 거부하는 것일 테다. 자존심 자체를 나쁘다 할 수는 없다. 다만 다른 사람들이 우리를 세상 물정 모르고 터무니없이 교만하다고 여김을 눈치채지 못하는 핫바지 아량 정신이 가소로울 뿐이다. 하여 이제는 과감하게 그 질긴 타성의 밧줄을 끊어내어 유교 중심의 관성에서 벗어나 세계로 나아가야 한다.

◤ 글로벌 매너로 환골탈태해야

나라가 감당할 수 없을 만큼 썩어 가고 있다. 여기저기서 푹푹 꺼지는 씽크홀처럼! 그렇게 유능한 것도 아니면서 만기친람하는 대통령들에게 모든 걸 떠넘기고 그저 일하는 척, 제 이익만 좇고 있는 벼슬아치들. 어부지리 기회만 엿보는 정치인들. 누구도 책임지려 하지 않는 종복 근성. 매사에 떼거리, 법대로, 배 째라, 멱살잡이로 갈 데까지 가야하는 시민운동가들. 민주(民主) 아닌 민중(民衆)!

2016년 10월의 '최순실 사건'은 한국 선비 정신의 실상을 잘 설명해 주고 있다. 교수 출신의 장차관이며 수석비서관들이 권력에, 주인에, 청탁에, 이권에 얼마나 눈이 멀고 쉽게 부패할 수 있는지를, 그동안 그들이 어떤 태도적 가치를 지니고 학문 아닌 학문을 해왔는지를 적나라하게 보여주었다. 역대로 통치권자들이 교수를 곁이나 아래에 두기를 좋아하는 이유는, 보고서를 그럴듯하게 잘 작성하고(실은 베끼고) 말이 비단결인데다가 고분고분하기 때문이다.

선비 정신이 부족해서, 안 가르쳐서 나라꼴이 이렇게 된 게 아니라, '썩은' 선비 정신을 고집하다 그를 대체할 만한 현대적 신(新) 예법을 정립하지 못한 때문이다. 고작 '간소화'하다가, 뜻도 모르고 맹목적으로 서양 것(일본식)을 흉내내다가 이 모양이 된 것이다. 이제 와서 다시 그 썩은 정신을 가르친답시고 '인성 교육' 운운하는 것은 망국으로 가는 지름길 닦기에 지나지 않는다.

언제까지 이 '틀에 박힘'의 지긋지긋한 '어리석음'을 신주처럼 붙들고 갈 것인가?

'선비'를 죽여야 선비가 보인다! 고개를 밖으로 돌려야 내가 보인다. 세계와 소통해야 하는 이유다.

물론 '관습 속에 전해지고 있는 모든 것이 압제적인 것만은 아닐뿐더러 혁신 속에 있는 모든 것이 해방을 가져다 주지도 않는다'는 사실을 모르는 바 아니다. 세월에 따라 형성된 어떤 습관들은 마땅히 지속될 만한 가치가 있다. 왜냐하면 그것들에는 문명의 개화 과정, 수많은 세대들의 천재성과 유용한 기억들이 결집되어 있기 때문이다. 따라서 아무리 다양한 글로벌 매너를 습득하고, 글로벌적 세계관을 가진다 해도 이 전통성은 지적 보수주의를 실천할 것이라는 사실이다. 그러니 전통을 더할나위없이 융통성 있게 살려내는 충실함에 현대성을 융합시킬 줄 아는 지혜가 그 어느 때보다 절실하다 하겠다.

◢ 공자는 곡부(曲阜)로 돌려보내야

이젠 글로벌 매너가 국본(國本)이다.

매너 없인 선진화도 없다. 우리끼리의 매너가 아닌 글로벌 무대에서 통하는 비즈니스 매너라야 경쟁력을 지닌다. 당연한 일이지만 매너(禮)는 지키는 것만이 아니라 시대에 맞게 만들어 나가는 것이 더 중요하다. 자기 주동적인 주인장만이 할 수 있는 일이다.

우물 속에서는 우물만한 하늘밖에 보이지 않고, 숲 속에서는 숲이 보이지 않는다. 유학을 버려야 더 큰 세계가 보인다. 하여 척주비공(刺朱批孔)! 주희(朱熹)를 척살하고, 공자를 내쳐야 한다. 공

자를 죽여야 나라가 산다! 공자를 죽여야 공자가 산다! 나중에 되살리는 한이 있더라도 일단은 죽여야 한다. 무엇이 그리 두려운가? 스스로 해보고 안 되면 그때 가서 공자님께 여쭐 일이다. 세상에 성인이 공자뿐이던가? 세상에 지혜가 유학뿐이던가? 만고의 진리보다 당장 실천 가능한 해결책을 제시하는 이가 현자다. 그렇게 주인으로서 당당하게 홀로 서는 훈련을 해나가야 한다.

아무렴 신사복을 걸쳤다고 해서 누구나 신사가 되지는 않는다. 무작정 서양 예법을 답습하자는 것이 아니다. 글로벌 매너를 익힌답시고 우리 것을 버리자는 것도 아니다. 영어를 배운다고 해서 우리말을 버리지 않는 것처럼. (또 버린다 한들 어쩌겠는가?) 자존심 깎이는 일도 아니다. 영어 잘하는 것이 부끄러운 일이 아닌 것처럼.

매너는 소통의 도구다.

글로벌 비즈니스 매너는 세계인들과 소통하는 기술이다. 가령 영어 하나만 할 줄 아는 친구와 영어 외에 프랑스어·중국어까지 하는 친구가 있다면 누구의 삶이 더 풍요롭고, 비즈니스 무대에서 더 유리하겠는가? 우리의 전통 예절에도 밝고 글로벌 매너까지 능숙한 친구가 있다면 그 아니 부럽겠는가? 그러니 우수한 매너가 있으면 얼른 받아들여 보다 소통적으로, 보다 인간존엄적으로 발전시켜 글로벌 경쟁력을 키워 나가야 한다. 우리 세대가 다음 세대에게 물려줄 것은 동방예의지국이 아니라 글로벌매너지국이어야 한다.

간혹 외국인 친구들이 "한국인들은 자기들이 얼마나 잘살고 있는지, 얼마나 행복한지, 얼마나 좋은 나라에 살고 있는지를 잘 모르고 있는 것 같다"며 안타까워한다. 가만히 생각해 보면 맞는 말이다. 정말이지 매너만 갖춘다면 대한민국도 꽤 괜찮은 나라다. "이렇게 사는 게 아닌데…!"라며 탄식만 하고 있을 때가 아니다. 늦었지만 지금부터라도 선진시민 사회로 진입하기 위한 시민 교육, 새마을운동이 아닌 품격운동으로 다시 한 번 체질개선 작업을 시작해야 한다. 매너는 이 민족의 생존의 문제다. 1백 년이 걸리든 2백 년이 걸리든 반드시 해내어야 한다! 그렇지만 '한다면 하는' 민족 아니던가! 학습 능력이 뛰어난 한국인들, 그다지 오래 걸리지 않을 것이다.

반도굴기(半島崛起)!

숭문(崇文)만으로는 절대 주인 의식을 가질 수 없다. 진정한 주인 의식은 상무(尚武)에서 나온다. 옛것에 집착해서 새것을 받아들이지 못하면 굴욕을 피할 수 없음이 역사의 대명제. 혁신 없는 전통은 박제일 뿐이다. 지속 가능한 삶의 방식으로서의 혁신! 혁신 그 자체를 전통으로 삼아야만 글로벌시대를 선도해 나갈 수 있다. 무덕(武德) 없이는 개혁도 없다. 통일도 없다.

✒ Tip 사군자(四君子)는 문인 정신이 아니다

흔히들 문인 정신을 선비 정신이라 여겨, 그 선비의 덕목으로 의리 · 지조 · 청백(淸白) · 청렴(淸廉) · 청빈(淸貧) 등을 들먹이고 있다. 그리고 사군자(四君子)에 빗대어 선비의 덕목을 강조하기도 한다. 한데 사군자가 의미하는 바를 가만히 뒤집어 보면, 이것들은 결코 책상머리에서 습득할 수 있는 '선비〔文人〕'의 정신이 아님을 알 수 있다.

매난국죽(梅蘭菊竹)으로 표현하고자 하는 절제 · 강직 · 솔선수범·희생·절개 등은 실은 모두 무덕(武德)에 다름 아니다. 글 읽는 선비들이 지니지 못했거나 부족해지기 쉬운 실천철학이다. 하여 평소 문인들이 곁에 두고 본받기를 바라는 뜻에서 사군자(四君子)를 선비의 벗이라 하지 않았겠는가?

매화는 검은 철괴(鐵塊)에서 골수를 뽑아내어 꽃을 피운다. 장부는 검(劍)으로 겨울바람을 가르며, '엄(嚴)'으로 자신을 단련한다.

난(蘭)은 연약하나 그 향을 천리 밖까지 날려보내니, 사습(射習)은 모름지기 '지(智)'에 비할 만하다 하겠다.

국화는 찬서리를 맞으며 꿋꿋하게 제 계절을 지켜내니, 대도(大刀)를 짚고 변방 성곽을 지키는 장수의 신(信)일 테다!

대나무는 꺾어짐을 두려워하지 않고 하늘로 뻗어오르니, 장창(長槍)을 잡고 맹렬하게 적진으로 돌진하는 병사의 '용(勇)'이 그러하다.

학문을 한다고 해서 반드시 선비가 되는 것이 아니듯 선비 정신을 학자의 정신이라 일컬을 수는 없다. 오히려 병가오덕(兵家五德: 智信仁嚴勇)이 군자(君子)의 덕목에 가깝다. 기백(氣魄)이니 사기(士氣)니 하는 말은 곧 무사(武士)의 정신이다. 군인 정신이 곧 진짜 선비 정신이다. 유가오덕(儒家五德)인 인의예지신(仁義禮智信)은 지닌 척할 수 있는 덕목이지만, 엄(嚴)과 용(勇)은 실천으로밖에 증명할 수 없는 덕목이다. 예로부터 문(文) 속에 무(武)가 있고, 무(武) 속에 문(文)이 있다고 했다. 문사(文事)에 종사하든 무사(武事)에 종사하든, 모름지기 선비란 상무숭덕(尙武崇德)·문무겸전(文武兼全)의 온전한 인격체여야 한다는 말이겠다.

게다가 청백·청렴·청빈이라니? 도무지 이 시대의 가치관과 맞지 않을뿐더러 수도승이 아닌 다음에야 그걸 입에 담는다는 건 위선에 다름 아니다. 아마도 벼슬 못한 수많은 조선 선비들을 달래려고, 또 녹봉이 적더라도 탐욕 부리지 말고 자족하며 살라는 뜻으로 가난한 조선 왕조가 내세운 궁여지책일 테다. 예의염치와는 별개의 문제이다.

그렇다면 유럽의 선비〔文士〕들은 어떻게 살았을까? 프랑스의 대문호 빅토르 위고는 〈범죄도당〉이라는 시(詩)에서 나폴레옹 3세에게 잔인하면서도 모욕적인 경멸을 쏟아붓는다.

맹목적인 운명에 의해 선택된, 이 졸부야,
그래서 야심가를 모방하는 이 식충아,
재앙에 약삭빠른 이 보잘것없는 전하야,
너에게 노래 한 소절을 내뱉어 주마, 이 늑대야….

그런 다음 마지막 〈최후통첩〉에서 위고는 고백한다.

만약 우리가 1천 명이 남는다면 나도 그 중에 하나이고,
만약 1백 명밖에 안 된다 해도 나는 용감히 맞서고,
만약 10명만 있어도 나는 그 열번째가 될 것이고,
그리고 만약 하나밖에 남지 않았다면 나는 그 하나가 될 것이다.

선비란 바로 이같이 확고부동한 사람을 말하는 것이다. 아무려면 그가 위인들의 묘지 팡테옹에 묻히게 된 것이 빼어난 글솜씨 때문만이었겠는가?

2017년 중국의 사드 보복이 한창 진행중일 때 시진핑 중국 국가주석이 미국을 방문하여 정상회담을 가졌다. 그리고 얼마 후 트럼프 대통령은 〈월스트리트저널〉과의 인터뷰에서 "시주석이 사실 한국은 중국의 일부였다고 하더라"고 했다. 핵에 버금가는 엄청난 폭탄발언이었지만, 의외로 한국에선 꿀먹은 벙어리처럼 조용했다. 만약 "아베 총리가 독도가 실은 일본의 일부였다고 하더라"고 했으면 어찌되었을까? 일본대사관은 말할 것도 없고, 미국대사관 앞도 시위로 분명 난장판이 되었을 것이다. 예전에 중국의 동북공정에 들고일어나던 애국지성들은 다 어디 갔나? 광화문과 시청 앞 광장을 메웠던 촛불부대 태극기부대는 다 어디 갔나? 아무튼 중국의 한국길들이기가 제대로 먹힌 모양이다.

　　애초에 인간은 비겁한 사람으로 태어나는 것은 아니지만, 규율·규범·도덕·윤리·재난·사건·사고·경쟁 등의 학습과 경험을 통해 차츰 겁쟁이가 되어간다. 매일 아침 신문을 보면서, 매일 저녁 텔레비전을 보면서, 매일 누군가에게 굽신대면서 우리의 영혼이 양심의 가책과 불량한 양심, 그리고 못난 생각 때문에 괴로움을 당하고 있는 것을 그대로 내버려두면서 말이다. 옛 문인들이 검(劍)을 곁에 두고 사군자를 그려 가며 글공부를 했던 뜻은, 고아한 멋스러움의 추구가 아니라 '비겁함'을 경계코자 함이었다.

24

잃어버린 문화, 내다버린 정신

"대저 인재가 갈수록 고갈되어 혹 조그마한 재주로 이름자라도 기록할 줄 아는 사람은 모두 하천(下賤)한 출신들이다. 사대부들은 지금 최악의 운명을 당했으니, 사람의 힘으로는 어떻게 할 수 없다. 귀족 자제들은 모두 쇠약한 기운을 띤 열등생들이다. 남자는 모름지기 사나운 새나 짐승처럼 전투적인 기상이 있어야 한다. 그러고 나서 그것을 부드럽게 교정하여 법도에 맞게 다듬어 가야 유용(有用)한 인재가 되는 것이다. 선량한 사람이야 자신의 몸만을 선하게 하기에 만족할 뿐이다"

– 다산 정약용

오늘날 한강의 기적을 넘어 세계 속의 한국으로 뻗어 나가고 있는 이 민족의 힘이 아직도 조선의 선비 정신에서 나온다고 보는가? 아니면 단지 지난 수세기 동안 억눌려 왔던 생존의 욕망과 향락의 욕구가 우리 사회를 부단히 재화와 부(富)를 좇아 내달리도록 한다고 보는가? 아니다. 그건 분명 우리 민족의 혈관 속에 흐르는 원초적인 무(武)의 힘일 것이다.

각 나라마다의 화폐만 봐도 그 민족의 성향을 어느 정도 엿볼 수가 있다.

현재 우리나라의 화폐 인물로는 세종대왕 · 이퇴계 · 이율곡 등이 있다. 모두 문(文)의 인물에, 공교롭게도 이(李)씨 성을 가진 이들을 그 모델로 삼았다. 그러다가 2009년에는 5만 원권 지폐를 발행하면서 신사임당을 그려넣었다. 당시 10만 원권도 발행할 계획

이었으나, 배경 그림으로 들어간 〈대동여지도〉 때문에 막판에 이르러 취소되었다. 〈대동여지도〉엔 독도가 없었기 때문이다. 성웅으로 받들던 이순신 장군은 일찌감치 밀려나 버리고, 1백 원짜리 동전엔 신원 미상의 후덕하게 생긴 양반 얼굴 하나만이 달랑 남았다.

고(故) 정주영 회장이 1971년 울산 바닷가에 조선소를 짓기 전, 영국의 바클레이은행 사장을 만나 거북선이 그려진 5백 원짜리 지폐를 보여주며 설득한 끝에 선박을 수주하고 차관까지 도입한 일화가 있다. 왜구를 물리치고 조선 입국의 선봉장이 되었던 그 거북선마저도 소리소문 없이 슬그머니 치워 버렸다. 이제 독도는 누가 지키나? 거북선이 물시계만도 못한 것이었나? 성리학이 그토록 이 민족에게 중요한 학문이었고, 두 유학자가 과연 그렇게까지 추앙받을 만한 인물인가? 문민정부 아니랄까봐? 옹졸하기 짝이 없다.

신사임당은 또 무슨 공로로 지폐의 인물이 되었나?

고작 머리 좋은 아들을 낳았다는 사실과, 그가 남긴 초충도(草蟲圖) 몇 점이 그토록 위대한 업적이던가? 말이 난 김에 하는 말이지만, 예의 초충도란 것이 그 시대 점잖은 사대부가에서 그릴 그림이던가? 남성의 성기를 연상시키는 가지며, 쥐가 밑에서 몰래 파먹

어 새빨갛게 드러난 수박의 속살 등, 억눌린 성적 욕망을 드러낸 그림으로 감히 사대부가 여인이 그릴 수 있는 그림이 아니다.

▌식민사관 이전에 문민사관(文民史觀)부터 버려야

예나 지금이나 이 나라 역사 기술은 문신(文臣)들의 몫이었다. 한결같이 문(文)의 시각으로 역사를 기술하였다. 팔은 안으로 굽는 법, 무사(武事)에는 냉담하거나 심지어 가혹했고, 문사(文事)에는 지나치게 관대하고 미화하는 습성이 있다. 가령 고려의 무신 정권은 몹쓸 모리배 취급을 하여 나라를 망친 원인으로 기술하고 있다.

대제국 몽고를 상대로 일곱 차례의 항쟁을 벌인 것이 잘못되었다는 말인가? 문신 정권이었으면 결코 몽고에 굴복하지 않았을 것으로 생각하는가? 아니면 이왕 항복할 거 처음에 곧바로 했더라면 백성들이 덜 고통받았을 것인가? 무신 정권이 그토록 끝까지 항쟁하지 않았더라면, 비록 항복은 했지만 부마국으로서의 지위라도 누릴 수 있었겠는가?

고려의 무신 정권에 비하면 조선은 문신 정권이었다.

무치(武治)로 건국 초기의 기반을 다진 태종에 대해서는 냉담하고, 문치(文治)의 기틀을 세운 세종은 역사상 최고의 성군으로 받들고 있다. 이후 왕은 꼭두각시로 만들어 놓고, 문신들의 입씨름에 바람 잘 날이 없었다. 결과는? 한번 제대로 싸워 보지도 못하고 나라를 팔아먹지 않았는가? 그 덕에 수많은 백성들이 피 흘리지 않아서 다행이었다고 기술하지 않은 것만도 천만다행이다. 역시 문신의 횡포에는 한없이 관대하다.

현대사에서도 이 버릇은 어김없이 나타난다.

이승만의 문민 독재에는 비교적 관대하고, 박정희의 무인 독재는 도무지 그냥 두고 볼 수가 없단다. 그렇지만 5공 군부 독재에 대해서는 입도 벙긋 못한다. 아직 살아 있으니 잘못 건드렸다간 핏물 튀길까봐? 하지만 머지않아 그 주범들이 죽고 나면 어떻게 물어뜯을지 상상이 가지 않는가? 이게 비겁한 일이 아니면, 용감한 일은 또 무엇이란 말인가?

한국인들의 역사관은 지우개 역사관이다.

객담이지만, 만약에 칭기즈칸·알렉산더·나폴레옹·항우·유비·관우·장비·노부나가·히데요시… 이런 영웅호걸들이 이 땅에 태어났더라면 어떤 역사적 평가를 받았을까? 아마도 대부분 묘청이나 정중부·임꺽정 이상으로 대접받기 힘들었을 것이다. 산천을 피로 물들이고 백성을 도탄에 빠지게 한 도적놈 정도로. 이 땅에서의 전쟁이나 난(亂)은 역사의 오점으로, 영웅은 한낱 문제아로 취급될 뿐이었다. 무사(武事)를 지워낼수록 역사가 순결해진다고 여긴다. 그래서 국사(國史)가 재미없는 것이다. 역동적인 힘〔力〕을 느낄 수 없는 역사책이 국민을 맥빠지게 한다. 그러면서 남의 나라 무사에 대해서는 경외심을 보이는 이중성을 지닌다. 이런 족보관(族譜觀) 수준의 역사관으론 결코 우물 안 세계관에서 벗어나지 못한다.

지난 5백 년 동안 고착화된 우리 민족의 이러한 문(文)의 성향, 무(武)의 결핍은 언제든지 외세를 끌어들이고, 주변 국가들의 침략을 유도할 개연성을 지닌다. 과거 구한말이 그러했고, 지금의 6자회담이 그러하다. 무(武)의 정신으로 이러한 문화적 구조를 과감히 개조해 나가지 않으면 굴종의 고삐를 영원히 끊지 못할 것이다. 남의 나라를 침략하는 일이 나쁜 것은 아니다. 침략이 평화의 반대말도 아니다. 당연히 정의도 불의도 아니다. 외침의 빌미를 제공하고, 스스로 그 적을 물리치지 못한 것이 부끄러운 일이다.

▼ 문무(文武)로 보는 민족성

한반도인의 민족성은? '민족성'에 대한 개념 혹은 정의를 논하자는 것이 아니라, 과연 한(韓)민족의 민족성을 무어라 정의할 수 있을까라는 질문에 대한 답변이 구체적으로 떠오르지 않는다는 것이다. 물론 필자의 공부가 부족한 탓이기도 하겠지만.

민족성에 대한 정의부터도 학자에 따라 조금씩 다를 수 있다. 인류학·사회학·정치학·철학·종교학 등 관점에 따라 차이는 있겠지만 전체적으로는 크게 다르지 않을 것이다. 그리고 시대에 따라 변하기도 하지만, 지난 1백 년 동안 온갖 시련과 곡절을 겪은 이 민족이 그래도 일관되이 정의할 수 있고, 나아가 내세워 자랑할 수 있는 점이 있지 않을까?

우선 '민족성'이라 할 때, 그것은 타민족과의 비교를 염두에 두고 출발하지 않을 수 없다. 그렇지 않다면 민족성이란 말은 생겨나지도 않았을 것이고, '인간성' 혹은 '지역성'의 범주에 머물렀을 것이다. 나라마다 환경과 역사가 다르고, 그에 따른 문화도 다르다. 그런가 하면 단일민족 국가도 있고, 다민족 국가도 있다. 또 한 민족, 한 국가도 각 왕조가 내건 통치 이념에 따라 민족성이 변할 수 있다. 그래서 한마디로 우리 민족성은 이렇다 하고 요약하기 어려운 민족도 많다. 하여 여기서는 문무(文武)라는 잣대로 우리 민족성의 특질(혹은 성향)에 대하여 살펴보고자 한다.

먼저 무(武)의 성향이 강한 나라를 예로 들어 보자.

역사상 가장 대표적인 나라가 바로 몽고 제국이다. 대부분의 유목 국가가 그렇지만, 문(文)의 문화를 거의 가지고 있지 못했다. 오직 무력을 앞세워 정복해 나가지만, 그 정복을 멈추는 순간부터 곧바로 무너지기 시작한다. 척박한 환경에서 일어나 보다 살기 좋은 남(南)으로 쳐들어가 정복하지만, 이를 관리할 만한 스스로의 문화가 없었기 때문에 오히려 동화되어 지구상에서 사라져 버리는 경우가 허다했다.

현대에 와서는 몇몇 나라의 독재 정권이 또한 그러한 예가 되겠다. 독재 정권이란 곧 군사 정권, 당연히 무력을 앞세워 정권을 유지하게 되지만 상대적으로 문(文)에 소홀하여 빠르게 쇠락의 길을 걷게 된다. 이런 경우 민족성이니 정체성이니 하는 것 자체가 우습게 되고 만다. 그저 호전적이라는 말밖에는.

이에 비해 문(文)에 빛나는 나라는 아직도 많다.

철학의 나라 그리스, 인류 문명의 발상지인 이집트와 인도가 그 대표적인 예이다. 물론 이러한 나라들도 고대 번성기에는 당연히 무(武)를 숭상하고 문(文)을 꽃피웠었다. 인류 문명의 발전에 위대한 공헌을 해왔고, 그 문화를 바탕으로 수천 년을 흔들림 없이 민족의 정체성을 유지해 오고 있다. 그렇지만 그 이후 이 나라들은 무(武)의 문화를 되살리지 못해 세계사에서 선도적인 역할을 해내지 못하고 있다. 당연히 오늘날에 와서도 민족의 역량을 발휘하지 못하고, 조상들의 뼈다귀를 팔아 연명하고 있는 실정이다.

그런가 하면 문무(文武)의 조화를 잘 이루어 나간 나라들도 있다. 지난 역사에서는 그리스 정신을 이어받은 고대 로마가 그 대표적인 예이다. 그리고 오늘날 세계사의 흐름에 주동적인 역할을 해내고 있는 나라들이 그러하다. 무사도(武士道)의 일본, 무협(武俠)의 중국, 기사도(騎士道) 정신을 이어온 서유럽의 국가들, 서부 정신의 미국 등이 그러한 나라들인 것이다. 이 국가들은 한결같이 무(武)를 추구하면서 문(文)의 꽃을 피워 나가고 있다. 진취적이면서 역동적인 민족의 역량을 마음껏 발휘하면서 번영을 구가하고 있는 것이다.

▰ 민족혼(民族魂) 혹은 국민성?

조선 5백 년은 전적으로 문치의 시대였다. 문인 사대부들은 뜨거워졌다가는 곧장 식어내리고, 굵어졌다가는 다시 가늘어지고, 동적이었다가 어느 틈에 정적이 되고, 무예를 숭상하여 임협(任俠)하는 시늉만 하다가 이내 문예(文藝)를 닦으며 정관(靜觀)하는 데로 흘러 버렸다. 입으로는 공맹(孔孟)을 내뱉으면서 머릿속에서는 끊임없이 노장(老莊)의 구름을 피워올리며 안빈낙도를 꿈꾸었다.

그리하여 개방형의 외향적 심리가 폐쇄형의 내향적 심리로 고착되어 역사 발전에 필수불가결한 동력을 상실하게 되어 버렸으며, 사회는 활력을 잃고 사람들은 문약하고 정열이 결핍되어 갔다. 이에 비해 무(武)는 본질적으로 행동적이고 진취적이다. 또한 합리적이고 과학적이며 이성적이다. 살아 움직이는 생명력을 갖고 있다. 이는 더없는 민족 문화 혁신 및 창조의 동력이다.

스스로 우수한 민족이라 자부하는 한민족에게는 어떤 민족적 특질이 있는가? 은근과 끈기 외에는 별로 이렇다 하고 내세울 것이 없지 않은가? 우리나라 교육 이념으로 인간을 널리 이롭게 한다는 홍익인간이며 단군 사상·환인 사상·배달민족·한겨레, 이런 상투적 어휘가 주는 결벽증적인 막연한 어감에 우리 모두가 진정으로 공감할 수 있는가? 배려심 없는 이 민족이 어찌 널리 인간을 이롭게 한단 말인가? 정(情)이니 한(恨)이니 하는 정감이 민족 정신인가? 극기심과 신바람은 항구적이질 못하다. 당장의 어려움을 벗어나거나 좋은 시절 지나면 언제 그랬더냐며 내던져 버리는 성질이다.

근대화의 물결에 휩쓸려 간 전통적인 미덕을 대신할 그 무엇은 어떤 것인가? 덕(德)을 지키는 것을 그저 손해 보는 일쯤으로 여기고 있지는 않은지? 의심과 질시, 배타심과 줄서기, 이기주의와 내 자식, 내 식구, 내 편 챙기기로 우선은 잘살 수 있었는지 모른다. 그렇지만 어딘가 당당하지 못하고, 든든한 구석도 없다. 항상 부족하고 불안하다.

단군 신화는 우리의 핏줄에 대한 전설일 뿐이다. 따라서 단군 사상이란 이 신화를 바탕으로 한 민족주의 사상이다. 단일 민족으로서의 우월감을 가지게 해주지만, 사실 이는 세계의 모든 민족이 가지는 공통된 것이다. 핏줄의 확인이 한 민족의 정체성을 유지시켜 주는 가장 기본적인 요소이기는 하지만, 반드시 그 민족이나 국가의 발전과 미래를 약속해 주는 것은 아니다.

인내나 끈기만으로 나아가기에는 세계의 물결이 너무나 높고 거세다. 일본 민족의 대화혼(大和魂), 중국 민족의 중화(中華)와 같이 우리 민족을 하나로 응집시킬 수 있는 단어는 없는가? 없다면 지금부터라도 만들어내야 한다. 역동적이고 진취적인 민족 정신을 내포할 그런 단어를!

지난 한 세기 동안 굴욕 속에 웅크리고 있던 중국이 개방과 함께 '일대일로(一帶一路)'라는 구호 아래 세계로의 길을 활짝 열어젖혔다. 소수민족을 아우르기 위해 역사적 인물에 대한 평가까지 뒤집는가 하면, 중화(中華) 대신 '대국굴기(大國崛起)' '중국몽(中國夢), 세계몽(世界夢)'을 내세우고서 '대중국(大中國)'을 향해 거침없이 항해하고 있다. 백여 년에 걸친 굴욕과 투쟁을 통해 그 무엇이든 변하지 않으면 죽는다는 사실을 그 어떤 민족보다도 뼈저리게 체험한 덕분일 테다.

▰ 무(武)의 문화, 무(武)의 정신

누천 년 동안 좁은 반도에 웅크리고 앉아 소규모 소작농에 만족하며 담박한 삶을 영위해 오던 이 민족은, 근 1세기 동안 밀어닥친 해일을 무사히 타고 넘어 바야흐로 세계를 향해 힘차게 나아가고 있다. 그렇지만 한편으로는 여전히 완강한 타성의 힘이 남아 있어 전진하는 배를 뒤에서 끌어당기고 있기도 하다. 그건 아마도 봉건 사회로부터 누적되어 온 폐쇄적 심리, 내향적 성격, 낙후된 사유 방식 및 보수적 관념이 일으키는 반감의 정서에서 기인한 힘일 것이다.

대한민국 남자들은 대부분 군대를 다녀왔다. 군복무 기간이 단순히 젊은 시절의 세월 낭비가 아니다. 그곳에서 체득한 무(武)의 정신은 교육열과 더불어 경제 성장의 밑거름이 되었다. 단지 무의 철학이 없어 스스로 알아차리지 못했을 따름이다. 다혈질적이면서 조급하고, 단순하면서 물불 안 가리고, 전투적이면서 울컥 화도 잘 내고, 화끈하면서 신바람내기 좋아하는 야성적인 기질, 그리고 조선의 선비 정신으로 덮어 버린 오랑캐 기질, 그 무인 정신을 되살려야 한다. 문(文)에 억눌려 비정상적으로 표출되는 이 힘을 다듬어 항구적인 덕(德)으로 드러나게 해서 진취적인 민족성으로 승화시켜 나아가야 한다.

무(武)는 본질적으로 대의(大義)의 기치 아래에서라야 그 존재 이유가 성립되지만, 문(文)은 이(利)를 추구하는 경향이 강해 유불리(有不利)에 민감할 수밖에 없다. 대한민국이 문민정부 이래 많은 성취에도 불구하고 시민 정신은 점점 타락해 가고 있는 것은 대의를 상실하고 유불리에 따른 이익만을 좇아왔기 때문이다. 그러다 보니 통일조차도 대의가 아닌 '대박'으로 보이는 것이다.

'세월호' 침몰로 가라앉아 가는 대한민국과 동일본 대지진 쓰나미에 오히려 분발해내는 일본과의 차이는 어디서 오는가?

공리공론으로는 아무것도 바꾸지 못한다. 이제 우리도 심리적 성격, 인생 철학, 사유 방식을 과감히 깨뜨려야 한다. 조선 선비적 인식의 한계를 넘어 과학적이고 엔지니어적인 설계 능력과 실천 능력을 갖춰야 하나. 그리기 위해서는 과거와 현재·미래에 대한 충분한 인식이 필요하며, 스스로에 대한 해부와 분석을 통해 과거에 대한 반성적 사유, 현재에 대한 올바른 인식, 그리고 미래에 대한 확고한 신념과 지표를 가져야 할 것이다.

전통적인 민족 정신의 개조는 엄청난 고통을 수반한다.

그것은 우리가 흔히 부르짖는 정치나 경제 혹은 법률 제도의 개혁보다 더 힘든 작업이다. 수백 년 혹은 수천 년 동안 습관화된 사유 및 생활 방식을 바꾸는 일이 어찌 그리 쉽겠는가? 하지만 역사란 무정하다. 혈연만이 민족의 정체성과 공동체를 보장해 주는 것이 아니다. 근대 역사의 혹독했던 낡은 길을 다시 걷지 않으려면 몸속의 피를 다 바꾸어서라도 체질을 바꿔야 한다. 민족주의·온정주의를 넘어 덕육(德育)·덕화(德和)로 나아가야 한다. 그게 '대동(大同)'의 길이다. 그게 대화(大華)의 길이다.

25

매너는 최상의 자원이다!

"귀중한 모든 것은 희귀한 만큼 힘겨운 것이다."
– 바뤼흐 스피노자

기술 중의 으뜸이 사람 다루는 기술이라면, 매너야말로 최고의 무형자원이다. 하여 선진국은 매너와 품격으로 경쟁한다. 따라서 교육 혁신은 '매너를 통한 사람됨'이어야 한다. 신성장 동력인 전인적 품격경영으로 국민 체질 개선이 시급하다.

1505년 6월, 로마 교황 율리우스 2세가 자신의 신변 경호를 위해 스위스에 용병을 파견해 줄 것을 요청하자 150명의 용병들이 이듬해 1월 22일 로마에 도착한다. 이것이 바로 바티칸의 군대이자 교황의 경호대인 스위스 근위대의 시작이다.

1527년 5월 6일, '로마 약탈'에서 그들의 명성이 입증되었다. 당시 스페인 국왕이자 신성로마제국의 황제였던 카를 5세가 교황 클레멘스 7세와 프랑스 연합군을 공격하는 과정에서 로마를 약탈하는 일이 벌어졌다. 이에 다른 군대는 모두 항복했는데도 스위스 근위대만큼은 끝까지 교황을 보호하여 피신시키는 데 성공한다. 그렇지만 스위스 근위대 187명 중 147명이 전사하였다. 목숨을 구한 클레멘스 7세는 자신의 출신 가문인 메디치가를 상징하는 노랑과 파란색 줄무늬 군복을 입힘으로써 이들에 대한 신뢰를 표시했다.

이후 교황청 근위대는 전원 스위스 용병들로만 구성되는 전통이 생겨났다. 하여 오늘날에도 이를 기념해 바티칸에선 매년 5월 6일 근위병 신병 취임식이 열린다.

그런가 하면 스페인 왕위계승전쟁에서는 서로 전쟁을 벌이고 있던 프랑스와 네덜란드군에 속한 각각의 스위스 용병들이 플랑드르의 말프라케 전투에서 격돌하는 비극을 겪기도 했다. 이 전투에서 같은 베른주 출신의 마이가 지휘하는 스위스 연대와 슈툴러가 지휘하는 스위스 연대가 격돌한 끝에 쌍방 모두가 거의 괴멸되는 참극이 빚어진 것이다.

휴양 도시인 루체른의 한 작은 호숫가 절벽에는 화살이 박힌 채 꺾인 프랑스 부르봉 왕가의 방패를 껴안고 고통스럽게 죽어가는 사자의 모습이 조각되어 있다. 〈빈사의 사자상〉으로 불리는 이 작품은, 루이 16세의 근위대였던 스위스 용병들을 기리기 위해 1821년에 완성된 기념비이다. 프랑스대혁명이 절정으로 치닫던 1792년 8월 10일, 루이 16세와 마리 앙투아네트는 시민군에게 포위된 상태였고, 다른 근위대들은 모두 도망쳐 버리고 스위스 용병들만이 남아 성을 지키고 있었다. 이미 상황이 절망적이라고 판단한 루이 16세는 이 스위스 용병들에게 "그대들과는 상관없는 싸움이다. 고향으로 돌아가라"고 권하였지만, 스위스 용병들은 "신의(信義)는 목숨으로 지킨다"며 끝까지 항전하다가 786명 전원이 전멸하였다. 이후 이 호수는 용병으로 나가는 스위스 전사들이 각오를 다지고 서약의 의식을 치르는 신성한 장소가 되었다.

자원 없는 나라 스위스는 무엇으로 먹고 살았는가?

절박함이다. 불과 150여 년 전만 해도 스위스는 용병이 아니고서는 생계를 유지하기가 힘든 나라였다. 따라서 자신들이 신뢰를 잃으면 후손들의 생계가 어려워질 수밖에 없는 일. 제아무리 용맹한 사자라 해도 굶어죽을 수밖에 없음을 잘 알기에 차라리 싸우다 죽기를 택한 것이다.

◢ 신사의 자격, 스위스 명품시계

2014년 11월 12일, 스위스 제네바 소더비경매장에서 명품 수제 회중시계 '헨리 그레이브스 파텍 필립 슈퍼컴플리케이션'이 시계 경매사상 최고가인 263억 원을 기록하며 익명의 수집가에게 넘어갔다. 세계에서 가장 비싼 시계로 등극한 이 회중시계는, 1925년

스위스 정신이 집약된 '헨리 그레이브스 파텍 필립 슈퍼컴플리케이션'. 명품 소유는 부자의 특권이자 신사의 자격이다.

미국 뉴욕의 부호 헨리 그레이브스가 주문해 무려 5년 동안의 제작 기간을 거쳐 완성된 것으로 전해진다. 과거의 최고 낙찰가 역시 이 제품으로, 지난 1999년에 기록 갱신된 가격은 115억 6000만 원이었다. 불과 5년 만에 자신의 가치를 두 배로 올린 셈이다.

만약 이 명품시계를 한국의 삼성전자나 현대자동차 오너가 낙찰받았더라면 기업은 물론 제품의 이미지 업그레이드에 상당한 기여를 했을 것이다. 그 열 배인 2,630억 원을 들여 광고한다 해도 결코 얻을 수 없는 품격이 이 시계 하나에 다 담겨 있기 때문이다.

오늘날 스위스를 시계의 나라로 만든 원동력은 목숨을 신의와 맞바꾼 용병 정신이다. 서양의 법 정신을 한마디로 표현해 주는, 라틴어 명제 '피데스 세르반다(fides servánda)!' '신의는 지켜져야 한다'는 정신이 체화된, 정확·약속·신뢰가 생명인 시계는 스위스의 상징인 것이다. 세계의 신사들이 굳이 스위스 명품시계를 차는 이유가 반드시 돈자랑하기 위한 것만은 아니다.

어디 시계뿐인가? 은행 역시 신뢰가 밑천. 세계의 부자들이 이자를 바라고 스위스은행에 돈을 맡기는 게 아니다. 게다가 요즘 웬만한 다국적 연구소, 각종 IT산업 데이터 저장소, 세계 유명 보석 기업들의 비밀 창고도 스위스에 들어서고 있다. 신뢰를 고부가가치 안전산업으로까지 확장시킨 것이다. 1인당 국민소득 9만 불을 넘어 세계 최상위에다 다음 천년의 먹거리까지 이미 다 준비해 놓았다.

무덕(武德)의 으뜸은 신의(信義), 매너의 끝 역시 신뢰이다.

하지만 그것은 말로 얻어지는 것이 아니다. 스위스가 1815년 비엔나회의에서 유럽 열강들로부터 영세중립국으로 보장받을 수 있었던 것도 누천년 동안 용병들의 피로써 굳혀 온 신뢰가 있었기 때문이다. 간혹 한국의 분수 모르는 식자들이 한반도 통일과 영세중립국 선언을 주창하는데, 그렇다면 한국은 주변 강국들로부터 신뢰받고 있는가? 저들끼리도 못 잡아먹어 안달하는 민족을 남들이 신뢰할까? 있으나마나 한 6자회담이 그 답이 되겠다.

◤ 에티켓을 자원으로 성공시킨 나라 일본

신의를 자원화한 나라가 스위스라면, 에티켓을 자원화시켜 성공한 나라는 일본이다. 주군에 대한 충성과 복종, 사무라이 정신을 정직·성실·청결·친절이라는 글로벌 이미지로 구축한 것이다. 거기에다가 지진·화산·쓰나미·태풍 등 끊임없는 자연재해는 협동심과 질서 의식, 집요한 과학 정신을 길러주었다.

하지만 거기까지였다. 자포니즘은 에티켓을 넘어 매너로 확장되지 못했다. 기실 매너 플랫폼에서 에티켓은 수면 위로 드러난 빙산의 일각일 뿐! 일본인들의 에티켓은 자기 방어적 관습으로 인간 존엄성 및 인류보편적 양심에 기반한 것이 아니었다. 일본의 각종 처세술 내지는 자기계발서들이 깊이가 부족한 이유도, 과학 분야에서는 해마다 노벨상을 수상하면서도 세계적인 인문학자가 나오지 않는 이유도, 경제동물이란 비아냥거림을 들을 만큼 세계 경제에 이바지했음에도 1인당 국민소득이 4만 불 아래에서 맴도는 이유도, 지난날의 역사적 과오를 솔직하게 인정하고 사과하지 않는 이유도, 세계인들의 호감은 받지만 진정한 글로벌 선진시민으로 존경을 받지 못하는 것도, 잃어버린 20년의 근본적인 원인도 여기에 있다.

그렇다고 해서 한국이 국제 사회에서 일본만큼 신뢰받는가? 일본인들만큼 정직하고 정확하고 청결하고 친절한가? G20 회원국가다운 교양과 매너를 갖추었는가? 한류로 어떤 미덕을 구현시킬 수 있을까? 한국도 일본처럼 20여 년의 장기불황을 견뎌낼 체력을 지녔는가? 우리의 지도자들이 중국 혹은 북한의 지도자들에 비해 대범하거나 우월한 품격을 지녔다고 자신할 수 있는가?

▞ 박근혜 대통령의 사적 〈만종〉과 아웅산 수지의 공적 〈만종〉

2013년 11월 3일, 유럽 순방중 파리 오르세미술관을 방문한 박근혜 대통령은 밀레의 〈만종〉 앞에 한참이나 멈춰서 큐레이터에게 두 농부 뒤로 펼쳐진 황혼녘의 대지와 하늘이 의미하는 게 뭔지를

묻는 등 상당한 관심을 보였다고 한다. 글쎄, 대지와 하늘에 무슨 별다른 의미가 있으랴마는 그 큐레이터가 대략 난감했을 것 같다. 아무튼 이를 두고 한국 언론들에서는 밀레의 〈만종〉이 프랑스인들이 가장 자랑하는 보물이며, 박대통령이 상대국 문화에 대한 이해와 관심을 보여준 훌륭한 외교술이었다고 칭송했다. 바로 거기까지가 대한민국의 한계다.

장 프랑수아 밀레의 〈만종〉! 달리 설명할 필요가 없을 만큼 우리에게도 익숙한 전도용 '이발소 그림'이다. 그리고 원래 감자 바구니 대신 배고파 죽은 어린 아기의 주검이 그려져 있었다는 이야기도 지금은 널리 알려져 있는 바다. 이 〈만종〉은 1860년 미국의 화가이자 그림수집가인 스테반스가 1천 프랑을 주고서 주문한 그림이다.

프랑스대혁명 이후 사람들은 인간에 대해 눈뜨기 시작했다. 반세기 동인 서로 죽이기를 끝없이 반복한 끝에 '이러다간 결국 너도

프랑스 방문중 오로세미술관에서 장 프랑수아 밀레의 〈만종〉을 감상하는 박근혜 대통령. 일국의 최고지도자가 미술 공부? 방문국의 미술관을 찾는 것만으로 훌륭한 외교술이 되지는 않는다. 불특정 대중, 눈앞에는 없지만 언론을 통해 대면하게 될 상대국 국민들과의 소통을 이뤄내는 계기로 삼아야 한다. 감동을 이끌어내야 한다는 말이다.

나도 꼼짝없이 공멸할 수밖에 없음'을 깨닫고, 인간존엄에 대해 성찰하기 시작한 것이다. 《레미제라블》이나 〈만종〉은 그 상징적 작품이다. 그 전까지 평범한 시민, 무희, 창녀, 농민, 가난한 이들은 '인간'이 아니었다. 구원은 물론 그림의 대상이 될 수 없었다는 말이다. 신, 성인, 왕족, 귀족, 부자들만이 그림의 대상이었다. 그러니 농부를 그린 그림을 누가 사주겠는가? 지금과는 달리 당시에는 물감이 귀한 재료였다. 겨우 그림 재료값에 불과한 1천 프랑에 지나지 않지만 큰돈이다. 서민이나 농부가 그림을 살 리가 없고, 귀족이나 부자가 종교화나 가족들의 초상화도 아닌 미천한 농부 그림을 자신의 집에 걸어둘 리가 없다. 그랬다간 자신의 조상이 이삭이나 줍던 미천한 농부였음을 자랑하는 꼴이 될 테니 말이다. 당연히 그런 그림을 그리는 화가는 가난할 수밖에.

　한데 밀레의 사후 〈만종〉은 몇 사람의 손을 거쳐 미국으로 건너가 순회전시를 하면서 전 미국인들이 열광하게 되고, 뒤늦게 그 가치를 알게 된 프랑스 국민들은 그림을 지키지 못한 것을 애통해하며 가슴을 쳤다. 1889년, 마침내 루브르박물관이 나서서 〈만종〉을 사오기 위해 경매에 나섰지만 안타깝게도 미국예술협회에 기회를 넘기고 만다. 이에 전 프랑스가 발칵 뒤집혀 시민들이 모금 운동까지 벌였지만 오히려 그림값만 부추길 뿐이었다. 그러다가 1890년 프랑스 백화점 재벌 알프레드 소사르가 당시 75만 프랑이라는 천문학적인 거금을 주고 마침내 고국으로 가져온다. 그는 1909년 〈만종〉을 프랑스 정부에 기증하고 작고하였다. 그리하여 〈만종〉 밑에는 언제나 '알프레드 소사르 기증'이란 명패가 따라붙는다.

　루브르박물관에 전시되었던 〈만종〉은 나중에 오르세미술관으로 옮겨진다. 왜냐하면 루브르박물관이 세계적인 박물관이기는 하지만 그곳의 전시품들 대부분은 프랑스의 유물이 아니기 때문이다. 편하게 말해서 약탈문화재들이라 할 수 있다. 프랑스인들이 오르세미술관에 자부심을 가지는 이유가 바로 거기에 있다.

　그런데 한국의 박근혜 대통령이 〈만종〉을 찾기 전해, 그러니까 2013년 4월, 오랜 가택연금에서 풀려난 아웅산 수지 여사가 노벨평화상을 지각 수상(지명은 1991년)하기 위해 오른 유럽 순방길에 꼭 그 자리에 섰었다. 그녀는 감동의 눈물을 흘리며 〈만종〉을 미국에서 되찾아오기 위해 범국민적 모금 운동까지 벌인 위대한 프랑스 국민들에게 존경을 표한다며 자신의 스카프를 벗어 큐레이터의 목에 걸어주었다. 국민들의 민주화 열망 덕에 자신이 연금에서 풀려나 〈만종〉 앞에 서게 된 것과 오버랩되면서 만감이 교차했을 것이다. 프랑스는 그녀를 명예 파리 시민으로 환대했다.

아무튼 〈만종〉 앞에서 눈물을 흘린 미얀마의 민주투사 아웅산 수지를 기억하는 프랑스인들이, 같은 그림을 보면서 대지와 하늘의 의미를 묻는 한국의 박근혜 대통령에 대해 무슨 생각을 하였을까? VVIP 손님을 응대할 오르세미술관 큐레이터 정도면 프랑스 예술계·문화계·사교계에서 차지하는 비중과 영향력이 그 나라 문화부장관에 결코 못지않다. 그런 그가 느낀 한국 대통령에 대한 인상은? 한국에 대한 이미지는? 한국 문화나 상품에 대한 평가는? 과연 관심이나 있을지?

세계무역 10위권 대국 한국 박근혜 대통령의 사적 〈만종〉 대응과 전 세계 최빈국 민간인 아웅산 수지의 공적 〈만종〉 대응이라는 교섭 문화간 역방향 괴리 모습에서 품격경영의 글로벌 현실 절벽이 가슴에 다가오지 않는가? 주인장 마인드의 매너를 지닌 리더라면 그같은 기회를 오롯이 자기 것으로 만들었어야 했다. 바로 눈앞에는 보이지 않지만 언론매체로 접하게 될 프랑스 국민 같은 제3의 불특정 대중에 대한 인식 불능 및 주인 의식 부재를 보여준 사건이라 하겠다. 아무튼 하나를 보면 열을 안다고 했다. 공부와 교양, 에티켓과 매너의 차이, 글로벌 무대에서 한국의 품격 수준을 가늠케 해준 좋은 대비였다.

우리는 스스로 5천년 문화민족이라 자부하지만, 기실 그 '문화'의 개념이나 성격에 대해 깊이 생각하지 않는다. 아무렴 문화로만 따지면 한국보다 훨씬 찬란한 문화를 지닌 민족이나 국가들도 수두룩하다. 그렇다고 그런 나라들이 모두 우리보다 잘사는 것도 아니다. 오히려 자랑할 만한 문화가 없어도 남보다 잘사는 민족도 많다. 그러니까 문화의 현재성과 품격이 문제겠다. 이집트의 피라미드가 이집트인들의 품격은 아니지 않은가? 동시대를 살아가는 사람들의 품격만큼 소중한 문화는 없다. 문화도 품격이 있어야 경쟁력을 지닌다. 품격이 자부심이다.

▶ 한국판 노블레스 오블리주, 갑(甲)질?

천박한 방종과 저속한 섹시함이 상품화되어 도처에 넘쳐나고 있다. 그리하여 여자를 추행의 대상으로 여기는 권력자들, 직원을 부리는 대상으로 여기는 기업인들, 국민을 이용의 대상으로만 보는 정치인들. 전 국회의장, 전 검찰총장, 현직 교수, 현직 장군… 성추문이 꼬리를 물고 있다. 성공의 목적이 고작 제 '근본'을 과시하는 완장질이고, 갑(甲)질이고, 왕(王)질이었던가? 결국 국가최고기관과 최고지도자까지 최태민-최순실 사이비 종교 야바위꾼들에게 농락당했다.

수신제가치국평천하? 제 몸 하나 가꿀 줄 모르는, 필터링이 안 된 무매너 한국의 리더들. 순진한 척, 순수한 척하며 매너를 배운 적이 없음에 대한 부끄러움조차 없다. 자신의 직위에 걸맞는 글로벌 매너를 갖추지 못했음을 비뚤어진 편의주의 · 실용주의 · 국수주의 · 서민주의로 가려 국민을 기만하려 든다. 심지어 예의 없음이 투사나 지사의 특권인 양 양아치스럽게 차려입거나 싸가지 없는 쉰소리들만 골라 입에 담는다. 당연히 공공 의식이 있을 리 없다.

어쩌다 이 나라가 동방무례지국이 되었을까? 고리짝 속《논어)를 끄집어내어 인성 교육시킨다고 이 나라가 도로 동방예의지국이 될 수 있을까? 지난날의 고품격 예절을 왜 현대적 소통 버전으로 바꾸질 못했을까?

단정적으로 말하자면, 유학은 고대의 매너학이다. 강륜(綱倫)이란 공동체 구성원간에 지켜야 할 매너·교양·덕목이다. 한데 입으로는 누천년 전의 공자 말씀을 읊으면서 당장의 에티켓이나 매너는 고개 돌려 외면한다. 어차피 현실에서 굳이 구현할 필요도 없는 구시대의 규범들이니 제 말에 대한 책임을 지지 않고도 도덕인(道德人)인 양 행세할 수 있어 선호하는 학문이다. 행동하는 지성은 없고, 말 많고 똑똑한 식자들이 판을 치는 것도 그 때문이다. 그러다가 돈이나 지위·학위·권력을 쥐게 되면 단물 빠진 껌처럼 뱉어 버리고 천민 근성 한풀이에 몰두한다.

민주화와 함께 경제만 성장하면 모든 것이 해결될 줄 알고 누구도 품격에 대해 문제 의식을 가지지 못했다. 88올림픽으로 본격적인 대중소비시대가 열리고, 문민 정부가 들어서자마자 샴페인을 터뜨려 버렸다. 이후 공공기관은 물론 국민들 모두가 본격적으로 타락해 갔다. 기업 역시 비약적인 성장에 오만해진 오너들의 대를 이은 전횡으로 타락에 가속도가 붙었다.

이제 중진국에서 선진국으로 진입하려는 순간 국민 모두가 뭔가 보이지 않는 거대한 벽에 맞닥뜨린 것 같은 한계를 절감하고 있다. 민주화와 기술만 가지게 되면 절로 선진국민이 될 줄 알았는데, 좀처럼 실질소득도 오르지 않고 행복하지도 않다. 하여 마지막으로 선진국 따라 복지를 늘리는데, 이번엔 일자리가 사라지고 자살률만 높아지고 있다.

진품 매너, 최상의 킬러 콘텐츠!

한국은 지난날 후진국에서 개도국으로 넘어갈 때 치열한 체질 개선 작업을 했었다. '국민교육헌장'과 '새마을운동'이 그 대표적인 사례다. 책임과 의무, 그게 바로 주인 의식이겠다. 한데 이후 개도국에서 중진국으로 넘어가는 중요한 시기 역시 그에 부응할 만한 보다 업그레이드된 체질 개선 작업을 하였어야 했음에도 불구하고 오히려 타락해 버렸다. 그토록 바라던 자유와 평등은 방종과 태만을 불러들여 헐뜯기와 떼쓰기로 세월만 낭비하다가 바야흐로 제풀에 고꾸라질 위기를 맞고 있다.

불특정 대중에 대한 인식 불능, 주인 의식 부재. 하나를 보면 열을 안다고 했다. 선진문명권 사람이라면 한국인의 운전 매너 하나만 보고서도 한국이 절대 선진국에 들 수 없음을 다 안다. 선진국민이 되어 보지 못한 한국인들만 모를 뿐이다.

대한민국은 지금 그동안의 고도성장 후유증으로 고산병을 앓고 있다. 이 상태로 선진국 문턱을 넘어서려다가는 엎어지거나, 미끄러지거나, 점점 더 불행해질 뿐이다. 하여 끊임없이 실망하고 원망하고 분노하고 좌절할 것이다. 또다시 역사의 무정함에 피눈물을 쏟지 않으려면 피를 갈고 뼈를 깎는 체질 개선 작업으로 된장독 근성을 내다버려야 한다.

세계 10위권 수출 대국? 주인장 매너를 모르면 OEM 방식에서 절대 못 벗어난다. 많은 기업들이 프리미엄급 제품을 만든다고 밤을 지새우지만 기술만으로 되는 일이 아니다. 경영의 품격, 생산자의 품격, 경영사의 품격, 경영철학의 품격, 기업 문화의 품격이 프리미엄이 되지 못하면 그저 '싸고 질 좋은' 수준에서 못 벗어난다. 생산만이 아니라 소비에도 품격이 있어야 한다. 품격 부재로는 명품 못 만들어낸다. 그러니 국가직무능력표준(NCS)에 글로벌 매너를 반드시 반영시켜야 한다. 그래야 우간다를 이길 수 있다.

2014년, 이건희 회장은 신년사에서 '가치' '품격' 경영을 주창했었다. 기술 일등, 품질 일등이 되고서야 비로소 '일등'과 '일류'가 완전히 다름을 인식한 것이다. 하지만 그분의 유언이나 다름없는 이 마지막 당부를 이해한 사람이 과연 몇이나 있을까? 현재와 같은 유교적·제왕적·가부장적·수직적 조직 문화와 실패한 리더십으로는 4차산업혁명 선도는 완전 불가능하다. 사내 반바지 복장 허용하고, 직급(계급) 호칭 없앤다고 수평적이 되는 것 아니다. 규칙이나 지도자만의 문제가 아니다. 시민 개개인 모두의 문제이자 책임이다.

매너(Manners)는 '니즈(Needs)'다!

사전상으로 "니즈[要求]란 일반적으로 현재 상태(what it is)와 바람직한 상태(what it should be) 간의 격차를 의미한다. 요구는 명사로 사용되는 경우와 동사로 사용되는 경우 다른 의미를 가질 수 있다. 우선 명사로서의 요구는 현재 상태와 바람직한 상태 또는 미래의 상태 간의 차이(또는 격차)를 의미한다. 요구는 그 자체로 존재하는 것이 아니라 현재 상태를 점검하고, 그것을 미래의(더 나은) 상태나 조건과 비교해 봄으로써 도출될 수 있다. 한편 동사로서의 요구는 격차를 메우기 위해 요구되는 것, 즉 해결책이나 목적을 위한 수단을 의미한다"고 한다. 그 바람직한 상태라는 것이 곧 선진문명사회라 할 수 있겠다.

결국은 기본이다. 절치부심! 차라리 여기서 한 발 물리는 한이 있더라도 과연 우리가 중진국다운 매너와 품격, 그리고 문명인다운 자세를 지녔는지, 선진국으로 들어가기 위한 체질 개선 작업을 어떻게 해나가야 할지에 대한 깊은 성찰이 있어야겠다. 백년하청(百年河淸)이라 해도 결코 포기해서는 안 될 일이다. 후대에 물려주어야 할 유산은 막장 드라마 한류도, 또 하나의 기적도 아니다. 선진문명적 교섭 문화, 진품 매너 그것이다. 소통 매너는 사회적 유산이다. 매너는 인간에 대한 신뢰이다.

◤Tip 낙서 하나 때문에 날아간 일자리는 몇 개일까?

필자는 영국 런던을 딱 한번 가본 적이 있다. 그리고 다시는 영국에 가지 않았다. 누가 지금 공짜로 관광을 보내준다 해도 가지 않을 것이다. 런던 여행중 겪은 불쾌한 기억 때문이다. 호텔 부근에서 동네의 불량스런 아이들이 지나가면서 내 등뒤에다 몰래 크림 같은 것을 뿌렸기 때문이다. 뭐 그렇다 한들 필자의 개인적인 분노나 능력으로 영국을 뭐 어찌하겠는가? 방문객 한 명 줄어든 것뿐이다.

일자리를 늘리겠다는 공약을 내걸고, 창조경제 운운하면서 일자리 늘리기에 나섰던 박근혜 정권은 일자리는커녕 자기 쪽박만 깨고 말았다. 대선 후보들마다 역시 일자리 늘려주겠다고 사탕뿌리기 경쟁에 나섰다. 허나 그래 봐야 고작 일자리 쪼개기밖에는 달리 뾰족한 수단이 없다. 일부 지자체단체장들은 청년수당을 줘서 '없는 일자리 찾기' 게임을 계속하라고 독려하겠다는데, 기실 이는 멀쩡한 젊은이늘을 잉여인간으로 전락시키는 지름길이다. 사회에 첫발을 내

디디자마자 잉여인간이라니! 고작해야 허드렛일, 아르바이트 인생이다.

그렇다고 정말 한국에 일자리가 부족한가? 중소기업이나 농촌에선 일할 사람이 모자라 아우성인데? 그러니까 책상에 앉아서 하는 편한 일자리, 땀 안 흘리고 돈 많이 주는 고급한 일자리, 공무원처럼 안정된 일자리를 달라는 것이다.

한국 국민들은 지도자들에게 일자리를 늘려라, 새로운 일자리를 만들어내라고 주문하지만 기실 거창한 정책이 아닌 일개인의 사소한(?) 실수나 무례 때문에 일순간에 수많은 일자리가 날아가는 것을 눈치채지 못한다. 당장 눈에 보이지 않으면 모르는 근시안 때문이다.

한국의 국가최고지도자, 총리, 장관, 관료, 기업인… 여행자들까지 해외 또는 국내에서 저지르는 무매너, 그리고 그로 인한 국격 디스카운트는 이루 다 언급할 수 없을 정도다. 매일 아침 배달되는 신문만 펼쳐도 한두 시간 강의 소재로 충분할 만큼 차고 넘친다.

간혹 외교적으로 심한 경우에만 언론 비판을 받는데 그도 그때뿐, 대부분의 한국인들은 "너무 심했네!" "문화가 서로 다르다 보니 그럴 수도 있는 거지!" 하며 그다지 큰 문제로 여기지 않고 넘어간다. "그랬다 한들 나와 무슨 상관이람?" 누구도 그 사건(?)이 자신에게 직간접적으로 영향을 미치지는 않을 것으로 여기기 때문일 테다. 과연 그럴까? 딱 하나만 예를 들어 보자!

2013년 4월, 박근혜 대통령 취임 후 얼마 지나지 않아 미국의 빌 게이츠 회장이 한국을 방문하였다. 삼성전자의 초청으로 왔다가 (아마도 청와대의 강요에 의해) 대통령을 예방하였다. 그런데 엉뚱하게 대통령과의 악수에서 사건 아닌 사건이 터졌다. 빌 게이츠 회장이 왼손을 바지 주머니에 찔러넣은 상태로 대통령과 악수하는 사진이 언론에 나간 것이다. 이에 한국 누리꾼들이 빌 게이츠가 감히 우리 대통령에게 무례했다며 벌떼같이 들고일어났다. 사건의 파장이 커져 급기야 미국의 〈워싱턴포스트〉는 온라인판에서 '빌 게이츠 회장 한국 방문중 망신'이라는 제목으로 나라마다 다른 예의를 숙지하였어야 했다고 나무랐다. 이후 미 국무부 지침에 의해 한국에 온 모든 미국 관료들은 한국식으로 굽신 악수를 하게 되었다.

사실 주머니 악수는 빌 게이츠 회장의 평소 습관이다. 그는 박대통령뿐 아니라 이명박 대통령, 올랑드 프랑스 대통령 등 세계의 지도자들과도 그렇게 주머니 악수를 했었다. 심리학적으로 이런 습관을 지닌 사람은 독선적인 성격을 지녔다고 한다. 그러든말든 공인도 아닌 그에게 그동안 어느 나라 누구도 그걸 무례라고 지적하지 않았었다. 글로벌 무대에선 소파 대담 때 다리 꼬는 정도로 여길 만큼 대수로운 일이 아니기 때문이다. 오히려 악수를 하면서도 눈맞춤을 피하는 한국인들의 매너를 더 이상하게 여긴다. 어쨌든 그 사건 이후 빌 게이츠 회장의 주머니 악수는 조금씩 줄었다.

그걸로 끝인가? 시야가 좁은 한국인들은 그러고는 다 잊어버렸다. 미국을 상대로, 빌 게이츠를 상대로 그렇게 자존심 세우고 한국은 무슨 이득이 있었나? 기실 그로 인해 어쩌면 한국에 돌아올 뻔했던 큰 '이익'이 다 달아나 버렸음을 자각하는 한국인은 몇이나 될까? 그가 그런 일로 망신당하고서도 한국에 대해 고맙게 생각할까? 그가 아무리 신사라 해도 한국 여행에서의 기억은 분명 '불쾌'일 것이다.

그런데 빌 게이츠가 누구인가? 세계 최고의 부자다. 그가 한국에 왔을 때에는 뭔가 비즈니스적인 용무가 있었을 것이다. 아무렴 한국에 뭔 볼거리나 먹거리가 있다고 관광을 왔을까? 친한 친구를 보러 왔을까? 그가 한국에 대해 불쾌한 경험을 가졌다는 건 개인적으론 사소한 일일 수도 있지만, 글로벌 매너적 시각에서 보자면 좀 과장되게 말해서 한국에게는 재앙이다. 장담컨대 빌 게이츠 회장이 다시 한국에 오는 일은 없을 것이다. 한국에 투자? 설마! 뭐가 아쉬워서 굳이 불쾌한 기억을 떠올리는 한국에 투자하겠는가? 아마도 한국인과 만나는 것조차 탐탁치 않아 할 것이다. 당장 삼성과 뭔가를 해보려던 것부터가 물 건너가지 않았을까? 일자리 몇만 개는 날아갔을 테다.

다시, 그걸로 끝인가? 그는 세계를 움직이는 글로벌 최상급의 기업가와 지도자·지식인들과 거의 매일같이 어울린다. 만약 그런 자리에서 한국에 대한 이야기가 나오면 그가 과연 우호적인 태도를 보일까? 이 책 서문에서 언급한 프랑스 심사위원 앙트로몽이 조성진에게 하듯 한국에 대해 무조건 부정적인 말 한마디라도 보태지 않을까? 에이, 설마 그만 일로? 그 '설마'가 바로 한국인의 한계다.

해외 유명 관광지나 유적지에 한글 낙서 하나 남긴 '형편없는 놈' 때문에 한국인은 도매금으로 '한국놈들'이 되고, 그런 '형편없는 놈들'이 만드는 한국 음식, 한국 제품, 한국 문화가 모조리 '형편없는 것'이 되고 만다. 세계 10위 무역대국임에도 국민소득이 3만 불을 못 넘기는 이유가 여기에 있다. 철부지의 낙서 하나가 일자리 만 개를 날림을 깨닫지 못하면, 한국은 고작 이 수준에서 발버둥치다가 굴러떨어질 수밖에 없다.

이런 데 쓰라고 세종대왕께서 한글을 만드셨나? 태국 남부 팡응아주 시밀란 군도 인근 국립공원 바닷 속 산호에 새긴 한글 이름 낙서. 전 세계에서 몰염치한 낙서 사례로 두고 두고 사용하게 될 이미지. [트위터 캡처]

    매너를 알지 못하면 남의 눈치도 모르고, 남을 배려할 줄도 모른다. '동방예의지국'은 제 위신 세울 때만 내거는 게 아니다. 예전에 박근혜 대통령과 악수했던 그 많은 세계의 지도자들은 한국에 대해 어떤 기억(느낌)을 가지고 있을까? 기억하기보다는 하루라도 빨리 지우고 싶을 것이다. 추락한 것은 박근혜만이 아니다.

관습을 바꾸는 것이 혁명이다

"불편함을 즐기는 사람이 미래의 주인공이 된다. 오늘의 나를 완전히 죽여야 내일의 내가 태어나는 것이다. 새로운 나로 변신하려면 기존의 나를 완전히 버려야 한다. 너는 너의 불길로 스스로를 태워 버릴 각오를 해야 하리라. 먼저 재가 되지 않고서 어떻게 거듭나길 바랄 수 있겠는가?"
– 프리드리히 니체

대체로 사람들은 세상사에 관한 나름의 보편적 안목을 가지고 있습니다. (그 중 대부분이 편견 혹은 선입견적인 것이라 할지라도.) 가령 우리는 인간을 포함한 만물을 창조한 신이 있다고 생각하거나, 반대로 세상사는 우연 내지는 자연적인 선택의 문제라고 여기는 그런 것 말입니다. 그렇지만 그 어느 경우건 상황이 바뀔 경우 초래될 두려움을 염려하는 건 매한가지. 관습에 대해서도 예외가 아닙니다. 아무리 간단한 것일지라도 방금 전의 태도를 바꾸거나 회의적인 입장을 가지는 것을 가치 있는 일로 여길 사람은 많지 않을 것입니다.

더구나 한국처럼 역사적 굴욕을 겪은 지 얼마 되지 않은 민족이라면, 문화라는 말을 접할 때 불안감 섞인 일종의 위기감을 여간해서 떨쳐 버리기가 쉽지 않습니다. 본능적으로 수구적 저항감을 드러내기 마련이어서 그 앞에서는 합리적 논리를 갖춘 어떠한 주장도 무색할 수밖에 없습니다. 그러니 '글로벌 매너' 운운하는 것 역시 외부에서 가져온 '길들이기 작업'으로 여겨 경계심을 발동하기 마련입니다.

'구별짓기'는 인간 속성 중의 하나. 지난날의 인종적 구별은 사라졌지만, 오늘날에는 문화적 정체성으로 개인을 속박하려는 경향이 있습니다. 한국인들이 그토록 고집스럽게 유교를 붙들고 집단혼으로 숭배하기를 영구화하려는 것도 '문화적 굴레'로써 서구 문화를 배척하려는 타성이겠습니다. (그렇지 않은 사람이 더 많을 테지만.) 근본이 양반이고 선비였음을 자랑하고, 또 계속해서 유지하고 싶은 것이지요.

많은 이들이 대한민국의 선진화를 외치지만, 기실 대한민국은 이미 선진국입니다. 모든 제도나 규칙 등 그 어떤 선진국에 뒤지지 않을 만큼 갖출 건 다 갖춘 나라입니다. 한데 그럼에도 도무지 격이 떨어지는 원인은 아직도 각자가 스스로 선진국민됨을 자신하지 못하고 있기 때문이라 하겠습니다. 스스로 주인 의식을 가져 보지 못한 탓이지요. 주인되기가 두려운 것이지요. 홀로서기에 자신이 없는 거지요. 그러니까 결국 자기 존중의 문제라는 말입니다.

다음으로 그 모든 제도나 매너·에티켓 등등 선진 문화를 받아들여 실행하면서도 그 본뜻을 살피지 못하고 그저 수박겉핥기로 흉내내기에 급급했던 탓이겠습니다. 가령 악수나 건배를 하면서도 손을 잡고 잔만 부딪치면 되는 줄 아는 것이 한 예가 되겠습니다. 목적이 눈맞춤, 즉 소통인 줄은 인식조차 못했던 것이지요. 하여 한 세기가 지나도록 굽신 악수나 굽신 건배를 하고 있습니다. 이 봉건적 종속형 곁따라하기 문화를 바꾸지 않고는 절대로 선도형국가가 될 수 없습니다.

개화기(일제시대)에 한국은 서구 문화를 스스로 수입하기보다는 먼저 도입한 일본의 것을 그대로 받아들인 덕분에 번역·개량·개선 과정의 수고로움을 생략할 수 있었습니다. 대신 그 과정에서 필연적으로 습득하게 될 비판적 시각과 능동적 모방 기술을 익힐 새가 없었습니다. 그러다 보니 서구의 것을 그 의미도 모르고 대충 겉모습만 보고 모방 표절하는 일이 습관화되었습니다. 하여 매사가 본질에서 벗나가기 일쑤인데다 조잡하거나 〈부시맨〉의 콜라병처럼 우스꽝스러워집니다. 바로 이 점이 일본과 한국의 차이점이겠습니다. 카피와 짝퉁의 차이지요.

◤ 역사를 부끄러워 말고, 현재를 아파해야!

을사오적만 아니었으면? 일본이 아니었으면 조선이 망하지 않았을까요? 일본이 아니었으면 러시아에 먹혔을까요? 지금 누가 건드리지도 않았는데 대한민국은 왜 스스로 무너지는가요? 그때 조선처럼 속이 썩었기 때문이겠습니다. 나라를 망치는 게 무능한 대통령이나 십상시, 최순실의 국정농단만이 아닙니다. 부정부패만이 나라를 썩게 하는 것 아닙니다. 나라는 골고루 썩지, 어느 한 곳만 썩는 법은 없습니다. 필부에게도 책임이 있다 했습니다. 방관이나 무지·어리석음도 곧 책임이란 말입니다.

주인 의식과 노비 근성이 다르듯 자부심과 맹목성은 다른 성질의 것입니다.

미국으로 이민 간 한국인들 중에는 수십 년이 지나도록 영어를 배우지 않는 이들이 적지않다고 합니다. 미국 시민임에도 불구하고 미국의 문화와 관습을 마다하고 한국적인 것을 고집하기를 마치 자신의 정체성을 지키는 일인 양하는 것이지요. 꼭 그렇게 해야만 자기 혹은 조상이 태어난 나라에 대한 애정을 증명하는 것 아닙니다. 가장 기본적인 소통 매너도 익히기를 거부하는 건 어리석은 아집일 뿐입니다. 결국 자기만 손해지요.

"우리 것이 좋은 것이여!" "우리가 왜 남의 매너를 배워야 한단 말인가?" 아무렴요! 많은 한국인들, 심지어 공인들까지 우리 문화, 우리 스타일, 우리 취향을 고집하는 것을 애국적인 일인 양 착각하고 있습니다. 허나 글로벌 매너의 습득은 자존심과는 아무런 상관이 없습니다. 공공의 이익, 국익에 부합하기 때문에 공유를 권유하는 것일 뿐입니다. 상대국 문화를 존중하는 것 역시 마찬가지입니다. 언어도 매너입니다. 영어 잘한다고 영국 사람이나 미국 사람이 되는 것 아니고, 한국 사람이 영어 잘한다고 뭐라고 할 사람 아무도 없습니다. 글로벌 매너 역시 마찬가지입니다. 세계인들과 소통하자는 겁니다.

모든 도덕이나 예절은 절제 혹은 통제에 의한 수동성 속에 뿌리박고 있습니다.

역사의 흐름에 되는 대로 몸을 맡기는 사람이나, 혁명이라는 거창한 일에 몰두하는 사람들은 품격에 대한 책임을 성가신 걸치장으로 취급하려는 경향이 있습니다. 하지만 개혁이니 진보니 하는 것이 그렇게 거창한 것만이 아닙니다. 약간의 능동성이면 충분합니다. 작은 것일지라도 해본 적이 없는 일을 해보는 것, 새로운 것에 도전하는 것입니다. 버릴 줄 알고, 바꿀 줄 아는 것입니다. '용(勇)'이 없으면 창조도 없습니다. 매너는 지키는 것이 아니라 만들어 나가는 것입니다.

고유한 문화적 틀에 대한 애정이 현재 삶의 터전인 땅에 대한 애착과 균형을 이루어야 한다고들 합니다. 그런데 지금은 이 땅에서 우리끼리만 어울려 살다갈 수 없는 시대입니다. 마찬가지로 한국인이니까 한국에서만 살아야 한다는 법도 없습니다. 글로벌 시대, 국적은 별 의미가 없습니다. 개인이든 국가든 세계 문화에 대해 보다 개방적이고 관대한 자세를 가지지 않으면 번영이 지속 가능할 수가 없습니다.

▌자기 존중의 기술, 글로벌 진품 매너

흔히 말하기를, 한국 사람들은 각론에선 강한데 총론에는 약하다고들 합니다. 기본이 안 되어 있음에 대한 자각조차 없습니다. 신념이나 생각을 바꾸자는 이야기가 아닙니다. 각론 중심적 사고에서 벗어나려면 먼저 세상을 보는 시야부터 넓힐 필요가 있다는 말입니다. 글로벌 매너를 모르면 세계를 아무리 싸돌아다녀도 세계가 안 보입니다. 관광을 하거나 예술작품을 대할 때, 그 유적에 관한 역사나 작가에 대해 아는 것이 많으면 감동이 더하듯이 글로벌 매너를 알고 나면 세상이 훨씬 재미있습니다. 단언컨대 글로벌 매너를 알면 우물 안에 앉았어도 세계가 다 보입니다.

'글로벌'이란 현재성입니다.

길고 혹독한 겨울을 나야 묵은 잎이 다 떨어져 나갑니다. 마른 잎이 떨어지지 않는 가지는 말라죽을 수밖에 없습니다. 시대에 뒤떨어지는 것, 그게 바로 썩는 겁니다. 조선(대한제국)은 그렇게 망했습니다. 비록 절망하기에도 지치지만, 봄은 언제나 그렇듯 잔인하게 오는 법입니다. 버릴 건 버려야 찬란한 봄을 맞을 수 있습니다. 환골탈태란 그런 것이겠습니다. 누천년 전 중국의 예법에는 그토록 밝은 이 민족이 왜 글로벌 매너에선 이토록 무지하단 말입니까? 동방예의지국이란 그 옛날 그만큼 우리도 글로벌했었다는 말이 아니겠습니까? 그러니 지금이라고 글로벌매너지국이 못 될 이유가 없겠습니다. 능히 해낼 수 있는 민족입니다.

"그 많은 에티켓, 매너를 언제 다 배우고 익힌단 말인가?"

필자가 강의를 마치고 나면 꼭 받는 질문입니다. 그러나 걱정할 필요 없습니다. 일단 시작하고 보면 그리 어려운 일도 아니고, 그 모두를 일일이 힘들게 외울 필요도 없습니다. 처음 우리가 다른 동네 어느 사무실이나 집을 찾아가려면 사전에 가는 요령을 알아보는 등 스트레스를 받습니다만, 두번째 찾아갈 때에는 전혀 그렇지 않은 것과 같은 이치입니다. 매일 찾아가는 자기 집이나 자기 회사처럼 말입니다. 에티켓이나 매너도 마찬가지입니다. 한두 번만 해보면 몸이 기억하므로 다음부터는 전혀 부담을 느끼지 않습니다. 이후부터는 오히려 그렇게 하지 않는 것을 더 부담스러워하게 됩니다.

대한민국, 일등이 아니라 일류가 되어야 합니다. 품격 사회로 가야 합니다. 일등은 경쟁을 통해 획득하는 것이지만, 일류는 자기 완성을 통해 성취하는 것입니다. 투쟁을 통해 인권을 쟁취하던 시절도 이제 끝입니다. 품격을 통해 존중하고 존중받아야 진정한 민주 사회이고 선진 사회입니다. 글로벌 주류 사회에 편입하려면 우물 안 시야에서 벗어나 경계 너머의 세계 시민들과 소통하며 함께 인류 공영에 대해 진지하게 고민해야 합니다. 경계인적 사고와 글로벌 공통 프레임적 발상으로 실행 가능한 솔루션을 도출해내는 것만이 작은 나라 한국이 살 길입니다.

◢ 품격 사회로 들어가기 위한 킬러 콘텐츠

섣부른 일반화를 기대하고 쓴 글은 아닙니다. 이만 일로 하루 아침에 세상이 바뀌겠습니까. 매너를 단순히 습관의 테두리 안에서 정의내리려 하기보다는, 그 개념을 매우 다양한 범주의 지적 활동을 포함하는 광범위한 의미로 파악하고 있음을 이해해 주었으면 합니다.

세계는 한국을 더 이상 개발도상국으로 보지 않습니다.

원조 또는 특혜를 주고, 뻑하면 징징대는 어리광과 무매너를 애써 참아주며 철들 때까지 기다려 줘야 하던 그때 그 대한민국이 아닙니다. 당장은 세계 10위 안에 드는 무역대국입니다. 글로벌 비즈니스 무대에서 치열하게 경쟁하고 견제해야 할 나라로, 그리고 머잖아 인류의 공동 번영과 복지에 관심을 가지고 자신들과 함께 세계를 이끌어 갈 파트너 '큰바위 얼굴'로 성장하길 기대하고 있습니다. 은근과 끈기에 매너를 더하여 점잖은 세계 시민이 되어야 주류 사회에 편입할 수 있습니다. 그러려면 먼저 패배주의 한(恨)바이러스부터 극복해야 합니다. 자기 부정, 자기 비하의 익숙함을 버리고 자기 존중으로 인간존엄성을 확보해 나가야 합니다. 그것이야말로 진정한 '적폐청산'입니다.

하여 감히 민(民)이 격(格)을 묻습니다.

대한민국이 아픕니다. 탄수화물·지방질·단백질이 부족해서가 아니라 미네랄·비타민이 부족해서입니다. 지금 우리가 많이 아파야 다음 세대의 길이 열립니다. 사르트르는 지식인이란 '자신과 상관없는 사건에 관여하는 사람'이라 했습니다. 부디 "아무려면 어때, 마음이 중요하지!"라든가, "누구든 자신의 견해를 가질 권리가 있다"는 게으름에 대한 자기 변명적 격언에 걸려 넘어지지 않기를, "어쩔 수 없어!"라는 숙명론 뒤로 숨지 말기를, '행동하는 지성'으로의 발심(發心)을 당부드립니다.

감히, 민(民)의 격(格)을 묻습니다.

세상을 바꾸고 싶습니까? 먼저 신사가 되십시오! 편하게 살려고 노력하십니까? 차라리 귀(貴)하게 살려고 노력하십시오! 행복하고 싶습니까? 그럼 먼저 자기 존중의 기술을 익히십시오! 그리고 그럭저럭 살아온 자신의 삶을, 그럭저럭 살아갈 수밖에 없는 세상을 많이많이 아파하십시오. 우리 다음에 올 세상은 분명 지금과는 많이 다를 것입니다. 준비하는 자가 미래의 주인입니다.

끝으로 오랜 기간 함께하며 필자의 발칙한 푸념을 나무라지 않고 들어주며 질정의 덤을 얹어준 인사문화포럼 친구들에게 감사를! 그 잘난 강호 협사들이 없었으면 어찌 감히 이런 글을 내질렀을까! 수십 년간 축적한 글로벌 매너 노하우를 아낌없이 전해 준 와인대사 휴고 안과 거친 글을 마다않고 다듬어준 편집부와 주간님께 무한 감사를! 好雨知時節!

【도움받은 책들】

　본서의 많은 부분을 아래의 책들에서 인용(차용, 변용)하였습니다. 혹 재인용할 경우엔 반드시 원저작의 원문을 확인하시기 바랍니다.

《경제적 공포》, V. 포레스테 / 김주경 옮김 / 이하 東文選 刊

《21세기를 위한 새로운 엘리트》, 포르셍연구소 / 김경현 옮김

《도덕적 명령》, 포르셍연구소 / 우강택 옮김

《무덕(武德)-武의 문화, 武의 정신》, 신성대 지음

《무예도보통지주해(武藝圖譜通誌註解)》, 정조 命撰 / 박청정 註解

《번영의 비참》, P. 브뤼크네르 / 이창실 지음

《변화》, P. 바츨라빅크 外 / 박인철 옮김

《사랑의 지혜》, A. 핑켈크로트 / 권유현 옮김

《사유의 패배》, A. 핑켈크로트 / 주태환 옮김

《새로운 학문》, G. 비코 / 이원두 옮김

《서기 1000년과 2000년, 그 두려움의 흔적들》, J. 뒤비 / 양영란 옮김

《순진함의 유혹》, P. 브뤼크네르 / 김웅권 지음

《역사-성찰된 시간》, F. 도스 / 김미겸 옮김

《영원한 황홀》, P. 브뤼크네르 / 김웅권 지음

《예(禮)의 정신》, 柳 肅 / 홍 희 옮김

《일반교양강좌》, E. 코바 / 송대영 옮김

《중국무협사》, 陳 山 / 강봉구 옮김

《중국문예심리학사》, 劉偉林 / 심규호 옮김

《중세에 살기》, J. 르 고프 外 / 최애리 옮김

《철학이란 무엇인가》, E. 크레이그 / 최생열 옮김

《품격경영-상위 1%를 위한 글로벌교섭문화 백서》, 신성대 지음

《하상(河殤)》, 蘇曉康 외 / 홍 희 옮김

【東文選 文藝新書】

1	저주받은 詩人들	A. 뻬이르 / 최수철·김종호	개정 근간
2	민속문화론서설	沈雨晟	40,000원
3	인형극의 기술	A. 훼도토프 / 沈雨晟	8,000원
4	전위연극론	J. 로스 에반스 / 沈雨晟	12,000원
5	남사당패연구	沈雨晟	19,000원
6	현대영미희곡선(전4권)	N. 코워드 外 / 李辰洙	절판
7	행위예술	L. 골드버그 / 沈雨晟	절판
8	문예미학	蔡 儀 / 姜慶鎬	절판
9	神의 起源	何 新 / 洪 熹	16,000원
10	중국예술정신	徐復觀 / 權德周 外	24,000원
11	中國古代書史	錢存訓 / 金允子	14,000원
12	이미지—시각과 미디어	J. 버거 / 편집부	15,000원
13	연극의 역사	P. 하트놀 / 沈雨晟	절판
14	詩 論	朱光潛 / 鄭相泓	22,000원
15	탄트라	A. 무케르지 / 金龜山	16,000원
16	조선민족무용기본	최승희	15,000원
17	몽고문화사	D. 마이달 / 金龜山	8,000원
18	신화 미술 제사	張光直 / 李 徹	절판
19	아시아 무용의 인류학	宮尾慈良 / 沈雨晟	20,000원
20	아시아 민족음악순례	藤井知昭 / 沈雨晟	5,000원
21	華夏美學	李澤厚 / 權 瑚	20,000원
22	道	張立文 / 權 瑚	18,000원
23	朝鮮의 占卜과 豫言	村山智順 / 金禧慶	28,000원
24	원시미술	L. 아담 / 金仁煥	16,000원
25	朝鮮民俗誌	秋葉隆 / 沈雨晟	12,000원
26	타자로서 자기 자신	P. 리쾨르 / 김웅권	29,000원
27	原始佛敎	中村元 / 鄭泰爀	8,000원
28	朝鮮女俗考	李能和 / 金尙憶	30,000원
29	朝鮮解語花史(조선기생사)	李能和 / 李在崑	25,000원
30	조선창극사	鄭魯湜	17,000원
31	동양회화미학	崔炳植	19,000원
32	性과 결혼의 민족학	和田正平 / 沈雨晟	9,000원
33	農漁俗談辭典	宋在璇	12,000원
34	朝鮮의 鬼神	村山智順 / 金禧慶	28,000원
35	道敎와 中國文化	葛兆光 / 沈揆昊	15,000원
36	禪宗과 中國文化	葛兆光 / 鄭相泓·任炳權	8,000원
37	오페라의 역사	L. 오레이 / 류연희	절판
38	인도종교미술	A. 무케르지 / 崔炳植	14,000원
39	힌두교의 그림언어	안넬리제 外 / 全在星	22,000원
40	중국고대사회	許進雄 / 洪 熹	30,000원
41	중국문화개론	李宗桂 / 李宰碩	23,000원
42	龍鳳文化源流	王大有 / 林東錫	25,000원
43	甲骨學通論	王宇信 / 李宰碩	40,000원
44	朝鮮巫俗考	李能和 / 李在崑	20,000원

90	朝鮮美術史	關野貞 / 沈雨晟	30,000원
91	美術版 탄트라	P. 로슨 / 편집부	8,000원
92	군달리니	A. 무케르지 / 편집부	9,000원
93	카마수트라	바짜야나 / 鄭泰爀	18,000원
94	중국언어학총론	J. 노먼 / 全廣鎭	28,000원
95	運氣學說	任應秋 / 李宰碩	15,000원
96	동물속담사전	宋在璇	20,000원
97	자본주의의 아비투스	P. 부르디외 / 최종철	10,000원
98	宗敎學入門	F. 막스 뮐러 / 金龜山	10,000원
99	변 화	P. 바츨라빅크 外 / 박인철	10,000원
100	우리나라 민속놀이	沈雨晟	15,000원
101	歌訣(중국역대명언경구집)	李宰碩 편역	20,000원
102	아니마와 아니무스	A. 융 / 박해순	8,000원
103	나, 너, 우리	L. 이리가라이 / 박정오	12,000원
104	베케트연극론	M. 푸크레 / 박형섭	8,000원
105	포르노그래피	A. 드워킨 / 유혜련	12,000원
106	셸 링	M. 하이데거 / 최상욱	12,000원
107	프랑수아 비용	宋 勉	18,000원
108	중국서예 80제	郭魯鳳 편역	16,000원
109	性과 미디어	W. B. 키 / 박해순	12,000원
110	中國正史朝鮮列國傳(전2권)	金聲九 편역	120,000원
111	질병의 기원	T. 매큐언 / 서 일 · 박종연	12,000원
112	과학과 젠더	E. F. 켈러 / 민경숙 · 이현주	10,000원
113	물질문명·경제·자본주의	F. 브로델 / 이문숙 外	절판
114	이탈리아인 태고의 지혜	G. 비코 / 李源斗	8,000원
115	中國武俠史	陳 山 / 姜鳳求	18,000원
116	공포의 권력	J. 크리스테바 / 서민원	23,000원
117	주색잡기속담사전	宋在璇	15,000원
118	죽음 앞에 선 인간(상하)	P. 아리에스 / 劉仙子	각권 15,000원
119	철학에 대하여	L. 알튀세르 / 서관모 · 백승욱	12,000원
120	다른 곳	J. 데리다 / 김다은 · 이혜지	10,000원
121	문학비평방법론	D. 베르제 外 / 민혜숙	12,000원
122	자기의 테크놀로지	M. 푸코 / 이희원	16,000원
123	새로운 학문	G. 비코 / 李源斗	22,000원
124	천재와 광기	P. 브르노 / 김웅권	13,000원
125	중국은사문화	馬 華 · 陳正宏 / 강경범 · 천현경	12,000원
126	푸코와 페미니즘	C. 라마자노글루 外 / 최 영 外	16,000원
127	역사주의	P. 해밀턴 / 임옥희	12,000원
128	中國書藝美學	宋 民 / 郭魯鳳	16,000원
129	죽음의 역사	P. 아리에스 / 이종민	18,000원
130	돈속담사전	宋在璇 편	15,000원
131	동양극장과 연극인들	김영무	15,000원
132	生育神과 性巫術	宋兆麟 / 洪 熹	20,000원
133	미학의 핵심	M. M. 이턴 / 유호전	20,000원
134	전사와 농민	J. 뒤비 / 최생열	18,000원

2005 부모들이여, '안 돼'라고 말하라!   P. 들라로슈 / 김주경 19,000원
2006 엄마 아빠, 전 못하겠어요!   E. 리공 / 이창실 18,000원
2007 사랑, 아이, 일 사이에서 A. 가트셀·C. 르누치 / 김교신 19,000원
2008 요람에서 학교까지   J.-L. 오베르 / 전재민 19,000원
2009 머리는 좋은데, 노력을 안 해요 J.-L. 오베르 / 박선주 17,000원
2010 알아서 하라고요?
     좋죠, 하지만 혼자는 싫어요! E. 부젱 / 김교신 17,000원
2011 영재아이 키우기   S. 코트 / 김경하 17,000원
2012 부모가 헤어진대요 M. 베르제·I. 그라비용 / 공나리 17,000원
2013 아이들의 고민, 부모들의 근심 마르셀리·드 라 보리 / 김교신 19,000원
2014 헤어지기 싫어요! N. 파브르 / 공나리 15,000원
2015 아이들이 자라면서 겪는 짤막한 이야기들 S. 카르캥 / 박은영 19,000원
3001 《새》 C. 파글리아 / 이형식 13,000원
3002 《시민 케인》 L. 멀비 / 이형식 13,000원
3101 《제7의 봉인》 비평 연구 E. 그랑조르주 / 이은민 17,000원
3102 《쥘과 짐》 비평 연구 C. 르 베르 / 이은민 18,000원
3103 《시민 케인》 비평 연구 J. 루아 / 이용주 15,000원
3104 《센소》 비평 연구 M. 라니 / 이수원 18,000원
3105 《경멸》 비평 연구 M. 마리 / 이용주 18,000원

【東文選 現代新書】

 1 21세기를 위한 새로운 엘리트   FORESEEN연구소 / 김경현 7,000원
 2 의지, 의무, 자유 ─ 주제별 논술 L. 밀러 / 이대희 6,000원
 3 사유의 패배 A. 핑켈크로트 / 주태환 7,000원
 4 문학이론 J. 컬러 / 이은경·임옥희 7,000원
 5 불교란 무엇인가 D. 키언 / 고길환 6,000원
 6 유대교란 무엇인가 N. 솔로몬 / 최창모 6,000원
 7 20세기 프랑스철학 E. 매슈스 / 김종갑 8,000원
 8 강의에 대한 강의 P. 부르디외 / 현택수 6,000원
 9 텔레비전에 대하여 P. 부르디외 / 현택수 10,000원
10 고고학이란 무엇인가 P. 반 / 박범수 8,000원
11 우리는 무엇을 아는가 T. 나겔 / 오영미 절판
12 에쁘롱 ─ 니체의 문체들 J. 데리다 / 김다은 7,000원
13 히스테리 사례분석 S. 프로이트 / 태혜숙 7,000원
14 사랑의 지혜 A. 핑켈크로트 / 권유현 6,000원
15 일반미학 R. 카이유와 / 이경자 6,000원
16 본다는 것의 의미 J. 버거 / 박범수 10,000원
17 일본영화사 M. 테시에 / 최은미 7,000원
18 청소년을 위한 철학교실 A. 자카르 / 장혜영 7,000원
19 미술사학 입문 M. 포인턴 / 박범수 8,000원
20 클래식 M. 비어드·J. 헨더슨 / 박범수 6,000원
21 정치란 무엇인가 K. 미노그 / 이정철 6,000원
22 이미지의 폭력 O. 몽젱 / 이은민 8,000원
23 청소년을 위한 경제학교실 J. C. 드루엥 / 조은미 6,000원
24 순진함의 유혹 〔메디시스賞 수상작〕 P. 브뤼크네르 / 김웅권 9,000원